Maria Mies

Indische Frauen zwischen Unterdrückung und Befreiung

W0274182

Die umfassende Untersuchung von Maria Mies über das Leben und die Lebensbedingungen indischer Frauen basiert auf der Grundlage von zwanzig Jahren Beobachtung. Die Autorin leistet einen wesentlichen Beitrag zum Verständnis der *Stellung der Frau im alten indischen Patriarchat* einschließlich mutterrechtlicher Reststrukturen, zur *Entstehung der neuen indischen Frauenbewegung* und zu den *Rollenkonflikten,* denen berufstätige Inderinnen in zunehmendem Maße ausgesetzt sind. In einem ausführlichen Kapitel über *Brautpreis, Mitgift und Mitgiftmorde* in Indien vertritt die Autorin die These, daß „die Gewalt gegen Frauen, wie die Gewalt gegen Kolonien die notwendige, aber unsichtbar gemachte ‚Unterseite' der modernen Marktwirtschaft und ihres Akkumulationsmodells ist."

Maria Mies ist Professorin für Soziologie am Fachbereich Sozialpädagogik an der FH Köln. Sie war fünf Jahre Dozentin am Goethe-Institut in Poona und hat außerdem mehrere Jahre in Holland gelehrt. Ihre Arbeitsschwerpunkte: Frauen in der Dritten Welt, feministische Theorie und Methodologie.

Maria Mies
Indische Frauen
zwischen Unterdrückung und Befreiung

Syndikat

Der Band erschien erstmals 1973 bei Hain.
Für die vorliegende Ausgabe wurde der Text völlig überarbeitet und aktualisiert sowie um ein Kapitel zur Frauenbewegung in Indien und zusätzliche Literaturangaben ergänzt.

CIP-Kurztitelaufnahme der Deutschen Bibliothek

Mies, Maria:
Indische Frauen zwischen Unterdrückung und Befreiung / Maria Mies. – Frankfurt am Main : Europäische Verlagsanstalt, 1986.
(Taschenbücher Syndikat, EVA ; Bd. 85)
ISBN 3-434-46085-3
NE: GT

Taschenbücher
Syndikat / EVA ; Band 85

© Maria Mies, Köln
© der Erstausgabe: 1973 Anton Hain Verlag GmbH, Meisenheim am Glan
Alle Rechte vorbehalten
Motiv: Dokumentarfoto. © Sheba Chhachhi, Neu-Delhi
Reproduktion, Druck und Bindung: Bärenreiter-Druck, Kassel
Printed in West-Germany 1986
ISBN 3-434-46085-3

Inhalt

Vorwort

Daß die Situation indischer Frauen auch nach dem Zweiten Weltkrieg, insbesondere nach der Dekolonisation, ungewöhnlich verwickelt und undurchsichtig war, wurde mir Anfang der 50er Jahre klar, als ich beim Hohen Kommissar für Indien in London, damals Krischnamenon, mit einer Gruppe von Sozialwissenschaftlerinnen und Pädagoginnen diskutierte. Das Gespräch begann in Gegenwart Krischnamenons, der mit seiner leidenschaftlichen und fast heftigen Art die politischen und sozialen Probleme umriß, denen Indien im Augenblick gegenüberstand. Dann verließ er den Raum und wünschte mir weitere fruchtbare Gespräche mit seinen Mitarbeitern. Genau in diesem Moment stellte ich aber fest, daß ich mich in einer ausschließlich weiblichen Gesellschaft befand, von jüngeren Frauen und solchen gesetzteren Alters, die mit größtem Interesse und völliger Unbefangenheit das Gespräch mit mir aufnahmen und mich später in verschiedene Büros dieser komplexen Behörde einführten, wobei ich mich immer wieder Frauen gegenüber fand. Meine Erinnerung sagt mir, es seien ausschließlich Frauen gewesen; die Überlegung korrigiert das und legt nahe, daß auch ein paar Männer dabei gewesen sein müssen. Wenn das aber wirklich der Fall gewesen ist, dann waren diese Männer derart blaß und profillos, daß sie meiner Erinnerung völlig entschwunden sind.

Das Gefühl, das sich mir damals aufdrängte und mich seither nicht verlassen hat, läßt sich leicht zusammenfassen: ich befand mich in Gegenwart von Vertreterinnen einer Gesellschaft, deren Revolution sich vorwiegend durch die Frauen realisiert hatte. Gewiß hat die indische Befreiungsbewegung ihre großen Männer, aber diese bleiben im Grunde einsame Erscheinungen in einer Männerwelt, die den Weg zur Realität noch immer nicht gefunden hat, während die Frauen fast gierig die neuen Möglichkeiten aufgegriffen und verwirklichten.

Die vorliegende Arbeit von Maria Mies beschäftigt sich nun mit den Rollenkonflikten jener indischer Frauen, die über eine höhere Ausbildung verfügen und ein College-Studium mindestens angefangen haben. Es handelt sich dabei also durchwegs um Angehörige der unteren bis oberen städtischen Mittelklassen, also jener, die seit dem frühen 19. Jahrhundert an der Befreiung Indiens mitgewirkt haben. Und zwar sind die Frauen dabei nicht nur „Objekte“ der Befreiung, sondern genau so auch ihre „Subjekte“, die mehr und mehr in die große Öffentlichkeit treten. Wir wollen hier nicht wiederholen, was im Buche steht, wir wollen einzig betonen, daß die Frauen eine führende Rolle spielten in der Beseitigung bestimmter sozialer Übel wie dem Aussetzen weiblicher Säuglinge, der Witwenverbrennung, der Kinderheiraten usw.

Unter Gandhis Führung schlossen sich immer mehr Frauen dem Nationalkongreß an, die sich eifrig politisch betätigten. Ihre Rolle trat insbesondere in jenen Momenten besonders hervor, wo die Führer der Emanzipationsbewegung verhaftet und infolgedessen handlungsunfähig waren. So wird der indische Freiheitskampf von einer ganzen Reihe großer Frauengestalten begleitet, die ihre moralische Kraft vielleicht aus einer Wiederbelebung alter Mutterkulte beziehen; Dichtung und Philosophie unterstützten sie darin.

Seit jener Zeit sind Indiens Frauen in der Politik geblieben. Indien hat mehr weibliche Minister als irgend ein anderes Land der Welt, auch der Prozentsatz an weiblichen Parlamentsmitgliedern ist erstaunlich hoch. Genau so hoch ist der Anteil weiblicher Arbeitskräfte (ca. 1/3). Allerdings treten gerade hier Probleme auf, die zu den zentralen Interessen des vorliegenden Buches gehören, z.B. daß die Frauen ihre Stellung in den höheren Rängen des Berufslebens nicht haben halten können. Nur in der Landwirtschaft ist ihre Beteiligung nach wie vor hoch (die typische Situation eines wirtschaftlich unterentwickelten Landes), in allen anderen Wirtschaftszweigen ist ihre Teilnahme dagegen rückläufig. Man wird beim Lesen dieser Darstellungen den Eindruck nicht los, daß sich nach der Revolution gewissermaßen eine männliche Reaktion breit macht, welche die neuen Erwerbschancen monopolisiert, so daß speziell bei höher ausgebildeten Frauen eine erstaunlich hohe Arbeitslosigkeit herrscht.

Aber die Situation ist noch komplizierter, als sie auf den ersten Blick erscheint; denn auch die Arbeitslosigkeit der Männer mit besserer Ausbildung ist sehr hoch, so daß man durchaus von einem akademischen Proletariat sprechen darf. Nur scheinen mir die Ursachen für diese Situation bei Männern und Frauen völlig verschieden zu sein. Der Zustrom der indischen Männer zu den Universitäten hing wesentlich mit der typischen Einstellung der Hindus zusammen, daß Handarbeit dem Rang eines Mannes abträglich ist. Für sie war also das Studium eine Fortsetzung der alten patriarchalischen Werte mit Einmischung anderer Mittel. So liegt also die Überproduktion der Universitätsabsolventen im Grunde wiederum in einem Ausweichen der indischen Männer vor den Bedürfnissen der modernen indischen Wirtschaft. Für die Frauen war dagegen die Ausbildung an der Universität einmal Ausdruck ihrer Selbstbefreiung und damit des definitiven Bruchs mit den alten Werten, zum anderen aber eine Sicherung ihrer Stellung in der Öffentlichkeit. Gleichzeitig verbesserte auch die höhere Ausbildung ihre Chancen auf dem Heiratsmarkt, wie Maria Mies zeigt.

Die großen Probleme tauchen aber erst auf, wenn man sich fragt, wie diese sehr selbstbewußten und auch gut ausgebildeten Frauen den Weg in eine Gesellschaft zurückfinden sollen, in der die Traditionen doch noch viel stärker sind, als man meint. Sie sind gewissermaßen über den Gegenwartsstandard der indischen Gesellschaft hinausgeschossen. Werden sie imstande sein, ihrer Idee oder gar Ideologie der Gattenfamilie nachzuleben, die auf der Partnerschaft von Mann und Frau beruht, oder werden sie zu Kompromissen bezwungen werden? So sagt die Verfasserin: „Es gilt nicht mehr als moralisch anrüchig, wenn eine Frau studiert, aber das neue kulturelle Ziel der Frauenbildung läßt sich nicht ohne weiteres mit der Struktur des Familiensystems in Einklang bringen" (S. 138). So kommen zu den üblichen Rollenkonflikten erwerbstätiger Frauen noch andere mehr persönlicher Natur hinzu, welche die Situation beträchtlich verschärfen. Die wertvollsten Ausführungen von Maria Mies liegen zweifellos in der sehr differenzierten, einfühligen und klaren Analyse dieser Konflikte – teils auf Grundlage moderner indischer Sozialforschung, teils auf Grund einer jahrelangen Vertrautheit mit dem Lande und einer Reihe von individuellen Monographien. Die große Frage, die sich hier erhebt, liegt ganz einfach darin, ob die so großartig begonnene und erfolgreiche Frauenbewegung Indiens letztlich auch scheitern wird wie in so vielen anderen Ländern Afrikas, West- und Ostasiens, oder ob sich ein adäquater Strukturwandel der Familie anbahnen wird, speziell unter dem Druck der wirtschaftlichen Verhältnisse? Von der Lösung dieser Schwierigkeiten wird sicher ein Teil der Zukunft des indischen Subkontinents abhängen. Vor allem muß vermieden werden, daß die initiativefreudigen Impulse der indischen Frauenbewegung durch enttäuschte Erwartungen gelähmt werden. Das würde zweifellos einen schweren Rückschlag der Entwicklung bedeuten.

René König

Vorwort zur Neuauflage

Als ich vor etwa siebzehn Jahren das vorliegende Buch zu schreiben begann, hatte die neue Frauenbewegung in den westlichen Industrieländern gerade begonnen. In den USA und Europa schlossen sich erste Gruppen von Frauen zusammen, um der gemeinsamen Unterdrückung durch Patriarchat und Sexismus auf die Spur zu kommen, lasen Betty Friedans "Weiblichkeitswahn" und Simone de Beauvoirs "Das andere Geschlecht" und fingen an, gegen die Männerherrschaft zu rebellieren.

Um dieselbe Zeit schienen die indischen Mittelklassenfrauen, unter denen ich fünf Jahre lang gelebt und gearbeitet hatte, noch ganz zufrieden zu sein mit ihren Rollen als Töchter, Ehefrauen und Mütter in einer extrem patriarchalischen Gesellschaft. Feministische Ideen fielen bei ihnen auf taube Ohren, so schien es wenigstens.

Und dennoch, je mehr ich Gelegenheit hatte, das tatsächliche Leben dieser Frauen kennenzulernen, je mehr Gespräche ich mit solchen Frauen führte, umso erstaunter war ich über die Widersprüche zwischen den rigiden patriarchalischen Normen und dem tatsächlichen Verhalten dieser Frauen. Solche Widersprüche machten mich neugierig. Wie war es z.B. möglich, daß einige der Frauen, die nach allen patriarchalischen Regeln dem Gatten und der Schwiegermutter zu "dienen" hatten, jahrelang allein in einer fremden Stadt lebten und studierten? Wie war es zu erklären, daß es relativ viele Frauen in führenden Positionen gab, ohne daß die Männer dagegen rebellierten? Wieso blieben viele gebildete Frauen unverheiratet, obwohl die patriarchalische Norm vorsieht, daß ein Mädchen nach Erreichung der Geschlechtsreife verheiratet werden soll? Wie konnten solche Frauen so weit von den gesellschaftlichen Regeln abweichen, ohne dafür bestraft zu werden? Handelte es sich bei diesen Widersprüchen nur um den bekannten Gegensatz zwischen Theorie und Praxis? Wie gingen die Frauen selbst mit diesen Widersprüchen um? Würden sie sie auf lange Sicht zu einer offenen Rebellion gegen das Patriarchat führen oder handelte es sich nur um individuelle Normabweichungen, die ohne Einfluß auf das System als Ganzes blieben? Oder war es möglich, daß das verbreitete Bild von den unterdrückten und unterwürfigen indischen Frauen ein Mythos war, der eher dazu diente, diese Unterwürfigkeit herzustellen als sie zu erklären? Was hatten diese Widersprüche mit dem sogenannten Modernisierungsprozeß zu tun? Und schließlich, war das "abweichende Verhalten" einzelner indischer Mittelklassenfrauen nicht vielleicht der Ausdruck viel tieferer und älterer Widersprüche, die nie gelöst worden waren in einem Gesellschaftssystem, das auf der Oberfläche zwar als ausgesprochen patriarchalisch erschien, dessen Untergrund aber durch mutterrechtliche Traditionen bestimmt war? Konnte es nicht sein, daß der

Kampf zwischen dem patriarchalischen Herrschaftssystem und den matrilinearen Strukturen noch nicht zu Ende war und daß die oft beschworene Versöhnung dieser entgegengesetzten Tradition in der indischen Gesellschaft auch nur ein Mythos war, der von den Gelehrten verbreitet wurde?

Diese allgemeinen Fragen tauchten aber erst auf, als ich begann, die Frauenunterdrückung in den westlichen Ländern mit der in Indien zu vergleichen.

Wie viele, die zum ersten Mal nach Indien reisen, war ich zunächst erstaunt über die krassen Formen, die das Patriarchat annehmen konnte. Ja, ich entdeckte hier überhaupt zum ersten Mal, daß es so etwas wie das Patriarchat als System gab. Je mehr ich mich aber in die Geschichte, die Ideologie und die heutigen Manifestationen dieses Systems vertiefte, umso mehr wurde mir klar, daß auch wir, die Frauen in den westlichen Industrieländern unter ähnlich patriarchalischen Verhältnissen lebten. Sicher gab es Vieles, was westliche Mittelklassenfrauen von indischen Mittelklassenfrauen unterschied, aber es gab auch viel Gemeinsames. Auf der strukturellen Ebene hatten sie z.B. gemeinsam, daß sie in der Mehrzahl als Töchter, Gattinnen und Mütter von einem männlichen "Ernährer" abhängig waren, bzw. so gesehen wurden. Und wenn sie versuchten, aus dieser Abhängigkeit und diesen gesellschaftlichen Rollenzuschreibungen auszubrechen, waren die Konflikte in beiden Gesellschaften ähnlich. Die Unterschiede betrafen hauptsächlich die äußeren Erscheinungsformen des Patriarchats, die kulturellen Manifestationen, nicht aber die Grundstrukturen des Geschlechterverhältnisses, das durch Ausbeutung und Unterdrückung von Frauen gekennzeichnet ist. So war es z.B. den "anständigen" indischen Mittelklassenfrauen verboten, in der Öffentlichkeit freien Umgang mit Männern zu haben. Es herrschte strenge Geschlechtertrennung. In den Industrieländern ist diese Geschlechtertrennung längst aufgehoben. Das gilt als fortschrittlich. In beiden Gesellschaften aber sind Frauen in der Öffentlichkeit mit unkontrollierter und brutaler Männergestalt konfrontiert. Die größere Freizügigkeit, die den Frauen im Westen zugestanden wird, hat nichts an der Tatsache geändert, daß Frauen auch hier abends Angst haben müssen, allein auf die Straße zu gehen, daß das Mann-Frau-Verhältnis hier - wie in Indien - in letzter Instanz auf Gewalt beruht.

So entdeckte ich durch das Studium einer fremden Gesellschaft die eigene, durch das Studium eines fremden Patriarchats das eigene. Dabei wurde mir schließlich klar, daß Begriffe wie "traditionell" und "modern", mit denen die indische und die westlichen Gesellschaften häufig charakterisiert werden, unbrauchbar, weil inhaltsleer sind. Darum war es auch falsch, das "traditionelle" indische Patriarchat der angeblich fortschrittlichen demokratischen westlichen Gesellschaft gegenüberstellen zu wollen.

Was die Frauenfrage betraf, so waren beide Gesellschaften nicht freiheitlich, nicht "fortschrittlich", nicht demokratisch. Man konnte höchstens einen Unterschied zwischen einer älteren und einer neueren Version der Männerherrschaft feststellen. Letztere war engstens verknüpft mit dem Aufstieg und der Ausbreitung des Kapitalismus in die Länder Afrikas, Asiens und Lateinamerikas. Mit der kolonialen Ausbreitung des kapitalistischen Patriarchats hängt es auch zusammen, daß Frauen in Indien wie in der BRD sozial als Hausfrauen definiert sind, daß alle Erwerbsarbeit, die sie tun, als Zusatzarbeit zu der des "Ernährers" gilt und darum entwertet wird, daß alles Einkommen, das sie verdienen, als zusätzlich zum "Familieneinkommen" angesehen wird, das der Mann herbeischaffen soll.

Die indischen Frauen, unter denen die Untersuchung durchgeführt wurde, stellten zwar nur eine kleine Minderheit in der indischen Gesamtbevölkerung dar. Dennoch verkörperten diese Mittelklassenfrauen das kulturelle Leitbild der "richtigen" indischen Frau. Das sogenannte "Indian ideal of womanhood" bezog sich auf diese Klasse von Frauen, nicht auf die Landarbeiterinnen oder die Frauen in den indischen Slums. Letztere konnten sich nicht darauf verlassen, daß sie von einem männlichen "Ernährer" lebenslänglich versorgt wurden. Sie waren also keine wirklichen Hausfrauen. Der Einfluß des Mittelklassen-Frauenbildes wurde mir jedoch erst klar, als ich Ende der siebziger Jahre eine weitere Untersuchung über Frauen auf dem Lande durchführte. Auch diese Frauen wurden "hausfrauisiert", d.h. von Politikern, Wissenschaftlern, Entwicklungsplanern so behandelt, als ob sie Hausfrauen wären. Das heißt ihre Arbeit auf den Feldern und im Haus blieb weitgehend unsichtbar und somit auch unterbewertet, in den Statistiken und in den Entwicklungsprogrammen.

Als theoretischen Ansatz für die Erforschung der Probleme indischer Mittelklassenfrauen benutzte ich die Rollen- bzw. Rollenkonflikttheorie. Im Verlauf meiner Arbeit und in den Jahren danach wurde mir aber die Begrenztheit dieses Ansatzes immer deutlicher.

Die struktural-funktionalistische Rollentheorie erklärt die Unterschiede zwischen den Geschlechtern, und damit letztendlich Frauendiskriminierung und Frauenunterdrückung als Ergebnis biologisch determinierter Rollenzuschreibungen von Männern und Frauen. Diese quasi "natürlichen" Basisrollen gelten als im Endeffekt durch die weibliche und männliche Anatomie festgelegt, sind daher zeitlos und universal. Daß auch der weibliche und der männliche Körper durch die Geschichte geformt und verändert wurde, daß Frauen nicht immer und nicht überall schwächer als Männer waren/sind, nimmt die Rollentheorie nicht wahr. Die Anhänger dieser Theorie projizieren das Bild der schwachen, abhängigen, isolierten Mittelklassen-Hausfrau und Mutter in den USA und in Europa auf alle Gesellschaften und auf alle Epochen der Geschichte. Nach dieser Theorie lebten schon die Steinzeitmenschen in typischen Kleinfamilien: mit dem Mann als Jäger in seiner "instrumentellen Führerrolle" als Ernährer, Verteidiger und öffentlicher Vertreter von Frau und Kindern; mit der Frau in ihrer "emotionalen bzw. expressiven Rolle" als Hüterin des Feuers in der Höhle, als Köchin, als Mutter, als Spenderin von Wärme und Gruppenzusammenhang. Als Kernpunkt der "biologischen Schwäche der Frau" wird immer wieder ihre Gebärfähigkeit angeführt, die die Frau angeblich in ihrer Mobilität beeinträchtigt und die sie auch für harte körperliche Arbeit ungeeignet macht.

Diese Klischeevorstellung von der weiblichen Immobilität und Schwäche mußte ich in Indien schnell korrigieren, als ich die Frauen in der Landwirtschaft und beim Straßen- und Hausbau beobachtete, die schwerste Knochenarbeit leisteten. Z.B. trugen sie Körbe voll Beton auf ihren Köpfen auf wackeligen Bambusgerüsten auf zehn- bis zwanzigstöckige Hochhäuser hinauf, während sie ihre Babies unter einem Baum abgelegt hatten. Auf solche Frauen traf die bekannte Rollenzuschreibung nicht zu, sie waren aber die Mehrzahl der indischen Frauen. Es war auch unwahrscheinlich, daß Rollenkonflikte ihr wichtigstes Problem waren, denn sie betrachteten sich als Arbeiterinnen, nicht als Hausfrauen.

Die Rollentheorie wurde erstmalig von Feministinnen kritisiert, die erkannten, daß solche Theorien benutzt wurden, um das herrschende sexistische System zu legitimieren und zu festigen. Da die meisten Frauen in irgendeiner Weise unter der weiblichen Sozialisation gelitten hatten, die ihnen die weiblichen "Rollen" übergestülpt hatte, richtete sich die Kritik vor allem gegen die Geschlechterrollenstereotype innerhalb und außerhalb der Familie. In kleinen Selbsterfahrungsgruppen versuchten Frauen, sich über den Prozeß der Rollenzuschreibung und -verinnerlichung klar zu werden und den Mythos zu zerstreuen, daß Geschlechter-Rollen "natürliche" und nicht gesellschaftliche Kategorien sind.

Zusammenfassend kann man sagen:

– Da weibliche und männliche Rollen als biologisch determiniert, d.h. als zeitlos und universal gültig angesehen werden, gilt auch das System der Kernfamilie als zeitlos und universal. Konflikte und Widersprüche innerhalb dieses Systems gelten als individuelle Probleme.
– Es gibt keine grundsätzliche Lösung für solche Konflikte. Die Individuen können nur versuchen, sich psychologisch an die eine oder die andere widersprüchliche Rollenerwartung anzupassen. Für Frauen bedeutet das immer eine Art double-bind Situation: Was immer sie tun, sie machen es falsch. Ihr Bewußtsein wird systematisch aufgespalten und sie leiden unter Schuldgefühlen, was immer sie auch tun.
– Da sich die Rollenkonflikttheorie nur mit den Erscheinungen individueller Rollenkonflikte befaßt, ohne nach deren Ursachen in den allgemeinen

kapitalistisch-patriarchalischen Verhältnissen zu fragen, bleiben ihre Erklärungen oberflächlich, rein beschreibend und orientiert an der Erhaltung des Status Quo.

Die feministische Kritik an der Rollentheorie hat zwar den biologischen Determinismus dieser Theorie angegriffen und auf den Tatbestand hingewiesen, das Geschlechtsrollen kulturell definiert sind. Das Rollenkonzept als solches und als theoretischer Bezugsrahmen wurde jedoch nicht aufgegeben. Das hat in der Folge dazu geführt, daß die Frage der Frauenbefreiung weitgehend als eine Frage der Veränderung der Frauen- und Männer-*Rollen*, d.h. als eine bloß kulturelle Frage angesehen wurde. Daß es sich bei dem Geschlechterverhältnis um ein historisch gewordenes *materielles* Verhältnis handelt, das mit anderen gesellschaftlichen Verhältnissen, vor allem den Produktionsverhältnissen verwoben ist, konnte bei diesem Ansatz nicht sichtbar werden.

Wenn man Rollenkonflikte jedoch nicht nur als Probleme einzelner Individuen ansieht, sondern als Widersprüche innerhalb des gesamten sozioökonomischen Systems, die sich auf die Einzelperson auswirken, dann können solche Konflikte, und die Art und Weise, wie Menschen damit umgehen, Auskunft geben über sich anbahnende gesellschaftliche Veränderungen. So haben mir die Rollenkonflikte gebildeter und berufstätiger indischer Frauen die Augen für die tieferen patriarchalischen Strukturen der indischen Gesellschaft geöffnet, aber auch für eine sich langsam anbahnende Rebellion unter den Frauen gegen diese Strukturen – auch wenn diese Rebellion sich zur Zeit der Abfassung dieses Buches noch auf die individuelle Ebene beschränkte.

Wenn ich das vorliegende Buch heute schreiben würde, würde ich die Rollentheorie nicht mehr als theoretischen Bezugsrahmen benutzen. Dennoch sind die Erkenntnisse, die durch diese Herangehensweise zutage gefördert wurden, auch heute noch gültig. Die Konflikte, die indische Mittelklassenfrauen heute erleben, wenn sie versuchen, Berufstätigkeit und/oder Studium mit den "Familienrollen" zu verbinden, sind heute noch so brisant wie vor siebzehn Jahren. Es scheint sogar, daß die widersprüchlichen Erwartungen, die heute an die Frauen dieser Klasse gerichtet werden, eher zu- als abgenommen haben. Während sich damals die Frage des Studiums und vor allem der Erwerbsarbeit für viele Frauen noch als eine der freien Wahl stellte, hat die sich immer weiter zuspitzende Wirtschaftskrise dazu geführt, daß heute mehr und mehr Mittelklassenfrauen gezwungen sind, eine Erwerbsarbeit aufzunehmen. Die "traditionellen" patriarchalischen Erwartungen in bezug auf Heirat, Arbeitsteilung in der Familie und außerhalb, und das Mann-Frau-Verhältnis haben sich aber kaum geändert. Der verstärkte Zugang der Frauen zur Bildung hat nicht verhindern können, daß Frauen, wie übrigens bei uns auch, aus den relativ gesicherten und besser bezahlten Lohnarbeitsplätzen in Industrie und Dienstleistungsbereich verdrängt werden.

Andererseits sind aber auch die Männer dieser Klasse heute immer weniger in der Lage, den Unterhalt für die Familie durch ihr eigenes Einkommen zu sichern. Die Frauen müssen also mitverdienen. All dies hat eher zur Verschärfung der Konflikte zwischen Männern und Frauen, zwischen Frauen und Schwiegermüttern geführt. Die in den letzten Jahren bekannt gewordene Zunahme von Gewalt gegen Frauen ist auch ein Ausdruck dieser Konflikte.

Als ich das vorliegende Buch schrieb, zeigten sich diese Konflikte jedoch erst in ihren Ansätzen auf der individuellen Ebene. Sie hatten noch nicht zu einem breiten öffentlichen Protest gegen patriarchalische Strukturen geführt. Die Frauen, über die ich damals berichtete, rebellierten zwar in ihrem Verhalten gegen solche Strukturen, stellten aber die Ideologie des herrschenden Frauenbildes noch nirgends in Frage. Sie betonten vielmehr, daß im Konfliktfall die Familie immer den Vorrang vor ihren eigenen Wünschen habe. Sie wagten vor allem nicht, den Mythos von *Sita*, der keuschen gattentreuen, aufopfernden, gehorsamen Frau des epischen Helden *Rama*, der den Kern des indischen Frauenbildes ausmacht, in Frage zu stellen. In ihrer Praxis wichen jedoch viele von diesem Ideal ab. Es wäre falsch, diese unausgesprochene Rebellion zu unterschätzen, die damals noch keinen gesellschaftlichen Ausdruck gefunden hatte. Im Gegenteil, sie kann als subjektive Bedingung für eine breitere Mobilisierung von Frauen angesehen werden, die inzwischen auch erfolgt ist.

Für die Mittelklassenfrauen in den Städten war die Zeit Ende der sechziger Jahre noch nicht reif für eine solche Mobilisierung. Das war aber damals schon anders für die Frauen, die auf dem Land und in den städtischen Slums lebten. Ihre Lebensbedingungen verschlechterten sich zunehmend mit der ökonomischen Krise, die 1967 begann und sich seither weiter verschärft hat. Hinzu kam, daß viele Frauen durch die Modernisierungspolitik der Regierung und der Industrie aus traditionellen Erwerbszweigen wie der Jute- und der Textilindustrie verdrängt wurden. Dieser Entwicklungsprozeß selbst hatte einen negativen Einfluß auf die Lage der Frauen, vor allem auf die Frauen der ärmeren Klassen auf dem Lande und in den Städten.

Soziale Protestbewegungen, an denen auch viele Frauen teilnahmen, begannen Ende der sechziger Jahre zunächst auf dem Lande. In West-Bengalen, Bihar, Andhra Pradesh und Tamilnadu gab es Bauernunruhen. Unter den Unberührbaren entstand Anfang der siebziger Jahre die Dalit-Panther-Bewegung, in Anlehnung an die Black Panthers in den USA. In den Dürre- und Hungerjahren 1971/72 gab es zahllose Protestbewegungen auf dem Land gegen Inflation, Lebensmittelknappheit und Korruption. Um 1974 erreichte die Krise auch die Städte, und es wurde nun auch für die Mittelklassenfrauen immer schwieriger, den Tisch wie gewohnt zu decken. Es entstanden nun auch in den Städten Protestkampagnen gegen die Verschlechterung der allgemeinen Lebensbedingungen, an denen viele Frauen teilnahmen. Diese allgemeine Unruhe und Mobilisierung der Frauen richtete sich jedoch nicht explizit gegen patriarchalische Verhältnisse als solche. Das änderte sich erst nach dem Ende des Notstandes, den Indira Gandhi von 1975 bis 1977 über das Land verhängt hatte, um der allgemeinen Unruhe Einhalt zu bieten. Es zeigte sich, daß diese Entwicklungen überall, auf dem Lande wie in den Städten, zu einer Zunahme von sexistischer Gewalt geführt hatten: zu Gruppenvergewaltigungen von Frauen durch die Polizei, zu Mitgiftmorden, zu brutalen Belästigungen und Demütigungen von Frauen. Direkte physische Gewalt gegen Frauen war in den sechziger Jahren zwar auch schon vorgekommen, vor allem auf dem Land, wo die Landlords demonstrieren wollten, wer Herr im Lande war. Doch hatte die Gewalt nicht die Formen angenommen, die sie Ende der siebziger Jahre annahm. Es gab kaum einen Tag, an dem nicht über Vergewaltigungen und Morde an Frauen berichtet wurde. Und diese Gewalt betraf nun auch zunehmend Mittelklassenfrauen in den Städten, gleichgültig wie gebildet sie waren. Dies war dann auch der Beginn einer neuen Frauenbewegung in den Städten. Ihr ging es nicht mehr nur allgemein um den Protest gegen die Verschlechterung der Lebensbedingungen. Sie richtete sich explizit gegen patriarchalische Strukturen in Familie und Gesellschaft und die dazu gehörende Ideologie, die, wie nun deutlich geworden war, alles andere als friedlich war und im Kern auf Gewalt gegen Frauen beruhte. Nun wurde auch das Sita-Ideal erstmalig mit kritischen Augen gesehen. Damit erreichte die individuelle Rebellion einzelner Frauen, die ich Ende der sechziger Jahre beobachtet hatte, eine neue Qualität. Sie wurde zur Betroffenheit und mündete ein in eine sich rasch entwickelnde Frauenbewegung, die seither immer weitere Kreise zieht, immer neue Fragen aufwirft und neue Kampagnen startet. Im Zentrum dieser neuen Frauenbewegung steht der Kampf gegen Vergewaltigungen, Mitgiftmorde und andere Manifestationen patriarchalischer Gewalt und Frauenverachtung.

Um die Veränderungen aufzuzeigen, die nach der ersten Veröffentlichung dieses Buches in Indien stattgefunden haben, habe ich ein neues Schlußkapitel angefügt, das die Geschichte dieser neuen Frauenbewegung behandelt. Es basiert auf Informationen und Erkenntnissen, die ich einer mehr als fünfjährigen Beziehung zu Frauen und Frauengruppen in Indien verdanke, die diese neue Frauenbewegung maßgeblich initiiert haben und heute immer noch tragen. Es liegt daher in der Natur der Sache, daß es nicht alle Gruppen und alle Entwicklungen berücksichtigt, die man heute zur indischen Frauenbewegungen rechnen müßte, wohl aber die wichtigsten.

Da es in Indien seit dem Erscheinen der ersten Auflage dieses Buches, trotz dieser neuen Frauenbewegung kaum einen strukturellen Wandel in bezug auf die patriarchalischen Grundverhältnisse gegeben hat, habe ich den Text weitgehend unverändert gelassen. Unberücksichtigt geblieben sind auch die vielen neueren Publikationen über indische Frauen, die im Zuge der neuen indischen Frauenbewegung inzwischen erschienen sind. Die Kapitel über Frauenbildung und, vor allem, Frauenerwerbsarbeit habe ich jedoch überarbeitet und auf dem Hintergrund der neuen Daten der Volkszählungen von 1971 und 1981 sowie der Ergebnisse anderer Forschungen auf den neuesten Stand gebracht.

Zum Schluß möchte ich all den vielen indischen Frauen meinen Dank und meine Bewunderung aussprechen, die meinen eigenen Forschungs- und Erkenntnisprozeß über viele Jahre hin begleitet haben. Es ist nicht möglich, sie hier alle namentlich zu erwähnen. Vor allem aber möchte ich den Frauen danken, die bereit waren, mir ihre Erfahrungen, Probleme und Konflikte in langen Gesprächen und Interviews mitzuteilen. Ich danke aber auch allen indischen Freundinnen und Kolleginnen, mit denen ich meine Forschungsarbeit diskutieren konnte, vor allem jenen, die mir erlaubten, ihre eigenen Arbeiten für eine Sekundäranalyse zu benutzen. Hier möchte ich vor allem Neera Desai, Suma Chitnis, Angara Ramanama und Promilla Kapur erwähnen.

Nicht zuletzt möchte ich den vielen indischen Frauen danken, die mir den Zugang zur indischen Frauenbewegung eröffnet und mich als Mitstreiterin akzeptiert haben. Ihr Mut, ihr Engagement für die Sache der Frauenbefreiung auch unter schwierigsten Bedingungen zu kämpfen, war für mich stets eine Quelle der Inspiration und Hoffnung, vor allem dann, wenn bei uns, in einem reichen Land, die Frauenbewegung zu erlahmen schien. Ich denke hier vor allem an die Frauen von *Stri Shakti Sanghatana* in Hyderabad, die Frauen von *Saheli* in Delhi und die Frauen von *Maitreni* sowie an das *Forum Against Oppression of Woman* in Bombay. Ich danke den Frauen der Zeitschrift *Manushi*, die für mich eine wichtige Quelle der Information war, und Ayesha Kagal für die Erlaubnis, ihren Bericht über die "Frauenbefreiungspilgerfahrt" abzudrucken.

Köln, im Juli 1986 Maria Mies

Einleitung

Problemstellung, theoretische und methodische Vorbemerkungen

1. Die Ideologie der Gattenfamilie

Es kann als Indiz für die soziale Stellung der Frau in den meisten modernen Gesellschaften angesehen werden, daß die wissenschaftliche Beschäftigung mit dieser einen Hälfte der Menschheit einer Unterabteilung der *Familiensoziologie* zugewiesen ist. Man kann über die gesellschaftlichen Probleme von Männern sprechen, ohne die Familie ins Spiel zu bringen; man kann aber nicht über Frauen sprechen, ohne sich mit der Familie zu beschäftigen, denn obwohl Frauen längst am Erwerbsleben teilnehmen, besteht die Vorstellung fort, daß der gesellschaftliche Aktionsradius der Frau wesentlich durch den Horizont der Kleingruppe Familie begrenzt ist. Wenn von ihren neuen Aktivitäten in Öffentlichkeit und Beruf die Rede ist, so werden diese Aktivitäten stets in Relation zu den Rollen gebracht, die sie in der Familie zu spielen hat. Die Rollen der Gattin, Mutter und Hausfrau gelten durchaus als die zentralen für die Frau; das bedeutet, daß ihr Leben im wesentlichen als durch ihre biologischen Funktionen determiniert gilt.

Daran hat sich prinzipiell auch nichts durch die Theorie von der geschlechtsspezifischen instrumentell-expressiven Arbeitsteilung geändert, die von vielen Familiensoziologen vertreten wird. Nach dieser Theorie ist der Mann der „instrumentelle" Führer, der das System Familie nach außen vertritt und seine materielle Existenz sichert. Die Frau spielt die Rolle des „expressiven"[1] oder emotionalen Führers. Ihre Funktion besteht wesentlich in der Sozialisierung des Nachwuchses und der emotionalen Versorgung bzw. der „sozialen Therapie"[2] der Familie, insbesondere des Mannes, der in seiner

1 Die Begriffe „instrumentell" und „expressiv" gehen auf die von M. Zelditch entwickelte Matrix der Kernfamilie zurück. M. Zelditch: Role Differentiation in the Nuclear Family: A Comparative Study. In: T. Parsons und R. F. Bales (Hrsg.): Family, Socialization and Interaction Process. Glencoe (Ill.) 1955, S. 307–351.
Parsons benutzte diese Begriffe zur Entwicklung eines allgemeinen Paradigmas der Kernfamilie: T. Parsons: Family Structure and the Socialization of the Child. In: T. Parsons und R. F. Bales; a.a.O., S. 46–47.
Zur Kritik der Anwendung des Parsonsschen Paradigmas auf die Wirklichkeit vgl. R. König: Soziologie der Familie. In: R. König (Hrsg.): Handbuch der empirischen Sozialforschung. Stuttgart 1969, Bd. II, S. 180.

2 R. O. Blood, Jr. und D. M. Wolfe: Husbands and Wives, The Dynamics of Married Living. Free Press of Glencoe (Ill.) 1960, S. 177 ff.

instrumentellen Rolle einem viel stärkeren Leistungsdruck und stärkeren Frustrationen ausgesetzt ist als die Frau[3]. Diese geschlechtsbedingte Arbeitsteilung ist aufs engste verknüpft mit der Form der modernen Gattenfamilie[4], die sich nach der Meinung vieler Familiensoziologen unter dem Einfluß der Industrialisierung und Urbanisierung durch den Zusammenbruch oder die „Kontraktion"[5] der traditionellen Großfamilie herausgebildet hat und als die ideale Familienform für eine moderne Industriegesellschaft angesehen wird. Erst in jüngster Zeit wird die Hypothese vom Zusammenbruch der Großfamilie aufgrund neuer Forschungsergebnisse kritisiert[6].

William J. Goode hat bei einem interkulturellen Vergleich verschiedener Familiensysteme festgestellt, daß keineswegs eine in allen Teilen harmonische *Entsprechung* (fit) zwischen den Bedürfnissen des Industriesystems und der Gattenfamilie besteht[7], daß außerdem Industrialisierung und Urbanisierung nicht die einzigen kausalen Faktoren der Transformation der traditionellen Familiensysteme in den nicht-westlichen Ländern sind, sondern daß als weiterer ursächlicher Faktor die *Ideologie der Gattenfamilie* einen maßgeblichen Einfluß auf die Umgestaltung der Familienmuster in der ganzen Welt hat. Diese *Ideologie* ist nach Goodes Auffassung eine *radikale;* sie hat ihre Wurzeln in den Idealen der Französischen Revolution und erweist sich im Laufe der Zeit als destruktiv für alle älteren Traditionen[8].

Die Sprengkraft dieser neuen Ideologie liegt in der Betonung der Rechte des Individuums gegenüber der Gruppe. Nicht mehr die Großfamilie entscheidet über die Wahl des Ehepartners, den Wohnort, die Dauer der Ehe, die Beschäftigungsart, sondern der Einzelne selbst[9]. In den ehemaligen Kolonialländern war die Ideologie der Gattenfamilie Teil der allgemeinen radikalen Prinzipien, durch die diese Länder sich von der Kolonialherrschaft zu emanzipieren suchten. Kernstück dieser Ideologie ist das Prinzip der Egalität

3 E. Litwak greift die Hypothese von der Notwendigkeit der „sex-linked, instrumental and socio-emotional division of labor" in der Familie an und plädiert für eine Substituierbarkeit der Rollen von Mann und Frau. Vgl. E. Litwak: „Technological innovation and ideal forms of family structure in an industrial democratic society". In: R. Hill und R. König (Hrsg.): Families in East and West. Paris/The Haque 1970, S. 348–396.

4 Der Begriff „Gattenfamilie" – „famille conjugale" – stammt von E. Durkheim: La famille conjugale. In: Revue Philosophique 20 (1921).

5 Nach dem Durkheimschen „Kontraktionsgesetz" ist die Familie im Laufe der Entwicklung aus einem ausgedehnten Verwandtschaftssystem zu der Einheit Mann, Frau und unmündige Kinder zusammengeschrumpft. Vgl. E. Durkheim, a.a.O. Zur Kritik dieses Kontraktionsgesetzes siehe R. König: „Old problems and new queries in family sociology". In: R. Hill und R. König: a.a.O., S. 602–611.

6 vgl. Y. Talmon: „Social Change and Kinship Ties". In: R. Hill und R. König: a.a.O., S. 504–519.

7 W. J. Goode: World Revolution and Family Patterns. The Free Press of Glencoe/London 1963, S. 10–18.

8 W. J. Goode: World Revolution ..., S. 19.

9 W. J. Goode: World Revolution ..., S. 19.

der Individuen gegenüber allen Schranken des Geschlechts, der Rasse, der Kasten oder Klassen. Diesem Prinzip zufolge haben auch die *Frauen* die Aufhebung der traditionellen Fremdbestimmung und Teilnahme an den politischen und sozialen Rechten gefordert: das Recht auf Erziehung, das Stimmrecht, das Recht auf Berufstätigkeit, das Recht auf freie Partnerwahl.

Die egalitären Forderungen werden mehr von Gebildeten und mehr von Frauen vertreten. In dieser Tatsache sieht Goode den Grund dafür, daß Frauen der Unterklasse mehr Rechte *ausüben,* als ihnen ihre Männer ideologisch zugestehen, und daß Männer der gebildeten Schichten ihren Frauen *ideologisch* mehr Rechte einräumen, als diese de facto ausüben können[10]. So hängen die gebildeten Oberklassen zwar der egalitären Ideologie der Gleichheit der Geschlechter an, aber die Frauen dieser Schicht üben z.B. ihr Recht auf Berufstätigkeit am wenigsten aus. Die Frauen der unteren Strata dagegen sind berufstätig und haben de facto mehr Macht, obwohl ihre Männer konservativere Ideen über die Rolle der Frau haben[11]. Auf diesen Widerspruch werden wir noch zurückkommen. Im Rahmen des Themas der vorliegenden Arbeit erhebt sich nun die Frage, ob die Hypothese vom Einfluß der radikalen Ideologie der Gattenfamilie auf den Wandel der traditionellen Familienstrukturen in Indien zutrifft, und, wenn ja, welche Beziehungen zwischen diesem Wandel und der Befreiung der indischen Frauen besteht.

Nach Goodes Meinung sind die neuen Gesetzeskodizes in den ehemaligen Kolonialländern die wichtigsten Instrumente zur Durchsetzung des neuen Typs der Gattenfamilie gegenüber der traditionellen Großfamilie: „Revision of codes were typically shaped by European practice and theory ... It seems likely that legislation and court decisions over the past generation in independent, but formerly colonial countries, have generally pressed toward some conjugal form of the family and have been in advance of actual family behavior."[12]

Nach Goodes Hypothese ist das Ideal der Gattenfamilie, das das Individuum von der Herrschaft der Älteren und der Gruppe befreit, aufgrund seiner egalitären Tendenz auch das stärkste Instrument zur Befreiung der Frauen von männlicher Vormundschaft. Aber hat sich dieses Ideal in Indien als wirksam für die Emanzipation der Frauen erwiesen, und haben sich indische Frauen tatsächlich mit diesem Ideal identifiziert?

Die ganze soziale und politische Emanzipationsbewegung Indiens hat den Frauen als *Novum* vor allem die Teilnahme am *öffentlichen Leben* gebracht. Zum ersten Mal konnten Massen von Frauen, und nicht nur einzelne privilegierte Individuen, eine den Männern ebenbürtige Bildung erwerben, am politischen und sozialen Leben teilnehmen, einen Beruf ergreifen und

10 W. J. Goode: World Revolution ..., S. 21.
11 W. J. Goode: World Revolution ..., S. 21.
12 W. J. Goode: World Revolution ..., S. 20.

ein unabhängiges Einkommen beziehen. Alle diese Rechte beziehen sich auf den außerfamiliären Bereich und geraten, wenn sie von den Frauen ergriffen werden, nicht nur in Konflikt mit den Traditionen der Großfamilie, sondern genauso gut mit den Strukturen der neuen Gattenfamilie. Denn auch in der Gattenfamilie bleibt das Prinzip der geschlechtsbedingten, instrumentell-expressiven Rollenverteilung erhalten, das den Frauen den internen Familienbereich als zentrales Aktionsfeld zuweist, nicht aber das öffentliche Leben. Hier erweist sich, daß gerade die wichtigsten neuen Rechte der Frau nicht in Einklang stehen mit dem Ideal der Gattenfamilie. Diese Rechte sind zweifelsohne im Namen der *egalitären Ideologie* erkämpft worden, nicht aber im Namen der Gattenfamilie, denn innerhalb der Gattenfamilie kann die Frau nur einige der Elemente der egalitären Ideologie realisieren: das Recht auf freie Partnerwahl nach dem Muster der romantischen Liebe, das Recht auf Neolokalität und auf Scheidung, nicht aber das Recht auf eine unabhängige Karriere. Die radikale Ideologie der Gattenfamilie erweist sich demnach im Hinblick auf die Rechte der Frau als nicht radikal genug. Das gilt sowohl für Indien wie für die westlichen Länder, denn sobald Frauen auf die Realisierung des Rechts auf eine unabhängige Bildungs- und Berufskarriere drängen, geraten sie in Konflikt mit den Rollenerwartungen, die im Namen des Leitbilds der Gattenfamilie an sie gerichtet werden.

Goode selbst hat bereits den Widerspruch zwischen egalitärer Theorie und nichtegalitärer Praxis unter den Männern der gebildeten Schichten bemerkt. Er erklärt den Rückgang der Frauen in den höheren Berufen in den U.S.A. mit dem mangelnden Karrierebewußtsein amerikanischer Frauen[13], scheint jedoch nicht zu sehen, daß das Ideal der Gattenfamilie, so wie er es versteht, der Übernahme außerhäuslicher Rollen im Wege steht. Denn die Ideologie der Gattenfamilie ist zwar destruktiv für die älteren Formen des Patriarchalismus, die Herrschaft der älteren Männer über die jüngeren, der Gruppe über den Einzelnen, stellt aber wegen der Beibehaltung der geschlechtsbedingten instrumentell-expressiven Arbeitsteilung nur eine weitere kulturelle Form des „sekundären Patriarchalismus“ dar, der, wie R. König betont, erst als „Ergebnis besonderer wirtschaftlicher und politischer Entwicklung“[14] auftrat und im Fall der modernen Gattenfamilie engstens mit dem Heraufkommen der Industrialisierung im Frühkapitalismus zusammenhängt, wodurch die Frauen des Bürgertums aus der außerhäuslichen Erwerbstätigkeit ausgeschlossen und auf ihre Funktionen für die Familie festgelegt wurden.

Es kann noch aus einem weiteren Grunde gezweifelt werden, ob das Modell der Gattenfamilie ein Ideal für die indischen Frauen darstellen kann.

13 W. J. Goode: World Revolution ..., S. 16–17.

14 R. König: Abhängigkeit und Selbständigkeit in der Familie. In: L. v. Wiese (Hrsg.): Abhängigkeit und Selbständigkeit im sozialen Leben. Köln/Opladen 1951, S. 239. Vgl. auch: R. König: Old Problems and New Queries, S. 618.

Das eigentlich die Tradition sprengende Element in dieser Konzeption ist der Komplex der freien Partnerwahl und der romantischen Liebe. Als Idealtyp wird die Gattenfamilie nicht durch materielle Bindungen oder traditionelle Regeln zusammengehalten, sondern durch die personale Liebesbeziehung zwischen Mann und Frau, die auf „der freien Wahl des Herzens“ beruht[15]. Am nächsten kommt diesem Idealtyp nach Goodes Meinung die amerikanische Ehe und Familie mit ihrem Dating-System, am fernsten steht ihm die traditionelle chinesische und japanische Familie, wo Liebe zwischen den Gatten sogar verboten war[16].

Auch in der kulturellen Tradition Indiens gibt es für den Komplex der „institutionalisierten Liebe“ kein Vorbild. Liebe war für eine Heirat nicht nur nicht erforderlich, sondern galt sogar als Störfaktor in der traditionellen joint family, weil sie die Solidarität der Männer sprengte. Zwar haben sich auch indische Männer und Frauen zu allen Zeiten verliebt, aber diese Liebe war nicht mit der Institution der Ehe verbunden. Liebesbeziehungen entstanden typischerweise außerhalb der legalen Ehe und fielen als solche unter die Zensur der herrschenden Moral. Die Beziehung zwischen Gatte und Gattin ist nach der kulturellen Norm charakterisiert durch formalen Respekt und Distanz. Die Frau schuldet dem Mann Ehrfurcht und Gehorsam, nicht aber Liebe. Wird sich diese Beziehung nach dem amerikanischen Modell verändern, wenn Männer und Frauen in zunehmendem Maße in nuklearen Haushalten in den Städten wohnen?

Über diese Frage herrscht unter den Soziologen, die sich in den vergangenen zwanzig Jahren mit dem Problem der Stabilität und des Wandels der indischen joint family befaßt haben, keine einheitliche Meinung. M.S. Gore hat festgestellt, daß auch in städtischen Nuklearfamilien die zentralen Beziehungen zwischen Männer und Frauen, die Mutter-Sohn und die Gatte-Gattin-Beziehung, keine wesentlichen Veränderungen in Richtung auf das westliche Muster erfahren haben[17]. Andere halten dies jedoch lediglich für eine Erscheinung des cultural lag, ein Nachhinken der Attitüden und Gefühle hinter der veränderten Realität[18].

Damit kommen wir zu einer grundsätzlichen Frage in bezug auf die Hypothese Goodes: Ist das Modell der Gattenfamilie überhaupt ein brauchbarer Maßstab, um Veränderungen in der Struktur der indischen Familie zu

15 Zu dem Komplex der „romantischen Liebe“ vgl. u.a. W. J. Goode: The Theoretical Importance of Love“. American Sociological Review. 24 (Feb. 1959), S. 38–47; W. J. Goode: Soziologie der Familie. Hrsg. D. Claessens. München 1967, S. 78–80; R. O. Blood und D. M. Wolfe: Husbands and Wives, S. 86.

16 W. J. Goode: Soziologie der Familie, S. 80.

17 M. S. Gore: Urbanization and Family Change. Bombay 1968, S. 186–189.

18 Diese Meinung vertreten u.a. außer W. J. Goode und A. D. Ross: The Hindu Family in its Urban Setting. Toronto 1961, S. 107, auch D. Narain: „Interpersonal Relationships in the Hindu Family“. In: R. Hill und R. König: a.a.O., S. 460–461.

messen? Ist es nicht vielmehr der „Balken im Auge“ (G. Myrdal) der westlichen Familiensoziologen, der ihnen den Blick auf das, was in Indien geschieht, verstellt? Verschiedene indische Soziologen haben darauf hingewiesen, daß die Zunahme nuklearer Haushalte nicht gleichzusetzen sei mit der Zunahme von Nuklearfamilien[19], die auf einer freien, personalen und partnerschaftlichen Liebesbeziehung zwischen Mann und Frau basieren. Die allzu rasche Übertragung westlicher Konzepte auf die indische Wirklichkeit kann diese Wirklichkeit nur verzerren[20].

2. Die indischen Frauen im Spannungsfeld zwischen Ideologie und Wirklichkeit

Ohne Zweifel übt die „radikale Ideologie der Gattenfamilie“ mit ihrer Betonung der Individualität und Freiheit eine starke Anziehungskraft auf die gebildeten Klassen Indiens aus. Sie tut es nicht zuletzt deshalb, weil diese Familienform als „fortschrittlich“ gilt. Wer seine Fortschrittlichkeit bekunden will, muß z.B. eine positive Meinung zur freien Partnerwahl äußern. In diesem Sinn hat die Ideologie der Gattenfamilie auch eine große Wirkung auf die Sozialforschung gehabt. Die meisten Untersuchungen über Kontinuität und Wandel der indischen Familie beruhten auf Meinungs- und Attitüden-Surveys. Man wollte wissen, wie „konservativ“ oder wie „fortschrittlich“ einzelne Gruppen waren. Es ist verschiedentlich betont worden, daß die geäußerten Meinungen nicht als Hinweise auf die soziale Realität gewertet werden dürften. So erklärten z.B. etwa 50% eines Samples von College-Lehrern sich bereit, ihre Kinder eine intercaste-marriage eingehen zu lassen. Dazu bemerkt der Autor dieser Studie, K.M. Kapadia, skeptisch: „It is also probable that the educated young men like to be looked upon as progressive and would not like to show themselves orthodox, they therefore would choose to opine in favour of trends that are in the air.“[21]

19 Hier sind vor allem zu nennen: I. P. Desai: „The Joint Family: an Analysis“. Sociological Bulletin. Vol. IV, 2, S. 99–102. M. K. Kapadia: Marriage and Family in India. London 1968, S. 305–308. M. S. Gore: Urbanization, S. 39.

20 Zur Vermeidung ethnozentrischer Fehlschlüsse schlägt R. König vor, in nicht-westlichen Gesellschaften zu unterscheiden zwischen Nuklearfamilie und Gattenfamilie: „Wenn es aber Kernfamilien in wirtschaftlich unterentwickelten Gesellschaften gibt, so fehlt doch noch der Typ der Gattenfamilie, die auf einer höchstpersönlichen Bindung der Ehepartner beruht.“ R. König: Soziologie der Familie, S. 236.

21 Kapadia hat vor allem auf diese Diskrepanz zwischen geäußertem und tatsächlichem Verhalten hingewiesen in seiner Untersuchung über College-Lehrer. K. M. Kapadia: „Changing Patterns of Hindu Marriage and Family“. Sociological Bulletin, March-Sept. 1954, S. 19.

Die bekannte Kluft zwischen Ideologie und Wirklichkeit, zwischen gesellschaftlicher Norm und tatsächlichem Verhalten erfährt in Indien noch dadurch eine Vertiefung, daß die propagierten Leitbilder nicht der eigenen Tradition entstammen, sondern einer fremden Kultur, die mit einem Anspruch auf Überlegenheit auftritt. Aber die Diskrepanz zwischen kultureller Norm und sozialer Praxis ist keineswegs nur ein Produkt des kolonialen Kulturkontakts und Ausdruck der oft beschriebenen Ambivalenz der Intellektuellen in ehemaligen Kolonialländern, sondern entspricht darüber hinaus der kulturellen Tradition Indiens. Die Produktion von Ideologie im weitesten Sinn, von Religion, Weltanschauung und Rechtsnormen war in Indien seit jeher das Privileg der brahmanischen Literatenklasse, der Spezialisten für *Dharma,* des Komplexes religiös-sittlicher Normen. Nach brahmanischer Lehre steht Dharma zwar über den anderen Lebenszwecken: *Artha* (ökonomisch-politisches Streben) und *Kama* (Geschlechtsgenuß), greift aber nicht eigentlich regulierend in diese ein, da alle diese Bereiche ihren eigenen Gesetzmäßigkeiten, ihrem eigenen *Dharma* folgen. Wenn es um Religion geht, gelten die Gesetze der Religion, wenn es um Geld, Macht und irdischen Vorteil geht, gelten die Gesetze des krassen Macchiavellismus, wenn es um Genuß geht, gelten die Regeln der Liebeskunst. Eine Vermischung dieser Normen gilt als ebenso scheußliches Verbrechen wie eine Vermischung der Kasten[22].

Auf dem Hintergrund dieser Doktrin über die prinzipielle Trennung von religiös-sittlicher Norm und gesellschaftlicher Praxis ist die Kluft zwischen Ideologie und Wirklichkeit nicht nur ein methodisches Problem für Sozialwissenschaftler.

Es ist weder Schizophrenie noch Heuchelei, wenn Menschen sich in der Realität anders verhalten als man es aufgrund der von ihnen propagierten Normen erwarten würde; sie *leben* vielmehr in getrennten Bereichen und gehen ohne Gewissensqualen und Neurosen von dem einen in den anderen über. Die Trennung und Hierarchisierung von Lebensbereichen gilt als eins der wichtigsten Strukturmerkmale der indischen Kastengesellschaft[23]. So werden nicht nur „reine“ und „unreine“ Kasten streng voneinander getrennt

22 „Immer und in jeder Weise gilt zur Zeit der Erlangung weltlichen Vorteils nur die materialistische oder Diesseitslehre ... bei der Beschaffung des Genusses der Liebe nur die Lehre der Wollustjünger ... beim Dharma die der Religiosen“;
J. J. Meyer: Das altindische Buch vom Welt- und Staatsleben. Das Arthaćastra des Kautilya, übers. von J. J. Meyer. Hannover 1925, Einleitung LXI–LXII.
Vgl. auch: M. Weber: Hinduismus und Buddhismus. In: Gesammelte Aufsätze zur Religionssoziologie, Band II. Tübingen 1921, S. 142–147.

23 Die fundamentale Trennung ist nach Louis Dumont die Opposition zwischen „rein“ und „unrein“, die alle sozialen Beziehungen durchzieht und gleichzeitig trennt und verbindet: „L'ensemble est fondé sur la coexistence nécessaire et hiérarchisée des deux opposés. On parlerait d'une opposition „synthétique a priori ...“ L. Dumont: Homo hierarchicus, Essai sur le système des castes. Paris 1966, S. 65.

und durch das Prinzip der Hierarchie verbunden. Der gleiche Vorgang der Trennung und Re-Integrierung durch Hierarchisierung wiederholt sich in der Struktur der Familie, der Heiratssysteme, der Speiseregeln, der Beziehung zwischen den Geschlechtern, in bezug auf Ideologie und Praxis. Eine *Vermischung* dieser scharf getrennten, hierarchisch gestaffelten Segmente würde das ganze gesellschaftliche System erschüttern. „Vermischung" durch körperlichen Kontakt, „mixing" – von „Berührbaren" und „Unberührbaren", von „reinen" und „unreinen" Speisen, von oberen und unteren Kasten, von Männern und Frauen gilt daher immer als Sünde, als „Unreinheit", die, wie L. Dumont betont, in Indien das moralische Äquivalent zu dem abendländischen „Bösen" darstellt[24].

Wenn man sich nun den spezifischen Problemen moderner indischer Frauen zuwendet, darf man dieses fundamentale Strukturprinzip nicht aus den Augen verlieren. Die Frauen gehören dem Artha-Bereich an, dem weltlich-irdischen Macht- und Profitbereich[25]. Sie sind von der Erzeugung von Theorie ausgeschlossen und sind die eigentlichen Praktikerinnen. Daß indische Frauen einen realistischeren, praktischeren und nüchterneren Charakter haben als indische Männer – obwohl indische Männer das Vorurteil von der Emotionalität und Irrationalität der Frauen ihren westlichen Lehrern nachbeten – haben viele europäische Beobachter festgestellt[26]. Wir brauchen uns also nicht zu wundern, wenn die offizielle Ideologie *über* die Frauen, gleichgültig ob sie hinduistisch-brahmanischen oder westlichen Ursprungs ist, wenig über die Praxis indischer Frauen aussagt.

Auf diesen Unterschied weist auch D. Narain hin. Er ist der Meinung, daß die von Gore festgestellte Differenz in der Perzeption von Männern und Frauen bezüglich der „Nähe" des Gatten zu Mutter oder Gattin[27] darauf zurückzuführen sei, daß die Äußerungen der Männer nur verbale Wiederholungen der kulturellen Norm darstellen, die Frauen aber wohl mehr von ihrem wirklichen Verhalten gesprochen hätten[28]. Narain übersieht aber dabei, daß auch die Äußerungen der Frauen nur verbal waren und daß ihr tatsächliches Verhalten auch in Gores Studie im Dunkeln geblieben ist. Die Streitfrage, ob das vom kulturellen Muster abweichende Verhalten indischer Frauen, das

24 L. Dumont: a.a.O., S. 85.

25 Die politische Theorie im alten Indien lebt, wie H. J. Meyer betont, aus dem Geist der Frauen. Sie sind Meisterinnen in den praktischen Dingen und in den Trugkünsten (maya). „Sie lachen mit den Lachenden und weinen mit den Weinenden, und den Unfreundlichen fangen sie mit freundlichen Reden, alles durch die Fügung des Schicksals ..." J. J. Meyer: Das Weib im altindischen Epos. Leipzig 1915, S. 372–3.

26 „Girls are treated with less indulgence than boys. Correspondingly, foreign observers agree in ascribing to Indian Women a more practical character than is shown by their menfolk." P. Spratt: Hindu Culture and Personality. Bombay 1966, S. 187.

27 M. S. Gore: Urbanization, S. 186–89.

28 D. Narain: a.a.O., S. 460.

viele Autoren festgestellt haben, das Zeichen eines erfolgten Wandels oder eines fortdauernden kulturellen Musters ist[29], kann nicht geklärt werden, solange die Forschung sich auf Erfassung von Meinungen und Attitüden beschränkt, das tatsächliche Verhalten aber ignoriert. Wir werden daher im Verlauf dieser Arbeit unsere Aufmerksamkeit vor allem der Frage zuwenden: Wie sieht die soziale Realität moderner indischer Frauen aus, die von dem normativen Rollenmuster der Gattin, Hausfrau und Mutter abweichen und neue Funktionen in der ihnen bisher verschlossenen Öffentlichkeit ausüben?

In der Situation des Rollenkonfliktes stoßen nicht nur widersprüchliche Ideen, Werte, Vorstellungen, Leitbilder und Normen aufeinander, sondern ebenso widersprüchliche Realitäten. Die berufstätige Inderin hängt u.U. der gleichen egalitären oder autoritären Ideologie an wie ihr Gatte, das ändert aber nichts daran, daß er von ihr erwartet, daß sie ihre Familienrollen genauso gut und vollständig spielt wie eine Nur-Hausfrau. Zum Studium der sozialen Wirklichkeit ist diese Situation, in der widersprüchliche Erwartungen in bezug auf sozialen und ökonomischen Status, auf Autorität und Macht, auf familieninterne Arbeitsteilung einander kreuzen, besonders geeignet. Am Verhalten der Frauen und an den Reaktionen ihrer Familie wird abzulesen sein, welchen Abweichungsspielraum von den gesellschaftlichen Normen die indische Gesellschaft den berufstätigen und studierenden Frauen tatsächlich zugesteht, bis zu welchem Grad Frauen straffrei von den vorgeschriebenen Rollennormen abweichen können und welcher Mechanismen sie sich dabei bedienen[30]. Es wurde schon gesagt, daß die indischen Frauen ihre neuen Rechte und ihren neuen Status im politischen Befreiungskampf erwarben und daß ihre neuen Funktionen spezifisch *öffentliche* waren: Teilnahme am politischen Leben, Bildung, Berufstätigkeit. Die indischen Frauen haben diese öffentlichen Rollen mit großem Enthusiasmus ergriffen und haben, im Gegensatz zu den Frauen im Westen, die nach Krisen und Kriegen immer wieder an den häuslichen Herd zurückverwiesen wurden, ihren Platz in der Öffentlichkeit nicht wieder aufgegeben.

Es wird sich erweisen, ob sich die indische Familie dieser neuen Rollenkonstellation der Frau anpaßt, ob sich die Ideologie verändert, oder ob die indischen Frauen die gleichen Schuldgefühle, Ängste, Spannungen und Überforderungen zu erleiden haben, wie ihre Schwestern in Europa und Amerika,

29 Der ersten Ansicht neigen Goode, Ross und Narain zu, der zweite Gedanke wird von Gore unterstützt.

30 Malinowski hat festgestellt, daß dieser straffreie Abweichungsspielraum vom Gesetz bei den Trobriandern sehr viel größer ist als gemeinhin angenommen wird. Wichtigstes System der Evasion ist die Magie. B. Malinowski: Crime and Custom in Savage Society. London 1951, S. 80.

deren tragisches Dilemma oft beschrieben und analysiert wurde, aber keineswegs behoben ist[31].

Muß die studierende Frau auch in Indien befürchten, daß sie durch ihr Studium ihre eigentlich „femininen" Qualitäten ruiniert, wie es Mirra Komarowsky für die Amerikanerinnen beschreibt?[32] Hat die berufstätige Frau auch hier dauernd das Gefühl, daß sie eigentlich eine schlechte Mutter und Gattin ist, die ihren Mann und ihre Kinder vernachlässigt? Und wie löst sie das Problem der Doppelbelastung? Hilft der indische Mann im Haushalt mit? Helfen die Familienangehörigen mit? Oder findet sie andere Auswege?

Die typischen Rollenspannungen der gebildeten und berufstätigen Frauen in den westlichen Gesellschaften werden einerseits hervorgerufen durch die Inkongruenz zwischen ihrer gesellschaftlichen Situation und dem gesellschaftlichen Leitbild der Frau[33], andererseits aber durch die Struktur der Gattenfamilie, wodurch der Frau *allein* die Sozialisierung der Kinder und die Funktionen der emotionalen Versorgung und Spannungserleichterung zufällt. Beides, Leitbild und Familienstruktur, erfüllen eine bestimmte Aufgabe für das industrielle System, auf die hier nicht näher eingegangen werden soll. Sie erweisen sich für die Frau jedoch dann als Hindernisse, wenn sie die kulturellen Ziele, auf denen dieses System beruht, für ihre Person zu realisieren versucht. Sie wird damit zum „Abweichler" im Sinne R.K. Mertons[34].

Da die geschlechtsbedingte instrumentell-expressive Arbeitsteilung in der Gattenfamilie, die auf einem zwar realitätsfernen aber dennoch festen Leitbild von der Frau beruht, als funktional für den modernen Industrialisierungsprozeß angesehen wird, andererseits das Industriesystem selbst immer stärker auf die Eingliederung von Frauen in den Produktionsprozeß angewiesen ist, erhält die Rollenspaltung der Frau in ihre sog. „femininen" Rollen in der Familie und in ihre Berufsrolle in den westlichen Industriegesellschaften fast einen tragischen Charakter. Der Konflikt erscheint unausweichlich und unauflösbar. So heißt es bei M. Komarovsky: „The steps

31 Aus der Fülle der Literatur zur Problematik der Doppelrolle gebildeter Frauen in Familie und Beruf seien hier nur erwähnt:
- A. Myrdal und V. Klein: Die Doppelrolle der Frau in Ehe und Beruf. Berlin/Köln 1960.
- M. Komarovsky: Women in the Modern World. Boston 1953.
- J. Hubback: Wives Who Went to College. London 1957.

32 M. Komarovsky: a.a.O., S. 5–17.

33 Chombart de Lauwe u.a.: Les images de la femme dans la societé. Paris 1964, S. 33–34.
- R. König: „Die Stellung der Frau in der modernen Gesellschaft". In: O. Käser u.a. (Hrsg.): Gynäkologie und Geburtshilfe, Bd. I. Stuttgart 1969, S. 41–43.

34 „It is, indeed, my central hypothesis that aberrent behavior may be regarded sociologically as a symptom of dissociation between culturally prescribed aspirations and socially structured avenues for realizing these aspirations": R. K. Merton: Social Theory and Social Structure. 2. Auflage, Glencoe (Ill.) 1957, S. 134.

which parents must take to prepare their daughters to meet economic exigencies and familial responsibilities of modern life – these very steps may awaken aspirations and develop roles, as they are defined today.“[35] In einer solchen „Sozialisierung zur Ambiguität“ sehen einige Autoren[36] ein Mittel zur Reduzierung der Rollenspannungen, nicht aber zu einer *Lösung*, denn nach Goodes Hypothese sind Rollenkonflikte, wie die zwischen den Familien- und Berufsrollen der Frau, endemisch in komplexen und fortgeschrittenen Gesellschaften[37]. Sie können nicht gelöst werden, man kann nur versuchen, die Spannungen zu mindern. Dieser Meinung ist mit Goode auch Litwak[38], der im übrigen nicht mit der Hypothese übereinstimmt, daß die jetzige Rollenverteilung die beste Lösung für eine Industriegesellschaft darstellt[39]. So sieht R. König die Stellung der Frau in den westlichen Gesellschaften als „eine schizoide im strengen Sinne ..., die durch eine Zerspaltung nach mehreren Richtungen hin charakterisiert ist. Gleichzeitig kann der Druck nicht von ihr genommen werden, der zur Entscheidung zwingt in einer Lage, in der keine befriedigende Entscheidung möglich ist“[40]. Demnach erscheint der Zwangscharakter dieser Rollenkonflikte, die nach Litwaks Meinung in den westlichen Industriegesellschaften zunehmen statt abnehmen werden[41], fast wie ein Naturgesetz, dem die Frauen heute ebenso wenig ausweichen können wie früher der Determinierung ihres Lebens durch ihre biologischen Funktionen, zumindest nicht, solange die Frauen selbst den Theorien über die Unabänderlichkeit der weiblichen Rollendefinitionen zustimmen, die längst nicht mehr ihrer sozialen Realität entsprechen.

Wie sieht diese Situation für die berufstätige und gebildete Inderin aus?

Bei oberflächlicher Betrachtung ist man geneigt anzunehmen, daß sie dem Druck einer ausweglosen Rollenkonfliktsituation noch stärker ausgesetzt ist als die Amerikanerin oder Europäerin. Bei genauerem Zusehen stellt

35 Komarovsky: a.a.O., S. 66.

36 „Socialication procedures may train people to handle more or less ambiguity ... For instance, a woman might be trained to accept the ambiguities of a careerist and mother roles“. E. Litwak: a.a.O., S. 371.

37 W. J. Goode: „A Theory of Role Strain“. American Sociological Review 25 (4) 1960, S. 483–96.

38 „The main point we want to emphasize here is one that Goode stresses. Resolution of role conflict does not mean making the roles logically consistent. Rather it means finding devices by which people can live with inconsistent roles.“ E. Litwak: a.a.O., Anmerkung 46, S. 394.

39 Nach Litwaks Meinung beruht die Theorie von der geschlechtsspezifischen instrumentell-emotionalen Arbeitsteilung auf der falschen Annahme, daß a) die Frau kein instrumenteller Führer sei, und b) keine emotionalen Probleme habe. Nach seiner Hypothese ist eine Substituierbarkeit der Rollen von Mann und Frau geeigneter für eine moderne Industriegesellschaft. Litwak: a.a.O., S. 361–63, 371.
371.

40 R. König: Die Stellung der Frau, S. 42.

41 E. Litwak: a.a.O., S. 369.

man jedoch fest, daß ihre Situation durch eine Reihe von Faktoren erleichtert wird. Es sind ausgerechnet die, die von westlichen Beobachtern im allgemeinen als hinderlich für eine rasche und rationale Entwicklung des Landes angesehen werden.

So empfinden es indische Frauen z.B.als Vorteil, daß sie sich nicht wie die Frauen im Westen in den Konkurrenzkampf um den Mann stürzen müssen. Das Dating-System, das manche amerikanische Soziologen als die ideale Form einer modernen Partnerwahl ansehen[42], empfinden sie als entwürdigend. Sie können nicht verstehen, daß die Frauen im Westen bereit sind, sich dauernd als Geschlechtswesen herauszustaffieren und anzubieten. Der Komplex der romantischen Liebe rührt sie nur oberflächlich an, sie ziehen eine risikofreie Partnerwahl durch die Eltern der „Jagd auf den Mann" vor[43]. Das Fortdauern der Institution der arranged-marriage befreit die Inderinnen von einer Leistung, die die Frauen im Westen noch zusätzlich zu ihrer Verantwortung in Familie und Beruf zu erbringen haben: der Erhöhung ihres Marktwertes als Frau.

Als Vorteil erweist sich auch, daß indische Frauen nie gegen eine geschlossene Opposition von Männern für ihre neuen Rechte kämpfen mußten. In Indien hat es nie eine wissenschaftliche Diskussion um den „naturbedingten Charakter" der Frau gegeben[44], und die neurotischen Ängste westlicher Frauen, daß sie durch Studium und Karriere ihre „Femininität" verlieren könnten, sind der Inderin unbekannt.

Diese wenigen Beispiele machen bereits deutlich, daß die Rollenproblematik indischer Frauen nicht ganz die gleiche ist wie die der westlichen Frau. Die patriarchalischen Strukturen des Gesellschaftssystems stellen sich zwar der Realisierung neuer Rollen entgegen, bieten aber wegen der Diskrepanz zwischen Theorie und Praxis der Frau einen größeren straffreien Abweichungsspielraum.

42 Vgl. u.a. R. O. Blood und D. M. Wolfe: a.a.O., S. 147–150.

43 Rama Mehta interviewte 50 Frauen indischer Funktionäre in den U.S.A., die alle eine westlich orientierte Bildung genossen hatten, und stellte fest, daß diese Frauen Liebe und Leidenschaft nicht für erforderlich für eine glückliche Ehe hielten. „They saw marriage in terms of a fuller life, not necessarily one in which there was excitement and passion. They were aware that love was the fruit of selfless devotion to the man one married." 42 dieser Frauen hatten selbst arranged marriages gehabt, die restlichen 8 hatten mit Zustimmung der Eltern einen Mann geheiratet, der ihnen gefiel. 40 der Frauen wünschten auch für ihre Kinder eine arranged marriage.
R. Mehta: The Western Educated Hindu Woman. Bombay 1970, S. 106–115.

44 Vgl. z.B. die von der psychoanalytischen Schule ausgelöste Diskussion um die angeborenen weiblichen Charakterzüge in Freuds Theorie des Penisneids. Eine durchgängige Kritik der ideologisch verzerrten wissenschaftlichen Betrachtung des „weiblichen Charakters" liefert V. Klein: The Feminine Character: History of an Ideology. London 1946.

Eine angemessene Analyse dieser Diskrepanz kann sich dabei nicht auf das Studium von Meinungen und Attitüden beschränken, sondern muß versuchen, das *tatsächliche Verhalten* von Frauen in der Situation des Rollenkonflikts zu erfassen. Als Nebeneffekt wird eine solche Analyse der Rollenkonfliktsituation indischer Frauen auch Aufschluß über einzelne Fragen geben, die mit der Theorie des Wandels der indischen Familie zusammenhängen. So wird sich z.B. erweisen, ob sich die Gattenbeziehung dem westlichen Modell annähert, ob die joint family sich als vorteilhaft für die berufstätige Frau erweist, ob sich die bisher unilateralen Verwandschaftsbeziehungen auf bilaterale hin entwickeln[45], ob die Statushierarchie in der Familie durch die neue Selbständigkeit der Frau, vor allem durch ihre ökonomische Rolle verändert wird, ob der Faktor Schicht einen maßgeblichen Einfluß auf diese Prozesse hat.

Wir sind mit Goode der Meinung, daß Frauen die egalitären Prinzipien stärker betonen als Männer[46]. Gesellschaftlicher Wandel erfolgt aber erst, wenn solche Prinzipien nicht nur postuliert, sondern auch realisiert werden. Diese Realisierung erfolgt zumindest in einem bestimmten Bereich, wenn Frauen ihre durch die neuen Gesetze zugesicherten Rechte auf Bildung und Beruf nicht nur theoretisch proklamieren, sondern praktisch wahrnehmen. Die Analyse der Probleme und Spannungen von studierenden und berufstätigen Frauen wird erweisen, inwieweit diese Realisierung innerhalb der bestehenden gesellschaftlichen und familiären Strukturen möglich ist.

3. Methode

Die methodischen Probleme, die beim Studium einer fremden Kultur auftauchen, sind bekannt. Theorien, Konzepte, Kategorien, die bei der Erforschung der westlichen Gesellschaften entwickelt wurden, haben unter Umständen nicht einmal ein Äquivalent in nicht-westlichen Gesellschaften. So verweist Reuben Hill z.B. auf die Feststellung I.P. Desais, daß der Begriff der Nuklearfamilie in Indien inhaltlich nicht verstanden wird, weil Familie immer als der größere Verwandtschaftsverband gesehen wird[47]. Aus der voraufgegangenen Erörterung ist deutlich geworden, daß dies in erhöhtem Maß von dem Begriff „Gattenfamilie" gilt, da eine personale, freie Liebesbezie-

45 W. J. Goode: World Revolution, S. 19–20.

46 W. J. Goode: World Revolution, S. 19.

47 I. P. Desai: Some Aspects of Family in Mahuva: A Sociological Survey of Jointness in a Small Town. Bombay 1964, zitiert bei R. Hill: „The three generation research design: method for studying family". In: R. Hill und R. König: a.a.O., S. 540.

hung zwischen Mann und Frau, die im Westen mit diesem Begriff verbunden ist, kulturell nicht vorgesehen ist. Solche Begriffe werden zwar unter den Gebildeten gebraucht, aber unter Umständen mit einem vom ursprünglichen Konzept verschiedenen Inhalt gefüllt und degenerieren bald zu sterilen Abstraktionen, die die Sicht auf die Wirklichkeit mehr verstellen als freigeben. Diese Gefahr ist, wie Milton Singer betont, besonders groß bei solchen Entweder-Oder-Hypothesen wie „Tradition versus Modernismus" („either Traditions break down or Modernism will not appear"), die nur zu dem Schluß führen können, daß Indien entweder eine Anomalie ist, oder sich in einem „Übergangszustand von einer traditionellen zu einer modernen Gesellschaft befindet". Bei einer solchen Verengung der Perspektive entgeht dem fremden Betrachter jedoch, daß „Tradition" und „Moderne" in Indien oft nebeneinander existieren[48].

Singer plädiert darum dafür, für das Studium der indischen Gesellschaft neue Konzepte, Theorien und Methoden zu entwickeln, die den neuen sozialen Formen und Prozessen, die sich in Indien abzeichnen, angemessen sind.

In Anwendung dieser Forderung benutzte er die genealogische Methode[49] zur Untersuchung des Wandels der joint family durch den Industrialisierungsprozeß. (Auf die Ergebnisse seiner Studie werden wir noch eingehen.) Für das Studium von Rollenverhalten empfiehlt er die Verwendung von Biographien[50].

Singers Forderung, daß Theorien, Methoden und Konzepte der zu untersuchenden Sache angemessen sein sollen, ist beim Studium der indischen Gesellschaft nicht immer beachtet worden. Die ethnozentrische Voreingenommenheit durch westliche Konzepte und Kategorien macht sich besonders stark bei der mit Fragebogen arbeitenden Survey-Methode bemerkbar. Dieses allgemeine Problem bei der Erforschung einer fremden Kultur wird in Indien dadurch verschärft, daß nicht nur der ausländische Beobachter von seiner eigenen kulturellen „Farbenblindheit" genarrt wird, die ihn hindert, die anderen als *andere* zu sehen; die anderen liefern ihm außerdem auch nur die Informationen, von denen sie glauben, daß sie *erwartet* werden. Ein indisches Sprichwort lautet: „Sag die Wahrheit, aber sag nie die unangenehme Wahrheit."

Aufgrund dieser kulturellen Regel sind Fragebogenantworten oft nichts anderes als eine Wiederholung der kulturellen Normen oder der allgemeinen Fortschrittsideologie, wie Narain und Kapadia bereits bemerkten.

Die ethnozentrische Voreingenommenheit kann beim Studium der indischen Gesellschaft sicher nicht ganz eliminiert werden, man kann aber versuchen, sie zu reduzieren, indem man ein Problem nicht eindimensional un-

48 M. Singer: „Indian Joint Family in Modern Industry". In: M. Singer and B. S. Cohn: Structure and Change in Indian Society. Chicago 1968, S. 431–32.
49 M. Singer: Vorwort zu „Structure and Change in Indian Society", XII.
50 M. Singer: Vorwort zu „Structure and Change in Indian Society", XII.

tersucht, sondern von verschiedenen Perspektiven und Ebenen her angeht. Dazu gehört auch die Einführung der historischen Dimension.

Die sozialen Prozesse, die sich heute in Indien abspielen, bleiben unverständlich, wenn man sie nicht auf dem Hintergrund eines langen kulturellen Entwicklungsganges sieht. Ein Begriff wie „Tradition" sagt inhaltlich nicht das geringste über die Art und Weise aus, wie die Vergangenheit in die Gegenwart hineinwirkt und sie beeinflußt.

An den Anfang unserer Untersuchung stellen wir darum eine Analyse der sozio-kulturellen Determinanten weiblicher Rollen und Rollennormen in Indien. In ihrer idealtypischen Ausprägung finden sich diese Rollennormen in den brahmanischen Rechtsbüchern, vor allem im Codex des Manu. Obwohl diese Rechtsnormen im Laufe der Zeit und insbesondere in den letzten hundert Jahren radikale Veränderungen erfahren haben, ist das gesellschaftliche Leitbild von der Frau in der heutigen Gesellschaft ohne Kenntnis dieser Normen nicht zu verstehen.

In einem zweiten Schritt wird untersucht, wie die Struktur der Familie und die familieninternen Rollenbeziehungen das Rollenverhalten der Frau determinieren.

Die heutige soziale Wirklichkeit indischer Frauen ist außerdem bestimmt durch die Einflüsse, die die Unabhängigkeitsbewegung auf die politische, soziale, kulturelle und ökonomische Stellung der Frau hatte. Diese neue Wirklichkeit ist vor allem gekennzeichnet durch den Zugang der Frauen zu den Bildungseinrichtungen und beruflicher Aktivität. Durch Hinzuziehung von Zensus-Daten und offiziellen Berichten wird die gesamtindische Situation der weiblichen Bildung und Erwerbstätigkeit, die den aktuellen Hintergrund für Rollenprobleme einzelner berufstätiger und studierender Frauen darstellt, untersucht.

Ferner werden vorhandene empirische Arbeiten zu dem Problemkreis der weiblichen Bildung und Berufstätigkeit in die Analyse der Rollenproblematik einbezogen und insbesondere zur Untersuchung der tatsächlichen Rollenkonfliktsituation ausgewertet.

Da der Akzent dieser Arbeit auf dem tatsächlichen Verhalten von Frauen in der Doppelrollensituation liegt, und nicht auf Meinungen und Einstellungen zu weiblicher Bildung und Berufstätigkeit allgemein, werden schließlich Rollenkonflikte anhand von biographischen Situationen einzelner Frauen untersucht.

Die Daten zu diesen Einzelfallstudien wurden in den Jahren 1966–67 und im Januar 1970 in den Städten Poona und Bombay durch teilnehmende Beobachtung und durch Intensivinterviews gewonnen. Eine Anzahl dieser Frauen waren Studentinnen, die an den Sprachkursen des Max Müller Bhavans (Goethe-Institut) in Poona teilnahmen, einige arbeiteten in verschiedenen Berufen. Die Frauen gehören verschiedenen Kasten, Regionen und Religionsgemeinschaften an und kommen teils aus der unteren, teils aus der oberen Mittelklasse. Es sind sowohl Verheiratete als Unverheiratete in die Untersuchung einbezogen worden.

Die Vorteile der Analyse biographischer Einzelsituationen für die Rollenkonfliktproblematik sind folgende:

1. Die Rollenkonflikte der Frauen erscheinen im Zusammenhang einer Lebenssituation und im Zusammenspiel aller objektiven und subjektiven Faktoren.

2. Es wird deutlich, wie sich die Frauen in der Konfliktsituation verhalten, welche Lösungen und Auswege sie tatsächlich ergreifen, und wie ihre Umgebung auf ihr Verhalten reagiert.

3. Dabei wird deutlich, wie groß im Einzelfall der Abweichungsspielraum von der kulturellen Norm ist und wodurch dieser Abweichungsspielraum begrenzt wird.

4. Am Verhalten dieser Frauen wird abzulesen sein, ob die außerhäuslichen Rollen der Frauen einen Wandel der familiären Autoritätsstruktur bewirken.

5. Die Gefahr, daß nur *verbales* Verhalten registriert wird, wird reduziert.

Es liegt auf der Hand, daß dieses Vorgehen Mängel aufweist: Diese Einzelfallanalysen können keinen Anspruch auf Repräsentativität erheben; sie bieten keine Basis für einen Vergleich, und die Ergebnisse sind nicht quantifizierbar.

Wir hoffen, daß diese Mängel teilweise dadurch ausgeglichen werden, daß diese Einzelfallstudien mit den Ergebnissen der Analyse der gesamtindischen Situation der Frauen und einzelner regionaler Untersuchungen verglichen werden. Auf diesem Hintergrund verlieren die Biographieausschnitte ihren idiosynkratischen Charakter und erscheinen als exemplarische Konkretisierungen des allgemeinen gesellschaftlichen Dilemmas der indischen Frau zwischen Familie und Öffentlichkeit, zwischen patriarchalischen Strukturen und neuen Gleichheitsrechten.

Definition der zu untersuchenden Gruppe

Es ist noch ein Wort über die Gruppe zu sagen, auf die sich die vorliegende Arbeit konzentriert. Konflikte zwischen familiären und außerfamiliären Rollen der Frau sind ein Phänomen, das auf die Mittel- und Oberklassen[51] beschränkt ist. In allen Gesellschaften haben die Frauen der Unterklasse seit jeher zum Broterwerb der Familie beitragen müssen, und niemand wäre auf die Idee gekommen, ihre Arbeit auf den Feldern, in der Fabrik, im Handwerksbetrieb, im Straßen- und Hausbau als „unvereinbar" mit ihren Gattinnen- und Mutterpflichten anzusehen.

51 In der vorliegenden Arbeit wird der Klassenbegriff so verwandt, wie er in Indien in Anlehnung an den englischen Sprachgebrauch üblich ist.

Der Ausschluß der Frauen von jeglicher wirtschaftlicher und intellektueller Tätigkeit war in Indien ein Statuskriterium der oberen Kasten. Die Entwertung der Frau als Geschlechtswesen und ihre soziale, religiöse und ökonomische Versklavung waren am stärksten unter den Brahmanen ausgeprägt, die sog. *„social evils"* wie Witwenverbrennung, Kinderheirat, *purdah*, usw. grassierten vor allem unter den „zweimal geborenen Kasten"[52]. Diese Kasten, insbesondere die Brahmanen, waren aber auch diejenigen, die am meisten von den neuen Chancen, die das englische Kolonialregime bot, profitierten: von westlicher Bildung und neuen Erwerbsmöglichkeiten in der Kolonialverwaltung. Diese Schicht griff verständlicherweise auch als erste liberales und egalitäres Gedankengut auf, das von englischen Philanthropen und Missionaren verkündet wurde. Demzufolge wurden die reformerischen Bemühungen um die Emanzipation der Frauen vorwiegend von Pionieren aus den Brahmanenkasten getragen.

Soweit es sich um Hindus handelt, werden wir uns bei der folgenden Untersuchung daher auf Frauen aus den Kasten beschränken, die rituell oberhalb der „pollution line" (Srinivas) stehen und deren wirtschaftlicher Status durch Landbesitz, Handel und Mitgliedschaft in den white collar professions bestimmt ist. Ausgeschlossen sind demnach die Shudras und die Unberührbaren.

Eine weitere Einschränkung erfährt die Gruppe dadurch, daß nur Frauen in Städten untersucht werden, denn nur in den Städten existieren höhere Bildungseinrichtungen und die Möglichkeiten der Erwerbstätigkeit für Mittelklassenfrauen. Unter diesen Frauen wiederum sollen nur die berücksichtigt werden, die eine höhere Bildung haben, das heißt diejenigen, die die Sekundarschule absolviert haben und zumindest eine Collegeausbildung angefangen haben. Denn erst eine höhere Bildungsqualifikation der Frauen erweist sich als konfliktauslösendes Moment, wie wir noch sehen werden.

Der Faktor Bildung hängt eng zusammen mit Beruf und Einkommen. Die Angehörigen der gebildeten städtischen Mittelklassen befinden sich hauptsächlich in folgenden Berufen:

1. „professions" (akademische und technische Berufe)
2. Management und Verwaltung
3. Handel und Gewerbe
4. Büropersonal
5. „Services" (Post, Eisenbahn, Polizei, Militär, Gesundheitsdienst usw.)[53]

Die untere Einkommensgrenze der unteren Mittelklasse setzen wir mit 2oo Rupies an, das entspricht dem Monatsgehalt eines Lehrers oder eines

52 Das sind die drei oberen Kasten (oder varnas), die im Initiationsritus (*upanayana*) mit der heiligen Schnur bekleidet wurden.

53 Diese Berufsklassifikation folgt den Kriterien der „National Classification of Occupations" (NCO). Quelle: „Occupational-Educational Pattern in India". Government of India 1966, S. 5.

„clerk". Die Mehrheit der Bevölkerung hat natürlich ein viel geringeres Monatseinkommen; das durchschnittliche Jahresprokopfeinkommen betrug 1954–56 nur 263 Rs.[54]

Die Frauen, die uns in dieser Untersuchung beschäftigen, gehören also der kleinen Schicht der gebildeten städtischen Mittelklassen an, die kaum 5% der Gesamtbevölkerung ausmachen. Obwohl nicht nur Hindus in diese Untersuchung einbezogen werden, wird die Rollenkonfliktproblematik vor allem auf dem Hintergrund der hinduistischen Wertsysteme, hinduistischer Institutionen und Traditionen behandelt werden. Die religiösen Minoritäten, Moslems, Christen und Parsen haben zwar ihre eigenen Subkulturen entwickelt, haben aber gerade in Bezug auf die Stellung der Frau viele Wertvorstellungen der dominanten Kultur übernommen. Darum sind z.B. berufstätige Christinnen und Parsinnen keineswegs vor negativen Sanktionen durch ihre Umgebung geschützt. Die Hauptkultur übt bekanntlich einen starken normativen Druck auf Subkulturen und Unterschichten aus; darum ist es gerechtfertigt, von den Problemen „indischer" Frauen zu reden und dabei vor allem auf das Wertsystem und die Institutionen der Hindus einzugehen.

54 G. Myrdal: Asian Drama. New York 1968, Table 4, S. 2177.

1. Historische, kulturelle und soziale Determinanten weiblicher Rollen

Soziale Rollen und Rollenerwartungen, die von Männern und Frauen in konkreten sozialen Situationen als verpflichtende Norm erfahren werden, sind abhängig von der Kultur der jeweiligen Gesellschaft, die ihrerseits wiederum das Ergebnis oft weit in die Vergangenheit zurückreichender historischer Prozesse ist.

Das gilt insbesondere für die Familien- und Geschlechtsrollen, für jene „Basis- oder naturalen Rollen“[1], die in jeder menschlichen Gesellschaft, gleich welchen technischen Entwicklungsgrades, ausgebildet worden sind. Den Akteuren ist meist weder die kulturelle noch die historische Dimension dessen, was sie als „richtiges“ Verhalten empfinden, bewußt. Je „älter“ die Rollen sind, und die geschlechtsspezifische Rollendifferenzierung dürfte am Anfang aller sozialen Rollendifferenzierung gestanden haben[2], desto „selbstverständlicher“ und „natürlicher“ erscheinen die mit ihnen verbundenen Rollenerwartungen und desto mehr erwecken sie den Eindruck universeller Gültigkeit.

Seit den Forschungen von Margaret Mead wissen wir aber, daß die sogenannte Universalität weiblichen oder männlichen Rollenverhaltens auf einer ethnozentristischen Täuschung beruht, die übersehen hat, daß das, was als weibliche oder männliche Rollen angesehen wird, von verschiedenen Kulturen verschieden definiert wird und keineswegs durch die physiologische Differenzierung der Geschlechter als solcher determiniert ist[3].

Schon das Studium der eigenen Gesellschaft verlangt das Zerreißen des täuschenden Schleiers der Selbstverständlichkeit und das Aufdecken der historischen und kulturellen Bedingtheiten. Das gilt aber in erhöhtem Maße vom Studium einer *fremden* Gesellschaft. Will man das Gefüge sozialer Normen und ihr Zusammenspiel in konkreten Rollenerwartungen in einer fremden Kultur verstehen, so muß man wissen, wie sie *geworden* sind und welchen Stellenwert sie im Wertsystem dieser Gesellschaft einnehmen. Das heißt im Hinblick auf die vorliegende Fragestellung: Wenn man die Konflikte untersuchen will, denen moderne indische Frauen durch die Übernahme neuer, bisher gesellschaftlich nicht vorgesehener Rollen ausgesetzt sind, kann man nicht auf eine historische und soziokulturelle Analyse der traditionellen Stellung der Frau in der indischen Gesellschaft verzichten. Man kann z.B.

1 D. Claessens: Rolle und Macht. München 1968, S. 54. Den Begriff „Basisrolle“ hat Claessens von M. M. Tumin übernommen. Vgl. M. M. Tumin: Schichtung und Mobilität, Bd. 5, Grundfragen der Soziologie. München 1968.

2 R. König: Die Stellung der Frau, S. 9.

3 M. Mead: Geschlecht und Temperament, rde Reinbek 1959; Mann und Weib, rde Reinbek 1969.

das Phänomen der Geschlechtersegregation und seine Bedeutung im Berufsleben der modernen Inderin nicht richtig einordnen, wenn man seine Wurzeln im kulturellen System nicht kennt.

1.1. Die traditionelle Stellung der Frau

Die meisten Autoren, die sich in neuerer Zeit mit der Stellung der Frau im alten Indien befaßten, konnten gar nicht umhin, die Tradition indischer Intellektueller fortzusetzen, die, wie Yogendra Singh sagt, nicht durch Innovation, sondern durch Interpretation charakterisiert ist[4]. Auf der einen Seite hatten sie keine andere Wahl, als die vorhandenen schriftlichen Zeugnisse der Sanskritliteratur zu Rate zu ziehen, auf der anderen aber entsprang ihr Interesse an der Frage der Stellung der Frau dem Bedürfnis, der scharfen Kritik der viktorianischen Engländer an der Degradierung der Frau in Indien entgegenzuwirken. So bemühen sich diese Autoren nachzuweisen, daß diese Degradierung am Anfang der Hindu-Zivilisation nicht oder nicht in gleichem Maße bestanden habe wie in der Gegenwart. Diese revivalistische Re-Interpretation der alten Quellen hatte die wichtige Funktion, die die Frau betreffenden neuen sozialreformerischen Gesetze gegen die Kritik der Hindu-Orthodoxie abzuschirmen und gleichzeitig durch den Rückgriff auf die Tradition zu legitimieren[5]. Außerdem war es zur Erhaltung des Selbstwertgefühls der indischen Intellektuellen notwendig nachzuweisen, daß die Zustände im alten Indien nicht ganz so entwürdigend für Frauen waren, wie es den Anschein hatte.

So sehr diese Literatur trotz dieser Akzentsetzung dazu beigetragen hat, das Selbstbewußtsein der indischen Frauen zu stärken und eine neue Ideologie über die Stellung der Frau in der Gesellschaft, vor allem in den Mittelklassen, zu bilden, so vorsichtig muß man sein, wenn man glaubt, in ihr Hinweise auf tatsächliche historische Zustände zu finden. Die Äußerungen über Frauen in den klassischen Schriften, aus denen die modernen Autoren eine Auswahl treffen, sind nicht nur oft widersprüchlich, es bleibt außerdem die große Frage, ob die soziale Realität diesen schriftlich fixierten Normen entsprochen hat. Die klassischen Texte spiegeln wider, was eine

4 „According to the Indian tradition, the Indian elite could only interpret and not innovate." Y. Singh: „Traditional Culture Pattern of India and Industrial Change." In: Tradition and Modernity in India. A. B. Shah and C. R. M. Rao (eds.). Bombay 1965, S. 46.

5 Damit setzen diese Autoren die Tradition der Brahmanen fort, deren Hauptaufgabe nach Max Weber die Legitimierung bestehender Herrschaftsverhältnisse war. Max Weber: a.a.O., S. 15, 130 ff.

bestimmte literarische Elite, die Brahmanen, zu verschiedenen Epochen über die Stellung der Frau in der Gesellschaft *gedacht* hat, nicht aber unbedingt, was die wirklich praktizierte Moral in diesen Epochen *war.*

1.1.1 Die Frau in der „great" und „little tradition"

Aber nicht nur die Diskrepanz zwischen schriftlich fixierter gesellschaftlicher Norm und tatsächlich praktizierter Moral erschwert die Analyse der Stellung der Frau im alten Indien. Wir müssen uns außerdem fragen, ob das, was in den klassischen Texten über die Rechte und Pflichten von Frauen gesagt wird, universelle Gültigkeit für alle Strata der Gesellschaft und für alle Regionen des riesigen Subkontinents hatte. Alle großen Werke der klassischen Hindu-Literatur gehören zu dem Strang der Tradition, den McKim Marriott die „great tradition" im Gegensatz zur „little tradition" genannt hat[6]. Die „great tradition" wurde getragen von der kleinen Literatenklasse, die das Monopol der Bildung und der Schriftkunde besaß, und vor allem an den Höfen und in den Städten wohnte. Die „great tradition" ist wohl dokumentiert in den vedischen Hymnen, den Brahmanas, den Upanishaden, den beiden großen Epen Mahabharata und Ramayana und in den nachbuddhistischen Puranas und Tantras, die allerdings schon viele Elemente der „little tradition" assimiliert haben. Die „great tradition" ist im wesentlichen identisch mit der brahmanisch-sanskritischen Kultur, die vor allem durch folgende Merkmale charakterisiert ist: Anerkennung der Heiligkeit der vier Veden, Vegetarismus, brahmanisches Ritual und Pantheon, vor allem Verbot des Genusses von Rindfleisch, Alkoholverbot, Einhaltung der rituellen Reinheitsvorschriften der Brahmanen, Verbot der Kommensalität und des Konnubiums mit „unreinen" Kasten, Glaube an die Wiedergeburt *(samsara)* und an das Gesetz der Vergeltung *(karma)* und an weitere brahmanische theologische Konzepte wie die Lehre von *maya,* der Lehre vom illusionären Charakter des phänomenalen Seins und von *moksha,* der Idee der Befreiung. Zur sanskritischen Kultur gehören auf der sozialen Ebene ebenfalls bestimmte brahmanische Institutionen und Werte wie das Heirats- und Verwandtschaftssystem und die allgemein niedrige Position der Frauen[7].

Die Ausbreitung dieser sanskritisch-brahmanischen Kultur über den ganzen Subkontinent und ihre Etablierung als dominante Kultur erfolgte in einem langsamen, aber bis heute andauernden Prozeß, den Max Weber

6 Mc Kim Mariott: Little Communities in an Indigenous Civilization. In: Village India, Studies in the Little Community. Mc Kim Mariott (ed.): The American Anthropologist. Vol. 57 (3) 1955, S. 181.

7 M. N. Srinivas: Sanskritization and Westernization. In: „Caste in modern India". Bombay 1964, S. 42–50.

mit dem Begriff der „Hinduisierung“[8], M. N. Srivinas mit dem Konzept der „Sanskritisierung“ analytisch zu fassen versuchen. Unter „Sanskritization“ versteht M. N. Srivinas den Prozeß der vertikalen Kastenmobilität: „Sanskritization is the process by which a „low“ Hindu caste, or tribal or other group, changes its customs, ritual, ideology and the way of life in the direction of a high, and frequently „twice-born“ caste. Generally such changes are followed by a claim to a higher position in the caste hierarchy than that traditionally conceded to the claimant caste by the local community. The claim is usually made over a period of time, in fact, a generation or two, before the „arrival“ is conceded.“[9] Mariott spricht von der „Universalisierung“ der „great tradition“ vor allem durch das Medium einer einheitlichen Sprache: „One effect of the development of an indigenous great tradition is to universalize the cultural consciousness of persons within it as they become aware of a greater sphere of common culture.“[10]

Der universalen, durch eine Schriftsprache zusammengehaltenen „great tradition“ steht die partikulare „little tradition“ gegenüber. Es ist die der analphabetischen Massen in den Dörfern und in den Städten; sie spiegelt das religiöse, soziale und kulturelle Leben bestimmter Regionen wider, kreist oft um eine Lokalgottheit oder um eine mythische Heldenfigur[11].

Wenn literarische Bildung als Kriterium für die Zugehörigkeit zur „great tradition“ angesehen wird, und das liegt auf der Hand, so sind die Frauen *aller* Kasten und nicht nur der nicht-sanskritisierten Kasten von dieser „great tradition“ ausgeschlossen. Denn bis zur Mitte des 19. Jh. hatten die Frauen keinen Zugang zum Studium der klassischen religiösen und philosophischen Schriften und gehören damit eigentlich zur „little tradition“, die die Kultur der schriftlosen Gruppen repräsentiert.

Zwar ist in den literarischen Werken der „great tradition“ durchaus von Frauen die Rede, ihre Rechte und Pflichten werden genauestens definiert, aber die eigene Kultur der Frauen, ihre Traditionen, ihr Denken und Fühlen sind in dieser Literatur nicht repräsentiert, denn diese Literatur ist, wie Iravati Karve bemerkt, von Männern für Männer gemacht worden[12]. Die literarische Produktion der „little tradition“ sind Legenden, Lieder, Sprichwörter in den Regionalsprachen, die meist nur mündlich überliefert werden. Es gibt in Indien Lieder, die nur von Frauen gesungen werden[13]. Eine soziologische

8 Max Weber: a.a.O., S. 9–15.

9 M. N. Srinivas: Social Change in Modern India. Univ. of Calif. Press. Berkeley and Los Angeles 1966, S. 6. Zu den ersten Definitionen der „Sanskritization“ vgl.: M. N. Srinivas: Religion and Society among the Coorgs of South India. Oxford 1952 u. „A Note on Sanskritization and Westernization“. In: The Far Eastern Quarterly, XV. (1955–56), S. 492–536.

10 McKim Mariott: a.a.O., S. 181.

11 McKim Mariott: a.a.O., S. 197.

12 I. Karve: Kinship Organization in India. Bombay 1965, S. 21.

13 I. Karve: Kinship Organization in India. Bombay 1965, S. 21.

Analyse dieser Lieder könnte eher Aufschluß über die Gefühle und Gedanken von Frauen geben als eine der klassischen Werke der Sanskritliteratur.

Frauen gehören also, wie alle Gruppen, die vom Bildungsmonopol der „great tradition" ausgeschlossen sind, zu jenen „stummen" Massen, die im Dunkeln geblieben sind, über die man nichts weiß, und die darum für die „great tradition" so gut wie inexistent sind, weil sie sich nicht schriftlich artikulieren konnten. Oder aber, weil die Sprache, in der sie sich artikulierten, von der dominanten „great tradition" nicht anerkannt wurde. Das ist z.B. der Fall für die hochentwickelte Tamil-Literatur, an der im „goldenen Sangam-Zeitalter" auch Frauen wie die Dichterin *Avvai*[14] maßgeblich beteiligt waren. Die sanskritisch-brahmanische Kultur weiß nichts von dieser literarischen Tradition.

Noch aus einem weiteren Grunde können die Frauen der „little tradition" zugeordnet werden. Die vielen lokalen und regionalen „kleinen Traditionen" der indischen Dörfer werden nicht nur maßgeblich von Frauen getragen, sondern sind auch inhaltlich durch viele weibliche Elemente bestimmt. So gehört zur „little tradition" immer auch der Kult der *Devi*, der Mutter-Gottheit, die in vielen lokal und regional verschiedenen Repräsentationen und unter verschiedenen Namen vorkommt und in Dorffesten, aber auch in den großen all-indischen Festen *Holi* (Februar) und *Dasserah* (September-Oktober) eine große Rolle spielt. Mariott hat in seiner Dorfuntersuchung von 1951 neunzig verschiedene Gottheiten gezählt, deren Kult aktiv praktiziert wurde, fünfundvierzig gehören der „little tradition" an, und die meisten von ihnen waren Mutter-Gottheiten oder Göttinnen[15].

Es kann kein Zweifel daran bestehen, daß der Kult der *Devi* in Indien älter ist als der der arischen und meist maskulinen Hindugottheiten. Dieser Kult der *Magna Mater* in ihren verschiedenen Aspekten muß vor der arischen Invasion in Indien existiert haben und hat in der „little tradition" überdauert[16]. Eine poluläre Repräsentantin der *Devi* in der „little tradition" ist *Sitala-Devi,* die Göttin ansteckender Krankheiten, insbesondere der Pocken, die darum auch als „Besuch der Göttin" bezeichnet werden.

In sanskritisierter Form erscheint die *Devi* vor allem als Gattin der großen Hindugottheiten und heißt dann entweder Durga oder Kali (Bengalen) oder Lakshmi oder Parvati. Die Sanskritisierung oder Universalierung des *Devi*-Kultes fand vor allem in der Epoche der Hindu-Renaissance als Reaktion auf den Jainismus und den Buddhismus statt. Besonders in der Sekte

14 K. A. Nilakanta Sastri et al.: Great Women in South India. In: Great Women of India, Swami Madhavananda and R. C. Majumdar (eds.): Advaita Ashrama. Mayavati 1953, S. 309–310.

15 McKim Mariott: a.a.O., S. 208.

16 R. S. and S. A. Freed: Two Mother Goddess Ceremonies of Delhi State in the Great and Little Traditions. In: South Western Journal of Anthropology. 18 (1962), S. 250.

des Shaktismus, deren religiöse Ideen in den *Tantras*[17] niedergelegt sind, spielt die Göttin eine entscheidende Rolle. Sie ist *shakti* (Kraft, Energie) und der eigentlich aktive, tätige, auch gewalttätige Aspekt des gewaltlosen, vegetarischen und kontemplativen Gottes. Sie ist die Täterin seiner Taten, sie ist es, die wie Durga die Dämonen tötet.

Die „great tradition" bedurfte zu ihrer Überlieferung eines spirituellen Spezialisten, eines *Guru*, der den Schüler in die religiösen Symbole und Gebräuche und die heilige Lehre initiierte. Eine solche Initiation durch einen Guru fehlt in der „little tradition", sie wird durch Imitation überliefert. Und oft sind nur Frauen zu den Zeremonien der „little tradition" zugelassen, wie R.S. und S.A. Freed von der *Silisat* (Sitala-devi) Zeremonie berichten[18].

Trotz der eigentlichen Zugehörigkeit der Frauen zur „little tradition" sind die gesellschaftlichen Normen, die das Leben der Frauen in den indischen Mittelklassen auch heute noch bestimmen, von den Normen abgeleitet, die in der „great tradition" über die Frauen niedergelegt wurden. Damit teilen sie das Schicksal aller unterdrückten Kasten, Stämme oder Subkulturen. Ohne Kenntnis der brahmanischen Rechtsnormen über die Stellung der Frau in Familie und Gesellschaft sind die Rollenerwartungen, die an eine moderne gebildete Inderin gerichtet werden, nicht verständlich. Aus diesem Grund werden im folgenden die wesentlichen Elemente dieser die Frauen betreffenden brahmanischen Rechtsordnung dargestellt.

1.1.2. Die Frau im brahmanischen Recht

1.1.2.1 Die Frau in der Familie

Da die Erzeugung von Nachkommenschaft, und zwar männlicher Nachkommenschaft, wichtigstes weltliches und religiöses Ziel des arischen Hindu war, war der Daseinszweck der Frau einzig durch dieses Ziel bestimmt: „Die Frau ist nur dazu geschaffen, dem Manne die Fortsetzung seines Geschlechts durch Söhne und Götter zu ermöglichen."[19] Schon in den ältesten vedischen Texten, in den Hymnen des Rigveda Samhita, heißt es in einem Hochzeitsgebet: „Diese Braut hier mach du, o gnadenreicher Indra reich an Söhnen, reich an Glück, zehn Söhne leg in sie hinein, den Gatten mach zum elften ihr."[20] Denn nur in den Söhnen lebt ein Mann fort. Nach brahmanischer Auf-

17 Sir Arthur Avalon (ed.): Principles of Tantra. London 1914,2 Bde., Bd. I S. 1–8; Bd. II: Einleitung v. S. B. K. Majumdar, S. XVII–XXXVII.

18 R. S. u. S. A. Freed: a.a.O., S. 249.

19 M. Winternitz: Die Frau in den indischen Religionen. I. Teil: Die Frau im Brahmanismus. Leipzig 1920, S. 4.

20 Wie Anm. 19, zit. aus dem Rig Veda X 85, 45.

fassung schlüpfte er als Same in den Schoß der Frau, wurde als Sohn wieder neu geboren, und zahlte so die Schuld gegenüber den Manen ab. Im Aitareya Brahmana heißt es: „Der Vater, der das Antlitz schaut des Sohnes, der lebend ihm geboren, bezahlt seine Schuld in ihm, erlangt Unsterblichkeit durch ihn. Stets haben durch den Sohn die Väter alle Finsternis besiegt; der Mann geht ein in seine Frau und wird zum Keim in ihrem Schoß. Von ihr wird er als neuer Mensch im 10. Mond zur Welt gebracht." (Ait, VII 13)[21] Und der Gesetzeslehrer Manu schreibt:

„The husband, after conception by his wife, becomes an embryo and is born again of her; for that is the wifehood of a wife (gaya), that he is born (gayate) again by her."[22] Die Rolle der Frau bestimmt sich gänzlich aus diesem für die patriarchalischen arischen Hindus allüberragenden Ziel. Die Metaphern, die sich in den alten Texten für sie finden, machen deutlich, daß sie bei der Erzeugung von Söhnen nur ein passives, leider unentbehrliches Instrument ist. Sie ist das „Behältnis", in das der Mann seine Lebenskraft hineinlegt[23]. Häufiger findet sich jedoch der Vergleich von der Erde, vom Feld (kset), in das der Mann seinen Samen streut. Sowohl bei Manu als auch bei Kautilya finden sich lange Erörterungen, wem die Frucht gehöre: dem Eigentümer des Feldes oder dem Eigentümer des Samens.

Die Diskussion um den rechtmäßigen Besitzanspruch an der Nachkommenschaft, in der sich nicht nur unterschiedliche Rechtsauffassungen, sondern auch unterschiedliche Formen der „Aneignung von Söhnen" und der Sexualmoral niedergeschlagen haben, macht die passive Rolle der Frau bei diesem ganzen Prozeß deutlich. Sie ist das Medium zur Produktion von Söhnen.

Die Tochter

„Ein Freund ist die Gattin, ein Jammer die Tochter, Licht in der höchsten Himmelswelt ist der Sohn für den Vater."[24] So lautet ein alter indischer Spruch. Die Tochter bedeutet vor allem ein Unglück für die Mutter, besonders dann, wenn sie ihren einzigen Lebenszweck, Gebärerin von Söhnen zu sein, nicht erfüllte. Schon seit ältester Zeit konnte eine Frau, die nur Töchter zur Welt brachte, verstoßen werden. Nach dem Gesetzbuch Manus konnte sie im elften Jahr durch eine andere ersetzt werden[25], nach späteren Schrif-

21 M. Winternitz, a.a.O., S. 5.

22 Max Mueller (ed.): The Sacred Books of the East (SBE): The Laws of Manu, Übers. v. G. Bühler, 2. Reprint. Dehli 1967, IX,8, S. 329, zukünftig zitiert als: M. Mueller: Manu.

23 „On comparing the seed and the receptacle (of the seed) the seed is declared to be more important, for the offspring of all created beings is marked by the characteristics of the seed." M. Mueller: Manu IX, 35.

24 M. Winternitz: a.a.O., S. 81.

25 Max Mueller: Manu, XI, 81.

ten schon früher. Außerdem galt sie als unrein. Denn obwohl die gelehrten Gesetzgeber erklärt hatten, daß die Natur der „Frucht" (Nachkommenschaft) nicht durch die „Erde" (Mutter) bestimmt werde, sondern durch den „Samen" (Mann), galt es doch als Verschulden der Frau – evtl. aus einem früheren Leben –, daß sich der Embryo in ihrem Schoß in ein Mädchen statt in einen Sohn verkehrte. Um diese der Frau innewohnenden unberechenbaren bösen Kräfte zu bannen, fand und findet bis heute im dritten Monat der Schwangerschaft die *pumsavana*-Zeremonie statt, die eine Mannesgeburt garantieren soll. Bei der Geburt eines Mädchens finden keine freudigen Zeremonien statt, obwohl man an ihm auch die notwendigen Riten vollzieht. Schon im Veda heißt es: „Ein neugeborenes Mädchen legt man zur Seite, ein männliches Kind hebt man (freudig) in die Höhe."[26] Die Kindheit des Knaben wird mit vielen Weihen (*samskaras*) und Zeremonien begleitet, die auch immer große Familienfeste sind; die Zeremonien für die Mädchen verlaufen ohne großen Aufwand und Feierlichkeit.

Ein bruderloses Mädchen wird verachtet. Wenn die Söhne sterben, die Tochter aber am Leben bleibt, so gilt sie als die Töterin ihrer Brüder. Die alten Gesetzbücher warnen davor, ein Mädchen ohne Brüder zu heiraten. Hinter dieser Vorsicht verbergen sich auch ökonomische Überlegungen, denn im Rigveda wurde der bruderlosen Tochter gestattet, ihren Teil vom Patrimonium zu verlangen. Vor allem aber bestand die Gefahr, daß der Vater einer bruderlosen Tochter, ihren Sohn als Erben beanspruchen würde.

Über die Frage, ob Mädchen in alter Zeit zum upanayana-Ritus zugelassen waren, dem wichtigsten Initiationsritus, durch den der etwa 6–7 jährige Knabe der „zweimal geborenen Kasten" durch das Umbinden der heiligen Schnur in das Veda-Studium initiiert wurde, herrscht unter den Fachgelehrten keine einheitliche Meinung. Winternitz sagt: „Eine solche Zeremonie gibt es für Mädchen überhaupt nicht, sie sind daher von jeder religiösen Erziehung und vom Studium des Veda ausgeschlossen."[27] Die meisten indischen Sanskritgelehrten, die sich mit dem Status der Frau im alten Indien befaßten, vertreten jedoch die Auffassung, daß in der alten Zeit sowohl die upanayana-Zeremonie als auch das Vedastudium den Mädchen nicht verboten gewesen wären.

Die Gattin

Obwohl von der rechtmäßigen Gattin alles irdische und jenseitige Heil eines Mannes abhing: die Zeugung männlicher Nachkommen und die Fortsetzung der Ahnenopfer, lag es im Interesse der brahmanischen Gesetzgeber, den Status der Gattin so niedrig wie möglich zu halten und sie aller Freiheiten und Privilegien zu berauben. Vor allem sollte eine Frau nie in ihrem

26 M. Winternitz: a.a.O., S. 22, zit. aus Taittiriya Samhita VI, 5, 10, 3.
27 M. Winternitz: a.a.O., S. 10.

Leben unabhängig und ohne männliche Kontrolle sein. So heißt es im Kodex des Manu: „In childhood a female must be subject to her father, in youth to her husband, when her lord is dead to her sons; a woman must never be independent."[28] Sie schuldet ihrem jeweiligen männlichen Herrn, vor allem aber dem Gatten, absoluten Gehorsam und darf nichts unabhängig von ihm tun. Manu betont immer wieder, daß Frauen nicht zur Unabhängigkeit geschaffen seien und daher ständig von einem Mann bewacht, beschützt und kontrolliert werden müßten. Die Abhängigkeit der Gattin vom Gatten war zunächst ökonomischer Art, erstreckte sich aber auch auf alle Tätigkeiten der Frau; sie hatte auch keine religiöse Selbständigkeit.

Als Begründung für diese beständige Vormundschaft über die Frauen wird deren böse und schwache Natur genannt. So heißt es bei Manu: „(When creating them) Manu (der Schöpfer) alloted to women (a love of their) bed, (of their) seat and (of) ornament, impure desires, wrath, dishonesty, malice and bad conduct."[29] Es ist daher höchste Pflicht eines jeden Mannes – selbst eines Niedriggeborenen –, im Interesse der Reinheit seines Nachwuchses seine Frauen sorgfältig zu bewachen und zu behüten. Pflicht der Gattin aber ist es, ihren „Herrn" (pati) als ihren ersten Gott zu verehren; denn nur so kann sie hoffen, spirituelle Verdienste zu gewinnen. Ihre Gebete, Opfer, Fasten, asketische Übungen und Pilgerfahrten dienen dem Heil des Gatten, sie muß ständig darum bemüht sein, ihm zu gefallen, ihm zu dienen, sie muß sich aller Worte und Gedanken enthalten, die ihm abträglich sein könnten. Vor allem darf sie in keiner Weise auch nur den Anschein erwecken, die eheliche Treue zu verletzen, weder zu Lebzeiten des Mannes, noch nach seinem Tode. Wenn eine Frau so lebt und auch einen liederlichen, grausamen, untreuen oder kranken Gatten wie einen Gott verehrt, bezeichnen sie die klassischen Texte als *pativrata,* als Gattentreue[30]. Sie gilt als das höchste Ideal der Weiblichkeit im Hinduismus. Bis zu welchen Extremen dieses Ideal von den brahmanischen Literaten hinaufstilisiert wurde, zeigt die Geschichte von Anasuya aus dem Markandeya-Purana: Anasuyas Gatte, der leprakrank war, befahl seiner Gattin, ihn auf ihrem Rücken zu einer Kurtisane zu tragen. Unterwegs trat der Gatte einen zornigen Weisen mit dem Fuß, worauf jener ihn verfluchte – vor Sonnenaufgang werde er sterben. Die treue Gattin aber, kraft ihrer Verdienste, die sie als pativrata erworben hatte, verbot der Sonne aufzugehen. Die Sonne mußte natürlich dem Befehl einer pativrata gehorchen. Dunkelheit bedeckte die Erde, bis die Götter sich schließlich einmengten und den Weisen dazu brachten, seinen Fluch zurückzunehmen[31].

28 M. Mueller: Manu, V 147.
29 M. Mueller: Manu, IX 17.
30 vrata = Opfer, Bußübungen, pati = Gatte, „Herr".
31 A. S. Altekar: The Position of Women in Hindu Civilization. Benares 1956, S. 109.

Das Ideal der pativrata wurde zwar in den älteren klassischen Texten und in den Epen nicht mit diesen Übertreibungen beschrieben, aber auch dort gilt fast immer das gleiche Grundmuster: die Gattin opfert sich widerspruchslos und freudig einem oft unansehnlichen, alten, zanksüchtigen Gatten auf. Die Geschichten von Sukanya, Jaratkaru, Lopamudra aus dem Mahabharata folgen alle dem gleichen Muster: Eine junge, schöne Prinzissin heiratet freiwillig einen alten, häßlichen, aber sehr heiligen Asketen, der, um Nachkommen zu zeugen, widerwillig, zeitweilig sein Zölibatsgelübde aufgibt, sie folgt dem Asketen in den Wald, erträgt alle Opfer und Entbehrungen freudig, auch die Verdächtigungen und Zornausbrüche des Weisen und wird für ihre Tugend mit einem hervorragenden Sohn beschenkt.

Seinen klassischen Ausdruck hat dieses Ideal in der Gestalt *Sitas* aus dem Epos Ramayana gefunden, die ihrem Gatten Rama in die Verbannung folgt, alles Leid mit ihm teilt, dann, nachdem sie Ravana, der dämonische Rakshasa-Fürst von Lanka (Ceylon), geraubt hat, allen Versprechungen, Drohungen und Quälereien standhaft widersteht und schließlich nach ihrer Befreiung von Rama verstoßen wird, weil sie so lange im Hause eines anderen gelebt hat. Ihre Reinheit kann sie nur durch die Feuerprobe beweisen[32].

Weitere Beispiele der pativrata aus dem Epos Mahabharata sind Savitri, die dem Todesgott Yama das Leben ihres Gatten abrang, in Umkehrung des Orpheus-Mythos, und Gandhari, die sich ihre Augen verband und zeitlebens geblendet blieb, weil sie bei der Hochzeit feststellte, daß ihr Mann blind war[33]. Jedes kleine Hindu-Mädchen kennt die Geschichten von Sita und Savitri, und durch Zeitschriften, Schulbücher, religiöse Feste, Filme wird das pativrata-Modell auch unter den nicht-sanskritisierten Kasten und Gruppen popularisiert und idealisiert, so daß es auch heute noch einen entscheidenden Einfluß auf die sozialen Normen weiblichen Verhaltens ausübt.

Die Mutter

Obwohl Einstimmigkeit in den brahmanischen Gesetzestexten über den niedrigen Status der Frau im allgemeinen herrscht, kommen doch auch Stellen vor, in denen die Frau geehrt wird.

Das gilt besonders für die überschwengliche Verehrung der Mutter; denn erst als Mutter hat eine Frau einen sozialen und religiösen Status, genauer, als Mutter von Söhnen. Die Verehrung der Mutter ist daher auch immer die Ehre, die der Sohn der Mutter entgegenbringt, denn die Tochter hatte in der traditionellen Hindufamilie nur vorübergehendes Wohnrecht. Darum ist

32 Ramayanȧ: Prosafassung von C. Rajagopalachari, Bharatiya Vidya Bhavan. Bombay 1957, S. 322–23.

33 Vgl. die Nacherzählung der Gandhari-Geschichte. In: I. Karve: Yuganta, The End of an Epoch. Poona 1969, S. 53–64.

es Pflicht der Söhne, der Mutter zu gehorchen[34], auch wenn sie schon erwachsen sind. Im Mahabharata gehorchen die fünf Pandava-Söhne ihrer Mutter Kunti ohne Widerspruch. Der Sohn durfte die Mutter nie verlassen, auch dann nicht, wenn sie sich strafbar gemacht hatte und sozial und religiös boykottiert wurde[35]. Er war für ihren Unterhalt verantwortlich.

Wir können aber bereits in den frühen Quellen eine große Zwiespältigkeit in der Mutter-Sohn-Beziehung feststellen. Auf der einen Seite sind die brahmanischen Gesetzgeber darauf bedacht, die Frau um jeden Preis in Abhängigkeit und Unmündigkeit zu halten, auf der anderen aber ist die Apotheose der Mutter eine direkte Folge der patriarchalischen Ideologie und Gesellschaftsstruktur. Der Konflikt zwischen Sohnesgehorsam (gegenüber der Mutter) und Muttergehorsam (gegenüber dem Sohn) in den alten Quellen ist eine natürliche Folge dieser ideologischen und strukturellen Bedingungen. Diese Quellen sagen natürlich nichts darüber aus, wie weit die Gesetzesnorm, daß die Mutter dem Sohn gehorchen solle, überhaupt mit der sozialen Praxis übereinstimmte. Man kann sogar annehmen, daß die Regel, eine Frau solle als Mutter dem Sohn gehorchen[36], einen Versuch darstellt, einen in der Gesellschaft tatsächlich vorhandenen großen Einfluß der Mütter über die Söhne einzudämmen und zu beschneiden.

In der Verehrung der Mutter in den klassischen Quellen spiegeln sich aber nicht nur Ideologie und Gesellschaftsstruktur der arischen, patrilinealen Einwanderer wider, sondern es ist wahrscheinlich, daß gerade die Mutter-Idealisierung ein Beispiel für den Prozeß der Universalierung eines Elementes der vorarischen „little tradition“ und seine Integration in die „great tradition“ darstellt. Wie wir sahen, überlebt in den verschiedenen Kulten der sanskritisierten Göttinnen Durga, Kali, Parvati oder Lakshmi die archaische Verehrung der Devi oder der Bara Devi (die große Göttin). Die Verehrung der göttlichen Mutter mußte Rückwirkungen auf die Position der irdischen Mutter haben.

Im Phänomen der „Mother-Worship“ tritt eine tiefliegende Ambivalenz der Hindus der Frau gegenüber zutage: in ihrer nicht-sanskritisierten Version ist der Kult der Devi immer mit Orgiastik, Magie und Blutopfern verbunden. Das wird heute noch selbst dort, wo Blutopfer aufgehört haben, durch die rote Farbe angedeutet, mit denen die die Devi repräsentierenden Steine an Feldrändern und Wegen bestrichen werden. Auch an den Festen der Devi, Holi und Dasserrah, wird rote Farbe überallhin verspritzt. Gerade dieser Aspekt der Ekstase, der Magie und der blutigen Orgiastik erschien der der Gnosis und der Askese ergebenen brahmanischen Literatenklasse als der schlimmste aller Greuel. Es ist daher nicht von ungefähr, daß die brah-

34 M. Winternitz: a.a.O., S. 20.
35 A. S. Altekar: a.a.O., S. 101.
36 M. Mueller: Manu, V 148, S. 195.

manischen Lehrer sich immer mehr hineinsteigern in die Verurteilung und Abwertung der Frau als der Repräsentantin all dieser „Unreinheit", d.h. des Magischen, Nichtkontrollierbaren und der Sexualität; das Menstruationsblut ist Symbol für diese Unreinheit.. Andererseits ist aber die leidenschaftliche Mutterverehrung, die Spratt psychoanalytisch als Mutter-Fixierung interpretiert[37], die Stelle, an der vor-arische, orgiastisch-magische Religiosität die asketisch-gnostischen Gefühle der patriarchalischen Arier zuerst unterminierte.

Die Ambivalenz zwischen dem Horror vor der Frau als dem Ausbund aller Unreinheit und der Mutter-Anbetung ist von größter Bedeutung für das Verhältnis der Geschlechter zueinander gewesen und hat die Geschlechterrollen entscheidend beeinflußt.

Die Auswirkungen der Mutter-Verehrung auf die familieninternen Beziehungen wird an anderer Stelle erörtert werden. Hier soll nur auf die enge Verbindung dieses Mutterkomplexes mit der brahmanischen Ideologie hingewiesen werden.

Die Witwe

Zu den wichtigsten Methoden, wie sich sanskritisierte Kasten und Kastengruppen von den nicht sanskritisierten Stämmen oder Kasten unterscheiden, gehört neben Vegetarismus, Alkoholverbot, Verbot der Kuhschlachtung u.a. auch das Verbot der Wiederverheiratung von Witwen. Dieses Verbot ist zwar durch die Widow-Remarriage Act von 1856 nach dem Buchstaben des Gesetzes aufgehoben; trotzdem ist die Wiederheirat von Witwen in den genannten Schichten noch keine sozial akzeptierte Norm geworden, und eine Witwe, die eine zweite Ehe eingehen will, muß sich in den oberen Schichten immer noch gegen die alten sozialen Vorurteile durchsetzen.

Die Entwicklung der Witwendiskriminierung hängt eng zusammen mit der Tendenz der brahmanischen Juristen, das Ideal der absoluten Monogamie für die hinduistische Elite durchzusetzen. Mit dem Aufkommen der asketischen Schule um 300 v. Chr. als Reaktion auf den Buddhismus und Jainismus wurde die Verurteilung alter vedischer Heirats- und Sukzessionspraktiken immer rigoroser. Die vedische Tradition und die beiden großen Epen kennen die strikte Regel der Monogamie (für die Frau) nicht. Die fünf Pandava-Brüder aus dem Mahabharata führten eine polyandrische Ehe mit Draupadi. Polyandrie war nicht nur Sitte unter mehreren nicht-arischen Stämmen, sondern wurde auch von den Ariern praktiziert, zumindest in der Form der Brüder-Polyandrie.

Die polyandrischen Traditionen – ob arischen oder nichtarischen Ursprungs – führten auch zur Entwicklung der Leviratsehe (*niyoga*), denn mit

37 P. Spratt: a.a.O., S. 180–209.

der Heirat war eine Frau Eigentum einer Familie geworden und ging nach dem Tod ihres Gatten an seine Brüder über. Durch die Institution der niyoga-Ehe wurde verhindert, daß eine Witwe kinderlos lebte und unversorgt blieb. Einer der Brüder oder auch ein Brahmane wurden berufen, für den Verstorbenen mit seiner Frau einen Sohn zu zeugen[38].

Von ungefähr 300 v. Chr. an beginnt die Opposition sowohl gegen niyoga als auch gegen die Wiederverheiratung von Witwen. Die Gefühle gegen die Witwenheirat verstärkten sich in der Epoche nach der Zeitwende immer mehr. Zur Zeit der Puranas wurde die Witwenheirat für das Kali-Zeitalter (das jetzige Zeitalter) gänzlich verboten[39].

Von etwa 1000 n. Chr. an wurde das Verbot der Witwenheirat auch auf die Kinderwitwen ausgedehnt, deren Zahl wegen der Herabsetzung des Heiratsalters enorm angestiegen war[40]. Von dieser Zeit an verschwand die Witwenheirat als Institution aus dem sozialen Leben. Allerdings nur in den höheren Kasten. Die Witwenheirat wurde in den unteren Schichten weiter praktiziert bis zum 19. Jh. Erst mit der Ausbreitung der Bildung, der Kommunikationsmittel und der neuen nationalen Ideologie durch die Unabhängigkeitsbewegung begannen auch die unteren Kasten das Verbot der Witwenheirat wie auch andere Züge der sanskritischen „great tradition“ zu übernehmen, um ihren Rang in der Kastenhierarchie zu erhöhen[41].

Das Verbot der Witwenheirat und der niyoga-Heirat hatte nicht nur ökonomisch-soziale Konsequenzen für die Frau: Ausschluß von der Erbfolge und den Totenopfern, sondern belegte die Witwe außerdem mit dem Stigma der Unreinheit. Erst dadurch, daß eine Witwe als Ausbund der Unreinheit angesehen wurde, die alles, mit dem sie in Berührung kam, rituell befleckte, entstanden jene Gefühle des moralischen Abscheus und des Mißtrauens gegenüber der verwitweten Frau, die bis heute auch unter Gebildeten andauern. Eine Frau, die nach dem Tode ihres Mannes an eine zweite Heirat denkt, gilt immer noch als unmoralisch. Das ist wohl auch der Grund, warum Witwenheiraten trotz liberaler Ehegesetze selten sind. Eines der gebräuchlichsten indischen Schimpfwörter ist „unmoralische Witwe“. Da sie durch und durch unrein war, konnte sie sich nur durch strengste Askese heiligen. Wie die buddhistischen Nonnen mußte sie ihre Haare scheren, allen Schmuck ablegen, nur weiße Saris tragen und mußte sich meist in einer inneren Ecke des Hauses aufhalten, damit ihr Anblick oder ihre Berührung die anderen Mitglieder des Haushalts nicht befleckte. Sie durfte das Allerheiligste von Tempeln nicht besuchen, nicht den Familienritualen beiwohnen, die mit dem heiligen Feuer verbunden waren, und durfte auch die großen Samskaras

38 K. M. Kapadia: Marriage, S. 57.
39 A. S. Altekar: a.a.O., S. 155.
40 A. S. Altekar: a.a.O., S. 155.
41 A. S. Altekar: a.a.O., S. 156.

nicht mitmachen, weil das hl. Feuer dort eine Rolle spielte[42]. Es galt als ein schlechtes Omen, wenn man einer Witwe auf der Straße begegnete.

Alle diese Faktoren wirkten zusammen und machten das Los einer Witwe, vor allem einer jungen Witwe, zu einem der elendesten der Menschheit. Es ist daher kein Wunder, daß, Hand in Hand mit der Verstärkung der puritanisch-asketischen Attitüden gegen die Witwen, die Sitte der *Witwenverbrennung* (*sati*) immer weitere Verbreitung fand und schließlich von der Gesellschaft als Regel verlangt wurde. Sati ist nicht eine Folge der Witwendiskriminierung, wie man deuten könnte, sondern geht auf ältere Praktiken unter den Rajputen oder Kshatriya-Fürsten zurück. Allerdings wurde dann diese Sitte mit dem pativrata-Ideal und den Attitüden gegen Witwen verbunden und gewann erst so ihre religiöse Bedeutung. Eine sati wurde in der nachfolgenden Zeit wie eine Heilige verehrt, denn es hieß, dadurch, daß sie den Holzstoß mit ihrem toten Mann besteige, befreie sie dessen Seele aus der Hölle[43]. Für die Witwe war daher der Feuertod die höchste Erfüllung des pativrata-Ideals, andererseits befreite er sie von einem elenden, verachteten, ungeliebten, einsamen Leben im Hause ihres Schwiegervaters.

Auf dem Hintergrund der allgemeinen Einstellungen gegenüber Witwen erscheint es plausibel, daß Witwen diesen Tod selbst gewünscht haben[44]. Denn obwohl sati immer ein freiwilliges Opfer sein sollte, wirkten alle sozialen Zwänge dahin, die Witwe auf den Holzstoß zu treiben. Oft wurden sie auch physisch gegen ihren Willen zu diesem Feuertode gezwungen. Kapadia beschreibt die Prozedur eines solchen Feueropfers: „They were bound with ropes on their husband's pyres; bamboo poles held the victims down, preventing their escape from the pyre; and drums and shrill instruments silenced the shrieks."[45] Obwohl die Sitte heute so gut wie ausgestorben ist, sind die Gefühle und Normen, die sati zu einem sozialen Ideal machten, noch tiefverwurzelt und verbreitet, wie die Attitüden gegen Witwenheirat, selbst in gebildeten modernisierten Kreisen[46], ja sogar unter der verwestlichten, städtischen Jugend zeigen. In einer Studie über „The Hindu Adolescent Girl" sprachen sich 43,5% der Schülerinnen und College-Studentinnen gegen Witwenheirat aus. Die Begründungen laufen auf die Rezitation der traditionellen Hindu-Norm hinaus. Ein Beispiel: „A woman is allowed to marry only once and the sacred knot is only tied once and cannot be tied again. The Hindu wife also considers her husband as God and likewise loves and worships him. Therefore we must not switch over or start worshipping another

42 I. Karve: Kinship, S. 356.
43 K. M. Kapadia: Marriage, S. 120.
44 K. M. Kapadia: Marriage, S. 173.
45 K. M. Kapadia: Marriage, S. 172.
46 K. M. Kapadia: Changing Patterns, S. 43–44.

God. The only other God is the real Master who created us."[47] Diese Antwort eines siebzehnjährigen Vaishya-Mädchens zeigt, daß das alte pativrata-Ideal als Ideal-Norm und die damit zusammenhängenden Attitüden auch heute noch intakt sind.

1.1.2.2 Heirats- und Ehegesetze

Die Heirat als Sakrament und Pflicht

Nach Meinung der brahmanischen Rechtslehrer hatte die Hindu-Ehe als höchstes Ziel *dharma,* die Erfüllung der religiösen Verpflichtungen gegenüber den Manen und Göttern. Dieser religiöse Charakter beherrscht alle anderen Aspekte der Ehe. So schreibt Kapadia: „Marriage was desired not so much for progeny as for obtaining a partner for the fulfilment of one's religious duties."[48] Nachdem bei der Heirat das heilige Feuer entzündet worden war, mußte der „Haushälter" (*grihasta*) täglich unter Mithilfe seiner Gattin die fünf großen Opfer darbringen. Sie hörten erst mit seinem Tode auf. Die Hindu-Ehe ist ein Sakrament – für den Mann eins unter vielen –, für die Frau aber das einzige, durch das sie sich geistige Verdienste erwerben kann. Sie wurde verglichen mit der *upanayana*-Zeremonie für Knaben. Wie Taten und Opfer eines Mannes, der dieses Sakrament nicht empfangen hat, keinerlei Wert haben, so nützen einer Unverheirateten keine noch so strengen asketischen Übungen etwas für ihr religiöses Heil[49]. Wenn eine erwachsene Frau ohne dieses Sakrament stirbt, irrt sie nach dem Tode als unheilbringender Geist umher. Darum schreiben einige der Rechtslehrer vor, wenigstens am Leichnam einer Unverheirateten die Heiratsriten vorzunehmen, damit sie mit den vorgeschriebenen Zeremonien und Mantras verbrannt werden kann und ihre Seele nicht in die Hölle fährt[50].

Heiratsalter

In den ältesten Texten des Rigveda und in den Epen sind, wenn von Bräuten die Rede ist, immer erwachsene Jungfrauen gemeint. Vom 5.–3. Jh. v. Chr. an empfehlen bereits die brahmanischen Gesetzbücher die Verheiratung der Mädchen vor Erreichung der Geschlechtsreife. Vom 5. Jh. n. Chr. an galt es als Vorschrift, ganz junge, unreife Mädchen zu verheiraten, denn

47 R. Ferris-Wiesinger: „The Hindu Adolescent Girl". Unveröffentlichte Dissertation, Universität Bombay 1963, S. 328.
48 K. M. Kapadia: Marriage, S. 167.
49 A. S. Altekar: a.a.O., S. 33.
50 A. S. Altekar: a.a.O., S. 33.

es galt als Sünde, den *ritu,* die fruchtbaren Tage nach der Menstruation nicht zu nützen. Zuletzt sank das Heiratsalter der Mädchen auf 6–8 Jahre und darunter. Als im 19. Jh. die ersten Gesetze zur Beschränkung der Kinderehe gemacht wurden[51], galt es als Norm in der Hindu-Elite, Mädchen von 6 Jahren an zu heiraten[52].

Wenn auch eine solche Kinderehe nicht immer und überall gleichbedeutend war mit dem Beginn der Kohabitation, so wurde doch in Nordindien das kleine Mädchen nach der Hochzeit in das Haus der Schwiegereltern überführt und wuchs dort unter der Aufsicht seiner Schwiegermutter heran.

Vorpubertäre Ehen, genauer: die Verheiratung des nicht geschlechtsreifen Mädchens – denn der Mann war meist viel älter, da er erst nach dem 12-jährigen Veda-Studium heiraten sollte[53] – war vor allem in den zweimalgeborenen Kasten die allgemeine Regel, denn die späteren brahmanischen Rechtslehrer hatten die Heirat eines Mädchens über 10 Jahre mit strengen religiösen und sozialen Sanktionen belegt. Ein Brahmane, der ein solches Mädchen heiratete, galt als Gatte einer Shudra-Frau und durfte nicht in der gleichen Reihe mit anderen Brahmanen essen. So grassierte die Kinderehe, wie, damit zusammenhängend, die Diskriminierung der kindlichen Witwe, vor allem in den Brahmanenkasten.

Nach Meinung Altekars war die vorpubertäre Heirat im 17. Jh. n. Chr. noch nicht Sitte unter den Kshatriyas. Die Heldinnen der mittelalterlichen Sanskrit-Dramen waren erwachsen zur Zeit ihrer Heirat. Auch in manchen der unteren Kasten und in den matrilinealen Gruppen setzte sich die vorpubertäre Heirat nicht durch. Die Verbreitung dieses Brauches den unteren Kasten anzulasten, weil sie die Sitte des Brautpreises pflegten und aus Geldgier ihre Töchter früh verheiratet hätten, wie es Altekar tut, scheint daher nicht gerechtfertigt[54].

Die Gegner der Kinder-Heirat, die im 19. Jh. und später diesen Brauch verdammten, führten verschiedene Gründe für das Aufkommen dieser Sitte an: z.B. das Mädchen sollte möglichst früh in die Familie des Mannes hineinwachsen, um zu lernen, sich dem Mann und der Schwiegermutter anzupassen; die Keuschheit des Mädchens sei ein so hoher Wert, daß die brahmanischen Lehrer bis zu diesem Extrem gegangen wären. Die heiligen Schriften schrieben die Nutzung aller Fruchtbarkeitsperioden vor. Kapadia sieht einen weiteren Grund in der brahmanischen Reaktion auf den um 400 n.

51 1860 erklärte der Indian Penal Code den Vollzug der Ehe mit einem Mädchen unter 10 Jahren als Vergewaltigung, und 1891 wurde das Kohabitationsalter auf 12 Jahre festgesetzt.

52 Kapadia berichtet von 3 großen Hindu-Reformern im 19. Jh.: Ramakrishna Paramahamsa, M. G. Ranade, D. K. Karve, die Mädchen von 6, 8 und 9 Jahren geheiratet hatten. K. M. Kapadia: Marriage, S. 146.

53 K. M. Kapadia: Marriage, S. 139.

54 A. S. Altekar: a.a.O., S. 59.

Chr. aufkommenden Tantrismus, der sowohl die Kasten- als auch die Sexualschranken aufzuheben drohte[55].

Diese Erklärungen haben aber nur den Charakter von Rationalisierungen. Die tieferen Ursachen für das Aufkommen der Kinderehe sind in der patriarchalischen Herrschaftsstruktur der Familie, der religiös-sozialen Überbewertung männlicher Nachkommen zur Erweiterung der Familienmacht und schließlich der Verfestigung und religiös-rituellen Legitimierung der Kastenhierarchie und damit der Praxis der Hypergamie durch die brahmanische Literatenschicht zu sehen.

Hypergamie

Die brahmanische Rechtsauffassung über Heirat und Ehe ist nicht verständlich, wenn man sie nicht auf dem Hintergrund der hierarchischen Kastenstruktur und der zu ihrer Legitimierung erfundenen Theorien sieht. Die Stabilität und Undurchlässigkeit des Kastensystems hängt von der Einhaltung der Kasten-Endogamie ab. Nur Ehen, die mit Frauen aus der gleichen Kaste geschlossen sind, garantieren im Vollsinn die spirituelle und soziale Reinheit des Nachwuchses und so die Erfüllung des dharma. Die strikte Einhaltung dieser Endogamieregel hätte aber die oberen Kasten mit ihrer einseitigen Bevorzugung des männlichen Nachwuchses, die zu einem bis heute andauernden Frauenmangel in den oberen Kasten geführt hat, bald in die Lage gebracht, nicht mehr genug Frauen für die zur Heirat verpflichteten Söhne zu haben. Wie immer in solchen Fällen helfen sich die brahmanischen Legislatoren mit einer Uminterpretierung der Endogamie-Regel. Als *savarna* (d.h. der eigenen Kaste od. *varna* angehörig) gelten die Kinder, die von einem Mann einer höheren Kaste mit einer Frau einer der niederen Kasten gezeugt wurden, denn der Mann entscheidet über die Kastenzugehörigkeit seines Nachwuchses. Die Abweichung von der Idealnorm der endogamen Ehe, durch die dem Mann höherer Kasten auch die Frauen der unteren Kasten erlaubt waren, wurde institutionalisiert in der Regel der *anuloma-* und *pratiloma*-Ehe[56]. Nach dieser Regel galten folgende als anuloma-Ehen, d.h. als erlaubte und „natürliche“: die eines Brahmanen mit einer Brahmanin oder mit einer Frau aus den anderen drei varnas; die eines Kshatriya mit einer Kshatriya-Frau oder einer Frau aus den anderen zwei folgenden varnas; die eines Vaishya mit einer Vaishya-Frau oder mit einer Shudra-Frau.

Ein Shudra konnte nur eine Shudra-Frau heiraten[57]. Die Söhne aus solchen „natürlichen“ Ehen gehören zur Verwandtschaft des Vaters, haben daher einen genau definierten sozialen und religiösen Status und sind erbbe-

55 K. M. Kapadia: Marriage, S. 143.

56 Anuloma bedeutet „mit dem Strich, der Regel gemäß“; pratiloma bedeutet: „wider den Strich“, unnatürlich. J. H. Hutton: Caste in India. London 1969, S. 55.

57 M. Mueller: Manu, III 13.

rechtigt. Die Ehe eines Mannes aus einer unteren Kaste mit einer Frau aus einer höheren Kaste hieß pratiloma-Ehe und wurde von den brahmanischen Rechtssatzungen aufs schärfste verurteilt.

In Manus Klassifikation der Söhne, die aus solchen „widernatürlichen" Ehen hervorgehen, sinken alle auf eine niedere Kastenstufe hinab; an unterster Stelle, steht der Chandala, der Sohn, der aus der Vereinigung eines Shudra mit einer Brahmanin hervorgegangen ist.

Hypergamie, die wahrscheinlich schon lange vor der Kodifizierung der brahmanischen Heiratsgesetze Brauch war, wurde durch die anuloma-pratiloma-Theorie zur Erhaltung der sozialen Hierarchie institutionalisiert. Hypergamische Heiratsverbindungen bekamen im Laufe der Zeit ein hohes Sozialpestige. Das hat zu solchen Erscheinungen wie den Kulin-Ehen in Bengalen und der Verbindung zwischen den Nambudri-Brahmanen und den Nayar-Frauen in Kerala geführt[58]. Als Tendenz aber hat das hypergamische Prinzip das indische Heiratssystem in allen Kasten bis auf die neueste Zeit entscheidend geprägt: Jeder Vater von Töchtern ist bestrebt, sie „hinauf" zu verheiraten. Den Söhnen aber ist dieser Weg versperrt wegen der asymmetrischen Beziehung zwischen der Familie des Bräutigams und der Familie der Braut, die nach der Hindu-Norm stets einen untergeordneten Status hat.

Das Prinzip der Hypergamie hat im Laufe der Geschichte zu den Erscheinungen geführt, unter denen das indische Heiratssystem z.T. heute noch leidet, vor allem zu der Institution der *dowry*[59] oder des Bräutigam-Preises, der in der älteren klassischen Literatur nicht vorkam. Ein Vater, der einen Schwiegersohn aus einer höheren Subkaste haben will, ist oft bereit, phantastische Summen zu zahlen und sich alle möglichen Demütigungen von seiten der Familie des Schwiegersohns gefallen zu lassen, nur damit seine Familie eine Heiratsverbindung mit einer kastenhöheren Familie hat, selbst wenn diese ärmer als die eigene ist. Wir werden sehen, daß gerade die Institution der dowry, die trotz Verbots nach dem 2. Weltkrieg geradezu erdrückende

58 Die Kulin-Brahmanen in Bengalen, die einen sehr hohen Rang in der Kastenhierarchie hatten, pflegten hypergamische Heiratsverbindungen mit niederen Brahmanenkasten. Ein Kulin-Brahmane heiratete nacheinander Frauen aus diesen Subkasten, verlangte eine sehr hohe dowry und verließ die Frau sofort nach dem Heiratsritual. Fälle sind bekannt, wo Kulin-Brahmanen auf diese Weise 50–60 Frauen nacheinander heirateten und so ein enormes Vermögen zusammenbrachten. Die Subkasten, die die Töchter „gaben", die sonst wegen der Hypergamieregel unverheiratet geblieben wären, schätzten das Prestige der Kulin-Brahmanen so hoch ein, daß sie die großen Summen zahlten, um ihre Töchter wenigstens nominell in diese Kaste hineinzuverheiraten. K. M. Kapadia: Marriage, S. 106. Über die hypergamische Verbindung zwischen den Nambudri-Brahmanen in Kerala mit den Nayars s. S. 69 u. Anm. 181.

59 Der Begriff „dowry" ist nicht adäquat mit „Mitgift" zu übersetzen; wir benutzen ihn daher weiterhin unübersetzt. Höhere Kasten verlangen dowry oder einen Preis für den Bräutigam, die unteren Kasten nehmen Brautpreis, vor allem die Unberührbaren. Der Brautpreis hat aber nie solche Dimensionen angenommen wie die dowry.

Dimensionen angenommen hat, einer der wichtigsten Faktoren auf dem modernen Heiratsmarkt ist.

Durch Hypergamie suchten nicht nur einzelne Familien ihren Status zu erhöhen, sondern ganze Kasten. Subkasten benutzten dieses Mittel als Vehikel, um langsam, im Laufe von Generationen, als höhere Kaste anerkannt zu werden. Denn Hypergamie war durch alle Epochen der indischen Geschichte ein normales Mittel der „Sanskritisierung" und der vertikalen Mobilität der Kasten[60].

Die Institution der Hypergamie hat außerdem die Polygynie gefördert, die schon durch die alten Rechtskodices legalisiert war, allerdings nur, wenn aus erster Ehe kein Sohn vorhanden war. Durch die Tendenz des Hinaufheiratens hatten die höchsten Kasten stets ein Überangebot an heiratsfähigen Frauen – trotz eines ständigen Männerüberschusses. In manchen Brahmanen-Kasten blieben Frauen wegen dieses Systems unverheiratet, da sie ja nicht „hinunterheiraten" durften, so z.B. bei den Nambudris, die daher ein besonderes Ritual für die Kremation einer Unverheirateten entwickelten, und den Kulin-Brahmanen[61]. Da andererseits eine unverheiratete Tochter im Hause dem Vater als Sünde angerechnet wurde, blieb als Ausweg nur die Polygynie in den oberen Kasten.

Durch das Prinzip der Hypergamie wurde der niedere Status der Frau so fest mit der hierarchischen Struktur der Gesellschaft verkittet, daß den Frauen ein Ausbrechen aus dieser niederen Position nicht mehr möglich war und die Ausdrücke „women and Shudras" hinfort wie Synonyme gebraucht wurden in bezug auf ihren sozialen und religiösen Status.

Mit Recht sieht Kapadia in diesem Prinzip der Hypergamie, das nicht nur die hierarchische Beziehung zwischen den Kasten und Subkasten befestigt, sondern auch die Heiratsbeziehungen innerhalb der gleichen Subkaste regelt, den Grund dafür, daß trotz der neuen liberalen Gesetze der Hindu Marriage Act von 1955 das dowry-System sich weiter ausgebreitet und Polygynie nicht aufgehört hat[62].

1.1.2.3 Erb- und Eigentumsrechte der Frau

Die bekannte Hypothese, daß die niedere Stellung der Frau in Familie und Gesellschaft mit ihrem Ausschluß aus dem Wirtschaftsprozeß Hand in Hand geht, wird durch die indische Sozialgeschichte bis auf den heutigen Tag bestätigt. In den unteren Kasten, wo die Frauen aktiv am Erwerbsleben teilnehmen, genießen sie mehr Freiheiten und mehr Unab-

60 M. N. Srinivas: Social Change, S. 6.
61 Siehe Anmerkung Nr. 181.
62 K. M. Kapadia: Marriage, S. 114.

hängigkeit als in den oberen Kasten[63], wo sie bis in neuerer Zeit nicht nur vom Produktionsprozeß, sondern auch vom Recht auf Eigentum und Erbfolge ausgeschlossen waren. Es ist daher nicht verwunderlich, daß sich in den alten Quellen kaum Hinweise auf die ökonomische Aktivität der Frauen finden.

Im Gegensatz zu der ökonomischen Tätigkeit der Frau nehmen jedoch ihre Eigentums- und Erbrechte einen breiten Raum in den klassischen Quellen ein. Der Rechtsstatus der Frau in bezug auf Erbfolge und Eigentum hängt engstens mit dem Verwandtschaftssystem zusammen. Die Diskussion um das Erbrecht von Töchtern und Witwen, die bis in unsere Tage andauert, spiegelt die Auseinandersetzung der vaterrechtlichen arischen Einwanderer mit nicht-arischen und teilweise mutterrechtlich organisierten Gruppen wider. Die Durchsetzung des dominanten patrilinealen Verwandtschaftssystems ist nicht ohne Zugeständnisse an mutterrechtliche Strukturelemente erfolgt, wie gerade die Entwicklung der Eigentums- und Erbrechte der Frau belegt.

Die Frau als Eigentum des Mannes

Es ist ein wesentliches Charakteristikum aller kriegerischen Großviehhirtenkulturen, daß sie gewöhnt sind, „Vieh und Menschen zu bewirtschaften. Damit werden sie zu den typischen Sklavenhaltern: zu den Sklaven gehörten von Anfang an auch die Frauen, und zwar sowohl die eigenen Frauen wie auch fremde, vor allem von unterjochten Jäger-, Gärtnerinnen- und Pflanzenbauernkulturen“[64]. Daß die Frauen zum beweglichen Eigentum der arischen Einwanderer gehörten, wird schon durch die frühen vedischen Schriften und durch die Epen belegt. Diese Auffassung hat sich in dem vielzitierten Diktum niedergeschlagen: „Women are chattel“.

Um die volle Bedeutung dieser Auffassung zu verstehen, ist es notwendig, den altindischen Eigentumsbegriff, wie er in der patrilinealen, patrilokalen nordindischen Hindufamilie bis zum 10. Jh. n. Chr. vorherrschte, zu analysieren.

Es gab drei Arten der Eigentümerschaft und des Besitzes. Die erste umfaßte Besitz, der so persönlich war, daß er nach dem Tode des Besitzers zerstört oder verschenkt werden mußte – vor allem bei Königen und Fürsten. Dazu gehörten Kleider, Waffen, Muschelhörner, Lieblingspferde, Wagen usw. Nach einigen vedischen Hymnen konnte man auch die Frau zu dieser Art des Besitzes zählen, der nach dem Tod des Mannes zerstört werden mußte[65]. Die zweite Art umfaßte Status-Symbole eines Königs

63 M. S. Gore: Urbanization, S. 13.
64 R. König: Die Stellung der Frau, S. 10.
65 I. Karve: Kinship, S. 357–58.

oder Würdenträgers, die an diesem Amt hafteten und daher nicht veräußert werden durften: dazu gehörten u.a. Sonnenschirme und Fliegenwedel.

Über die dritte Art des Besitzes hatte der Mann unbeschränktes Eigentumsrecht; dazu zählten Land, Häuser, Vieh, alles bewegliche Eigentum, Söhne, Frauen, Sklaven[66]. Dieser Eigentumsbegriff ist jedoch nicht ganz eindeutig. Derrett schreibt: „We remain in the dark, ... as to whether one's wife or one's child, or even one's parent is one's Property: for the word *sva* (eigen) linguistically applies as much to them as to one's cow."[67]

Die Verfügungsgewalt des Patriarchen über sein Eigentum wurde in bezug auf seine Gewalt über seine Frau immer wieder in der „Analogie vom Samen und Feld" (Bijaksetranyaya: bija = Same, ksetra = Feld)[68] beschrieben. Ein Mann besaß eine Frau, wie er ein Feld besaß, und die Frucht, die dieses Feld brachte, gehörte dem Besitzer des Feldes, gleichgültig, wer den Samen gestreut hatte (s.S. 25)[69]. Diese Analogie diente u.a. zur Begründung der Leviratsehe (niyoga). Das Besitzrecht eines Mannes über seine Frau erstreckte sich über seinen Tod hinaus auf die Nachkommenschaft, die ein anderer Mann, meistens sein Bruder, mit ihr zeugte[70].

Das berühmteste Beispiel aus der epischen Literatur dafür, daß Gattinnen zum beweglichen Eigentum zählten, ist die Episode aus dem Mahabharata, in der Draupadi, die Frau der fünf polyandrischen Pandava-Brüder, von ihrem ersten Gatten Yuddhishtira beim Würfelspiel als Gewinn eingesetzt und verspielt wurde. Draupadi protestierte leidenschaftlich gegen diese unwürdige Behandlung, aber bezeichnenderweise greift sie nicht die absolute Verfügungsgewalt des Gatten über die Gattin an, sondern sagt, Yuddhishtira sei bereits kein freier Mann mehr gewesen, als er seine Gattin als Gewinn einsetzte. Ein Sklave durfte kein Eigentum veräußern[71]. Gemäß dieser Auffassung, daß die Gattin Eigentum des Gatten ist, wird Ehebruch als Diebstahl am Gut des anderen Mannes angesehen. Kautilya schreibt: „Wer eine ihm zur Überbringung übergebene Sache nicht aushändigt, oder die Hand an seines Bruders Eheweib legt, oder zu einer von ihrer Schönheit Lebenden geht, die ein anderer mit Beschlag belegt hat, oder eine Ware, auf die ein anderer Anspruch hat, aufkauft ... zahlt 48 pana Strafe."[72] Beim altindischen Hochzeitsritual übergab der Vater sein Besitzrecht an der Tochter feierlich dem Bräutigam, indem er sagte: „Dies ist nicht mein." Erst dann sagte der Bräutigam: „Ich habe angenommen: Dies ist mein."[73]

66 I. Karve: Kinship, S. 357.
67 I. Karve: Kinship, S. 357.
68 J. D. M. Derrett: Religion, Law and the State in India. London 1968, S. 130.
69 I. Karve: Kinship, S. 358.
70 Denn die Frau war genau so wenig wie das Feld „Privateigentum" eines Mannes, sondern „gehörte" der Familie.
71 I. Karve: Kinship, S. 361.
72 J. J. Meyer: Das Arthacastra des Kautilya, S. 311.
73 I. Karve: Kinship, S. 361.

Das Erbrecht der Frau

Es lag im Interesse der patrilinealen arischen Hindus, daß Frauen vom Erbrecht ausgeschlossen waren; denn nur so konnte das Patrimonium erhalten und erweitert werden. Das überragende Interesse an männlichen Nachkommen, an der Fortsetzung der männlichen Linie und damit der Ahnenopfer mußte jedoch Ausnahmen für den Fall gestatten, daß keine Söhne geboren wurden. Schon in vedischer Zeit gibt es die Bestimmung, daß ein sohnloser Mann eine Tochter als *putrika,* d.h. „eine, die zum Sohn gemacht wurde“[74] einsetzte. Durch den Sohn dieser putrika wurden die Ahnenopfer und die Linie des Vaters fortgesetzt. Eine putrika ging bei der Heirat nicht in die *gotra* (Clan) ihres Mannes über, ihr Sohn gehörte folglich ihrem Vater. Er war nicht der Erbe seines leiblichen Vaters, sondern seines Mutter-Vaters. Die Einsetzung einer putrika, einer „appointed daughter“, durchbrach das Prinzip der patrilinealen Erbfolge. Ein Mann, der eine putrika heiratete, ging sowohl seiner Söhne als auch des spirituellen Ertrages dieser Heirat verlustig, denn die Frau war nicht, wie es das patrilineale Heirats- und Erbrecht verlangt, in die gotra des Mannes inkorporiert worden. Darum warnen die späteren Gesetzgeber ausdrücklich davor, „ein bruderloses Mädchen“ zu heiraten[75].

Das Erbrecht einer putrika war im Grunde also das Erbrecht ihres Sohnes. Sie selbst hatte keine Verfügungsgewalt über das Erbe. Trotz der Warnung vor einer Ehe mit einer putrika und der Tendenzen zur Beschränkung des Erbrechts der Tochter durch die asketische Schule um die Zeitwende, hat sich das Erbrecht der bruderlosen Tochter durchgesetzt. In den beiden mittelalterlichen Gesetzesdigesten (Mitakshara und Dayabhaga) steht die Tochter an 5. Stelle in der Erbfolge[76].

Töchter *mit Brüdern* waren jedoch vom Erbrecht ausgeschlossen. Das patrilineale Verwandtschaftssystem beruht auf der Solidarität der agnatischen Männer, der Vererbung des Landbesitzes und der Fortsetzung des Ahnenkultes in der männlichen Linie. Es war demnach unmöglich, daß eine Tochter, die wegen der gotra-Exogamie immer in ein anderes Dorf verheiratet wurde, Anteil am Familienland bekam[77]. Allerdings waren Väter und Brüder verpflichtet, die Tochter bei der Heirat gemäß ihrem Reichtum mit Schmuck und Kleidern auszustatten. Manche Autoren setzen den Anteil der

74 K. M. Kapadia: Marriage, S. 234.

75 „But a prudent man should not marry a maiden who has no brother, nor one whose father is not known, through fear lest (in the former case) she be made an appointed daughter and in the latter lest she commit sin“. Max Mueller: Manu III, 11.

76 A. S. Altekar: a.a.O., S. 241–2.

77 Der einzige Jurist, der auch Schwestern das Erbrecht am Patrimonium zugesteht, ist der wohl aus Südindien stammende Shukra. A. S. Altekar: a.a.O., S. 240–41. (Das Shukraniti entstand zwischen 800–900 n. Chr., vgl. Klostermaier: Hinduismus. Köln 1965, S. 413.)

Töchter auf ein Viertel des Sohneserbes fest[78]. Eine feste Regel gab es aber nicht. Die Gegenstände, die einer Frau bei der Hochzeit geschenkt wurden, hießen *stridhana* (Frauengut). Das Erbrecht für stridhana folgte nicht den allgemeinen Erbregeln für das Patrimonium.

Die *Gattin* war nach brahmanischer Lehre zwar theoretisch Miteigentümerin des Mannes, da sie ja eine Einheit mit ihm bildete, aber dieses Recht war nur eine juristische Fiktion (denn die Gattin konnte keineswegs über Teile des Familienbesitzes und nicht einmal ohne Einschränkung über ihr „Frauengut" verfügen)[79]. Die Theorie von der Miteigentümerschaft gab ihr lediglich das Recht auf Unterhalt in der Familie des Mannes. Dieses Recht verlor sie auch nicht als Witwe oder wenn der Mann sie durch Konkubinen ersetzte[80]. Die Frau allerdings hatte keine legale Handhabe, dieses Recht einzuklagen, wenn der Mann den Familienbesitz verschwendete oder verschenkte. Nur Vijnaneshvara, der Verfasser des Mitakshara-Digests (11.–12. Jh.), der unter dem Einfluß des mohammedanischen Rechts das Erbrecht säkularisieren wollte, hat der Frau erlaubt, ihr Recht auf Unterhalt auch vor Gericht zu verlangen[81]. Ein solches Verhalten geht jedoch so sehr gegen alle patriarchalischen Normen und Gefühle, daß Frauen nicht einmal heute von diesem Recht Gebrauch machen.

Die *Witwe* war, wie wir sahen, in der älteren Zeit noch nicht zum Zölibat verpflichtet, sondern heiratete entweder den Bruder ihres Mannes durch niyoga-Ehe oder einen anderen Mann. Darum stellte sich die Frage der Erbberechtigung für die Witwe zunächst nicht. Witwen hatten als Vormünder minderjähriger Söhne indirekten Anteil am Erbe ihres Gatten, selbst wenn sie kein legales Erbrecht hatten[82]. Im Gegensatz zu Altekar behauptet Indra, daß ein solches Erbrecht der Witwen in vedischer Zeit bestanden habe. Es ist jedoch nicht klar, ob es sich dabei nur um das Recht auf Verwaltung des Vermögens handelt oder um ein Verfügungsrecht[83].

Mit den frauenfeindlichen und asketischen Tendenzen um die Zeitwende verfielen nicht nur Witwenheirat und niyoga-Ehe der Verurteilung durch die brahmanischen Juristen, sondern auch das Erbrecht der Witwe. Hier ist natürlich immer die Witwe ohne Sohn gemeint, denn sonst war der Sohn der nächste Erbe. Nach Manu soll das Patrimonium eines sohnlosen Mannes zuerst an dessen Vater, dann an einen Bruder, schließlich an weitere Blutsverwandte und in deren Abwesenheit an den Guru oder einen seiner

78 A. S. Altekar: a.a.O., S. 243.
79 A. S. Altekar: a.a.O., S. 217; Manu IX, 299.
80 J. J. Meyer: Das Arthaçastra des Kautilya, S. 61.
81 A. S. Altekar: a.a.O., S. 215–16.
82 A. S. Altekar: a.a.O., S. 215–16.
83 Indra: The Status of Women in Ancient India. Benares 1955, S. 169.

Schüler und dann an den König fallen. Die Witwe ist hier nicht mehr genannt[84].

Diesem Trend, die Witwe vom Erbrecht auszuschließen, steht ein anderer entgegen, der vor allem um die Zeitwende von der berühmten Schule des Yajnavalkya (100–200) und von Vishnu (100–300 n. Chr.) vertreten wurde. Hier wird der Witwe das Recht zugesprochen, das volle Patrimonium in Abwesenheit von Söhnen zu erben. Die Folge war, daß sich die Juristen in den nächsten Jahrhunderten in zwei Gruppen spalteten, die einen – die Orthodoxen – lehnten das Erbrecht der Witwe ab, während die anderen dieses Recht mit allem Nachdruck propagierten, indem sie die alten Texte, die den Witwen das Erbrecht verboten, in ihrem Sinne uminterpretierten oder neue Teile in sie hineininterpretierten, da sie ja nach hinduistischer Tradition keine anerkannte Gesetzesautorität strikt ablehnen, sondern lediglich neu auslegen konnten.

Das Hauptargument der Reformer war, daß eine Witwe erbberechtigt sein sollte, wenn sie keusch lebte, d.h., wenn sie dem pativrata-Ideal entsprach. Es ist bezeichnend, daß die Hauptvertreter dieser Schule, Yajnavalkya und Vijnaneshvara, aus dem Süden und vom Deccan kamen, wo Frauen immer eine selbständigere Position hatten als im Norden.

Die beiden großen Juristenschulen, die um das 12.Jh. aufkamen, Mitakshara und Dayabhaga, erkennen beide das Erbrecht der Witwe an. Das Mitakshara-System beruhte auf dem Prinzip, daß das Eigentum den Männern einer Familie *gemeinsam* gehört und auch zu Lebzeiten des Patriarchen nur unter Zustimmung aller zu gleichen Teilen unter alle Männer geteilt werden kann. Der Patriarch hatte kein ausschließliches Verfügungsrecht über den Besitz. Er war „coparcener", d.h. Mit-Besitzer und Mit-Teilhaber[85].

Die Witwe erbte nur dann, wenn der Familienbesitz *vor* dem Tod ihres Mannes geteilt worden war, nicht aber, wenn ihr Mann noch Mitglied der joint family war.

Im Dayabhaga-System, das nur in Bengalen und Bihar praktiziert wird, wird die joint family durch gemeinsames Wohnen, Essen aus der gleichen Küche, Teilnahme am Familienritual konstituiert, also wesentlich durch soziale und religiöse Kriterien. Der Patriarch hat absolute Verfügungsgewalt über seinen Besitz, sowohl über persönlichen als auch Familienbesitz. Der Besitz wird erst nach seinem Tode geteilt. Die Witwe hat ein Recht auf Erbschaft, wenn ihr Mann noch in der joint family war, als er starb.

Allerdings ist das Recht der Witwe auf das Erbe ihres Mannes nirgendwo, auch nicht bei den liberalen Juristen, ein bedingungsloses. Sie hat den

84 Max Mueller: Manu X, 185–187.
85 I. Karve: Kinship, S. 344–45.

vollen Nießbrauch des Familienvermögens, darf es aber nicht veraußern, wie es z.B. der Patriarch nach dem Dayabhaga-System durfte. Die Ausnahme von dieser Regel stellten Schenkungen dar, die eine Witwe aus religiösen Motiven einem Tempel machte. Es kann nicht wunder nehmen, daß die brahmanischen Juristen das Recht zu solchen frommen Schenkungen eifrig verteidigten. Diese Sitte scheint besonders in Südindien verbreitet gewesen zu sein, wo, wie zahlreiche Steininschriften bezeugen, reiche Witwen den berühmten Tempeln große Vermögen vermachten[86].

Die Frage bleibt jedoch, ob die Witwe das ihr zugestandene Erbrecht überhaupt wahrnehmen konnte. Zu keiner Zeit bedeutete das Recht der Witwe auf das Erbe ihres Gatten, daß sie von den anderen ihr auferlegten Beschränkungen befreit war. Sie war durch soziale und religiöse Tabus weitgehend in ihrer Bewegungsfreiheit eingeschränkt. Erbrecht hat auch nie Sukzessionsrecht für die Witwe bedeutet, sondern lediglich Nießbrauch des Vermögens.

Das Frauengut (stridhana)

Es wurde schon erwähnt, daß Frauen bei ihrer Heirat ein Anrecht auf eine angemessene Ausstattung von seiten ihrer Väter und ihrer Brüder hatten. Das Recht auf dieses „Frauengut", das meist aus Kleidern und Juwelen bestand, wird den Frauen seit frühester Zeit zugestanden. Der genaue Umfang des *stridhana* ist aber nie genau definiert worden. Es umfaßte alle Geschenke, die eine Frau zur Zeit ihrer Hochzeit von ihren Eltern, Brüdern, Schwiegereltern, Schwägern oder auch anderen Personen erhielt. Über dieses Frauengut hatte sie alleiniges Besitzrecht, das der Gatte nicht teilte[87].

Ursprünglich muß stridhana mit der Sitte des Brautpreises verbunden gewesen sein, denn beim Tode einer Frau, die nach dem Asura-Ritus verheiratet worden war, der einen Brautpreis implizierte und als Kaufehe galt, erbten ihr Vater oder ihre Brüder ihr gesamtes stridhana, wenn sie keine Kinder hatte[88].

Das Erbrecht für stridhana scheint auf mutterrechtliche Traditionen zurückzugehen, denn nach dem Tode einer Frau erbten ihre Töchter ihr stridhana, und zwar gemäß ihrer Bedürftigkeit; die unverheirateten und unversorgten zuerst, von den verheirateten die ärmeren vor den reicheren, erst danach erbten ihr Vater oder ihre Brüder. Auf jeden Fall ging beim

86 A. S. Altekar: a.a.O., S. 264–67.
87 Bei den Nicht-Ariern war stridhana das Interesse der Frau an der „joint property" (sadharanam) des Gatten, bei den Ariern jedoch das separate Eigentum der Frau. Vgl. J. D. M. Derrett: a.a.O., S. 414.
88 A. S. Altekar: a.a.O., S. 218.

Tod einer Frau das stridhana-Vermögen zurück an die Herkunftsfamilie der Frau[89].

Es ist interessant, daß keiner der Verfasser der Dharma-Sutras und der späteren Smritis, die das Annehmen von Brautpreis als abscheulichste Sünde verdammen, das Recht der Frauen auf stridhana bestreiten. Die meisten erkennen auch das Recht der weiblichen Erbfolge für stridhana an, obwohl einige versuchen, dieses Frauengut für den Verbleib in der Gattenfamilie zu reklamieren und der Frau nur den freien Nießbrauch, nicht aber das Recht zur Veräußerung ohne Erlaubnis des Gatten zuzuerkennen[90]. Bis in die neueste Zeit hat sich im Prinzip die Auffassung von der Unantastbarkeit des Frauengutes erhalten. Ein Mann, der das stridhana einer Frau gegen ihren Willen verkauft, muß es ihr mit Zinsen zurückzahlen[91]. Nach Kautilya darf die Frau dieses Frauengut gebrauchen, „um sich selbst, ihre Kinder oder ihre Schwiegertöchter zu erhalten, und in Fällen, wo der verreiste Gatte nicht Vorsorge für sie getroffen hat". Der Gatte darf es nur gebrauchen, „um einer Gefahr zu begegnen, die durch Räuber, Krankheit oder Hungersnot droht, oder zu einem von der Religion oder der Pflicht gebotenen Werke"[92]. Normalerweise ist aber das Frauengut für den Mann tabu. Die Idee der Unantastbarkeit des Frauengutes steht der patriarchalischen Auffassung von der Abhängigkeit der Frau von der absoluten Gewalt des Gatten diametral entgegen. Im Verbot, das stridhana anzurühren, scheint in der Tat noch ein Rest jener archaischen Furcht der Männer vor den magischen Folgen der Appropriation weiblichen Eigentums zu überleben[93].

In den Kasten, die die Sitte des Brautpreises pflegten, muß stridhana wohl einen größeren Umfang gehabt haben als in den Kasten, die nach den vier „frommen" Heiratsarten heirateten. In diesen höheren Kasten bestand stridhana ursprünglich lediglich aus Schmuck, Kleidern, Haushaltsutensilien usw. Der Umfang des Frauengutes war also nicht so groß, daß seine Vererbung in der weiblichen Linie einen substantiellen wirtschaftlichen Verlust für die patrilokale joint family darstellte. Das änderte sich, als im Laufe der Zeit auch Landschenkungen, die der Frau von ihrem Vater oder Gatten gemacht wurden, als stridhana angesehen wurden. Über die Motive zu solchen Schenkungen ist kaum Klarheit zu gewinnen. Sie scheinen in Südindien und Bengalen häufiger gewesen zu sein als im Norden und scheinen um die Zeit der Hindu-Renaissance (um 500 n. Chr., evtl. unter dem Einfluß des Tantrismus) an Bedeutung gewonnen zu ha-

89 Indra: a.a.O., S. 177.
90 M. Mueller: Manu IX, 299.
91 J. J. Meyer: Das Arthaćastra des Kautilya, S. 753.
92 J. J. Meyer: Das Arthaćastra des Kautilya, S. 243.
93 R. König: Die Stellung der Frau, S. 9.

ben, denn vom 7. Jh. an diskutieren Juristen die Frage, ob die Frau auch volles Eigentümerrecht über unbewegliches Eigentum habe[94]. Was aber auch immer die Motive für die tatsächliche Erweiterung des stridhana gewesen sein mögen, sicher ist, daß die vitalen Interessen der patriarchalischen joint family durch den Einschluß von Familienland in das stridhana empfindlich berührt wurden. Die Kontroverse zwischen den verschiedenen Juristenschulen über diese Frage zeigt, wie bedeutsam sie für die ganze Sozialstruktur war.

Der Verfasser des Mitakshara-Digests, Vijnaneshvara, ist bestrebt, alles Eigentum der Frau, inklusive Landbesitz, als stridhana zu erklären und ihr möglichst weitgehende Rechte einzuräumen[95]. Eine solche Erweiterung des stridhana-Begriffes hätte aber das gesamte nordindische Familien- und Erbschaftssystem erschüttert, denn da stridhana normalerweise an die Töchter vererbt wurde, die die gotra des Vaters verließen, bedeutete das, daß Teile des Familienlandes nach dem Tode der Frau in fremde Hände gekommen wären. Darum lehnen die meisten Juristen diese weite Interpretation des stridhana-Begriffes ab und beschränken ihn auf das bewegliche Eigentum der Frau oder sagen, die Frau habe nur Verfügungsgewalt über das bewegliche Eigentum[96]. Ein anderer Versuch, der Patrifamilie das stridhana zu erhalten, ist die Regelung, daß stridhana in den oberen Kasten nicht nur an die Töchter, sondern auch an die Söhne vererbt werden soll[97].

Die Entwicklung des weiblichen Erb- und Eigentumsrechts im 19. u. 20. Jh.

Eine substantielle Veränderung der Erb- und Eigentumsrechte der indischen Frau erfolgte durch die moderne Gesetzgebung, die teilweise schon unter der britischen Regierung, teilweise nach der Unabhängigkeit den Rechtsstatus der Frau verändert hat.

Schon in der Indian Succession Act von 1865 und der Married Women's Property Act von 1874 war den Frauen das Recht auf Eigentum zugestanden worden, das durch die Heirat nicht in den Besitz des Mannes überging. 1937 wurde durch die Hindu Women's Right to Property Act auch der Witwe das Recht zuerkannt, ihres Mannes Anteil am Vermögen zu erben. In der Hindu Succession Act von 1956, die das Gesetz von 1865 erweitert, wurde auch von den modernen Gesetzgebern das Recht der Frau auf stridhana anerkannt, außerdem aber, und das ist entscheidender für das System der joint family, das Erbrecht für Töchter am gemeinsamen Familienbesitz und das Erbrecht der Witwe am Vermögen des Gatten. In diesem neuen Gesetz über

94 A. S. Altekar: a.a.O., S. 224.
95 Indra: a.a.O., S. 175–76.
96 A. S. Altekar: a.a.O., S. 224.
97 M. Mueller: Manu IX, 192.

das Erbrecht der Frauen sehen viele moderne indische und ausländische Juristen und Soziologen das wichtigste Instrument zur Veränderung der joint family. Dieser Fortschrittsoptimismus erweist sich in der Wirklichkeit weitgehend als Wunschdenken, denn das Gesetz von 1956 enthält genügend Klauseln, wodurch die Sprengung des innersten Kerns der joint family – die Vater-Sohn Achse und die Patrilokalität – umgangen werden kann. So hat die Witwe kein unbeschränktes Verfügungsrecht über den Teil, den sie vom ungeteilten joint family Vermögen geerbt hat. Das Vermögen, das sie von ihrem Vater geerbt hat, erben nach ihrem Tod die Erben des Vaters, d.h. es geht zurück an die Herkunftsfamilie; das, was sie von ihrem Gatten geerbt hat, erben nach ihrem Tod dessen legale Erben[98].

Auch kann das Erbrecht der Tochter oder der Witwe durch ein Testament des Erblassers wieder aufgehoben werden. Ferner erhält das Gesetz von 1956 eine Klausel, wonach eine Witwe ihren Anteil am gemeinsamen Familienbesitz nur im Notfall und mit Zustimmung der männlichen Erben veräußern kann. Dadurch soll eine Entfremdung des Familienbesitzes bei einer Wiederverheiratung verhindert werden[99].

Als ein Beispiel für die Hartnäckigkeit, mit der sich das alte Hindu Recht gegen diese neuen Gesetze behauptet, seien hier die Versuche des Provinzparlaments vom Punjab erwähnt, die Hindu Succession Act von 1956 so zu ändern, daß Töchter vom Erbrecht auf das Familienland ausgeschlossen bleiben. Bereits 1960 wurde ein entsprechender Antrag bei der Punjab Assembly (dem Parlament, das im Punjab übrigens nur aus Männern besteht) eingebracht. 1968 wurde er vom Kabinett angenommen und im Oktober 1969 sollte die Punjab Assembly über diese Frage entscheiden[100]. Die Argumente der Männer gegen die Hindu Succession Act laufen darauf hinaus, daß das Erbrecht der Frauen zu einer Fragmentierung des Familienlandes führen würde. Ferner sagen sie, die Töchter bekämen ihren Anteil am Familienvermögen bereits durch die dowry bei ihrer Heirat und hätten daher kein Anrecht auf Familienland. Sie berufen sich auf das traditionelle Hindu Recht, das die Töchter mit Recht von der Erbfolge ausgeschlossen habe.

Diese Politik der Regierung im Punjab rief eine heftige Opposition der Frauen im Staate hervor, die sich in ihren Grundrechten bedroht fühlten. Frau Tara Bhai, die Präsidentin der All-India Women's Conference, hielt dem Ministerpräsidenten des Punjab vor, Fragmentierung des Landes könne auch im Falle von Söhnen vorkommen; wenn man sie vermeiden wolle, müsse man das Land nach dem alten Primogenitur-Recht vererben. Sie wies ferner

98 K. M. Kapadia: Marriage, S. 357.
99 J. M. Derrett: a.a.O., S. 419.
100 „For and Against Women's Right to Inherit Land". Hindustan Times Weekly, 20.9. 1969.

darauf hin, daß auch die dowry seit 1961 verboten sei und man sich darum nicht damit herausreden könne[101].

Die Vorgänge im Punjab zeigen deutlich, daß durch legislative Maßnahmen allein uralte Institutionen und Sitten nicht verändert werden können. Denn wenn das Erbrecht der Frauen effektiv sein sollte, müßte gleichzeitig das patrilokale Heiratssystem geändert werden, denn die „Fragmentierung des Landes" ist vor allem darum eine Gefährdung des joint-family-Vermögens, weil durch dieses Heiratssystem Landbesitz *immer* in die Familie der Schwiegerleute übergehen würde. Das aber widerspricht allen patriarchalischen Gefühlen und Traditionen so sehr, daß die Bestimmungen der Hindu Succession Act, selbst wenn sie nicht abgeändert wird, in der sozialen Wirklichkeit ebenso umgangen werden wie das Gesetz, das die dowry verbietet.

Im übrigen bleiben die Töchter nicht nur in den landbesitzenden Kasten de facto vom Erbrecht ausgeschlossen, sondern auch weitgehend unter der gebildeten städtischen Bevölkerung und unter dem aufstrebenden Unternehmertum, wie eine Studie von Milton Singer über neunzehn erfolgreiche Industriellenfamilien in Madras bestätigt. Die Töchter in diesen Familien waren mit Bargeld abgefunden worden, damit der Besitz in der Familie blieb und „son-in-law problems" vermieden wurden[102].

1.1.3. Frauen in der Öffentlichkeit

Die bisherigen Ausführungen haben sich lediglich mit dem Status der Frau in der Familie befaßt, durch den die soziale Stellung der Frau zentral bestimmt war. Es bleibt aber zu fragen, ob die Frauen im alten Indien über diese Familienfunktion hinaus eine Rolle in der Öffentlichkeit gespielt haben.

Moderne Erziehung und modernes Erwerbsleben zwingen die indische Frau heute in immer stärkerem Maße, den engen Familienbereich zu verlassen und an der Seite der Männer zu arbeiten. Eine solche bisher nicht bekannte Aufhebung der Grenzen zwischen männlichen und weiblichen Lebenssphären muß für die Frau ganz neue Probleme mit sich bringen. Um diese Probleme verstehen zu können, ist es notwendig zu wissen, welche Normen das Auftreten der Frauen in der Öffentlichkeit regieren und wie diese Normen entstanden sind.

101 „Battle of the Sexes in Punjab", Hindustan Times, 22.10.69.
102 M. Singer: a.a.O., S. 441.

1.1.3.1. Purdah und Seklusion

Zu den verschiedenen sozialen Übeln, die die Sozialreformer des 19. Jh. als degradierend und menschenunwürdig angriffen, gehörte das *purdah*-System, das das Leben der Frauen in Nordindien weithin regelte.

Purdah bedeutet wörtlich „Vorhang", und zwar, genau genommen, den Türvorhang zwischen zwei Zimmern. Als System aber bedeutet purdah nicht nur den Schleier, der die Mohammedanerinnen verhüllt, oder das obere Sari-Ende, das Hindu-Frauen über ihr Gesicht, vor allem die Augen ziehen, sondern purdah ist das Symbol für ein umfassendes System von Regeln, Verhaltensvorschriften, folk-ways, dessen Prinzip die radikalste Form der Geschlechtersegregation und Seklusion der Frauen ist. Diese Seklusion kann durch Mauern, Gitter, Vorhänge, Schleier, getrennte Zugabteile für Männer und Frauen, getrennte Sitzplätze für die Geschlechter in Autobussen, durch Gesten, wie Abwenden des Kopfes, Niederschlagen der Augen, als auch durch Schweigen erreicht werden. Purdah bedeutet vor allem, daß Frauen nie allein in der Öffentlichkeit auftreten und daß sie sich, wenn dies geschieht, vor dem Angesehenwerden durch die Männer schützen müssen. Purdah regelt auch das Verhalten der einzelnen Familienmitglieder untereinander. Ein genauer Verhaltenskodex schreibt vor, welche Frauen, zu welchen Zeiten, an welchen Orten und in welchen Angelegenheiten zu welchen Männern sprechen dürfen und wie diese Kommunikation zu geschehen hat.

Da purdah im Grunde ein Prinzip ist, kann es sich allen möglichen sozialen Lagen und äußeren Gegebenheiten flexibel anpassen und stets neue äußere Formen hervorbringen, wie etwa das Tragen von Sonnenbrillen. Das entscheidende Kriterium dabei ist, daß dieses Prinzip von den Betroffenen so sehr internalisiert worden ist, daß sie es als Schande empfinden, wenn sie die purdah-Regeln nicht einhalten können. So schreibt Cora Vreede de Stuers: „Even when material conditions permit neither reserving one section of the house for the women nor protecting them in a closed carriage from the eyes of men, the desire to do so and the hope of one day being able to assure them the prestige of being „protected women" continue to exist. From this desire and hope arise all infinite subtle gradations that can be found in rural and urban societies alike."[103]

Die Studie über purdah von Vreede de Stuers handelt von den Moslem-Frauen in Nordindien. Purdah ist aber keineswegs eine Innovation, die durch die Moghul-Herrschaft nach Indien gekommen ist, wie es manche Hindu-Autoren gerne hinstellen möchten. Nicht die äußeren Formen der Verschleierung, die vielen minutiösen Regeln, wohl aber das Prinzip der Geschlechtersegregation und der Seklusion der Frauen gehen weit hinter die

103 C. Vreede de Stuers: Parda: A Study of Moslem Women's Life in Northern India. Assen 1968, S. 62.

Moghul-Ära zurück und sind vom gleichen Holz wie die Witwendiskriminierung, die Kinder-Heirat und das pativrata-Ideal. Durch die mohammedanische Invasion wurden diese schon vorhandenen sozialen Tendenzen lediglich verstärkt und weiter entwickelt.

Altekar meint zwar, daß bis zum 11. Jh. nur eine kleine Minorität der Hindu-Gesellschaft purdah praktiziert habe, daß die Mehrzahl der Frauen sich frei bewegt hätte, ja, daß sie sogar in Begleitung ihrer Freunde und Liebhaber Theater- und Musikvorstellungen hätten besuchen können: „These visits afforded convenient opportunities to young people, anxious to settle their matrimony."[104]. Wie aber eine solche Freiheit der Sitten mit den obwaltenden Heiratsnormen und den Keuschheitsvorschriften für die oberen Kasten zu vereinbaren ist, ist nicht einsichtig. Was Altekar hier als allgemeine Sitte hinstellt, war wahrscheinlich das Verhalten genau jener Schichten und Gruppen, die die brahmanische Elite als „unrein" und barbarisch ansah.

Obwohl wir im Ungewissen sind über den Ursprung des purdah-Systems, können einige Tatsachen als gesichert angesehen werden:

1. Purdah und Seklusion der Frauen wurden nur in den oberen Strata der Gesellschaft praktiziert, die die Mittel hatten, ihre Frauen vor den Augen der Öffentlichkeit zu „schützen". Die Seklusion der Frauen ist keine direkte Folge der ursprünglichen Trennung der Lebensbereiche von Mann und Frau, sondern ist das Ergebnis jener patriarchalischen Ideologie, die die Frau als „chattel", d.h. als bewegliches Eigentum betrachtete und sie auf ihre Geschlechtsfunktion reduzierte.

Die erste Erwähnung des purdah-Systems im engeren Sinne, d.h. als Verschleierung, findet sich im Epos Ramayana. Die königlichen Frauen sollten vulgären Blicken nicht ausgesetzt werden und daher purdah wahren[105]. In den königlichen Familien wurde es ein Prestige-Symbol, die Frauen nicht den öffentlichen Blicken preiszugeben; denn durch das Anschauen allein schon wurden die exklusiven sexuellen Rechte des Königs verletzt. Darum mußten die Frauen in einem besonders abgeschlossenen Teil des Palastes, dem „antahpuram", wohnen, zu dem kein Fremder Zutritt hatte. Die weniger reichen Schichten der Gesellschaft konnten sich solche Harems nicht leisten; da aber das gesellschaftliche Frauenideal unter dem Einfluß der asketischen Schule um die Zeitwende immer puritanischere Züge annahm, wurde purdah zum Symbol der „behüteten", d.h. „anständigen", d.h. „wohlhabenden" Frau.

2. Die Geschlechtersegregation und die Seklusion der Frauen in herrschenden Schichten wurde durch die brahmanischen Gesetze religiös legitimiert und so zur Norm auch für die anderen Teile der Gesellschaft, die sich zu den „Anständigen" zählen wollten. Die alten Arier hatten keinen großen

104 A. S. Altekar: a.a.O., S. 176.
105 A. S. Altekar: a.a.O., S. 168.

Wert auf die Keuschheit der Frauen, vor allem nicht der fremden Frauen, gelegt. Ihnen ging es vor allem um die Vermehrung ihres Bevölkerungsstandes. Mit der Verfestigung des Kastensystems wurde es notwendig, die Frauen der Elite um jeden Preis vor Geschlechtsbeziehungen mit den unteren Kasten zu bewahren, weil ein solches „Abgeben" der Frauen an die unteren Kasten das ganze System ins Wanken gebracht hätte. Das „Behüten" der eigenen Frauen der Elite wurde also funktional für das hierarchisch gestaffelte System. Infolgedessen finden wir zahlreiche Passagen in den Gesetzestexten, in denen die Männer ermahnt werden, ihre Frauen zu „behüten" und zu „beschützen" und so die Reinheit ihres Nachwuchses zu sichern. Nach Manu kann nur ein Mann, der seine Frau und dadurch seine Nachkommenschaft „rein" bewahrt, Hoffnung auf religiöses Verdienst haben. Dieses „Hüten" der Frauen ist äußerst schwierig, denn nach brahmanischer Auffassung haben die Frauen keine anderen Interessen und keine anderen Wünsche als ihre sexuelle Leidenschaft für Männer, gleichgültig, ob diese alt oder jung, häßlich oder schön sind, es kommt ihnen nur darauf an, daß es ein Mann ist[106]. Da die Frau hier nur als Geschlechtswesen gesehen wird, das aus sich selbst zu eigener Askese nicht imstande ist, hängt ihre „Tugend" wesentlich davon ab, ob der Mann imstande ist, seine Frau zu „hüten". Das aber wiederum hängt von seinem Reichtum ab. „Keuschheit", die durch purdah symbolisiert wird, ist also religiöses, soziales und moralisches Prestige-Symbol der Elite. Die „Unreinheit" der unteren Schichten beruht nicht zuletzt auf ihrer Unfähigkeit, die Keuschheit ihrer Frauen so augenfällig zu beschützen.

3. Das purdah-System im engeren Sinne hat nur im Norden Fuß gefaßt, dort vor allem unter den der Kriegerkaste angehörenden Rajputen, in Bengalen und in Bihar. Es fand insbesondere unter der Moghul-Herrschaft Verbreitung. Die oberen Kasten ahmten die Sitten der Moslem-Herrscher nach und rechtfertigten purdah damit, daß sie ihre Frauen vor den lüsternen Nachstellungen der Invasoren schützen müßten. In dem Gebiet, wo die heftigsten Kämpfe zwischen Hindus und Moslems stattgefunden haben, in Rajasthan, wird die purdah-Sitte auch heute noch von den Frauen der dominanten Kasten beobachtet, z.B. von den Rajputen, den Marwaris (eine reichgewordene Händlerkaste), den Jats.

Während der Unabhängigkeitsbewegung legten viele Hindu-Frauen aus den städtischen Mittelklassen die purdah-Sitten ab und beteiligten sich an den Aktionen des zivilen Widerstandes und Ungehorsams. Purdah gilt unter dieser Schicht heute als Ausdruck des Traditionalismus und der Rückständigkeit, und die gebildeten Frauen – ob Moslems oder Hindus – tragen keinen Schleier mehr und verdecken auch ihr Gesicht nicht mehr mit dem oberen Sari-Ende, wenn ein Mann in der Nähe ist.

106 M. Mueller: Manu IX, 14.

Mit der Ablegung der purdah-Gewohnheiten sind aber die Gefühle, Wertungen und Attitüden, die diesem System zugrunde liegen, noch keineswegs abgeschafft. Das purdah-System hat im weiteren Sinn auch heute noch einen wesentlichen Einfluß auf die Geschlechterbeziehungen in den Mittelklassen; denn die Normen, die das Auftreten der Frau in einer extrem maskulinen Öffentlichkeit bestimmen, sind letztlich vom purdah-Komplex der herrschenden Schichten abgeleitet. So gilt es auch heute noch als selbstverständlich, daß die „Gesellschaft" die Tugend der Frauen zu schützen habe, da sie ihre Keuschheit nicht selbst zu wahren imstande seien.

1.1.3.2 Kurtisanen und Devadasis

Die Gruppen, die durch den Hindu Sitten-Kodex als „unrein" abqualifiziert waren und darum am unteren Ende der rituell-sozialen Hierarchie standen, kannten die rigorose Einschränkung der Bewegungsfreiheit ihrer Frauen nicht. Aus diesen Kasten gingen die Frauen hervor, die auch im alten Indien schon eine relativ selbständige Berufsposition hatten: die Kurtisanen und Devadasis, die zur Kategorie der Hetären gehören.

Die Klasse der Kurtisanen hatte trotz der Verachtung, die ihnen von der herrschenden brahmanischen Moral entgegengebracht wurde, eine beachtliche soziale Position als Hüterinnen der schönen Künste, der Musik, des Tanzes, des Gesangs und der Schauspielkunst an den Höfen der Prinzen und Könige. Sie waren die einzigen Frauen im mittelalterlichen Indien, die eine säkulare Bildung bekamen. Abgesehen von der Ausbildung im Tanz und in den anderen Künsten waren manche von ihnen in den Sprachen und den Wissenschaften ausgebildet. An den königlichen Höfen wurde eine große Zahl weiblichen Dienstpersonals beschäftigt, das zumeist aus der Klasse der Kurtisanen oder „dancing-girls" stammte: Friseusen, Betelbereiterinnen, Fächer-Trägerinnen, Sonnenschirm-Trägerinnen, Türhüterinnen usw.. Diese Berufe vererbten sich von der Mutter auf die Tochter. Die gebildeteren und sprachkundigeren Kurtisanen spielten eine bedeutende Rolle in der Politik der Prinzen und Kleinkönige. Im Arthaćastra des Kautilya, dem Lehrbuch für die Staatskunst der Fürsten, wird geraten, diese Kurtisanen zum Agenten- und Spitzeldienst im Sinne der „stillen Staatsgewalt" zu nutzen[107].

Die Kurtisanen waren zwar z.T. Sklavinnen, bekamen aber einen festen Sold, der sich je nach Klasse (nach Kautilya gab es drei Klassen) staffelte. Ihren Verdienst mußten sie dem „Kurtisanenmütterchen" in die Hände legen und, nachdem sie ihre Unkosten abgezogen hatten, den Reingewinn dem Kurtisanenaufseher melden. Sie mußten insgesamt das Doppelte eines „Genußlohnes" als Steuern zahlen[108]. In Notzeiten mußten sie die Hälfte ihres

107 J. J. Meyer: Das Arthaćastra des Kautilya, S. 197.
108 J. J. Meyer: Das Arthaćastra des Kautilya, S. 196.

Verdienstes abgeben. So stellten sie eine hervorragende Geldquelle für den König dar, der darum auch größten Wert darauf legte, sie in gutem Zustand zu erhalten. Wer sich mit einer Kurtisane gegen ihren Willen verging oder ihre Schönheit verletzte, mußte eine hohe Geldstrafe zahlen, und auf der Tötung einer Kurtisane oder gar eines Kurtisanenmütterchens stand die höchste Strafe[109]. Allerdings wurde auch „eine von ihrer Schönheit Lebende" durch Rutenstreiche bestraft, wenn sie auf Befehl des Königs nicht zu einem Manne ging[110].

Obwohl sie zum „Nutzvieh" des Königs gehörten[111], gewannen einige der Hauptkurtisanen beachtlichen Einfluß und eine anerkannte Position. Die berühmten Hauptstädte Vaishali und Rajgriha hatten ihre eigenen Hauptkurtisanen, die mit großem Pomp in ihrem Amt installiert waren. Die Hauptkurtisane von Vaishali, Ambapalli, die wegen ihrer Schönheit, ihres Reichtums und ihrer Bildung berühmt war, führte einen großen Hof, und sogar Gautama Buddha fand es nicht unter seiner Würde, sich von ihr zum Essen einladen und sich mit einem Mango-Hain für seinen Orden beschenken zu lassen. Diese Hauptkurtisanen hatten ihre eigene Truppe von Tänzerinnen, Sängerinnen, Mimen (die Söhne von Kurtisanen wurden Mimen), und sie waren gleicherweisen bekannt für ihre extravaganten Preise, wie für ihre großzügigen Ausgaben[112].

Devadasis

Während die Institutionen der Prostitution und des Kurtisanentums als ihre entwickeltere Form bis in die vedische Zeit zurückreichen, ist die Tempelprostitution wahrscheinlich erst zur Zeit der Puranas, d.h. der Hindu-Renaissance nach dem Buddhismus, aufgekommen und entwickelt worden. Der Terminus „Devadasi" (Gottesdienerin) kann ein euphemistischer, sanskritisierter Name für eine ältere Form des Hetärentums sein, sicher ist das nicht. In den vedischen Texten ist zwar von *ganikas* (Lustdirnen) die Rede, nicht aber von Tempelprostituierten. Allerdings entstammen die meisten großen Hindu-Tempel auch erst der nach-vedischen Epoche.

Die Devadasis gehörten zur gleichen sozialen Schicht wie die gewöhnlichen Kurtisanen, d.h. sie stammten aus den unteren Kasten. Die Kurtisanen, die meist der Klasse der „singing and dancing girls" angehörten, d.h.

109 J. J. Meyer: Das Arthaćastra des Kautilya, S. 194–95.

110 J. J. Meyer: Das Arthaćastra des Kautilya, S. 195.

111 Bei Kautilya heißt es über die Auflagen der Viehzüchter: „Hühner und Schweine sollen die Hälfte abgeben, Kleinvieh ein Sechstel, Rinder, Büffel, Maulesel, Esel und Kamele ein Zehntel. Die Hurenpfleger sollen durch königliche Dienerinnen, die in herrlichster Schönheit und Jugend erblühen (für den König) einen Schatz zusammentragen; dies was den Viehzüchtern auferlegt wird." J. J. Meyer: Das Arthaćastra des Kautilya, S. 374.

112 A. S. Altekar: a.a.O., S. 181.

Kasten mit einer langen künstlerischen Tradition, standen über den Devadasis, die aus den verachtetsten Kasten der Unberührbaren herkamen[113].

Mit der Hindu-Reformbewegung, die nach dem 6. Jh. n.Chr. als Reaktion auf den Buddhismus einsetzte und von den Sekten des Shivaismus, des Vishnuismus und Tantrismus getragen wurde, begann die Verschmelzung der nicht-vedischen Kulturelemente mit dem vedischen Hinduismus. Dazu gehört vor allem die Integration der mit archaischen Mutterkulten verbundenen Orgiastik und Ekstase in die Brahmanische Theorie.

Im System des Tantrismus, besonders im Shakti-Kult, spielt die Göttin und nicht der Gott die Hauptrolle. Die Göttin aber wird im Tempelkult repräsentiert, „inkarniert", durch die Devadasi. Zu einigen der tantrischen Riten gehört der Geschlechtsverkehr entweder mit der eigenen oder mit einer anderen Frau[114].

Die Devadasis wurden schon als Kinder der Göttin oder, seltener, dem Gott geweiht und durften nicht heiraten. Wenn sie herangewachsen waren, dienten sie als Tempeltänzerinnen, Dienerinnen der Götterbilder und als Hetären. Die Sonnentempel waren besonders berühmt für ihre religiöse Erotik. Der chinesische Reisende Huien Tsang (7. Jh.) berichtet, daß er viele Devadasis im Sonnentempel von Somnath gesehen habe[115].

Das Devadasi-System war besonders entwickelt in Südindien[116]. In Mysore (Karnataka) wurden große Scharen von Mädchen den Tempeln der Göttin Yellamma (ellara amma = All-Mutter) geweiht. Aus verschiedenen Steininschriften geht hervor, daß Tempeln und den Tempel-Mädchen große Landschenkungen gestiftet wurden[117].

Ähnlich wie die Kurtisanen und dancing girls genossen auch die Devadasis weit mehr Freiheit als die respektablen Frauen der Hindu Elite. Darüberhinaus gab ihnen ihre Assoziation mit der Göttin oder dem Gott hohes soziales und religiöses Prestige. Punekar und Rao berichten in ihrer Studie über die Prostituierten in Bombay, unter denen sich fast ein Drittel Devadasis befand[118], daß im Staate Mysore die beiden Goldteile des *mangalasutram*, der Hochzeitskette der Braut, von einer Devadasi angefertigt werden[119].

Die große Selbständigkeit der Devadasis, die dem brahmanischen Prinzip von der permanenten Abhängigkeit der Frau radikal widerspricht, ist jedoch nicht nur durch ihre marginale Position und ihr rituelles Prestige bedingt. In den Kasten der Devadasis und der dancing girls haben sich viel-

113 S. D. Punekar und K. Rao: A Study of Prostitutes in Bombay. Bombay 1967, S. 15.
114 S. D. Punekar und K. Rao: a.a.O., S. 205; P. Spratt: a.a.O., S. 20.
115 P. Thomas: Indian Women through the Ages. Bombay 1964, S. 237.
116 Spratt berichtet, daß bis vor dreißig Jahren alle großen südindischen Tempel Tempelprostituierte gehalten hätten. P. Spratt: a.a.O., S. 20.
117 Punekar u. Rao: a.a.O., S. 204.
118 Punekar u. Rao: a.a.O., S. 13.
119 Punekar u. Rao: a.a.O., S. 2.

mehr noch mutterrechtliche und polyandrische Traditionen erhalten, die in anderen, höheren mutterrechtlich organisierten Gruppen heute ausgestorben sind. Eine Devadasi hat gleiches Erbrecht mit ihren Brüdern und ist sogar berechtigt, die Totenrituale und das Ahnenopfer für ihre Eltern darzubringen[120]. Punekar und Rao berichten, daß manche Eltern, die keinen Sohn haben, ihre Tochter als Devadasi weihen. „It is said that a devadasi is like a son to her parents. A married girl is considered a member of her husband's family and parents have no hold on her. So some parents with no sons dedicate one of their daughters as a devadasi so that she will stay with them and look after them in their old age."[121]

Nach ihrer Initiation, einer Art ritueller Heirat mit einem von der Familie ausgesuchten Mann, wird von der Devadasi erwartet, daß sie sich ihren eigenen Lebensunterhalt verdient und ohne fremde Hilfe im Leben zurechtfindet. Sie steht nicht unter dem Schutz und der Vormundschaft irgendeines Mannes, weder in ökonomischer, noch in sozialer oder sexueller Beziehung.

Die Initiation der Devadasis scheint, wie Louis Dumont nachweist, auf die gleichen polyandrischen Strukturen zurückzugehen wie die rituelle Ehe bei anderen mutterrechtlichen Gruppen. Dumont schreibt: „Dans le sud les Devadasi ou prostituées rituelles, dans certains districts les Basavi ou filles chargées de donner un fils á leur père, au Malabar (Kerala) les filles Nayar pour assurer la filiation matrilinéaire et, fait remarquable, à l'autre bout du pays, les filles Newar au Népal ... sonst mariées primairement á un Dieu, un object, un fruit, ou un homme, qui disparait aussitôt de leur vie. Après cela la Devadasi peut se prostituer, la Basavi et la fille Nayar avoir des unions ou elles joueront le rôle social normalement dévolu á l'homme) (transmettre la filiation unilinéaire) la fille Newar probablement avoir des unions avec un homme de statut inférieur au sien."[122]

Eine einer Göttin oder einem Gott geweihte Devadasi kann später nicht mehr heiraten, denn sonst ruft sie die Strafe der Gottheit auf sich und ihre Familie herab. Aber eine Heirat erscheint nicht einmal den Devadasis in den Bordellen von Bombay als das summum bonum, wie aus folgendem Statement einer der interviewten Prostituierten ersichtlich ist: „I would not like to be bossed over by the man called husband. So this life is all right for me. After all, I haven't missed anything that a married woman enjoys except, perhaps, the beatings from the husband."[123]

120 Punekar u. Rao: a.a.O., S. 77.
121 Punekar u. Rao: a.a.O., S. 77.
Diese Sitte hat deutliche Parallelen zu der alten Institution der „putrika", die auch die Rolle des Sohnes für sohnlose Väter zu spielen hatte.
122 L. Dumont: a.a.O., S. 155.
123 Punekar u. Rao: a.a.O., S. 78.

Manche Devadasis bestanden sogar darauf, daß sie ein Recht zur Prostitution hätten.

Einen größeren Gegensatz als den zwischen der Moral der Devadasi mit ihrer souveränen Verachtung des „man called husband" und der Moral der orthodoxen Hindufrau am oberen Ende der Kastenpyramide mit der Anbetung des Gatten als ersten Gottes kann man sich kaum vorstellen.

Im Zuge der Reformbestrebungen zur Verbesserung der sozialen Lage der Frau versuchte man auch, das Devadasi-System zu beseitigen. Gandhi sprach mit leidenschaftlicher Entrüstung über die Bestialität der Männer, die Frauen auf eine so niedere Stufe gebracht hätten und scheute sich nicht, den Devadasis zuzureden, ihren entwürdigenden Beruf aufzugeben. Er war jedoch zutiefst entsetzt, als eine Gruppe von Devadasis, die seine puritanisch-patriarchalische Moral nicht verstanden, ihm das Angebot machte, ihre Dienste den Kongreßmitgliedern zur Verfügung zu stellen[124]. Vergeblich versuchte er, ihnen klar zu machen, daß ihr Leben ein Leben der Schande sei und daß sie ihren Lebensunterhalt mit Spinnen und Weben verdienen sollten. Die Devadasis erwiderten, daß sie das tun wollten, wenn sie dabei genauso viel verdienen würden wie in ihrem eigentlichen Beruf. Gegenüber diesem Argument mußte Gandhi kapitulieren[125].

Der Kampf gegen das Devadasi-System im Namen einer puritanischen, sich fortschrittlich verstehenden Moral hat zum Verbot der Dedikation von Mädchen zu Tempeldiensten geführt[126]. Dadurch wurden die Devadasis aber lediglich ihres religiösen Prestiges beraubt; sie wurden zu gewöhnlichen Prostituierten, die in den Bordellstraßen und Slums der Großstädte heute ein elendes Leben fristen.

Man könnte fragen: was haben die Institutionen des Kurtisanentums und der Tempelprostitution mit den Normen und Werten zu tun, die das Leben der modernen Mittelklassenfrauen bestimmen? Was hat etwa eine gebildete berufstätige Brahmanin mit einer Devadasi gemeinsam?

Die Vorurteile, mit denen eine berufstätige Mittelklassenfrau in ihrer Familie und der Öffentlichkeit zu rechnen hat, sind zu einem großen Teil dadurch bedingt, daß die freie Berufstätigkeit und Unabhängigkeit der Frau stets in Verbindung gebracht wird mit Libertinage und Unmoral. Denn die einzigen Frauen, die bis in die Gegenwart hinein einem unabhängigen Beruf nachgingen und wirtschaftlich von keinem Mann abhängig waren, waren die oben beschriebenen Gruppen. Jede moderne Berufstätigkeit impliziert aber

124 M. K. Gandhi: Women and Social Injustice. Ahmedabad 1958, S. 128–30.

125 M. K. Gandhi: a.a.O., S. 124–33, 134–38, 139–46, 161. Derrett weist darauf hin, daß kein Hindu vor der Missionierung gegen die Devadasi-Institution protestiert hat – einem frommen Hindu galt die Heirat einer Devadasi ebenso als Sünde wie einem Katholiken die Heirat einer Nonne –. Erst unter dem Einfluß der englischen Moral erschien das Devadasi-System den Mittelklassen als Greuel. J. D. M. Derrett: a.a.O., S. 452.

einerseits die Aufhebung der strikten Geschlechtersegregation und andererseits eine gewisse ökonomische Unabhängigkeit. Das sind die Attribute, die die gebildete berufstätige Brahmanin mit der Devadasi gemeinsam hat, und aus dieser Kombination erwachsen ihr, wie wir sehen werden, die größten Probleme.

1.2 Determinierende Faktoren der Familienstruktur

Wer als Mädchen in eine bestimmte Gesellschaft hineingeboren wird, wird vom ersten Augenblick seines Lebens an in eine zugeschriebene, kulturell definierte Geschlechts-Position hineinsozialisiert, die in den meisten Gesellschaften als dem Mann untergeordnet bestimmt ist. Neben dieser zugeschriebenen Geschlechtsrolle wächst es aber auch sukzessiv in verschiedene askriptive Positionen und Rollen innerhalb eines Verwandtschaftssystems hinein. Identifikation mit der Position der Eltern ist nach K. Davis u.a. der Mechanismus, durch den diese Positionszuschreibung erfolgt[127].

Die Rollen, die ein indisches Mädchen im Laufe seines Lebens zu spielen hat, sind also nicht nur durch den kulturell geprägten gesamtgesellschaftlichen Status der Frau, sondern auch durch die Struktur der indischen Familie bestimmt. In dieser Familienstruktur haben sich allerdings historische Prozesse und kulturelle Leitbilder niedergeschlagen. Um die Rollenkonflikte moderner Inderinnen zu verstehen, ist es notwendig, auf diese strukturellen Voraussetzungen ihrer Familienrollen einzugehen.

Hier ist nun sofort zu ergänzen, daß der Terminus „die indische Familie" keinerlei analytischen Wert hat, weil es *die* indische Familie nicht gibt. Es gibt nur mehrere, regional und kulturell unterschiedene dominante Familientypen, wobei dominant nicht im Sinn der statistischen Norm, sondern im Sinn kultureller Vorherrschaft zu verstehen ist. Das gleiche gilt von der pauschalen Bezeichnung: „die indische Großfamilie". Bei der Benutzung dieses Begriffs wird meistens übersehen, daß das, was gemeint ist, nur auf *einen* Typ der indischen Familie zutrifft, nämlich auf die nordindische, patrilineale, patrilokale Hindu joint family, aber die südindischen Formen der Familie und die matrilinealen Familientypen ausklammert. Die kulturelle Dominanz der nordindischen joint family findet heute ihren Ausdruck darin, daß dieser Familientyp als Ideal die Normen über die interpersonellen Beziehungen in den Mittelklassenfamilien geprägt hat. Aus diesem Grunde ist es notwendig, auf diesen Familientyp näher einzugehen.

127 K. Davis: „Status and Related Concepts". In: B. J. Biddle and E. J. Thomas: Role Theory: Concepts and Research. New-York 1966, S. 71.

1.2.1 Die Hindu joint family[128]

Seit Beginn dieses Jahrhunderts setzt sich unter den gebildeten indischen Mittelklassen immer mehr die Meinung durch, daß die traditionelle Hindu joint family unter dem Einfluß der englischen Erziehung, der Modernisierung, der Demokratisierung und schließlich der Industrialisierung und Urbanisierung zusammenbrechen und daß sich auch in Indien die Nuklearfamilie durchsetzen werde.

Diese Meinung stellt die popularisierte Version der bekannten Hypothese von der Funktionalität der Nuklearfamilie für eine moderne Industriegesellschaft dar[129], die auch in Indien eine Reihe von Familienstudien provoziert hat. Diese Studien hatten einerseits das Ziel, das Ausmaß der Desintegration der Hindu joint family nachzuweisen, andererseits wollte man wissen, wie typisch diese Familienform für Stadt und Land, für obere und untere Kasten, für Gebildete und Nichtgebildete war, und ob sich die Attitüden der untersuchten Gruppen zur traditionellen joint family geändert hätten. Dabei bildeten sich bald zwei Lager. Auf der einen Seite standen die „break-up"-Theoretiker, die eine lineare Transformation der Hindu joint family in die nukleare Gattenfamilie westlichen Gepräges prognostizierten und meist von den Zensus-Daten ausgingen, die einen unerwartet hohen Prozentsatz an nuklearen Haushalten in den Städten aufwiesen[130]. Die wichtigsten Faktoren des Wandels sahen sie in der Migration in die Städte, der westlich geprägten Bildung, insbesondere der Bildung der Frau, der neuen Gesetzgebung (z.B. dem Gesetz zum Verbot der Mitgift (dowry) und einem allgemeinen Trend zur Verwestlichung und zum Individualismus[131].

Die Gegenseite versuchte nachzuweisen, daß eine Veränderung der Familienkomposition keineswegs zu einem Wandel der konstituierenden Kriterien der joint family führt, daß Gemeinsamkeit des Besitzes, Familiensolidarität und die internen Familienbeziehungen auch in einem Nuklearhaushalt den Charakter der „joint-ness" behalten können[132].

Eine eingehendere Beschäftigung mit den Phänomenen des Wandels oder der Stabilität der Hindu joint family führte bald zu der Erkenntnis, daß es keine einheitliche Definition für die joint family gab. Pauline Kolenda hat

128 Wir behalten den Begriff „joint family" im Verlauf dieser Arbeit unübersetzt bei, weil die möglichen Übersetzungen (etwa „Verbandsfamilie") das Charakteristische dieses Familientyps nicht treffen.

129 Vgl. Einleitung S. 2.

130 1951 gab es 33% Nuklearhaushalte in den Städten gegenüber 38% auf dem Land. Census of India, 1951. Eine ausführliche Diskussion verschiedener Arbeiten zu diesem Thema findet sich bei M. K. Kapadia: Marriage, S. 273–308.

131 A. D. Ross: a.a.O., S. 25–26.

132 Zu den Vertretern dieser Richtung zählen M. K. Kapadia, I. P. Desai, M. S. Gore, I. Karve.

eine vergleichende Analyse von 26 Studien über die indische joint family gemacht und dabei festgestellt, daß nicht zwei der Studien den gleichen Satz von Definitionen verwenden[133].

Gore weist darauf hin, daß die Definition der joint family als eines Systems von genealogisch verbundenen Nuklearfamilien, die unter einem Dach wohnen und gemeinsame Küche, gemeinsamen Kult und gemeinsames Eigentum hätten, zwar nicht falsch sei, aber doch an der Hauptursache vorbeigehe, weil sie von der Annahme ausgehe, daß sich eine joint family aus mehreren Nukleareinheiten zusammensetzt. Er weist diese Annahme als unkorrekt zurück, insbesondere weil dieser Ansatz die Gattenbeziehung als zentrale Achse der Familienorganisation impliziert. Die Beziehung zwischen Gatte und Gattin hat aber in der Hindu joint family nicht nur eine untergeordnete Bedeutung, sondern gilt als ausgesprochen disruptiv für das System[134].

Die meisten „break-up"-Theoretiker gehen implizit oder explizit von der Theorie der Universalität der Nukleareinheit aus Mann, Frau und Kindern aus, wie folgende Definition von Sudha Kaldate deutlich macht: „The larger family group as a whole consists of several genealogically related *simple families* (kursiv vom Verf.) which are collaterally joined into a complex family. The junction is not after family formation but prior to it. This is the real and conventional joint family representing the Indian rural household for a number of centuries."[135] Noch deutlicher tritt die Nukleareinheit in der Definition von Driver in den Vordergrund. Seiner Meinung nach besteht eine joint family, „whenever a couple, and its married son(s) or the married brother(s) or parents of the male member permanently reside together in the same household"[136].

Diese beiden Beispiele sollen genügen, um den Ausgangspunkt *eines* Stranges der indischen Familiensoziologie darzustellen. Dieser Strang ist besonders stark von der westlichen Familiensoziologie beeinflußt.

Die Vertreter der Gegenseite, insbesondere M. K. Kapadia, I. P. Desai und M. S. Gore, definieren die joint family nicht als System von Nuklearfamilien, sondern als „a group consisting of adult male coparceners[137] and their dependents. These dependents are wives and young children"[138]

133 P. Kolenda: Region, Caste and Family Structure. In: Singer und Cohn: Structure and Change in Indian Society, a.a.O., S. 339–369.

134 M. S. Gore: Urbanization, S. 7–9.

135 S. Kaldate: „Urbanization and Desintegration of the Rural Joint Family". Sociological Bulletin, Vol. XI, No. 1 & 2, 1962, S. 105.

136 E. D. Driver: „Family Structure and Socio-Economic Status in Central India". Soc. Bull., Vol. XI No. 1 & 2, 1962, S. 113.

137 Der Begriff „coparcener" wurde vom Anglo-Hindu Recht geprägt. Ein „coparcener" war der (stets männliche) Miteigentümer und Miterbe am ungeteilten, von den Ahnen überkommenen, Familienbesitz. J. D. M. Derrett: a.a.O., S. 416.

138 M. S. Gore: Urbanization, S. 6.

In dieser knappen Definition sind zwar nicht alle, aber die zentralen Konstitutionskriterien der Hindu joint family enthalten, nämlich: von den erwachsenen Männern gemeinsam besessenes und nur in der männlichen Linie vererbbares Familieneigentum, die genealogische Verwandtschaftsbeziehung dieser Männer, die hierarchische Autoritätsstruktur, die nach Geschlecht und Seniorität geordnet ist, die Abhängigkeit von Frauen und Kindern. Die zentralen Beziehungen in diesem, vor allem auf Fortsetzung und Erweiterung der männlichen lineage durch Erbfolge und Ahnenkult basierenden System sind die Vater-Sohn- und die Bruder-Bruder-Beziehung. Alle Frauen kommen als Fremde in dieses System hinein und müssen so sozialisiert und inkorporiert werden, daß die „jointness" zwischen den Männern in bezug auf Eigentum, Kult, gegenseitige Rechte und Pflichten und Residenz nicht aufgebrochen wird. Das bedeutet, daß verhindert werden muß, daß eine zu enge Bindung zwischen Gatte und Gattin entsteht, die zu nuklearen Einheiten und damit zur Sprengung des Familienverbandes führen würde.

Es liegt auf der Hand, daß Studien über den sozialen Wandel der Hindu joint family zu unterschiedlichen Ergebnissen kommen, je nachdem, ob sie die joint family als ein System von Nukleareinheiten, die collateral und genealogisch verbunden sind, definieren, oder ob sie vom Kriterium des Eigentums, der Erbfolge und der Solidarität der Männergruppe ausgehen. Wir wollen im folgenden die wichtigsten neueren Ergebnisse der Forschung über den Wandel der Hindu joint family in einem kurzen Exkurs referieren.

1.2.2 Exkurs über Stabilität und Wandel der indischen Familie

Die bisherigen empirischen Studien über den Wandel der joint family waren, wie schon erwähnt, größtenteils Attitüdenuntersuchungen, die feststellen wollten, inwieweit sich die Einstellungen zu bestimmten Aspekten der joint family geändert hätten[139].

Wie zu erwarten, haben diese Attitüdenuntersuchungen zu unterschiedlichen Ergebnissen geführt. Merchant, der die erste dieser Studien bereits 1930/32 durchführte, fand z.B., daß 40% eines Samples von Studenten sich

139 Attitüden-Untersuchungen zur joint family sind vorgelegt worden u.a. von:
K. T. Merchant: „Changing Views on Marriage and Family" 1935, zitiert bei K. M. Kapadia: Marriage, S. 281.
K. M. Kapadia: „Changing Patterns of Hindu Marriage and Family", a.a.O.
B. R. Agarwala: „Nature and Extent of Social Change in a Mobile Commercial Community". In: Sociological Bulletin, Vol. XI, März-Okt. 1962, S. 141–45.
B. Kuppuswami: A Study of Opinion Regarding Marriage and Divorce. Bombay 1957.
B. V. Shah: „Social Change and College Students of Gujerat". 1958, zitiert bei K.M. Kapadia: Marriage, S. 293.

gegen die joint family aussprachen[140]. Kapadia untersuchte 20 Jahre später eine Gruppe von Lehrern und kam zu dem Ergebnis, daß 18% eindeutig gegen die joint family waren[141]. B. V. Shah stellte hingegen 1958 fest, daß sich von Collegestudenten in Baroda 39% eindeutig für und 16% eindeutig gegen die joint family aussprachen. Die Mehrzahl, 44,5%, bevorzugte eine modifizierte joint family[142]. Gleichzeitig war aber die Familiensolidarität stark ausgeprägt unter diesen Studenten. Über die Brauchbarkeit solcher Attitüdenuntersuchungen zur Erfassung sozialen Wandels schreibt A. A. Khatri: „It has been found in studies purporting to relate attitudes to behavior that attitudes are by no means indications of actual or potential behaviour of persons expressing these attitudes, e.g. a person may believe in self-selection in marriage but may accept the bride chosen by his parents."[143]

Es ist in der Tat eine Sache, ob ein Mann aus ideologischen Gründen die joint family als „rückständig" oder „autoritär" ablehnt, und eine andere, ob er bereit ist, alle Bande zu seiner eigenen, konkreten joint family abzubrechen und als unabhängiges Individuum zu leben. Ein Wandel in den Attitüden zur joint family kann wegen dieser Diskrepanz zwischen Ideologie und Wirklichkeit, die in Indien durch viele Beispiele zu belegen wäre, nicht als Indikator für einen tatsächlich erfolgten Wandel in der Struktur und den internen Beziehungen der Familie angesehen werden. Ob die Hindu joint family „zusammenbricht", kann nur durch eine genaue Analyse der Wirklichkeit festgestellt werden.

Die Hypothese von der linearen Transformation der joint family in eine Nuklearfamilie westlichen Typs durch Industrialisierung, Urbanisierung und Verwestlichung (damit wäre in Indien der ideologische Faktor zu umschreiben) geht stillschweigend von folgenden Annahmen aus:

- Die traditionelle Hindu-joint family war relativ stabil und wurde erst durch die oben genannten Faktoren in den Prozeß der Desintegration hineingezogen.
- Joint families werden bei der Migration in die Städte aufgelöst.
- Joint families sind dysfunktional für den Industriealisierungsprozeß.

Wie weit werden diese hypothetischen Annahmen durch die Forschung bestätigt?

1. Wie „stabil" ist die traditionelle Hindu joint-family?

Die Anhänger der „break-up"-Theorie gehen von der Vorstellung aus, daß sich die „traditionelle" oder „klassische" Hindu joint family über die

140 K. T. Merchant: a.a.O., S. 281.

141 K. M. Kapadia: Marriage, S. 283–84.

142 B. V. Shah: a.a.O., S. 293.

143 A. A. Khatri: „Social Change in the Caste Hindu Family and its Possible Impact on Personality and Mental Health". Sociological Bulletin, Vol. XI, März-Okt. 1962, S. 146–165.

Jahrhunderte hinweg in einem relativ stabilen Gleichgewicht erhalten habe. Sie übersehen aber dabei, daß Hindu joint family als System eher ein idealtypisches Konstrukt als eine soziale Realität ist. Der Annahme von der Unbeweglichkeit der Hindu joint family widersprechen Autoren wie I. Karve und K. M. Kapadia, indem sie darauf hinweisen, daß auch in der alten patrilinealen und patrilokalen nordindischen joint family enorm disruptive Tendenzen die Stabilität und Kontinuität stets gefährdeten. Diese systemimmanenten sprengenden Tendenzen sieht I. Karve in der ständigen Bedrohung der Solidarität der Männergruppe, die die joint family konstituiert, durch die angeheirateten Frauen: „While it was the endeavour of a man to keep his sons united, each of the sons' wives wanted her husband to dominate and, failing that, to separate from the joint family with his share of the patrimony."[144]

Diese systemimmanenten Sprengungstendenzen führen zu einem zyklischen Prozeß der Desintegration und erneuten Integration von joint families. Nach allgemeiner Auffassung beginnt dieser Auflösungsprozeß einer joint family mit dem permanenten Streit der angeheirateten Frauen, die nach Mandelbaum in einer kulturell bedingten „quarrelling relationship" zueinander stehen[145], denn alle Frauen kommen als Fremde in die Familie und der einzige Weg, sich Macht und Einfluß gegenüber den anderen Frauen zu verschaffen, ist der, daß sie versuchen, *ihren* Gatten aus der Brüdersolidarität herauszulösen und für sich und seine Kinder größere Vorteile zu verlangen.

Madan hat diesen Prozeß unter den ländlichen Pandits von Kashmir untersucht, deren Familienstruktur weitgehend dem idealtypischen Muster der Hindu joint family entspricht. Madan stellt fest, daß die Brüder *selbst* an einer Auflösung der joint family interessiert sind, daß der bekannte Streit der Frauen ihnen jedoch als Vorwand dient, um ihre eigenen Interessen und Teilungswünsche durchsetzen zu können, ohne in der Öffentlichkeit das Gesicht zu verlieren. Denn wie in ganz Indien gilt auch unter den Pandits die joint family als das kulturelle Ideal und die Tatsache der Teilung, der „partition", wird stets als Unglück und Schande angesehen. Darum wagen es die Söhne der Pandits auch nicht, an eine „partition" zu denken, solange der Vater noch lebt, obwohl sie als Mitteilhaber und Miterben (coparceners) nach dem Mitakshara System eine Teilung auch schon vor dem Tod des Vaters verlangen könnten[146]. Die Desintegration der joint family beginnt also in der Regel erst nach dem Tod des Vaters und wenn mehrere Söhne verheiratet sind und Kinder haben[147]. Denn erst in diesem Moment gerät das Prin-

144 I. Karve: Kinship, S. 71.
145 D. G. Mandelbaum: Family, Jati, Village. In: Singer und Cohn; a.a.O., S. 32–34.
146 T. N. Madan: Family and Kinship: A Study of the Pandits of Rural Kashmir. London 1965, S. 168.
Vgl. dazu auch' M. S. Gore: Urbanization, S. 38.
147 T. N. Madan: a.a.O., S. 168.

zip der Egalität der Söhne des gleichen Mannes in Konflikt mit dem Prinzip der Autorität des älteren über die jüngeren Brüder. Doch die Verwandtschaftsmoral der joint family läßt es nicht zu, daß Brüder in einen offenen Streit um ihre divergierenden Interessen treten. Der Anschein der Brüdersolidarität muß gewahrt bleiben. Brüder, die eine Teilung wünschen, streiten darum indirekt durch ihre Frauen miteinander. Diesen Streit beklagen sie nach außen, schüren ihn aber oft insgeheim. Wenn die Situation unhaltbar geworden ist, kommt es dann zunächst zur Trennung der Haushalte und schließlich zur Teilung des Patrimoniums. Wenn dieses Ziel erreicht ist, schieben die Pandits die Schuld meist auf ihre Frauen, die die Brüder einander „entfremdet" hätten. Auf diese Weise nehmen sie geschickt ihre individuellen Interessen wahr und wahren gleichzeitig den Anschein eines systemkonformen Verhaltens[148]. Die Frauen spielen bei diesem Vorgang die Rolle eines institutionalisierten Sündenbockes, auf den alle Widersprüche des Systems abgeschoben werden können.

Dieser Auflösungsprozeß der joint family, der sich oft über Generationen hinzieht und an dessen Ende die Teilung des Patrimoniums steht[149], bedeutet jedoch keineswegs eine grundlegende Auflösung des Systems selbst, denn in den neuentstandenen Haushalten beginnt sofort wieder der Aufbau einer neuen joint family nach dem alten Strukturgesetz, nämlich um die Vater-Sohn Achse herum. Sobald ein Sohn geboren ist, der die ökonomische, soziale und religiöse Kontinuität der Familie garantiert, ist tendenziell bereits wieder eine neue joint family entstanden[150]. Die Nukleareinheit von Mann, Frau und Kindern ist also eine nur relativ kurze Etappe im Entwicklungsprozeß einer joint family und nur scheinbar identisch mit der Nuklearfamilie westlicher Prägung, da sie strukturell auf „jointness" angelegt ist, deren innerster Kern die Vater-Sohn-Beziehung ist. Derrett weist darauf hin, daß auch das neue Ehe- und Familienrecht diesen innersten Kern wohlweislich nicht angetastet hat und daß die Gesetzesreformen nur die Peripherie des joint family-Systems beschnitten haben[151]. Er ist daher skeptisch gegenüber jenen Theoretikern, die eine Änderung der Familienstruktur von den Gesetzen erwarten.

Es bleibt zu fragen, ob andere Faktoren diesen innersten Kern der joint family-Struktur angegriffen haben.

Die Stabilität der traditionellen joint family besteht also vor allem als kulturelle Norm und Strukturprinzip, nicht aber als soziale Realität.

148 T. N. Madan: a.a.O., S. 172.
149 T. N. Madan: a.a.O., S. 279.
150 J. D. M. Derrett: a.a.O., S. 434.
151 J. D. M. Derrett: a.a.O., S. 434.

2. *Der Einfluß der Urbanisierung*

Heute wird als wichtigster Grund für die Desintegration der joint family und die Etablierung nuklearer Haushalte die Migration in die Städte angesehen. Die städtische Bevölkerung ist in Indien von 1881 bis 1941 von 9,3% auf 12,8% gestiegen[152]. In den darauffolgenden Jahrzehnten ist ein rapider Zuwachs erfolgt. Im Zensus von 1961 war die urbane Bevölkerung bereits auf 18% der Gesamtbevölkerung angestiegen[153].

Interessanter als die rein quantitative Zunahme der Stadtbevölkerung ist für unsere Fragestellung jedoch ihre Geschlechterzusammensetzung. Obwohl die Zahl der weiblichen Einwanderer in die Städte in der Dekade 1941–51 fast genau so hoch war wie die der männlichen[154], ist ein auffallender Unterschied in der Geschlechter-Zusammensetzung der Stadtbevölkerung gegenüber der Landbevölkerung festzustellen. Diese Geschlechter-Ratio, die in Indien stets unausgeglichen war, zeigt für die Variablen Stadt und Land folgende Werte im Zensus von 1961:[155]

	Frauen auf 1000 Männer
Gesamtindien	941
Land	963
Stadt	845

In Groß-Bombay wurden 1961 gegenüber 2,5 Millionen Männern nur 1,7 Millionen Frauen gezählt[156], und in Kalkutta kamen 1957–58 auf 1000 Frauen 1876 Männer[157]. Dieser enorme Männerüberschuß in den Großstädten muß durch die spezifische Form der Migration erklärt werden, bei der zuerst ein oder zwei Männer in die Stadt ziehen, dort versuchen, Fuß zu fassen und nach einiger Zeit andere Familienangehörige nachkommen lassen. Nicht alle diese Einwanderer stammen aus ländlichen joint families, ein großer Teil gehört zu den landlosen Kasten und manche dieser Kasten ziehen ohne ihre Frauen in die Städte, schicken aber dann einen Teil ihres Verdienstes ins Dorf[158]. Wenn die Angehörigen einer dörflichen joint family in die Stadt ziehen, so bilden sie dort oft eine Art Kolonie der dörflichen Familie, die äußerlich alle Merkmale der Nuklearfamilie aufweist. Diese äußere Loslösung ist jedoch nicht gleichzusetzen mit der Auflösung der Familienbin-

152 K. Davis: The Population of India and Pakistan. Princeton: Princeton Univ. Press. 1951, 127, zit. bei Gore: Urbanization, S. 55.
153 S. Chandrasekhar: India's Population: Facts, Problem & Policy. Meerut 1967, S. 20.
154 R. Turner: Indias Urban Future. Berkeley and Los Angeles 1962, S. 45.
155 Census of India 1961, S. XXXV.
156 Census of India 1961, S. 254.
157 S. N. Sen: Socio-Economic Survey of the City Calcutta. Calcutta 1960, zitiert bei: Bulsara, J. F.: Problems of Rapid Urbanization in India. Bombay 1964, S. 9.
158 J. F. Bulsara: a.a.O., S. 9.

dungen und einer Aufteilung des Besitzes. Zu allen großen Familienfesten, bei Krankheit, Geburt und Tod kehrt man ins Dorf zurück. Auch ist die Familie in der Stadt verpflichtet, allen nachfolgenden Familienmitgliedern, meist den bildung- und arbeitssuchenden jungen Männern, Unterkunft und Unterhalt zu gewähren. So kann es geschehen, daß sich im Laufe der Zeit wieder eine Art joint family in der Stadt bildet, die mit der ländlichen Familie durch enge Familienbande, ein System gegenseitiger Rechte und Pflichten und häufig auch den ungeteilten Besitz zusammengehalten wird. Die oft verarmte Familie im Dorf muß von der Familie in der Stadt unterstützt werden.

Aus der Unausgeglichenheit der Geschlechter-Ratio in den Großstädten hätte man schon schließen können, daß der enorme Zuwachs der Stadtbevölkerung nicht ohne weiteres mit einer Zunahme der Nuklearfamilien gleichzusetzen ist, wie der Census Commissioner (1951) annahm, der in dem hohen Prozentsatz von Nuklearhaushalten in den Städten (38%) ein Indiz für den Zusammenbruch der traditionellen joint family sah[159].

Das Vorherrschen von Nuklearhaushalten in einer Stadt wie Poona z.B., wo 1954 51,22% Nuklearhaushalte gezählt wurden, ist nicht zuletzt durch die Form der Migration zu erklären. 11% dieser Familien waren Ein-Personenhaushalte, also wohl Studenten und Männer, die zur Arbeit in die Stadt gekommen waren[160].

Die Kritiker der „break-up"-Theorie haben darum auch darauf hingewiesen, daß ein „kleiner Haushalt" nicht identisch ist mit einer Nuklearfamilie westlichen Typs[161], sondern daß die joint family vor allem durch ein bestimmtes System von Beziehungen zusammengehalten wird, das auch die räumliche Trennung überdauern kann. Zur Untermauerung seiner Hypothese von der Stabilität der joint family in urbanen Zentren hat Kapadia 8 relevante Familien-Studien untersucht und kommt zu dem Schluß, daß Migration und Urbanisierung nicht als Ursachen für die Desintegration der Hindu joint family angesehen werden können, daß vielmehr die *Moral* der joint family und die emotionalen Bindungen der Familienmitglieder – etwa die Verpflichtung, Eltern und Geschwister zu unterstützen – durch die Urbanisierung eher gestärkt als geschwächt worden seien[162].

Zu ähnlichen Ergebnissen kommt Gore aufgrund seiner Analyse der Gatte-Gattin und Mutter-Sohn Beziehung in der Agarwal-Familie[163].

159 „Such a large proportion of small households (33 per cent in villages and 38 per cent in towns) is a prima facie indication that families do not continue to be „joint" according to the traditional custom of the country ...". Zitiert bei K. M. Kapadia: Marriage, S. 279.
160 N. V. Sovani, D. P. Apte, R. G. Pendse: Poona: A Re-Survey, Poona 1956, S. 95 ff. table 125.
161 K. M. Kapadia: Marriage, S. 280–81.
162 K. M. Kapadia: Marriage, S. 307–308.
163 M. S. Gore: Urbanization, S. 39.

3. *Dysfunktionalität der joint family für den Industrialisierungsprozeß*

Eine weitere These über den Wandel der joint family besagt, daß der Prozeß der Industrialisierung durch den Zwang zu größerer geographischer Mobilität und Arbeitsteilung zu einer Desintegration der joint family führen werde. Aber auch diese These läßt sich, wie neuere Forschungen erwiesen haben, nicht mehr halten.

B. R. Agarwala hat bereits 1961 festgestellt, daß die Kaste der Marwaris, eine der unternehmerischsten, mobilsten und reichsten Händlerkasten, die seit der Unabhängigkeit in allen größeren Städten des Landes Niederlassungen gegründet hat und mit großem Erfolg in die Industrie eingestiegen ist, trotz ihrer Verstreuung über den gesamten Subkontinent fest an den Traditionen und Gepflogenheiten der joint family festhält, d.h., Eigentum und Einkommen bleiben in „einem Topf", die Bindungen an das „Dorf" (muluk) werden durch die religiösen Feste und Heiraten engstens gepflegt[164], die Verpflichtung zur gegenseitigen Unterstützung gilt absolut. Die Familie entspricht dem Typ der Hindu joint family. Der älteste Mann hat die dominante Position; die jungen gebildeten Männer beanspruchen zwar einen gewissen Grad an Unabhängigkeit, aber die Familie versucht nach Möglichkeit, alle Männer in der gleichen Stadt und wenn möglich, im gleichen „business" unterzubringen. Wenn man nicht unter einem Dach wohnen kann, versucht man doch, das Geflecht der Pflichten und Rechte aufrechtzuerhalten. Die Frauen der Männer wohnen meist noch zusammen, und die meisten beobachten auch noch die purdah-Regeln. Die Mädchen werden früh verheiratet, und die dowries sind extravagant.

Agarwala kommt zu dem Schluß: „Expansion of family business or increase of wealth in a family has not brought about any change of attitude or pattern. Western theories of Social Change cannot be applied with reference to this community."[165]

Die schon erwähnte Studie von Milton Singer, in der die Genealogien von 19 erfolgreichen Industriellenfamilien aus Madras über 3 Generationen untersucht werden, bringt die Hypothese von der Dysfunktionalität der Großfamilie für die industrielle Entwicklung vollends zu Fall. Singer weist nach, daß das System der Hindu joint family mit seiner strengen Autoritäts-

164 Bei einem Besuch in einem kleinen Flecken in Rajasthan, konnte ich 1966 feststellen, daß in einer Straße nur neue, große Steinhäuser standen. Sie waren alle verschlossen und die Fensterläden waren zu. Auf meine Frage, wem diese Häuser gehörten, antwortete man mir, das seien Häuser, die sich Marwaris gebaut hätten, die ihr „business" in Madras und Bombay hätten. Nur zu Diwali (das größte Fest der Hindus) und zu Hochzeiten kämen die Familien in das „Muluk" und bewohnten die Häuser. In einer anderen Straße stand ein kleiner Jain-Tempel neben dem anderen. Einige waren ganz neu. Es waren Familientempel, die reiche Marwari-Familien gebaut hatten, und in denen sie ihren wirtschaftlichen Erfolg dokumentieren konnten.

165 B. R. Agarwala: a.a.O., S. 145.

hierarchie, dem Prinzip des gemeinsamen Besitzes aller erwachsenen Männer, dem Ausschluß der Frauen vom Erbrecht[166] durch die Akkumulation von Investitionskapital, die Arbeitsteilung und Spezialisierung seiner männlichen Mitglieder geradezu ideale Voraussetzungen für die Entwicklung eines kapitalistischen Wirtschaftsunternehmens bietet. Diese 19 Industriellen-Clans verdanken ihren Erfolg insbesondere der Aufrechterhaltung der Struktur der joint family[167].

Der auffallende Wandel, den Singer innerhalb von 3 Generationen im Hinblick auf geographische-, berufliche-, soziale- und Bildungsmobilität und auch in den Familienritualen feststellen konnte, hatte keineswegs die joint family in ihrer Struktur verändert. Singer vergleicht die Naturgeschichte[168] der städtischen indischen joint family mit der der japanischen: Ein Mitglied der „Stammfamilie" zieht in die Stadt, wird vorübergehend ein „Abweichler" in einem Ein-Personen- oder Nuklearhaushalt. Je mehr Erfolg er hat, umso mehr baut er einen „Zweig" der joint family in der Stadt auf, der wieder enge Verbindung mit dem alten Sitz der ländlichen joint family aufnimmt[169]. Schließlich wird der „Zweig" in der Stadt wieder so stark, daß er ein neuer „Stamm" wird und neue „Zweigniederlassungen" in anderen Städten gründen kann[170]. Eine solche „Naturgeschichte" einer joint family dürfte natürlich kaum in den unteren Kasten und landlosen Kasten vorkommen, die, wie die vergleichende Studie von Kolenda[171] und eine Untersuchung von Lakshminarayana[172] gezeigt haben, häufiger in Nuklearfamilien wohnen.

Die Ergebnisse Singers bestätigen, was R. König auch für die Entwicklung des frühen Kapitalismus in Europa festgestellt hat: „Wherever economic activity is attached to the presence of property (land, means of production) the extended family type becomes functional because independent nuclear families in most of the cases, could not be able to produce an adequate amount of property ... The first capitalistic companies originated mostly as family associations; it is only much later that the institution of capitalistic corporations developed as neutral organisations."[173]

166 Auch in diesen Industriellenfamilien wurde das durch die Hindu Succession Act von 1956 verbürgte Erbrecht der Töchter umgangen. Man fand sie mit einer hohen dowry ab, gab ihnen aber keinen Anteil am väterlichen Erbe, weil sonst Teile des Eigentums in andere Familien abgewandert wären.

167 M. Singer: „Indian Joint Family in Modern Industry". In: M. Singer und B. Cohn: a.a.O., S. 423–447.

168 M. Singer: a.a.O., S. 444.

169 Vgl. die Anmerkung 164 zu den Marwaris.

170 M. Singer: a.a.O., S. 444–445.

171 P. Kolenda: a.a.O.,

172 H. D. Lakshminarayana: „Family Patterns in Mysore". In: Economic and Political Weekly. Mai 1969, S. 845–847.

173 R. König: „Old problems and new queries in family sociology". In: R. Hill und R. König: a.a.O., S. 606–607.

Die Ergebnisse der neueren Forschung haben die Hypothese vom Zusammenbruch der Hindu joint family durch Urbanisierung, Industrialisierung und Verwestlichung nicht bestätigt. Die joint family als System scheint sich diesen Prozessen anzupassen. Die neuen Gesetze, die in Imitation des westlichen Rechts entworfen wurden, um dieses System zu verändern, bieten sich, wie Derrett nachgewiesen hat, häufig an, um bestehendes Unrecht zu vertiefen oder werden als Mittel zu ganz anderen Zwecken als den gedachten benutzt. Mit Recht bezweifelt er daher den Wert von Gesetzen als Instrumenten des sozialen Wandels[174].

Die ganze bisherige Diskussion um Stabilität oder Wandel der joint family in Indien drehte sich, wie wir bereits andeuteten, nur um die nordindische, patrilineale und patrilokale joint family, klammerte aber die Entwicklungen in den matrilinear und matrilokal organisierten Familien aus. Es ist jedoch notwendig, diesen Familientyp wenigstens in seinen Grundzügen darzustellen, nicht nur um der Gefahr der Einseitigkeit zu entgehen, der viele familiensoziologische Untersuchungen in Indien zum Opfer gefallen sind, sondern weil die Rolle der Frauen in der dominanten patrilinealen Familie nicht ganz ohne Berücksichtigung des dauernden Kulturkontaktes zwischen matrilinealen und patrilinealen Gruppen zu verstehen ist.

Elemente mutterrechtlicher Organisation kommen in vielen der unteren Kasten, unter den Urstämmen und den Unberührbaren in ganz Indien vor[175]. Außerdem gibt es bestimmte Kerngebiete, in denen der dominante Familientyp bis vor kurzem matrilineal und matrilokal war. Das sind die Garos und die Khasas im Nordosten, in Assam und die Nayars im Südwesten an der Malabarküste Keralas.

Struktur und Wandel der matrilinealen Nayar-Familie

Den extremsten Gegenpol zur patrilinealen, patrilokalen und patriarchalischen nordindischen joint family stellt die matrilineale, matrilokale Familienorganisation der Nayars an der Malabar-Küste dar. Die Nayars bezeichnen sich als Kshatriyas. Heute sind sie Landbesitzer, die aber nicht selbst das Land bearbeiten, sondern vor allem in white collar-jobs beschäftigt sind[176].

Eine typische Nayar-Familie, ein *taravad*, bestand aus einer Frau, ihren Kindern, den Kindern ihrer Töchter und Enkelinnen, ihren Brüdern und anderen Abkömmlingen der weiblichen Linie. Ein traditionelles taravad einer mäßig reichen Familie konnte mehrere hundert Personen umfassen[177]; aber

174 J. D. M. Derrett: a.a.O., S. 397.

175 Wir verweisen auf die Ausführungen über die Devadasis S. 52 ff.

176 J. Mencher: The Nayars of South Malaber. In: M. F. Nimkoff (Hrsg.): Comparative Family Systems. Boston 1965, S. 163.

177 J. Mencher: The Nayars, S. 169.

wenn es zu groß wurde, wurde es aufgeteilt in mehrere *tavazhis* oder *tavaris*, je nach der Zahl der Frauen in der Hauptlinie[178]. Die Gatten der verschiedenen Frauen blieben im taravad ihrer Mutter und durften ihre Frauen nur nach nach dem Abendessen besuchen. Diese „Besuchsehe" gab ihnen keinerlei Rechte über die Frau oder die Kinder, die aus dieser Verbindung hervorgingen. Demnach gab es keine angeheirateten Verwandten in einem Nayar-taravad, es gab vor allem keine *Väter* in dieser Familienorganisation.

Das Familienland war gemeinsamer Besitz aller Frauen und Männer des taravad. Dieser Besitz war normalerweise unteilbar; wenn aber ein taravad aufgeteilt werden mußte, weil es zu groß geworden war, geschah dies mit Zustimmung aller. Diese Aufteilung in tavazhis beruhte aber nicht auf einem Rechtsanspruch der Familienmitglieder und bedeutete nicht einen Bruch der Verwandtschaftsbeziehungen. Alle Glieder eines tavazhis behielten ihren taravad-Namen und hielten sich an die Exogamie-Regeln[179]. Der älteste Mann, der Bruder der ältesten Frau, der *karanavan*, war der Verwalter des Familiengutes, er hatte aber keine Verfügungsgewalt darüber und konnte es nicht veräußern. Wenn er sein Amt schlecht versah, konnte er gesetzlich von seinem Amt abgesetzt werden[180]. Der karanavan hatte fast absolute juridische und moralische Autorität über die Söhne seiner Schwestern und seine jüngeren Brüder. Die älteste Frau hatte Autorität über alle Frauen im taravad. Sie war verantwortlich für das „gute Benehmen", aber ihre Macht war nicht auf finanzielle Angelegenheiten ausgedehnt, da der karanavan die Kasse verwaltete.

Neben matrilinealer Deszendenz, Unteilbarkeit des Familienbesitzes war Exogamie das dritte Strukturprinzip des taravad. Das Nayar-Mädchen wurde nach Erreichung der Pubertät durch die *talikettu kalyanam*-Zeremonie rituell mit einem Mann einer anderen lineage verheiratet. Kathleen Gough sieht die talikettu-kalyanam-Zeremonie als ein Mittel an, die Exogamie-Gesetze zu wahren und die Frauen einer bestimmten lineage mit den Männern einer anderen zu verbinden. In Dorfgruppen kamen die Knaben und Männer zu dem Haus der Mädchen, die 3 Tage eingeschlossen waren und die Menstruationstabus wahren mußten. Dann band der „Bräutigam" der Braut den *tali* um den Hals. Nach der Tali-Zeremonie wurden beide 3 Tage zusammen eingeschlossen. Nach der rituellen Kohabitation und einem Reinigungsbad zerriß das Mädchen das bei der Kohabitationszeremonie getragene Lendentuch zum Zeichen der Trennung. Überall verließ der Bräutigam die Braut nach 4 Tagen; aus dieser Verbindung erwuchsen keine Rechte und Pflichten für beide; das Mädchen mußte nur beim Tod des Tali-Bräutigams die Pollutionstabus einhalten.

178 M. S. A. Rao: Social Change in Malabar. Bombay 1957, S. 74.
179 K. M. Kapadia: Marriage, S. 358; M. S. A. Rao: a.a.O., S. 75.
180 M. S. A. Rao: a.a.O., S. 74; K. M. Kapadia: Marriage, S. 337.

Der Tali-Ritus gab der Nayar-Frau das Recht auf sexuelle Funktionen, sie war danach eine *amma* (Mutter), mußte die Inzest-Tabus beobachten und hatte ein Recht auf „visiting husbands". Die Ehe mit diesen Gatten – sie konnte 3–8 oder mehr Gatten gleichzeitig haben – hieß *sambandhan* und mußte streng hypergam sein. Keine Nayar-Frau durfte eine sambandhan-Verbindung mit den unteren Kasten eingehen. Diesem Hypergamie-Prinzip entsprach auch die seltsam symbiotische Verbindung zwischen den patrilinealen Nambudri-Brahmanen und den Nayar-Frauen[181].

Die sambandhan-Verbindung konnte ohne Formalitäten begonnen und beendet werden. Der Mann war lediglich verpflichtet, der Frau kleine Geschenke zu geben und bei einer nachfolgenden Schwangerschaft die Kosten für die Hebamme zu bezahlen. Er hatte keinerlei ökonomisches, soziales oder rituelles Recht an seinen Kindern, auch keine Verpflichtungen ihnen gegenüber. Die Kinder nannten den Liebhaber der Mutter *acchan* (Herr).

Die sogenannte Elementarfamilie, die aus Mann, Frau und Kindern besteht, existierte nicht unter den Nayars[182]. Die Kinder hatten keine Be-

181 Die Nambudri-Brahmanen, eine kleine Gruppe von high-caste-Brahmanen, die wahrscheinlich aus dem Norden eingewandert sind, leben in patrilinealen und patrilokalen Familien. Nur die ersten 2 oder 3 Söhne dürfen heiraten, die jüngeren bleiben unverheiratet. Die Folgen sind ein ständiger Überschuß an Frauen, die unverheiratet bleiben, und enorm hohe dowries. Die brahmanische Hypergamie-Regel kehrt sich in dieser Umgebung gegen die Brahmanen selbst. An den vielen unverheirateten Nambudri-Frauen wurde früher vor ihrem Tod eine rituelle Heiratszeremonie vollzogen, damit sie nicht nach dem Tod als Geister der Familie schaden konnten.
Die jüngeren Nambudri-Söhne hatten einst sambandhan-Verbindungen mit den Nayar-Frauen. Aus dieser hypergamischen Verbindung mit reichen und angesehenen Nayars erwuchsen ihnen wirtschaftliche und soziale Vorteile, aber keine Verpflichtungen. Eine Nayar-Frau konnte andererseits durch die Verbindung mit einem Nambudri-Mann den sozialen Status ihrer Kinder heben; sie galten dann als Kshatriyas. Die Nambudris selbst aber erlaubten keinem Nayar-Mann die Heirat mit einer Nambudri-Frau. Auch verloren die Kinder von Nayar-Männern, die Nayars oder Kshatriya-Frauen geheiratet hatten, ihren Kshatriya-Status. Es scheint also, daß die Nayars die Endogamie- und Hypergamie-Gesetze der Brahmanen selbst übernommen haben, weil das ihr soziales Prestige erhöhte.
Als die britische Regierung 1933 ein Gesetz in Madras und später in Travancore erließ, wonach ein Mann sein selbstverdientes Geld seiner Frau und seinen Kindern hinterlassen konnte, anstatt es dem taravad und damit den Kindern seiner Schwestern zu vererben, machten sich viele jüngere Nambudri-Söhne das zunutze, erklärten ihre „visiting-marriage" mit ihren Nayar-Frauen als legale Ehe und blieben dann dauernd im Haus ihrer Frauen. Dort führten sie, wie I. Karve berichtet, das Leben eines Pensionärs, der zwar respektiert, aber nicht Mitglied des tavarad war. Diese Nambudri-Brahmanen durften z. B. wegen ihrer strengen Pollutionsregeln nicht mit ihren Frauen und Kindern essen und mußten sich nach jedem Besuch bei der Frau baden.

182 G. Gough: „Is Family Universal?" In: N. W. Bell und E. Vogel (eds.): The Family. Free Press of Glencoe (Ill.) 1960, S. 79–83.

ziehungen zu ihrem biologischen Vater, selbst dann nicht, wenn er, wie später die Nambudri-Brahmanen, als „Dauerliebhaber" im Haus der Nayar-Frauen wohnte. Das wird deutlich aus einer Episode, die I. Karve berichtet. Sie nahm einmal im Verlauf ihrer Forschungen Blutproben in einer Nayar-Familie. Als sie fertig war, stand noch ein älterer Mann herum; als sie auch seine Blutprobe nehmen wollte, sagte einer der jüngeren Männer: „Sie können, wenn sie wollen, aber er gehört nicht zu uns, er ist nur unser Nambudri-Vater." Er war der jüngere Sohn eines Nambudri und lebte im Haushalt seiner Kshatriya-Frau wie ein Abhängiger[183]. Die Beziehungen zwischen den einzelnen Mitgliedern eines taravad waren nach den Kriterien Alter und Geschlecht geregelt, wobei ersterem die wichtigere Rolle zukam.

Die Segregation der Geschlechter war genau so formell und streng wie die Unterscheidung zwischen Jüngeren und Älteren. Ein jüngerer Bruder durfte nicht vor dem älteren sitzen. Der karanavan war die höchste Respektperson und hatte das Recht zu strafen. Wenn ein Jüngerer mit einem Älteren sprach, mußte er seinen Mund bedecken, der Ältere nannte den Jüngeren mit Namen, nicht aber umgekehrt. Jüngere Frauen durften nicht vor älteren mit bedeckten Brüsten erscheinen. Älteren gebührte immer Respekt und Gehorsam.

Geschlechtersegregation war allen erwachsenen Männern und Frauen vorgeschrieben; sie durften nicht miteinander sprechen. Eine Frau durfte nicht in Begleitung eines Mannes, auch nicht ihres Bruders gehen. Das Nayar-Haus war so gebaut, daß diese Geschlechtertrennung aufrechterhalten bleiben konnte; jede „amma" hatte einen eigenen Raum, wo sie ihren „acchan" empfangen konnte. Diese Zimmer der Frauen lagen im Westflügel des Hauses. Ein Knabe in einer Nayar-Familie konnte informelle Beziehungen zu seiner Mutter und seiner Großmutter haben und bis zu 11–12 Jahren auch zu seiner Schwester. Danach wurde diese Beziehung formell[184]. Die Knaben wuchsen unter der direkten Führung der Brüder ihrer Mütter auf; jene hatten dafür zu sorgen, daß sie richtig erzogen wurden. Die Beziehung zwischen Onkel und Neffe war eine emotional enge, zwischen Onkel und Nichte bestand jedoch stets große soziale Distanz[185].

Die taravads begannen im 19. Jh. unter dem Einfluß der britischen Herrschaft zusammenzubrechen und damit auch mehr und mehr die mutterrechtliche Familienorganisation. Die Nambudri-Brahmanen hatten bereits ihre hypergamischen Beziehungen zu den Nayar-Frauen, die ihnen selbst wirtschaftliche Vorteile, jenen aber Prestige einbrachten, als Konkubinat bezeichnet[186], während sie für die Nayars richtige Ehen darstellten. Der brah-

183 I. Karve: Kinship, S. 298.
184 M. S. A. Rao: a.a.O., S. 78–80.
185 J. P. Mencher: The Nayars, S. 183.
186 K. E. Gough: a.a.O., S. 84; M. S. A. Rao: a.a.O., S. 97.

manische Einfluß hatte sich schon im 19. Jh. in der Weise bemerkbar gemacht, daß z.B. eine Frau einen Mann nur noch mit Erlaubnis des karanavan entlassen konnte[187]. Die patriarchalische Ideologie der Brahmanen fand die Unterstützung der Engländer, die die sambandhan-Verbindung der Nayars nicht als legale Ehe ansahen, sondern als eine Form von Promiskuität[188].

Dann wurde 1896 in der Madras Marriage Act verfügt, daß eine sambandhan-Verbindung zwischen einem Mann und einer Frau eine monogame Ehe sei, daß die Frau und ihre Kinder das Recht auf Unterhalt durch den Mann hätten und diese Ehe nur juristisch geschieden werden könne. Dieses Gesetz hatte wenig Erfolg, denn die sambandhan-Ehen wurden nicht registriert.

Eine größere Wirkung hatten die verschiedenen Nayar-Regulationsgesetze, die keine Registration mehr verlangten, sondern die Übergabe eines Geschenkes (z.B. Stoff) an die Frau bei der sambandhan Zeremonie als legalen Eheschließungsakt erklärten. Polygamie wurde verboten und der nicht-Nayar-Vater bekam das Recht auf getrenntes Eigentum. Ferner wurde verfügt, daß eine Ehe nicht ohne legale Scheidung aufgelöst werden könne. Diese Gesetze und vielleicht mehr noch die Ideologie, die dahinter stand, die von den sich verwestlichenden Gruppen schnell übernommen wurde, führten allmählich zu einem Aussterben des talikettu-kalyanam Ritus, der rituellen Gruppen-Heirat der Nayar-Frauen[189].

Es scheint, daß ein starker Druck der öffentlichen Meinung in den gebildeten Schichten und Kasten zu einer Diskriminierung der mutterrechtlichen Organisationen und Institutionen geführt hat. Unter dem Einfluß der englischen Bildung begannen die Söhne der Nayars sich der polyandrischen Beziehungen ihrer Mütter zu schämen. I. Karve berichtet, daß viele Nayar-Männer mit Scham an die Beziehung dachten, die zwischen ihnen, ihren Müttern und ihren biologischen Vätern bestand. Sie empfanden es als entwürdigend, daß ihre Väter „männliche Konkubinen im Haus ihrer Mütter" seien[190].

Die patriarchalisch-monogame Ehekonzeption der Engländer und der Brahmanen setzte sich aber nicht nur durch die neuen Ehegesetze, sondern stärker noch durch die Erb- und Eigentumsgesetze durch.

Die Agitation zur Aufteilung des taravad-Besitzes hatte schon im 19. Jh. begonnen. Es scheint, daß die karanavans in der zweiten Hälfte des 19. Jh. in steigendem Maße versuchten, taravad-Vermögen aus dem Gesamtbesitz herauszulösen und ihren eigenen Frauen und Kindern als „Geschenk" zu übertragen.

187 M. S. A. Rao: a.a.O., S. 98–100.
188 Dieser Meinung hatte sich u.a. auch Marianne Weber angeschlossen, die in der Nayar-Ehe nur eine Form der Prostitution sah. Marianne Weber: Ehefrau und Mutter in der Rechtsentwicklung. Tübingen 1907, S. 37.
189 M. S. A. Rao: a.a.O., S. 98–100.
190 I. Karve: Kinship, S. 297, 299.

Dagegen protestierten die jüngeren Männer im taravad. Zwischen 1887 und 1906 sind in den Gerichten von Travancore 4365 Prozesse gegen karanavans geführt worden, die versucht hatten, taravad-Gut ihren eigenen Kindern zu schenken[191]. Als Grund für das Aufkommen dieser „egoistischen" Gesinnung unter den karanavans nennt Kapadia u.a. die Schwäche der menschlichen Natur: „Human nature being what it is, an invidious distinction is bound to be made between the children of the karanavan himself and those of other members."[192]

Kapadia scheint zu übersehen, daß die Vorstellung von „seinen Kindern" im traditionellen taravad, wo es keine Vater-Kind-Beziehung gab, nicht bestand, sondern wahrscheinlich erst unter dem Einfluß der englischen Konzeption über Privateigentum und Familie Eingang in die gebildeten Nayar-Familien gefunden hatte. So hatte bereits 1868 ein Gesetz verfügt, daß ein Mann für seine Frau und seine Kinder zu sorgen habe[193], eine Forderung, die im traditionellen taravad keinen Sinn hatte. Als Reaktion auf die Machenschaften der karanavans wurde schließlich die Forderung nach Aufteilung der taravads immer dringender. Hinzu kam, daß mit dem Aufkommen der englischen Bildung und den neuen Möglichkeiten des Gelderwerbs in der britischen Kolonialverwaltung viele Männer ein vom taravad unabhängiges Einkommen hatten. Die Malabar Will's Act von 1898 gab einem Mann das Recht, über dieses private Eigentum testamentarisch zu verfügen. Er konnte es also seinen Kindern hinterlassen, was im taravad nicht möglich war. Es wurde hinfort nötig, das taravad-Land aufzuteilen, und 1912 verfügte die Travancore Nayar-Regulation, daß taravad-Land aufgeteilt werden könne. Und in der Madras Marriage Act von 1933 wurde schließlich das mutterrechtliche Ehe-, Erb- und Sukzessionsrecht vollends untergraben: Die nächsten Erben eines Mannes waren hinfort nicht mehr die Kinder seiner Schwester, bzw. das taravad, sondern seine Kinder und die linealen Deszendenten in der mütterlichen Linie[194]. In die gleiche Richtung wirkten der neue Hindu Law Code nach der Unabhängigkeit, das zentrale Steuersystem und schließlich die von allen politischen Parteien in Kerala unterstützten Gesetze zur Landreform, wonach eine Familie von 5 Personen nur maximal 25 acres besitzen konnte. Nach diesem Gesetz war es vorteilhafter, die taravads aufzuteilen: Eine Familie mit 60 Mitgliedern konnte 12 kleinere Einheiten (tavaris) bilden und 189 acres haben, während sie als taravad nur 25 acres besitzen durfte. Bis 1960 waren so alle großen taravads aufgeteilt, weil sich auf diese Weise die Gesetze zur Landreform am leichtesten umgehen ließen[195].

191 K. M. Kapadia: Marriage, S. 344.
192 K. M. Kapadia: Marriage, S. 345.
193 M. S. A. Rao: a.a.O., S. 133.
194 M. S. A. Rao: a.a.O., S. 139–44.
195 J. P. Mencher: „Changing Familial Roles Among South Malabar Nayars". S. W. J. A. Vol. 18 (1962), S. 237.

Es waren jedoch nicht nur diese Gesetzesmaßnahmen, sondern, mehr noch, wie Mencher betont, der Einfluß der patriarchalischen Ideen, die zu einem grundlegenden Wandel in der Organisation der Nayar-Familie führten. Diese Ideologie propagierte die Ideale der Monogamie, der dominanten Rolle des biologischen Vaters, der Nuklearfamilie sowohl im Namen liberaler Fortschrittsgläubigkeit als auch brahmanischer Moral. In zunehmendem Maße spielt heute der Vater eine Rolle im tavari. Er empfindet es als seiner Würde angemessen, daß er der „Brotverdiener" ist und Frauen und Kinder von ihm unterhalten werden. Von der Frau wird erwartet, daß sie nur *einen* Mann hat und nach dessen Tod nicht mehr heiratet. „Today the wife is expected to be faithful, to look after her husband's needs and to listen to him, though she can oppose his decisions if she feels they are not in the interest of the tavari."[196] Trotz der Aufspaltung der tavaris und der neueingeführten Gattin-Gatte- und Vater-Kind-Beziehung hat sich die Nayar-Familie nicht zu einer patrilinealen, patrilokalen Familie nordindischen Typs entwickelt. Die alten matrilinealen Familienbeziehungen und die Solidarität des taravad sind erhalten geblieben[197].

Der Prozeß des sozialen Wandels der mutterrechtlichen Nayars in Richtung auf eine monogame und nukleare Familienorganisation war nicht die unvermeidliche Folge von Urbanisierung und Industrialisierung, wie es die westliche Familiensoziologie meist hinstellt, sondern erfolgte unter massivem ökonomischem, ideologischem und legislativem Druck. Da sich in der Familienideologie der gebildeten indischen Mittelklassen brahmanische Leitbilder mit puritanisch-viktorianischen verbunden hatten, wurden durch den Mechanismus der Sanskritisierung und Verwestlichung[198] alle Gruppen als inferior erklärt, deren Familienkonzeption nicht mit der der dominanten Gruppen übereinstimmte.

Es ist eine paradoxe Erscheinung, daß die westlich gebildete Elite einerseits versucht, sich von den Auswüchsen eines extrem patriarchalischen Leitbildes von der Frau zu befreien, daß sie sich bemüht, Institutionen wie Witwendiskriminierung und Kinderehe, im Namen des Fortschritts und einer höheren Kultur zu beseitigen, daß dieses gleiche Leitbild aber Vorbildcharakter für alle Gruppen bekommt, die in der sozialen Pyramide aufsteigen wollen oder integriert werden sollen[199]. Die ehemals polyandrischen Nayar-Frauen sehen heute auch das „Hindu-Ideal of Womanhood", das pativrata-Ideal der völlig vom Gatten abhängigen Frau, als Zeichen einer höheren Kulturstufe an. Es wird als sozialer Fortschritt empfunden, daß sich das Konzept der Vaterschaft bei den matrilinealen Nayars durchgesetzt hat, daß die Nuklearfamilie und das Recht auf privatrechtliche Vererbung des Eigentums

196 J. P. Mencher: „Changing Familial Roles", S. 241.
197 J. P. Mencher: „Changing Familial Roles", S. 243–44.
198 M. N. Srinivas: Social Change, S. 6.
199 U. R. Ehrenfels: Mother-Right in India. Oxford 1941.

mehr und mehr Einfluß gewinnt[200] und somit die „nicht-konforme" Kultur der Nayars in die sogenannte große indische Kultursynthese einbezogen wurde. So schreibt Rao: „Malabar, which for a long time stood as a separate culture area, has grown sensitive to change, and has been drawn into the vortex of the Indian integrative system."[201]

Wir möchten in diesem induzierten Integrationsprozeß eher ein Beispiel einer internen Kolonisierung sehen, wodurch nonkonformen Minoritäten die Kultur und damit die Ehe- und Familienkonzeption der dominanten Gruppe im Namen einer „höheren Moral" aufgezwungen wird, genau wie vorher im Namen der Kolonialverwaltung.

1.2.3 Die Rollenbeziehungen der Frau in der Hindu joint family

Die Diskussion über Struktur und Wandel der Hindu joint family hat gezeigt, daß auch heute noch die zentralen Familienbeziehungen die filialen und fraternalen zwischen den Männern sind. Hinzu kommt die Mutter-Sohn-Beziehung. Die Gatte-Gattin-Beziehung, wie sie als Kern der Nuklearfamilie angesehen wird, muß in diesem System den anderen Beziehungen untergeordnet werden.

Gore weist darauf hin, daß die Beziehungen in einem Nuklearhaushalt durchaus noch dem idealtypischen Muster einer joint family entsprechen können. Das gilt insbesondere für die Vater-Sohn- und Gatte-Gattin-Beziehung[202]. Um also die Normen kennenzulernen, die die Rollenbeziehungen gebildeter indischer Frauen in städtischen Familien regeln, ist es notwendig, diese Rollenbeziehungen in ihrer idealtypischen Ausprägung in der joint family zu untersuchen. Wir werden uns bei dieser Analyse vor allem auf die Arbeiten von D. Narain[203], A. D. Ross[204], Minturn-Hitchock[205], M. S. Gore[206] und I. Karve[207] stützen.

Narain weist auf die Probleme einer solchen Analyse der familieninternen Beziehungen hin. Die Schwierigkeit besteht darin, daß es kaum möglich ist, die kulturelle Norm vom tatsächlichen Verhalten analytisch exakt zu

200 M. S. A. Rao: a.a.O., S. 137.
201 M. S. A. Rao: a.a.O., S. 206.
202 M. S. Gore: „The Traditional Indian Family". In: M. F. Nimkoff: Comparative Family Systems. Boston 1965, S. 212–213.
203 D. Narain: „Interpersonal relationships in the Hindu Family". In: R. Hill und R. König: a.a.O., S. 454–480.
204 A. D. Ross: The Hindu Family in Its Urban Setting. Toronto 1961.
205 L. Minturn und J. T. Hitchcock: The Rajputs of Khalapur. In: B. B. Whiting: Six Cultures: Studies in Child Rearing. New York 1967, S. 301–361.
206 M. S. Gore: Urbanization.
207 I. Karve: Kinship.

trennen. Das was sein „soll" wird immer wieder als tatsächlich existierend hingestellt. Es ist nicht schwer, die kulturelle Norm zu erfassen, darüber besteht weitgehender Konsens in der gleichen Schicht, problematisch ist vielmehr das Erfassen tatsächlichen Rollenverhaltens. Aus diesem Grunde trennt Narain systematisch zwischen kultureller Norm und empirisch beobachtetem Rollenverhalten[208].

Das Aktionsfeld, in dem sich das Leben der Hindu-Frau abspielte, war die joint family, zuerst die ihres Vaters und dann die ihres Mannes. Von Geburt an wuchs sie nach und nach in die verschiedenen Sozialbeziehungen in der Familie hinein und spielte bis zu ihrem Tod alle Rollen durch, die das joint family System ihr vorschrieb.

Nach dem idealtypischen Modell der Hindu joint family durchläuft eine Frau in ihrem Leben folgende Rollenbeziehungen in der Familie:

a) in der Orientierungsfamilie:

Tochter-Mutter
Tochter-Vater
Schwester-Schwester
Schwester-Bruder
Enkelin-Großmutter
Enkelin-Großvater
Nichte-Tante
Nichte-Onkel

b) in der Prokreationsfamilie:

Schwiegertochter-Schwiegermutter
Schwiegertochter-Schwiegervater
Gattin-Gatte
Mutter-Sohn
Schwägerin-Schwägerin (Schwester des Mannes)
Schwägerin-Schwägerin[209] (Schwester des Schwagers)

Für die Rollenproblematik der modernen Inderin sind nur die vier ersten Beziehungen in der Orientierungs- und Prokreationsfamilie von Bedeutung. Bei der Analyse werden wir uns auf diese Beziehungen beschränken.

Die Autoritäts- und Gefühlsstruktur in der Hindu joint family

Die hierarchische Autoritätsstruktur in der patriarchalischen Großfamilie, die nach dem Prinzip der Überlegenheit der männlichen Mitglieder über die jüngeren und weiblichen bestimmt ist, ist das wichtigste Instrument der sozialen Kontrolle. Die Rechte und Pflichten der Individuen sind weitgehend von dieser hierarchischen Ordnung der Macht und Autorität festgelegt, und ihre Beziehungen untereinander bewegen sich in dem Spielraum, der

208 D. Narain: a.a.O., S. 454–55.
209 Vgl. D. Narain: a.a.O., S. 455–56.

durch die Familienautorität abgesteckt ist, die ihre höchste Spitze in dem durch Kaste und Religion legitimierten und sakralisierten männlichen Familienoberhaupt hat.

Die typische Vermischung von legaler und sakraler Autorität, die im Familienoberhaupt investiert ist, hat nicht nur Distanz oder Nähe und den Grad der Abhängigkeit von der höchsten Familienautorität bestimmt, sondern färbt auch die Art und Weise der Beziehungen der Individuen zueinander. Das gilt insbesondere für die Frauen in der Familie.

Die Familienbeziehungen der joint family sind aber nicht nur durch die hierarchische Macht- und Abhängigkeitsstruktur bestimmt, sondern ebenso durch die Struktur der Gefühle: Liebe, Sympathie, Zuneigung, respektvolle Distanz, Haß und Feindschaft sind nicht nur eine Funktion des engen räumlichen Zusammenlebens und der Unterschiede der Charaktere, sondern sind durch Konvention und kulturelle Norm weitgehend festgelegt und *nicht* der Spontaneität des Einzelnen überlassen.

Eine Beschreibung des normativen Musters der Rollenbeziehungen der Frau in der patriarchalischen Großfamilie muß also zwei Faktoren berücksichtigen: 1. den der Autorität und 2. den der Gefühle. Über die Struktur der Gefühle hat Ross in ihrer Untersuchung über Mittelklassenfamilien in Bangalore folgende Rangskala aufgestellt:

Emotional Attitudes of Family Members for Each Other*

Relationships	Affection & Love	Dislike & Hatred
Mother-Son	115	5
Brother-Sister	90	1
Brother-Brother	75	1
Father-Son	74	16
Grandparents-Children	48	4
Mother-Daughter	42	-
Mother-Children	29	-
Father-Daughter	27	1
Father-Children	24	5
Husband-Wife	16	10
Sister-Sister	5	-

* A.D. Ross: a.a.O., S. 137.

a) Orientierungsfamilie

Tochter–Mutter

Da die Töchter früher als Kinder verheiratet wurden, ist die Beziehung zwischen Mutter und Tochter nicht so klar definiert wie etwa die Mutter-Sohn-Beziehung. Es besteht vor allem nicht das gleiche Abhängigkeitsverhältnis zwischen Mutter und Tochter wie zwischen Mutter und Sohn, denn die Tochter wird später einmal im Haus ihrer „in-laws" die Position einnehmen, die die Mutter jetzt im Hause ihres Gatten hat. Das Autoritätsgefälle ist auch viel geringer in dieser Beziehung als in der zwischen Vater und Sohn; der Sohn bleibt ja Zeit seines Lebens in der väterlichen Familie und untersteht der Autorität des Vaters bis zu dessen Tod. Zwischen Mutter und Tochter besteht eine Beziehung, die der zwischen älterer und jüngerer Schwester angenähert ist, besonders, wenn die Tochter erwachsen ist. Die Beziehung ist nicht formell, aber, wie die obige Skala zeigt, auch nicht besonders emotional warm.

Vor der Heirat hat die Mutter vor allem die Aufgabe, die Tochter auf ihre zukünftige Rolle als Schwiegertochter vorzubereiten, denn das ist die entscheidende Position, die sie zunächst in der Familie ihrer „in-laws" einnehmen wird. Aus der eigenen, oft bitteren Erfahrung lehrt die Mutter die Tochter, wie man den „in-laws" gehorcht, und wie man sich gegenüber der Autorität der Schwiegermutter verhält, zeigt ihr aber auch, wie man sich Schwiegereltern und Gatten unterordnet, ohne von Aggressivität überwältigt zu werden. Eine widerspenstige Schwiegertochter setzt den Namen der eigenen Mutter herab. So berichtet M. S. Srinivas über das Training der Töchter in Mysore: „The summum bonum of a girl's life is to please her parents-in-law and her husband. If she does not get on with her mother-in-law, she will be a disgrace to her family and casts a blot on the fair name of her mother ... the Kannada mother dins into her daughter's ears certain ideals which make for harmony (at the expense of sacrificing her will) in later life[210].

Es ist aber auch die Mutter, die der Tochter die Taktik beibringt, wie man trotz der sprichwörtlich überwältigenden Macht der Schwiegermutter und des Gatten seinen eigenen Willen durch Sanftmut und Dienstbereitschaft durchsetzt. Sie ermutigt jedoch auch ihre Tochter, sich gegen den Willen der „in-laws" zu behaupten und, wenn die Verhältnisse im Haus ihres Gatten zu drückend sind, in ihre Familie zurückzukehren[211].

210 M. S. Srinivas: Marriage and Family in Mysore. Bombay 1942, S. 195 (zit. bei Ross: a.a.O., S. 61).

211 A. D. Ross: a.a.O., S. 104.

212 Narain vermutet, daß sich das Mutter-Tochter-Verhältnis in Zukunft verändern wird, weil 1. die Töchter später heiraten und 2. Söhne und Töchter heute unparteiischer behandelt werden. D. Narain: a.a.O., S. 468.

Das Verhältnis zwischen Mutter und Tochter ist von viel geringerer Gefühlsintensität als das Mutter-Sohn-Verhältnis; aber es ist oft durch eine gewisse Komplizenschaft charakterisiert, die aus der Tatsache resultiert, daß beide in ihrem Leben die gleichen Erfahrungen als Schwiegertöchter in einem fremden Haus in völliger Abhängigkeit von der Schwiegermutter und dem Gatten machen müssen[212].

Es gibt keine formellen Regeln, die das Verhalten der Tochter gegenüber der Mutter festlegen; in vielen Teilen Indiens geht die Tochter für die Entbindung des ersten – oft auch der späteren Kinder – in das Haus ihrer Mutter zurück[213]. „Going to mother“ bedeutet, in die unkomplizierte, durch keine besondere Etikette geregelte, informelle Primärbeziehung zurückkehren, wo sie sich von den vielerlei formellen Pflichten in der Prokreationsfamilie erholen kann.

Tochter–Vater

Gemäß seiner Rolle als Brotverdiener und, wenn er das älteste männliche Familienmitglied ist, als Familienoberhaupt hat der Vater zu seinen Kindern eine viel distanziertere Beziehung als die Mutter. Er ist vor allem der Disziplinator und Versorger. Weder die kulturelle Norm noch seine meist außerhäusliche Tätigkeit erlauben ihm ein gelöstes, vertrauliches oder gar kameradschaftliches Verhältnis zu seinen Kindern. Dieses hierarchische Autoritätsverhältnis ist besonders spürbar in der Vater-Sohn-Beziehung, ist aber weniger stark ausgeprägt in der Vater-Tochter-Beziehung. Wie schon erwähnt, ist die Tochter für den Vater vor allem eine wirtschaftliche und gesellschaftliche Belastung. Die frühe Segregation der Geschlechter in der patriarchalischen Familie und die Frühehe haben weder eine starke Autoritätsbeziehung noch eine starke Gefühlsbindung zwischen Vater und Tochter aufkommen lassen. Der Vater kümmert sich wohl um die Disziplinierung der Söhne, darf aber die Mädchen nicht strafen[214]. In der idealtypischen Großfamilie ist die Interaktion zwischen Vater und Tochter auf Begegnungen beschränkt, wo es darum geht, bestimmte Anordnungen im Haushalt zu treffen, z.B. wenn Gäste da sind, Entscheidungen über Studium und Heirat der Tochter zu fällen, rituelle Pflichten zu erfüllen oder Streitereien zwischen den Frauen zu schlichten.

Wegen der weniger strikten Autoritätsbeziehung zwischen Vater und Tochter ist auch die Struktur der Gefühle zwischen beiden einerseits ziemlich vage und wenig intensiv, andererseits gerade dadurch auch entspannter

213 I. Karve: Kinship, S. 183.
214 Minturn-Hitchcock: a.a.O., S. 325.
– A. D. Ross: a.a.O., S. 123–25.
– S. M. Carstairs: Die Zweimal-Geborenen. München 1963 (Übers.), S. 211.
– D. N. Majumdar: Caste and Communication in an Indian Village. Bombay 1958, S. 211.

als das Vater-Sohn-Verhältnis. Die Töchter bringen ihren Vätern die schuldige Ehrfurcht und Pietät entgegen, er bleibt aber oft eine entfernte Figur für sie[215].

Sowohl Ross als auch Narain berichten über eine Veränderung der Tochter-Vater-Beziehung in städtischen Familien, in Richtung auf mehr emotionale Nähe und Wärme. Narain hält es für möglich, daß eine größere Zärtlichkeit zwischen Tochter und Vater zukünftig zu Spannungen zwischen Vater und Sohn führen wird[216].

Schwester–Schwester

Wenig klar ausgeprägt und kaum durch Konventionen geregelt ist auch das Schwester-Schwester-Verhältnis. Im Unterschied zu den beiden oben beschriebenen ist in dieser Beziehung das hierarchische Element nur durch eine gewisse altersbedingte Autorität gekennzeichnet, die gemildert ist durch Zuneigung. Rivalität zwischen Schwestern ist selten. Im allgemeinen sorgt der Vater oder Großvater für gleiche Behandlung der Schwestern.

Die kulturelle Norm sagt wenig über dieses Verhältnis, weil es in der traditionellen Hindu joint family wegen der Institution der Frühehe praktisch nicht existierte. Die Schwestern verloren sich als Kinder bereits aus den Augen, jede war in einer anderen Familie und an einem anderen Ort; die Gelegenheiten, in die eigene Orientierungsfamilie zurückzukehren, waren im Norden selten. Verwandtschaftliche Kontakte zwischen den Familien, in die die Schwestern hineingeheiratet hatten, waren meist auf offizielle Gelegenheiten und Feste beschränkt.

Die Schwester-Schwester-Beziehung ist also gekennzeichnet durch größere Egalität in der Autoritätsstruktur, durch affektive Wärme, die aber keine große Tiefe und Intensität erreicht. Bezeichnenderweise steht sie in der Skala von A. S. Ross über die emotionalen Attitüden der Familienmitglieder an letzter Stelle. (s. S. 76). Wegen des erhöhten Heiratsalters der Töchter könnte sich, nach Narains Meinung, in Zukunft eine engere Gefühlsbindung zwischen den Schwestern entwickeln, die auch noch nach der Heirat andauern könnte[217].

Schwester-Bruder

Von allen Rollenverhältnissen in der klassischen indischen Großfamilie des nordindischen Typs ist das zwischen Schwester und Bruder das egalitärste. Einerseits wird in dem Fall, daß die Schwester die ältere ist, die kulturelle Norm der männlichen Geschlechtsüberlegenheit durch das Prinzip der Seniorität durchbrochen, dadurch wird ein mögliches Herrschaftsver-

215 A. D. Ross: a.a.O., S. 101
216 D. Narain: a.a.O., S. 466.
217 D. Narain: a.a.O., S. 470.

hältnis erschwert, andererseits wird das Dominanz-Muster zwischen älterem Bruder und jüngerer Schwester durch die spezifische Qualität und Gefühlsbindung zwischen beiden Geschwistern gemildert.

Die Schwester ist für alle Außenkontakte auf den Rat, den Schutz und die Hilfe des Bruders angewiesen, da ihr Leben sich ja weitgehend innerhalb der engen Welt des Hauses und der Frauengruppe abspielt. Die Brüder bringen sie in indirekten Kontakt mit der „großen Welt". Wenn der Vater tot ist, sind sie verantwortlich dafür, daß sie gut verheiratet wird, daß sie eine ausreichende dowry bekommt, die ihr Sicherheit und Prestige in der neuen Familie gibt. Die Brüder sind auch allein in der Lage, der hilflosen Braut im Haus ihres Gatten einen gewissen Beistand zu geben. Sie sind die Boten, die zwischen den beiden Familien hin und hergehen[218], und wenn die Schwester allzusehr unter den Verhältnissen im Haus der „in-laws" leidet, kehrt sie nicht selten unter den Schutz der Brüder zurück.

Hat also der Bruder die instrumentellen Funktionen des Vaters gegenüber seiner Schwester zu erfüllen – aber ohne dessen repressive autoritäre Distanz – ist die Schwester für ihn oft die einzige Frau in seinem Leben, zu der er ein offenes, gelöstes, emotional warmes, egalitäres Verhältnis hat, das sich nicht nur im Grad der Gefühlsintensität, sondern auch in der Qualität der Gefühle sowohl vom Mutter-Sohn-Verhältnis wie vom Gatte-Gattin-Verhältnis wesentlich unterscheidet. In der von Ross aufgestellten Skala über emotionale Nähe oder Distanz der Familienmitglieder zueinander, kommt dieses Verhältnis sofort nach dem hoch besetzten Mutter-Sohn-Verhältnis[219]. Ross bemerkt mit Erstaunen, daß es trotz der intimen Vertrauensbeziehungen zwischen Bruder und Schwester keine Eifersucht von seiten der Mutter gibt[220]. Sie übersieht dabei, daß die Liebe der indischen Mutter zu ihrem Sohn durch einen eindeutigen psychischen Herrschafts- und Besitzanspruch geprägt ist, der den Sohn in oft lebenslänglicher Abhängigkeit halten will. Die Liebe zwischen Bruder und Schwester hingegen kommt am ehesten dem Typ einer Seelenfreundschaft nahe, die manchmal durchaus die Qualität der „romantischen Liebe" hat, wie sie im Westen zwischen jungen Liebespaaren üblich ist[221], allerdings ohne jeglichen physischen Kontakt. Küssen, Streicheln, Umarmen, jede körperliche Manifestation von Zärtlichkeit ist in und außerhalb der Familie tabu. Diese intime egalitäre Vertrauensbeziehung zwischen Bruder und Schwester hält oft noch nach der Heirat der Geschwister an. Wenn dann die Frau des Bruders sich nicht mit den ihr traditionell zustehenden Rechten der Hindu-Gattin auf Respekt, Unterhalt und sexuelle Aktivität begnügt, sondern darüber hinaus einen Anspruch auf das

218 D. Narain: a.a.O., S. 470.
219 A. D. Ross: a.a.O., S. 137.
220 A. D. Ross: a.a.O., S. 137.
221 Über dieses psychisch intensive Verhältnis vgl. auch: M. Cormack: The Hindu Woman. New York 1953, 1. ind. Ausgabe 1961, S. 94–95.

Herz ihres Mannes erhebt, kann es zwischen ihr und der Schwester des Bruders zu leidenschaftlicher Rivalität kommen. A. D. Ross berichtet einige Beispiele, die die Qualität und Intensität dieser Beziehung sehr gut beleuchten. Ein Informant berichtet: „My uncle loved my mother, his sister, better than his own wife. He used to bring her his salary and let her handle the household expenses, because he believed so much in her ability. When uncle died in his prime, mother seemed more like his widow than his wife."

Ein weiterer Fall zeigt, wie diese enge Bruder-Schwester-Bindung schon in der Kindheit entsteht: „When very young my father and aunt (his sister) were very fond of each other. Aunt was very sickly and stayed once in bed for six years with tuberculosis. All those years father would not leave her, even for a day. He gave up his B. A. and stayed with her to entertain and look after her. He was completely responsible for her feeding every quarter of an hour by spoon ... They are still very close. I have never seen such basic unity of ideas between two living people. Father cared for his sister most, then for his mother, and only after them for his wife and children."[222]

Nach der traditionellen Norm ist die Bruder-Schwester-Beziehung die einzige Familienbeziehung, die Gefährtenschaft zwischen den Geschlechtern erlaubt. Dieser Sachverhalt hat wesentliche Konsequenzen für die sich wandelnden Geschlechterbeziehungen der jungen Generation in den urbanen Zentren, die die traditionelle Geschlechtersegregation aufheben möchte. Geschwisterrivalität zwischen Brüdern und Schwestern war in der Großfamilie auf Grund dieses Verhältnisses so gut wie ausgeschlossen. Ross glaubt daher, daß sie bei wachsender Bildung und Chancengleichheit der Frauen zunehmen wird[223]. Narain ist der Ansicht, daß die Bruder-Schwester-Beziehung in den nuklearen Haushalten viel von ihrer romantischen Gefühlsintensität verlieren und zu einer Art Wahlfreundschaft werden wird[224].

Über den Bereich der Familie hinaus hat diese Beziehung wesentlich die Verhaltensnormen für den Verkehr zwischen Männern und Frauen geprägt. Eine Frau wird in Nordindien Bhenji (Schwester) ein Mann Bhai (Bruder) angeredet. Unter den Rajputen besteht die Sitte einer platonischen Freundschaft zwischen Männern und Frauen, die sich als Dharma-Bhai, Dharma-Bhenji, also als Bruder und Schwester im religiösen Sinn verstehen[225]. Außerdem ist die Bruder-Schwester-Beziehung in der Rakshabandan-Zeremonie ritualisiert worden. Bei dieser jährlichen Zeremonie bindet das Mädchen einen roten Faden um das rechte Handgelenk ihres Bruders – ein Talisman, der den schützt, der sie zu beschützen hat. Wenn eine Frau einem fremden

222 A. D. Ross: a.a.O., S. 165.
223 A. D. Ross: a.a.O., S. 164.
224 D. Narain: a.a.O., S. 471.
225 G. M. Carstairs: a.a.O., S. 92.

Mann ein raksha umbindet, bedeutet das, daß sie ihn zu ihrem Bruder und Beschützer erklärt[226].

b) Prokreationsfamilie

Die Schwiegertochter

Bezeichnenderweise ist der häufigste Verwandtschaftsname für die junge Braut im Haus ihrer Schwiegereltern in Nordindien nicht Gattin (boh, bou, vahu, gharru, stri) sondern Schwiegertochter (bahu)[227]. Mit diesem Namen ist die Position einer fast vollständigen Abhängigkeit bezeichnet, die sich entscheidend von der der Tochter in der eigenen Familie unterscheidet. Die junge Braut kommt als absolut Fremde in eine Familie, die schon allein durch die Tatsache, daß sie die Schwiegertochter annimmt, einen höheren Status hat als die Familie, aus der das Mädchen stammt. Familien und sogar Dörfer, die Töchter „geben", haben immer einen inferioren Status gegenüber Familien und Dörfern, die Töchter „empfangen"[228]. In der allgemeinen Vorstellung gilt es als eine Art Gnade von der „empfangenden" Familie, wenn sie die Schwiegertochter aufnimmt. Das wird besonders deutlich beim Aushandeln der dowry. Die Familie, die den Bräutigam stellt, ist immer in einer überlegenen Verhandlungsposition und kann die Bedingungen für die Übernahme der „Ware" Braut festsetzen, ohne daß die Gegenseite viel dagegen setzen kann[229]. Der Status der jungen Braut in der Familie ihres Gatten ist entscheidend geprägt durch diese hierarchische und asymmetrische Struktur der Heiratsallianzen, bei denen der Transfer von Töchtern, der nach dem System der Hypergamie meistens nur in einer Richtung erfolgt, ein notwendiges Übel zur Erzeugung von Söhnen ist. Mit der Erfüllung dieser Aufgabe steht und fällt der Status der jungen Frau in der Familie ihrer Schwiegereltern. Sie hat zunächst keinerlei Rechte, nur Pflichten, und das ihr ange-

226 M. Cormack: a.a.O., S. 95.
227 I. Karve: Kinship, S. 112, 113.
228 I. Karve: Kinship, S. 125.
229 Lévi-Strauss vertritt die Ansicht, daß ein universales Gesetz der Reziprozität besteht, wodurch das Ungleichgewicht, das durch die „Abgabe von Frauen" in einer Gruppe entsteht, nur durch einen zirkulären Tausch wieder aufgehoben wird: „ ... on ne reçoit pas de celui à qui l'on donne; on ne donne pas à celui de qui l'on reçoit. Chacun donne à un parténaire et reçoit d'un autre, au sein d'un cycle de réciprocité qui fonctionne dans un seul sens." C. Lévi-Strauss: Anthropologie Structurale. Paris 1958, S. 69.
Das Fortdauern der hypergamischen und nicht reziproken Beziehungen zwischen den Partnern der indischen Heiratssysteme widerspricht dieser Hypothese von einem allgemeinen zyklischen Tauschsystem, in dem die Frauen das Tauschmittel sind. Die durch die Kastenstruktur bedingte prinzipielle Asymmetrie dieses Systems wird nicht durch einen Tauschzirkel aufgehoben.

messene Verhalten ist bedingungslose Unterwerfung unter das Regiment der „in-laws“, vor allem der Schwiegermutter und der Schwägerinnen. Rücksicht, die ihr etwa entgegengebracht wird, ist nicht Resultat von Persönlichkeitsfaktoren, sondern funktional für das gesellschaftliche Ziel der Erzeugung von Söhnen. So bedingt das System der hypergamischen Heiratsallianzen eine klare Frontstellung zwischen der jungen Schwiegertochter und ihrer Prokreationsfamilie, in der sie zunächst in der Lage einer hoffnungslosen Minderheit ist. Diese strukturelle Tatsache hat die kulturellen Verhaltensmuster und ihre psychischen Anpassungsmechanismen entscheidend geprägt.

Schwiegertochter–Schwiegermutter

Die Frontstellung zwischen der fremden, absolut hilflos ausgelieferten jungen Schwiegertochter und der Prokreationsfamilie wird am dramatischsten aktualisiert in dem Verhältnis zwischen ihr und der Mutter ihres Gatten. I. Karve berichtet, daß das Paar sas-bahu (Schwiegermutter-Schwiegertochter) in der nordindischen Volksliteratur als „natürliche Feinde“ bezeichnet wird[230]. Sas ist die Herrin der Großfamilie, vor allem wenn ihr Gatte tot ist. Die oft noch kindliche Braut wird im Laufe der Zeit in diese Machtposition hineinwachsen. I. Karve beschreibt das Verhältnis zwischen beiden als einen Kampf um die Macht: „Though both are brides, i.e. women who have come to the family through marriage, the sas being the mother has established certain rights. The bahu is a stranger, who is the present slave and the future mistress. The rivalry between sas and bahu is the rivalry of two generations of women between whom, in the course of time, power is transferred from the old to the young.“[231]

Die Beziehung der Schwiegermutter zur Schwiegertochter ist eine der absoluten Herrschaft. Die Autorität der Schwiegermutter steht über der des Gatten, d.h. die Schwiegertochter muß in allem zuerst der Schwiegermutter gehorchen, dann erst dem Gatten. Diese Autorität erstreckt sich nicht nur auf den häuslichen Bereich, auf die Erteilung von Befehlen für die Haushaltsarbeit und Kinderaufzucht, sie mischt sich auch spürbar in die Beziehungen der Gatten ein und übt sogar eine gewisse Kontrolle über deren Geschlechtsverkehr aus. H. K. Gould, die die interpersonellen Faktoren bei der Familienplanung in nordindischen Dörfern untersuchte, berichtet, daß die Schwiegermutter in dem Wunsch, möglichst bald einen männlichen Erben zu haben, die junge Braut im ersten Jahr der Ehe zu intensivster sexueller Aktivität antreibt – was alle Versuche zur Familienplanung *vor* der Geburt eines männlichen Nachkommen von vornherein zum Scheitern verurteilt[232]. Auf der an-

230 I. Karve: Kinship, S. 130.
231 I. Karve: Kinship, S. 130.
232 K. H. Gould: Sex and Contraception in Sherapur: Family Planning in a North Indian Village. Economic and Political Weekly. Vol. IV, No. 49 (1969), S. 1887.

deren Seite wachte in traditionellen Rajputen-Familien die Schwiegermutter darüber, daß das mehrwöchige post-partem Sex Tabu nach der Geburt eines Kindes eingehalten wurde[233]. An diesen Beispielen wird klar, daß es sich bei der Einmischung der Schwiegermutter nicht um individuelle Herrschsucht von starken Persönlichkeiten handelt, sondern um eine institutionalisierte Rollenerwartung. Srinivas weist mit Recht darauf hin, daß diese Rollenerwartung der tyrannischen, stets wachsamen, sich ständig einmischenden und alles bemängelnden Schwiegermutter eine so feste soziale Stereotype geworden ist, daß sie auch von Natur aus sanfte und friedfertige Frauen in dieses Verhaltensklischee hineinpreßt und zu Strenge und Nörgelei anhält[234]. Der Machtkampf zwischen den beiden Frauen wird verschärft:

a) durch das dauernde enge räumliche Zusammensein, das kein Ventil für Aggressionen nach außen bietet;

b) dadurch, daß die Frau meist länger lebt als der Gatte und nach dessen Tod ihrer Herrschsucht keinerlei Zügel mehr angelegt werden;

c) dadurch, daß der Sohn sich nach der kulturellen Norm *nie* gegen seine Mutter stellen darf. Er spielt oft eine klägliche Rolle zwischen den beiden Frauen und ihrem Kampf um die Herrschaft.

Das Motiv der Eifersucht spielt in diesem Verhältnis auch eine Rolle – aber mehr von seiten der Schwiegermutter, der ja die junge Frau den Sohn „stiehlt"[235]. Es wäre falsch, dieses Feindschaftsverhältnis nur mit der Eifersucht zweier Frauen erklären zu wollen, entsprechend westlichen Vorstellungen. Das emotionale Element spielt zumindest in der Beziehung der Frau zu ihrem Gatten keine wesentliche Rolle, gilt nach der kulturellen Norm sogar eher als Störfaktor. Es geht bei dem häuslichen Kampf der beiden „natürlichen Feindinnen" nicht primär um den Mann, sondern um die Herrschaft im Hause. Narain vermutet, daß dieses Verhältnis sich wegen der starken Mutter-Sohn-Bindung auch in Zukunft nicht rasch verändern wird[236].

Schwiegertochter–Schwiegervater

Zwischen Schwiegervater und Schwiegertochter besteht eine formelle Beziehung des Respekts und der Distanz. Nach Möglichkeit sollte die junge Frau den Schwiegervater weder sehen noch sprechen. Wenn er ihr etwas zu sagen hat, tut er das durch seine Frau. In traditionellen Familien in Rajasthan

233 „This taboo on intercourse should last for two weeks after the birth of the baby ... because .... intercourse will make the mother's milk bad and cause the baby to become weak and sickly." Minturn-Hitchcock: a.a.O., S. 304.

234 M. N. Srinivas: Marriage and Family in Mysore, S. 189, zitiert bei Ross, S. 116.

235 Mandelbaum zitiert ein kanaresisches Volkslied: „Joy at the prospect of her coming, but when you your son's she's stealing, gape your dismayed mouth at the heavens." D. G. Mandelbaum: „The Family in India". In: R. N. Anshen (ed.): The Family, its Function and its Destiny. New York 1949, S. 101.

236 D. Narain: a.a.O., S. 478.

und Gujrat, die die purdah-Sitte beobachten, schreibt die Etikette vor, daß die Schwiegertochter sich bescheiden zurückzieht, wenn der Schwiegervater das Zimmer betritt. Damit sie das rechtzeitig tun kann, kündet er sein Kommen durch Hüsteln an. Wenn ein direktes Gespräch nicht zu vermeiden ist, wird es oft durch eine offene Tür miteinander geführt, der Schwiegervater in dem einen, die Schwiegertochter in dem anderen Zimmer. Dieses Verhalten ist sowohl Ausdruck des Respekts und der Pietät als auch der Schamhaftigkeit.

Als höchste Autorität in der joint family hat er alle wichtigen Entscheidungen zu fällen, die das Leben der jungen Schwiegertochter betreffen. Da er aber kaum Einblick in die Angelegenheiten der Frauen hat, ist der Einfluß der Schwiegermutter bei solchen Entscheidungen maßgebend. Solange der Schwiegervater lebt, kann er einen gewissen bremsenden Einfluß auf die Herrschgelüste der Schwiegermutter ausüben[237].

Gattin–Gatte

Entsprechend dem kulturellen Ideal der pativrata und der sati, war der Gatte der erste Gott für die Frau. Ihr einziges und wichtigstes dharma war: ihm zu gehorchen, ihm zu dienen, sich ihm aufzuopfern, ihm bis in den Tod treu zu sein, nach dem sati-Ideal auch noch über den Tod hinaus, und ihn zu verehren. „Husband-worship" ist der Fachausdruck, der das Gesamt der Gattinnentugenden umschreibt. Verzicht auf den eigenen Willen, Passivität, völliges Aufgehen der Persönlichkeit der Frau in die des Mannes ist das für die Gattin angemessene Rollenverhalten.

Ross' Beobachtung, daß die indischen Frauen die Rolle der Sklavin des Mannes ganz natürlich, mit großer Entspannung, ja, fast freudig spielen[238], läßt sich nur dadurch erklären, daß sie gelernt haben, diese Rolle gänzlich ins Religiöse zu sublimieren. „Husband-worship" war in der Tat Gottesdienst, der einzige, durch den die Frau Erlösung (moksha) erreichen konnte.

Diese Ineinssetzung religiöser und ehelicher Pflichten ließ die Attitüde der völligen Unterwerfung als „natürlich" erscheinen, darum wurde sie von den Frauen nicht als aufgezwungen empfunden. Außerdem bot die Struktur der joint family einen gewissen Spielraum für die Kompensation unterdrückter Herrschgelüste und Emotionen. Folgende Faktoren sind für die Gestaltung dieses internen Freiheitsraumes maßgebend:

1. Die Frau hat die Möglichkeit, im Laufe ihres Lebens als Mutter und Schwiegermutter eine große Machtfülle im Haus auszuüben.

2. Sie hat weiterhin die Möglichkeit, die durch die Unterdrückung des Mannes und der Schwiegermutter ausgelösten Aggressionen in der hierarchi-

237 D. Narain: a.a.O., S. 476.
238 A. D. Ross: a.a.O., S. 105, 106.

schen Struktur der Familie nach „unten", d.h. auf ihr untergeordnete Frauen (nicht auf Männer und nicht auf Kinder) weiterzuleiten.

3. Reste von mutterrechtlichen Traditionen und Verhaltensweisen geben ihr in vielen Gegenden Indiens, bes. im Süden, trotz der patriarchalischen Ideologie einen psychologischen Vorsprung gegenüber dem Mann[239].

4. Die emotionale Intensität der sakral überhöhten Mutter-Sohn-Beziehung verkehrt die Rollen zwischen Mann und Frau radikal und macht jede Mutter psychologisch zur Beherrscherin ihres Sohnes.

Die Beziehung zwischen Gatte und Gattin ist hierarchisch und formell. Der Gatte ist nicht zu den gleichen Attitüden verpflichtet wie seine Frau. Die Gesellschaft erwartet von ihm lediglich, daß er „charaktervoll" ist, d.h. keine Affairen mit anderen Frauen hat, gerecht für seine Frau sorgt, sie schützt und „ehrt", d.h., daß er ihr Kleider und Schmuck kauft, wodurch sie ihren Status bei ihren Geschlechtsgenossinnen demonstrieren kann. Sanktionen gegen den Mann, wenn er dieser Norm nicht entspricht, sind aber so gut wie nicht existent.

Emotionalität gehört, wie schon erwähnt, nicht zum erwarteten Rollenverhalten in dieser Beziehung, im Gegenteil, eine romantische Liebe zwischen Mann und Frau ist unerwünscht, weil sie andere Familienbeziehungen gefährden und sich als explosiv für die patriarchalische Familie erweisen würde[240]. Jede Art von Zärtlichkeit gilt als unmoralisch, vor allem im Haus des Vaters. Mann und Frau begegnen sich als Fremde, die gewisse Pflichten gegenüber der Familie zu erfüllen haben, ihre Beziehung ist „formal, emotionally distant and sex-centred"[241]. Die „offiziellen" Gefühle einer tugendhaften Frau für ihren Mann sind Ehrfurcht, Respekt, Pietät, manchmal Angst. Es ist bezeichnend, daß bei der Skala von Zuneigung und Abneigung zwischen Familienmitgliedern die Mann-Frau-Beziehung an vorletzter Stelle rangiert in bezug auf Zuneigung und Liebe und an zweiter Stelle, nach der Vater-Sohn-Beziehung, in bezug auf Haß und Abneigung. (s. S. 76)

Aus dem Westen importierte und unter den Gebildeten der Großstädte propagierte Konzepte wie „Partnerschaft" oder „romantische Liebe" finden in der traditionellen ehelichen Mann-Frau-Beziehung in Indien keine Basis für eine fruchtbare Entwicklung. Die Struktur dieser Beziehung ist in ihrem Schema von männlicher Herrschaft und weiblicher Unterordnung[242] dem Prinzip der Gefährtenschaft diametral entgegengesetzt.

239 A. D. Ross: a.a.O., S. 103.
240 A. D. Ross: a.a.O., S. 161.
241 A. A. Khatri: a.a.O., S. 157. Vgl. auch: M. Cormack: The Hindu Woman, S. 124.
242 „What I object to most is the ‚milch-cow' concept – that a woman must always be ready to give her husband pleasure when he wants it, without consideration of her own wants", bemerkt eine der Informantinnen Cormacks. M. Cormack: The Hindu Woman, S. 124.

Dennoch gehört die Solidarität von Mann und Frau nicht nur zu der erwarteten Rollennorm, sondern kann als gesellschaftliches Faktum oft auch beobachtet werden. Diese Solidarität hat aber nichts mit dem Schema romantischer Liebe zu tun, sondern ist das Resultat der gemeinsamen Sorge um die Kinder, die Familie und einer starken und intensiven sexuellen Bindung[243]. Man könnte außerdem noch das religiöse Element hinzufügen. Mann und Frau, die ihre religiös-soziale Pflicht der Erzeugung von Kindern erfüllt haben, haben damit ihr dharma erfüllt.

Mutter–Sohn

Die Mutter-Sohn-Beziehung ist im Geflecht interpersoneller Familienbeziehungen nicht nur im Laufe der Geschichte die durch strukturellen Wandel am wenigsten beeinflußte, sondern außerdem diejenige, die einen Bruch mit dem Prinzip der durch Alter und Geschlecht bedingten Autoritätshierarchie der Familie darstellt. Zwar hat Manu die bekannte Formel aufgestellt, daß Frauen nie unabhängig sein dürften, daß sie zuerst ihren Vätern, dann ihren Gatten, dann ihren Söhnen zu gehorchen hätten[244]. Aber nicht nur die gesellschaftliche Praxis, sondern auch die öffentliche Meinung und Alltagsethik hat diese offizielle brahmanische Herrschaftsmoral in diesem Punkt Lügen gestraft. Denn es gilt als Sünde, wenn ein Sohn sich gegen die Mutter auflehnt.

Die Mutter hat zwar keine formale Macht über den Sohn, aber sie übt einen ganz erheblichen *Einfluß* auf alle seine Entscheidungen aus. Sich ihren Wünschen und Anordnungen zu widersetzen oder sich gar von ihr unabhängig machen, führt den Sohn zu großen Gewissensqualen[245].

Die zwar nicht juridische aber doch sehr praktische Macht und Autorität der indischen Frau als Mutter ist eine Folge der patriarchalischen Familienstruktur mit ihrer extremen Überbewertung des männlichen Nachwuchses. Der Status einer Frau in der Familie ist definiert durch:
1. den Rang ihres Mannes unter seinen Brüdern,
2. die Länge der Zeit, die sie in der Familie ist,
3. die Geburt von Söhnen.

Erst der Faktor der Sohnesgeburt emanzipiert die Frau von dem Stand absoluter Subordination und Rechtlosigkeit, in dem sie die Familie als junge Schwiegertochter betreten hatte. Als Mutter von Söhnen ist sie nicht mehr nur „vikariell“[246] auf den Status ihres Mannes angewiesen, um Anspruch auf Achtung und Mitsprache bei Entscheidungsprozessen erheben zu können, sondern sie hat nun einen eigenen positiv gewerteten Status, der ihr Sicher-

243 A. D. Ross: a.a.O., S. 161.
244 (Siehe S. 27).
245 A. D. Ross: a.a.O., S. 148.
246 R. König: Die Stellung der Frau, S. 4.

heit und Würde in der Gesellschaft und Macht und Ehre in der Familie einbringt.

Der Sohn ist also, wie D. Mandelbaum mit Recht bemerkt hat, der „soziale Erlöser“ der Frau[247], und zwar in mehrfacher Hinsicht: er gibt ihr Ansehen in der Familie ihres Gatten, er gibt ihr Status und Würde in der größeren Gesellschaft, er gibt ihr die Möglichkeit, ihre bisher brachliegende Affektivität auszuleben. Das kulturelle Verhaltensideal von Müttern gegenüber Söhnen spiegelt besonders das letztere wider. Söhne sind das Ventil für alle aufgestauten Liebesbedürfnisse indischer Frauen, Mütter erfüllen ihnen daher allen Willen, verwöhnen sie maßlos, opfern sich „selbstlos“ für sie auf, lassen sich gerne von ihnen tyrannisieren und machen sie auf diese Weise völlig von sich abhängig. Das Mittel zur Inernalisierung dieses Abhängigkeitsverhältnisses ist nicht wie bei der Vater-Sohn-Beziehung Distanz und Strenge, sondern emotionale Wärme und Liebe. Indische Mütter überwältigen ihre Söhne von Geburt an so sehr mit Liebe und intensiver Gefühlswärme, daß es diesen später als Männer, wie manche Beobachter bemerken, kaum möglich ist, Führerqualitäten zu entwickeln[248] oder sich von dieser Mutter-Fixierung[249] zu lösen.

Ross berichtet Beispiele von älteren Männern in hohen Positionen, die keine Entscheidung fällen ohne Befragen der Mutter[250]. Zur Illustration sei hier eine Darstellung dieses Verhältnisses durch einen ihrer Informanten angeführt: „The mother is in perpetual fear that some day her son may leave her. This makes her stick to him like a leech and try to make him more dependent on ner by all possible loving services for him and even choosing his wife. All the time she wants to reassure herself that he still belongs to her ... I have heard mothers of that type proudly say that their sons are completely dependent on them for every thing.“[251]

Wenn Narain in der Mutter-Sohn-Bindung in der joint family vor allem eine *Pflicht*-Beziehung sieht, die sich erst in einer städtischen Nuklearfamilie in eine *Liebes*-Beziehung verwandeln werde[252], so übersieht er offenbar die Bedeutung, die die Geburt eines Sohnes auch für die moderne, gebildete Frau in einem städtischen Nuklearhaushalt hat. Die Intensität und Vitalität dieser

247 „For a young wife her son in quite a literal sense is her social redeemer. Upon him she ordinarily lavishes a devotion of an intensity proportionate to his importance for her emotional ease and social security.“ D. G. Mandelbaum: The Family in India. a.a.O., S. 105.

248 A. D. Ross: a.a.O., S. 102.

249 Spratt vertritt die Ansicht, daß dieser Mutter-Fixierung in der indischen Kultur die gleiche Bedeutung zukommt, die in der westlichen Kultur dem Ödipus-Komplex zugeschrieben wird. Er bestreitet das Vorkommen des Ödipus-Komplexes unter den Hindus. P. Spratt: a.a.O., S. 181–190.

250 A. D. Ross: a.a.O., S. 147.

251 A. D. Ross: a.a.O., S. 147.

252 D. Narain: a.a.O., S. 467.

Beziehung resultiert ja aus der spezifischen Art der frühkindlichen Sozialisierung des Sohnes, die durch exzessive Bedürfnisbefriedigung durch die Mutter gekennzeichnet ist. Wie die Studie Gores über die Agarwal-Familie deutlich macht, hat auch in den städtischen Nuklearfamilien unter den Männern kein Wandel in dem idealtypischen Muster der Beziehungen zu ihrer Mutter oder ihrer Gattin stattgefunden. Sie fühlen sich der Mutter mehr verbunden als der Gattin, glauben aber, daß ihre Gattin ihnen näher stünde als den Kindern. Die Frauen hingegen behaupten, ihren Kindern näher zu stehen als den Gatten. Bei beiden Partnern besteht also ein Mißverständnis in bezug auf relative Nähe und Ferne des anderen, Frauen weichen jedoch stärker vom kulturellen Muster der Rollenbeziehungen ab als Männer. Gore erklärt diesen Unterschied durch die Tatsache, daß Männer prinzipiell Zeit ihres Lebens in ihrer Orientierungsfamilie bleiben und ihr Familienstatus nicht grundsätzlich durch ihre Gattenrolle verändert wird. Ihre zentrale Beziehung zu einer Frau bleibt die Mutter-Bindung[253].

Die Analyse der intrafamiliären Rollenbeziehungen der Frau hat gezeigt, daß bei allen Bemühungen um die Erhöhung, Festigung und Legitimierung der der väterlichen und männlichen Autorität, die Frau als Mutter in der Praxis doch schließlich die Herrin der Familie wird. Der Konflikt zwischen der Theorie der patriarchalischen Familienautorität und der Praxis des Mutter-Regiments wird nicht von außen an das System herangetragen, sondern ist strukturell eingebaut durch den exzessiven Wunsch nach männlichen Nachkommen zur Fortsetzung des Clans.

Dieser systemimmanente Konflikt tritt besonders deutlich zutage in den Beziehungen zwischen Schwiegermutter und Schwiegertochter und in der Mutter-Sohn-Beziehung. Besonders letztere Beziehung ist für die indische Frau, wie wir gesehen haben, „das Sprungbrett zur Macht", die sie in vielen Familien in mittlerem Alter oft in unbeschränkter Weise über Männer, Frauen und Kinder ausübt.

Zu diesem systemimmanenten Widerspruch zwischen Degradierung und Unterdrückung der Frau als Geschlechtswesen und dem Angewiesensein auf sie als Mutter von Söhnen kommt noch der Konflikt zwischen zwei kulturellen Systemen hinzu. Gemeint ist der Konflikt zwischen der sanskritisierten „großen Kultur" mit ihrer patriarchalisch-asketischen Familien- und Sexualideologie und der auf vorarischen Mutterkulten beruhenden Mutter-Verehrung. Die Auseinandersetzung zwischen „little tradition" und „great tradition", oder zwischen Frauendiskriminierung und Frauenidealisierung findet nicht nur zwischen einzelnen Gruppen, Kasten und Regionen statt, sondern auch im Bereich der intimsten zwischenmenschlichen Beziehungen in der Familie. Religiös überhöhte „husband worship", wie sie die patriarchalische Moral vorschreibt, ist das Gegenstück zur ebenso religiös überhöhten „mother-worship".

253 M. S. Gore: Urbanization, S. 190–95.

2. Determinierende Faktoren der Gegenwartssituation der indischen Frauen

2.1 Die Rolle der Frauen in der Unabhängigkeitsbewegung

Den ersten entscheidenden Wandel des degradierten gesellschaftlichen, politischen und religiösen Status der Frauen brachte die Unabhängigkeitsbewegung.

Vom frühen 19. Jh. an, als sich ein Nationalbewußtsein unter der westlich gebildeten indischen Elite zu entwickeln begann, bis zur endgültigen Erreichung der Unabhängigkeit war die Sache der Frauen aufs engste mit dem politischen Befreiungskampf verknüpft[1], und die aktive Teilnahme der Frauen an diesem Kampf hat wesentlich zu seinem Erfolg beigetragen. Das Bewußtsein, an der Seite der Männer gegen eine übermächtige Kolonialmacht gekämpft und am Aufbau der neuen nationalen Ordnung mitgewirkt zu haben, ist seither unter den indischen Frauen lebendig geblieben und hat eine ungeheure Stärkung ihres Selbstbewußtseins bewirkt.

Für die frühen Pioniere der sozialen und religiösen Reform waren die Frauen zunächst *Objekt* ihrer emanzipatorischen Bemühungen, im Laufe des 19. und 20. Jahrhunderts traten sie aber mehr und mehr als *Subjekt* an die politische und gesellschaftliche Öffentlichkeit.

Die Befreiung der indischen Frauen fand vor allem auf drei Gebieten statt: 1. auf dem Gebiet der Gesetzgebung, 2. in der Erziehung, 3. in der Politik.

Im 19. und im frühen 20. Jahrhundert ging es vor allem um die Einführung sozialreformerischer Gesetze und um die Zulassung der Frauen zur Bildung. Die politische Befreiung der Frauen erfolgte in der aktiven Phase der Unabhängigkeitsbewegung in den ersten Jahrzehnten des 20. Jahrhunderts. Die Einführung der englischen Erziehung in Indien[2] öffnete der Hindu-Elite[3] die Augen für die unwürdigen sozialen Verhältnisse des eigenen Volkes. Gebildete Hindus begannen, die Praxis der weiblichen Kindertötung, die Sitte

1 M. Cousins: Indian Womenhood Today. Allahabad 1947, S. 24.

2 1835 entschied das Council of Education unter Lord William Bentinck, die öffentlichen Mittel nicht mehr weiter für die Sanskrit-Colleges auszugeben, sondern Schulen zuzuführen, die englische Bildung vermittelten. R.C. Majumdar, H.C. Raychaudhuri und K. Datta: An Advanced History of India. Macmillan. London, Melbourne, Toronto 1967, S. 812.

3 Die englische Erziehung kam vor allem den Söhnen der Brahmanen zugute, die Feudalschicht und die Moslems verhielten sich zurückhaltend. R.C. Majumdar u.a.: a.a.O., S. 813.

der Witwenverbrennung, das Verbot der Witwenheirat, die Kinderehe und, allgemein, die Degradierung der Frau in der Hindu-Gesellschaft als Schande zu empfinden. Einer der ersten und mutigsten Kämpfer für die Sache der Frauen war der große Sozialreformer und Nationalist Raja Rammohun Roy, der 1828 die Hindu Reformbewegung Brahma Samaj begründete. Der Brahma Samaj predigte nicht nur *einen* Gott anstelle der vielen Hindugötter, sondern kämpfte auch für die Befreiung der Frau von den bekannten „social evils", wie in Zukunft die verschiedenen degradierenden Institutionen wie sati, purdah usw. genannt wurden, und für die Zulassung der Frauen zur höheren Bildung[4]. Auch die anderen im Zusammenhang mit dem Hindu Revival aufgekommenen religiösen und sozialen Reformbewegungen wie der Arya Samaj, die Ramakrishna Mission und die Theosophical Society machten sich trotz ideologischer Unterschiede zu Fürsprechern der Frauen und setzten sich für Reformgesetze und für Frauenbildung ein[5].

Der Erfolg der sozialreformerischen Propaganda war *eine Reihe von Gesetzesmaßnahmen,* die den religiösen und sozialen Status der Frauen verbessern sollten. Hier seien einige der wichtigsten erwähnt:

1795 und 1802 war der weibliche Infantizid bereits in Bengalen gesetzlich verboten worden. Raja Rammohun Roy kämpfte gegen den Widerstand der Hindu Orthodoxie und der englischen Kolonialverwaltung, die eine Politik der strikten Nichteinmischung in religiöse Angelegenheiten befolgte, für ein Verbot der Witwenverbrennung. 1829 wurde in der Prevention of Sati Act die Witwenverbrennung als Mord erklärt.

Die Diskriminierung der Witwe wurde von vielen Sozialreformern bekämpft. J. C. Vidyasagar setzte sich vor allem für die Aufhebung des Verbots der Witwenheirat ein. 1856 wurde durch die Hindu Widow Remarriage Act das religiöse Witwenzölibat aufgehoben. Zur Förderung dieser neuen Ideen heiratete einer der Sozialreformer, Maharshi Karve, selbst eine Witwe und begründete eine Schule für Witwen in Poona und die erste Frauenuniversität. Neben sati und Witwenzölibat empfanden die Hindu Reformer besonders die polyandrischen Praktiken bestimmter indischer Gruppen und Kommunitäten als Schandfleck für die nationale Ehre. Es wurden eine Reihe von Gesetzen zur Durchsetzung der Monogamie erlassen, dazu zählen die Indian Divorce Act von 1869, wonach polygame Ehen geschieden werden durften, ferner die Hindu Succession Act von 1865 und die Special Marriage Act von 1872. In die gleiche Richtung wirkten im 20. Jh. die diversen Nayar-Gesetze. Die Beseitigung der Kinderehe war ein weiterer Programmpunkt der Reformer. 1860 hatte bereits der Indian Penal Code die Kohabitation mit einem Mädchen unter 10 Jahren als Vergewaltigung erklärt. Den Bemühungen Malabaris ist die Age of Consent Act von 1891 zu verdanken. Ein weiteres Ge-

4 R. C. Majumdar: a.a.O., S. 872 ff.
5 R. C. Majumdar: a.a.O., S. 878–882.

setz zur Behebung der Kinderehe folgte 1904 (Early Marriage Prevention Act), wodurch das Mindestheiratsalter eines Mädchens auf 12 Jahre festgelegt wurde. 1929 legte die Child Marriage Restraint Act das Mindestheiratsalter für einen Jungen auf 18 und für ein Mädchen auf 14 fest[6].

In den Vierziger- und Fünfzigerjahren dieses Jahrhunderts wurden von den einzelnen Staaten Gesetze zur Beseitigung der Bigamie gemacht, die 1955 in der Hindu Bigamous Marriage Act für ganz Indien verbindlich wurden. Die Hindu Marriage Act von 1955 und die Hindu Succession Act von 1956 führten schließlich das Recht auf Scheidung und das Erbrecht der Frauen ein. Für alle diese Gesetze gilt, daß sie zunächst nicht imstande waren, die soziale Realität zu verändern; allerdings haben sie bewirkt, daß die krassesten Formen der sozialen Ungerechtigkeit gegenüber Frauen beseitigt wurden. Sati ist so gut wie ausgestorben, und das Heiratsalter der Mädchen ist allgemein gestiegen.

Die Sozialreformer des 19. Jh. und die Führer des Unabhängigkeitskampfes sahen die Ursache des inferioren Sozialstatus der Frau vor allem in ihrer mangelnden Bildung. Darum setzten sie sich nicht nur für Reformgesetze ein, sondern ebenso für die Zulassung der Mädchen zu den Schulen. Christliche Missionare und liberale Engländer waren die ersten Pioniere auf dem Gebiet der Frauenbildung. Die Missionen hatten ihre Mädchenschulen vor allem für ihre Konvertiten eingerichtet. Die Zahl der Mädchen, die diese Schulen besuchen konnten, war klein, aber 1854 erkannte die englische Kolonialregierung die Notwendigkeit der Frauenbildung und befürwortete in der Education Despatch die Unterstützung von Mädchenschulen[7].

Außer den Missionaren und einzelnen indischen Sozialreformern setzten sich bald auch einzelne indische Frauen für eine Förderung der Frauenbildung ein. Die bekanntesten unter ihnen sind Pundita Ramabai aus Poona, die der Regierung 1882 die Mißstände auf dem Gebiet der Mädchenbildung vortrug und nach einer Reise in die USA ein Heim für mittellose Witwen in Bombay gründete, ferner Swarn Kumari Debi, die erste weibliche Herausgeberin Indiens, die nicht nur für das Recht der Frauen auf Bildung, sondern auch bereits auf Arbeit kämpfte. Eine weitere Vorkämpferin der Frauenbildung war Ramabai Ranade, eine ungebildete Brahmanin und Anhängerin Pundita Ramabais. Sie förderte die Errichtung einer höheren Mädchenschule in ihrer Stadt, organisierte einen Frauenclub und richtete während der Pest- und Hungerjahre 1896–97 einen Erste-Hilfe-Dienst der Frauen der oberen Kasten ein[8].

6 K. M. Kapadia: Marriage, S. 146 ff.
7 Report of the National Committee on Women's Education, Ministry of Education 1959, S. 15 (im folgenden Report 1958–1959 genannt).
8 M. Kaur: Role of Women in the Freedom Movement 1857–1947. Delhi 1968, S. 82, 91.

Die Bemühungen um die Beseitigung der Diskriminierung und Degradierung der Frauen und um ihre Zulassung zu den Bildungsinstitutionen hatten die Frauenfrage zu einem zentralen Thema der Befreiungsbewegung gemacht. Die eigentliche Veränderung ihrer sozialen Lage und ihres Bewußtseins erfolgte aber erst durch ihre aktive Teilnahme am politischen Kampf gegen die Kolonialherrschaft.

Die überragende Gestalt Gandhis hat besonders im Westen vergessen lassen, daß es in der indischen Unabhängigkeitsbewegung auch radikale Gruppen gab, die die Freiheit nicht mit gewaltlosen Mitteln erkämpfen wollten. Frauen waren in beiden Lagern zu finden, im radikalen wie im gemäßigten. Aufs Ganze gesehen stellten sie aber in diesem Befreiungskampf das politisch praktischere und radikalere Element dar, selbst dort, wo sie gewaltlose Methoden anwandten. Sehr früh wurden schon Frauen als Delegierte zum Indian National Congress zugelassen, der 1885 erstmalig in Bombay zusammengetreten war und das Sammelbecken aller antikolonialen Bestrebungen wurde. Der Nationalkongreß verfolgte zunächst eine gemäßigte Politik. Den Auftakt zu einer stärkeren Radikalisierung gab Lokamanya Bal Gangadhar Tilak, der in Maharashtra für eine gewaltsame Befreiung Indiens eintrat und den Schlachtruf „*swaraj*“ (Selbstregierung) in die Debatte warf. Im Jahre 1905, nach der Teilung Bengalens unter Lord Curzon, griffen die revolutionären Tendenzen, die zuerst in Westindien abgebrochen waren, auch auf Bengalen über und sofort beteiligten sich Frauen an der politischen Agitation. Große Frauendemonstrationen fanden statt, Frauen boykottierten den Verkauf ausländischer Stoffe, spendeten ihren Goldschmuck für den National Fund und leisteten Botendienste für die Rebellen im Untergrund[9].

Eine der leidenschaftlichsten Agitatorinnen dieser Epoche war Sarla Devi, die Tochter Swarn Kumari Debis und Nichte Rabindranath Tagores, die dem Nationalkongreß im Jahre 1904 während einer Sitzung mit einer Gruppe erstmalig das Lied „Bande Mataram“ (Heil dir, Mutter) vorsang, das später die Marseillaise des indischen Befreiungskampfes wurde. Sie machte aus dem „Suhrid Samiti“, einer bis dahin philanthropischen Organisation, einen militanten Kampfverband. Sie hatte von Tilak gelernt, daß das religiöse Element eines der wirksamsten Mittel ist, die indischen Massen zu politischer Aktivität zu stimulieren. Darum verband sie religiöse Zeremonien und Rituale mit der Ausbildung im Waffengebrauch. Die Freiwilligen des „Suhrid Samiti“ übten sich im Boxen, Ringen, im Kampf mit Schwert, Dolch und Stöcken (lathis). Viele besaßen unlizenzierte Revolver. Sie sahen zu Sarla Devi als zu ihrem großen Führer auf, und sie übte selbst vom fernen Lahore einen mächtigen Einfluß auf die Organisation aus. Über den Geist der Freiwilligen schreibt M. Kaur: „The minds of the Suhrid Samiti members were well trained by religious ceremonies, inflammatory speeches, songs

9 M. Kaur: a.a.O., S. 94 ff.

and literature and by participation in political meetings and demonstrations. They were themselves subjected to physical training designed both to develop their muscles and arouse their martial spirit."[10] Sarla Devi propagierte Frauenbildung als Mittel zur Überwindung der Angst vor Unterdrückung. Sie überwachte die Arbeit der Hindustan Press und sorgte dafür, daß ein Teil der Druckmaschinen für agitatorische Zwecke reserviert blieb.

Eine weitere große Revolutionärin dieser Periode war Madame Bikhaiji Rustum K. R. Cama, eine reiche Parsin, die zuerst von England und später von Paris aus die indischen Nationalisten mit subversiver und sozialistischer Literatur versorgte. In Paris gab sie das Journal „The Bande Matram" heraus, in dem sie ihre Landsleute in Indien und Europa aufrief, die Fesseln des Kolonialismus abzuwerfen. 1907 hatte sie bereits auf dem Internationalen Sozialistenkongreß in Stuttgart gesprochen und 1910 rief sie dem in Brüssel tagenden ägyptischen Nationalkongreß zu: „I see here the representatives of only half the population of Egypt. May I ask where is the other half? Sons of Egypt, where are the daugthers of Egypt? Where are your mothers and sisters, your wives and daugthers?"[11] Der Direktor des Criminal Investigation Department, das ihr dauernd auf den Fersen war, sagte von ihr, daß der indische Nationalismus ein zu enges Feld für ihre Energien sei. Ihr Kriegsschrei „Der Orient den Orientalen" habe Ägypter, Türken, Perser und Chinesen erreicht[12].

Man kann über die Rolle der Frauen in dieser Phase des Befreiungskampfes, die Jahre, ehe Gandhi die politische Bühne betrat, nicht reden, ohne drei Europäerinnen zu erwähnen, die die Bewegung beeinflußt haben. Es sind dies Margaret Noble, die nach ihrer Initiation in den Ramakrishna Orden den Namen Sister Nivedita annahm, Margaret Cousins und vor allem die große alte Dame der Unabhängigkeitsbewegung, Annie Besant. Diesen Frauen ist außer ihrer irischen Abstammung und ihrer aktiven Teilnahme an der Frauenemanzipationsbewegung in Europa gemeinsam, daß sie aus spirituellen Gründen nach Indien gekommen waren.

Margaret Noble kam als die Jüngerin Vivekanandas, dessen wichtigstes Instrument zur Propagierung seiner Universalreligion sie wurde. Annie Besant kam als Delegierte der Theosophical Society, deren indische Zweigstelle sie in Madras eröffnete. Margaret Cousins arbeitete ebenfalls für die Theosophical Society. Es ist bemerkenswert, daß alle drei an einem bestimmten Punkt ihrer Karriere die spirituellen und theoretischen Probleme hinter sich ließen und aktiv in den politischen Tageskampf eintraten. Damit taten sie genau das Umgekehrte, was einige der großen männlichen indischen Führer im Befreiungskampf taten, die sich nach einer Periode intensivster politischer Aktivität zurückzogen. So verhielten sich Aurobindo Ghosh, Gandhi und

10 M. Kaur: a.a.O., S. 104–105.
11 M. Kaur: a.a.O., S. 111.
12 M. Kaur: a.a.O., S. 113.

Vinoba Bhave, der Führer der Landschenkungsbewegung (Bhudan). Sister Nivedita, die von ihrem Guru Vivekananda einer rigorosen Hinduisierung, einer Art Gehirnwäsche unterworfen worden war[13], entfaltete erst nach dem Tode des Meisters im Jahre 1902 eine agitatorische Tätigkeit. Sie führte eine Pressekampagne gegen Lord Curzon, rief die Frauen zum Boykott englischer Waren auf, kritisierte das englische Schulwesen in Indien und geißelte mit scharfen Worten die theoretisierende Attitüde der indischen Männer, die sich mit Argumenten begnügten, anstatt zu handeln. Sie kämpfte bis zu ihrem Tod im Jahre 1911 für die indische Befreiung. Ein Freund sagte bei ihrer Kremation: "If the dry bones are beginning to stir, it is because Sister Nivedita breathed the breath of life into them."[14]

Mehr noch als Nivedita hat Annie Besant dazu beigetragen, daß die indische Befreiungsbewegung aus der Phase des Verfassens von Resolutionen und Petitionen herauskam und zu einer großen nationalen Massenbewegung wurde.

In einer ersten Phase ihres Wirkens versuchte sie ein Erziehungswesen aufzubauen, das aus den Quellen des Hinduismus gespeist war. Ihr Erziehungsprogramm war bewußt revivalistisch und eine radikale Absage an die englische Erziehung, die bis dahin in den Mittelklassen als Ideal angesehen wurde. Mit Hilfe der Theosophical Society gründete sie in Benares das Central Hindu College, aus dem später die heutige Benares Hindu University hervorging. In diesem College versuchte sie, der jungen Generation ein neues Nationalbewußtsein einzuflößen.

1914 trat sie dem Nationalkongreß, und zwar dem radikalen Flügel unter Tilak bei und wurde bald zu einer bestimmenden Kraft. Mit Tilak zusammen gründete sie die „Home Rule League", deren einziges Ziel die Erringung der politischen Selbstbestimmung war. Sie warf ihre ganze Energie, ihre Taktik, ihre unerhörte Beredsamkeit, ihr Führercharisma zur Bewegung der Massen und ihre praktische Intelligenz in diese Kampagne. Ihr Ziel war, alle widerstreitenden Gruppen, Hindus und Moslems, Gemäßigte und Extremisten zu einer einzigen starken „Vereinigten Front" unter der Losung „Home Rule" zusammenzufassen. Systematisch betrieb sie die Agitation in ihrer Zeitung „New India", die bald eines der einflußreichsten Blätter wurde, reiste von Stadt zu Stadt und hielt Reden. Mit 67 Jahren lernte sie Autofahren, um Zeit zu sparen. Ihre Agitation war für die englische Regierung so gefährlich, weil sie bewußt, wie Sarla Devi, Religion und Politik verband, das taktisch sicherste Mittel, die indischen Massen zu mobilisieren und gleichzeitig der englischen Regierung mit ihrer liberalen Politik der Nichteinmischung in religiöse Angelegenheiten die Hände zu binden. Die Regierung

13 Romain Rolland: The Life of Vivekananda and the Universal Gospel. Vol. II. Calcutta 1965, S. 138.
14 Modern Review, April 1912, Vol. II, S. 450, zit. bei M. Kaur: a.a.O., S. 102.

versuchte, ihr ein Schreib- und Redeverbot aufzuerlegen und sah schließlich keinen anderen Ausweg, als sie zu verhaften. Das führte sofort zu einer großen Solidarisierungswelle im ganzen Land sowie in Amerika und England. Ihre Verhaftung brachte auch viele der bis dahin Gemäßigten in ihr Lager, unter anderen den Vater Jawaharlal Nehrus, Motilal Nehru[15]. Nach ihrer Freilassung wurde sie sofort Präsidentin des Nationalkongresses.

Als Gandhi auf den Plan trat und für Indien nicht nur Home Rule und Dominionstatus verlangte, sondern, wenn notwendig, die Loslösung vom Britischen Empire, woran Annie Besant nie gedacht hatte, erklärte sie sich offen gegen Gandhis Politik und verlor sofort viele Sympathien. Eine Zusammenarbeit zwischen zwei so großen charismatischen Persönlichkeiten wie Annie Besant und Mahatma Gandhi war nicht möglich, weil jede im Grunde den Anspruch erhob, die wahre Seele Indiens zu verkörpern. Gandhi als der „son of the soil" mußte den größeren Erfolg haben. Aber er hat nach Meinung des Freundes und Biographen Annie Besants nur ihr Programm weitergeführt, einschließlich der Methoden des Boykotts und des zivilen Widerstandes[16].

Margaret Cousins wichtigster Beitrag zur Unabhängigkeitsbewegung bestand in der Propagierung und Durchsetzung des Frauenwahlrechts. Sie war mit Sarla Devi die treibende Kraft hinter der von Sarojini Naidu angeführten Frauendelegation, die 1917 der Regierung die Forderung der indischen Frauen auf Stimmrecht vortrug. Daß diese erste „Votes for Women Deputation" auf den ersten Anhieb Erfolg hatte, ist wahrscheinlich nicht, wie Margaret Cousins meint, auf die große Hochschätzung zurückzuführen, die indische Männer für Frauen haben[17], sondern wohl mehr auf das politische Klima der Unabhängigkeitsbewegung, in der Frauen eine aktive Rolle spielten. Wie dem auch sei, es bleibt bemerkenswert, daß die indischen Frauen das Wahlrecht vor den Frauen vieler westlicher Nationen erlangten und fast ohne Kampf[18].

Zur radikalen Gruppe der Frauen in der Unabhängigkeitsbewegung gehören auch die revolutionären Frauen in Bengalen und Assam, die sich um 1930 in den Techniken des Partisanenkrieges übten und Sprengstoffanschläge auf Waffenarsenale, Überfälle auf Polizeistationen und Banken in Chittagong,

15 J. Nehru: Toward Freedom. Boston 1967, S. 42–43.

16 "When we think of it, it might almost be said that Mahatma Gandhi, who had been the undisputed leader of the Indian National Congress ... only intensified the program that had been chalked out by Mrs. Besant in the days when she led the extreme wing of Indian Politics."
Shri Prakasa: Annie Besant as Woman and Leader. Bharatiya Vidya Bhavan. Bombay 1962, S. 198–199.

17 M. Cousins: a.a.O., S. 32.

18 Die erste indische Provinzlegislative, die das Frauenwahlrecht einführte, war die von Madras, 1921, die letzte die von Bihar, 1929. M. Cousins: a.a.O., S. 32.

Dacca und Comilla (Ostbengalen) organisierten. Diese militanten Revolutionärinnen, die es fertigbrachten, zehntausende von Frauen in den Dörfern Assams und Bengalen zu Guerilla-Aktionen zu bewegen, standen dem Kommunismus nahe. Es gab aber auch eine militante Frauensektion in der rechtsradikalen Bewegung Subhaschandra Bose's, der sich in seinem Programm eng an die Nazi-Ideologie anlehnte. In seiner Exilarmee, der „Indian National Army“ gab es ein Frauenregiment, das „Rani Jhansi Regiment“[19], das in Südostasien stationiert war, aber nie zum Einsatz kam.

Wenn heute in Indien von der Teilnahme der Frauen am Unabhängigkeitskampf die Rede ist, sind meistens jedoch nicht diese extremistischen Gruppen gemeint, sondern die Frauen, die sich Gandhi angeschlossen hatten, der 1920 die Führung des antikolonialen Kampfes übernommen hatte.

Die verschiedenen Methoden des gewaltfreien Kampfes und die Bewegungen der Non-Cooperation, der Civil-Disobedience, des Boykotts englischer Waren und der Herstellung eigener Textilien (khadi) wären ohne die Mitwirkung von Massen von Frauen zum Scheitern verurteilt gewesen, denn die schwächsten Glieder der Gesellschaft stellten in diesen Methoden den stärksten Hebel zur Erschütterung des Kolonialsystems dar[20].

Unter Gandhis Führung schlossen sich immer mehr Frauen dem Nationalkongreß an. Sie betrieben praktische Propagandaarbeit, vor allem unter den Frauen, warben neue Kongreßmitglieder, organisierten Spinn- und Webkurse und boykottierten den Verkauf englischer Stoffe. Sie stellten Streik- und Boykottposten (picketing). Besonders letztere stellten eine Herausforderung für die Polizei dar. Es konnte nicht ausbleiben, daß sie gegen die weiblichen picketing-Posten, die vor den Stoff- und Spirituosengeschäften standen und die Käufer überredeten, nicht zu kaufen, tätlich vorging, was dann stets unmittelbar eine Fanatisierung der Massen zur Folge hatte. In jeder Frau, die von der Polizei gedemütigt wurde, sahen die indischen Männer die eigene Mutter oder Schwester beleidigt.

Die bekanntesten Frauen in den Reihen des Nationalkongresses waren Sarojini Naidu, eine bekannte Schriftstellerin, die sich vor allem um die Einheit zwischen Hindus und Moslems bemühte, Kamla Devi, die erste Frau, die sich als Wahlkandidatin hatte aufstellen lassen, Durgabai Deshmukh aus Andhra Pradesh, Satyavati aus Delhi und natürlich die Frauen der Nehru-Familie: Kamla Nehru, Jawaharlals Frau, seine Schwester Vijaya Lakshmi Pandit, die 1945 an der Ausarbeitung der Charta der Vereinten Nationen mitwirkte, 1946–48 die indische Delegation bei der UNO leitete und 1953 zur Präsi-

19 Die Rani von Jhansi, die indische Jeanne D'Arc, war die Führerin der „Großen Meuterei“, der ersten Rebellion gegen die Engländer im Jahre 1957–58 gewesen. R. C. Majumdar u.a.: a.a.O., S. 774.

20 Ehrenfels bezeichnet diese Methoden als typisch weibliche Formen des Widerstandes, die in Indien eine lange Tradition haben, wie dharna-Sitzen (sit-ins), Selbstverstümmelung, Hungerstreik, Selbstverbrennung (sati). U. R. Ehrenfels: a.a.O., S. 147–151.

dentin der Weltorganisation gewählt wurde; auch Nehrus Tochter Indira beteiligte sich schon als Kind an Aktionen des zivilen Widerstandes.

Diese Frauen führten die Maßnahmen der zweiten Phase des Civil Disobedience Movement's, das Gandhi durch den Bruch der Salzgesetze 1930 eingeleitet hatte, fort, nachdem Gandhi und die meisten Führer der Bewegung verhaftet worden waren. Sarojini Naidu, Kamla Devi und Durgabai Deshmukh beteiligten sich aktiv an der Salzkampagne, bereiteten Überfälle auf die Salzfelder bei Bombay vor und stellten Salz auf öffentlichen Plätzen her. Sie organisierten Frauen- und Jugendverbände und wurden mehrere Male verhaftet. Sarojini Naidu war 1925 die Präsidentin des Nationalkongresses geworden und repräsentierte 1931 bei der Round Table Conference in London die indischen Frauen. Sie beteiligte sich in den vierziger Jahren an der „Quit-India"-Bewegung und wurde nach 1947, nach der Erringung der Unabhängigkeit, Gouverneurin von Uttar Pradesh, einem der größten Staaten des Landes[21].

Der Beitrag der indischen Frauen zum Befreiungskampf bestand im wesentlichen in drei Funktionen: 1. Sie spielten objektiv und subjektiv die Rolle von Katalysatoren in der Entwicklung eines neuen Nationalbewußtseins; 2. Sie emotionalisierten, dynamisierten und radikalisierten die Unabhängigkeitsbestrebungen der liberalen Intellektuellen, die sich in legalistischen Argumenten festgefahren hatten, und sie mobilisierten die Massen zur revolutionären Praxis; 3. Sie waren die eigentliche Exekutive in Gandhis gewaltloser Befreiungsstrategie. Ihre Teilnahme an der Civil Disobedience Bewegung war ein einzigartiges Mittel, die Legitimität einer sich als liberal und human verstehenden Kolonialherrschaft zu unterhöhlen..

Angesichts der Tatsache, daß wohl in keinem Land die Versklavung der Frau so extreme Formen angenommen hatte wie in Indien, erscheinen die Erfolge der indischen Frauen in den heroischen Jahren vor 1947 fast wie ein Wunder. Wodurch gelang ihnen dieser plötzliche Sprung nach vorn? Wie war es möglich, daß alte Frauen, die weder lesen noch schreiben konnten und zeit ihres Lebens in purdah gelebt hatten, ihr Haus verließen und sich furchtlos den Vertretern des mächtigen Britischen Empire entgegenstellten? Der Erfolg der Frauen ist teilweise durch die Faktoren Schicht und Bildung zu erklären. Die Frauen, die in die politische Arena eintraten, waren größtenteils gebildete Brahmaninnen. Außerdem spielte das allgemein frauenfreundliche Klima dieser Epoche, das nicht zuletzt auf das Interesse der Kaiserin Victoria an den indischen Frauenproblemen zurückging, eine Rolle, denn es bildet den Hintergrund für das schlechte Gewissen der indischen Männer. Am stärksten hat aber wohl ein sozio-kultureller Faktor die Entwicklung vorangetrieben, nämlich die Revitalisierung und Politisierung des Kultes der Mutter-Gottheit. Neben dem an der rationalen Askese orientierten

21 M. Kaur: a.a.O., S. 77, 78, 192–194, 224–25.

Ruf des Arya Samaj: "Back to the Vedas!" gab es auch den enthusiastischen: "Back to the Mother". Dieser Ruf erscholl vor allem in Bengalen, dem klassischen Land des Devi Kultes, und wurde von Dichtern und religiösen Führern wie Bankim Chandra, Rabindranath Tagore, Bose und vor allem von Vivekananda zum Kampfruf der nationalen Regeneration gemacht. Im Gegensatz zum kühlen, rationalistischen Revivalismus des Arya und Brahma Samaj, der nur eine dünne Schicht von Intellektuellen erreichte, hatte die Politisierung des Devi-Kultes in der Form der Verehrung von „Mother India" eine ungeheure Wirkung auf die psychischen Tiefenschichten der Massen, insbesondere der Männer, und brachte eine bisher kaum vorhandene Identifikation mit „Bharata Mata", „Mutter Indien", zustande, der Muttergöttin, die durch die Fremdherrschaft geschändet wurde. Die einzelnen Frauen, die in den politischen Kampf eintraten, waren Inkarnationen der Göttin, sie waren Shaktis. Nach den Lehren des Tantrismus wohnt die Energie, die Kraft eines jeden Gottes in seiner Göttin, seiner Shakti. Der Gott ist passiv, die Göttin aktiv. Sie ist seine Exekutive, sie tötet die Dämonen. Wie Margaret Cousins berichtet, wurde Annie Besant oft als die Shakti des Gottes Shiva angesehen und empfing göttliche Verehrung von frommen Hindus[22]. In keiner anderen Hochreligion ist die Mutterschaft Gottes so stark ausgeprägt wie im Hinduismus. Es ist kein Wunder, daß die Aktivierung und Aktualisierung dieses Elementes die Frauen zu einer bestimmenden Kraft im nationalen Befreiungskampf machte.

Durch die Unabhängigkeitsbewegung sind die Frauen aus ihrem unterdrückten Sklavendasein in der Abgeschlossenheit des Frauenhofes heraus und auf den Marktplatz des öffentlichen Lebens getreten. Wir müssen uns nun fragen, was aus ihrem erstaunlichen Erfolg in der Zeit nach der Errichtung der Indischen Republik geworden ist.

Zunächst können wir feststellen, daß, aufs Ganze gesehen, die Frauen in der Politik geblieben sind. Indien hat einen höheren Prozentsatz weiblicher Parlamentsmitglieder im Zentralparlament als die U.S.A.,England, Japan und die Länder Frankreich, Bundesrepublik Deutschland, Jugoslawien und Norwegen zusammengenommen[23]. Indien hat auch mehr weibliche Minister als irgendein anderes Land. In der Zentralregierung waren 1969 außer dem Premierminister Indira Gandhi 1 weiblicher Staatsminister, 2 weibliche Kabinettsminister, 3 Frauen waren stellvertretende Minister. In den einzelnen Provinzregierungen waren 2 weibliche Staatsminister und 3 stellvertretende Minister[24]. Diese Zahlen sind gering, verglichen mit dem Anteil der

22 M. Cousins: a.a.O., S. 58.

23 Ch. Haté: Changing Status of Women in Post-Independence India. Bombay 1969, S. 222–225.
Im Lok Sabha (Unterhaus) sind 29 Frauen-M.P.'s und im Rajya Sabha (Oberhaus) 24, zusammen sind das 15,9%. Haté: a.a.O., S. 222–225.

24 Ch. Haté: a.a.O., S. 229–230.

weiblichen Wählerschaft, aber hoch, verglichen mit den Zahlen von Frauen in zentralen politischen Machtpositionen in den fortgeschrittenen Industrienationen, einschließlich der UdSSR und Schweden[25].

Auch auf der Distrikt- und kommunalen Ebene blieben die Frauen in der Politik. Es hat seit 1947 verschiedene weibliche Distrikt-Magistrate gegeben, und die Städte Bombay, Madras, Delhi und Hyderabad hatten weibliche Bürgermeister[26].

Die Erringung politischer Rechte und legislativer Maßnahmen zur Verbesserung des sozialen Status der Frau sind aber nicht gleichzusetzen mit einer vollständigen Emanzipation der Frau in Gesellschaft und Familie. Denn ein weiteres Resultat der Unabhängigkeitsbewegung war die Entwicklung eines neuen Frauenbildes, eines Mythos der Frau, der besonders in den Mittelklassen propagiert wurde und eine Kombination aus viktorianisch-patriarchalischer und genuin brahmanisch-patriarchalischer Moral darstellte. Dieses Weiblichkeitsideal gilt heute noch als verpflichtend für die gebildeten Mittelklassen. Ehe wir über die weiteren indirekten Folgen der Frauenbefreiung sprechen, ihre Teilnahme an den Bildungs- und Erwerbschancen, ist es notwendig, dieses normative Modellbild indischer Weiblichkeit zu skizzieren.

2.2 Das gesellschaftliche Leitbild der Frau in den Mittelklassen

Die Beobachtung, daß sich gesellschaftliche Leitbilder von der Frau nicht synchron mit ihrer realen sozialen Lage verändern[27], trifft auch für die Situation der indischen Frauen zu. Auch die indischen Mittelklassenfrauen müssen versuchen, ein offizielles, immer noch partiarchalisches Weiblichkeitsideal mit ihrer völlig veränderten Lebenssituation in Einklang zu bringen[28]. Der ideologische und normative Druck dieses Weiblichkeitsideals lastet schwerer auf vielen Frauen als die Notwendigkeit, sich in einer ungewohnten Berufswelt zurechtfinden zu müssen. Dabei wird der Zwang zur Anpassung an dieses Leitbild umso unausweichlicher, je mehr die Frauen, wie R. König bemerkt, die von Männern geprägten Vorstellungen über Frau-

25 Ch. Hate: a.a.O., S. 230.
26 Tara Ali Baig: Women's World. Indian and Foreign Review. Vol. 6 No. 22 (1969), S. 9.
27 – P. H. Chombart de Lauwe: a.a.O., S. 30, 33.
– B. Friedan: Der Weiblichkeitswahn, rororo aktuell. Reinbek b. Hamburg 1970, S. 28–52.
– R. König: Die Stellung der Frau, S. 39–42.
28 B. Friedan: a.a.O., S. 27.

en selbst übernommen und internalisiert haben[29]. Das scheint besonders in den Mittel- und Oberklassen der Fall zu sein. In Indien war die offizielle Moral und das Leitbild der idealen Frau ein Produkt der oberen Kasten. Kasten und Gruppen, die in der sozialen Hierarchie aufsteigen wollten, mußten dieses puritanisch-patriarchalische Frauenideal übernehmen.

Das „Indian Ideal of Womanhood" als Gegenbild zum Bild der westlichen Frau

Die Probleme der Frauen in den westlichen Industrieländern resultieren weitgehend aus der Diskrepanz zwischen ihrer neuen sozialen Realität und einem vergangenen Weiblichkeitsideal. Mit dieser Inkongruenz zwischen Realität und gesellschaftlichem Bewußtsein ist jedoch die Problematik der indischen Frauen noch nicht ganz erfaßt, denn das Weiblichkeitsideal in den Mittelklassen, das sogenannte „Indian Ideal of Womanhood", wie es oft bezeichnet wird, ist keineswegs nur an „traditionellen" Vorstellungen und Werten orientiert, sondern enthält auch Züge, die dem „Bezugsbild" (image de reférence)[30] der westlichen Frau entlehnt sind. Es gibt also für die indischen Frauen nicht nur eine Kluft zwischen Bild und Realität, sondern das Bild selbst ist nicht eindeutig definiert, sondern ist aus manchmal widersprüchlichen Elementen zusammengesetzt.

Das heute in den Mittelklassen gültige Frauenbild ist maßgeblich in der Unabhängigkeitsbewegung ausgeprägt worden. Die Sozialreformer des 19. Jh. und die politischen Kämpfer des 20. Jh. bemühten sich, aus den klassischen Quellen der Hindu-Literatur ein Frauenbild zu rekonstruieren, das der Kritik der viktorianischen Engländer standhalten konnte. Das, was sie dann als die „traditionellen Tugenden" der indischen Frau propagierten, waren einzelne Züge, die durch eine viktorianische Brille gesehen waren und das Ziel hatten, dem englischen Weiblichkeitsideal ein moralisch ebenso hochstehendes Frauenbild gegenüberzustellen. Die Idealisierung eines „traditionellen" Frauenideals hatte auf der einen Seite die Funktion, die gesellschaftlichen Mißstände in Bezug auf den Status der Frau als einen „Abfall" von einem einst vollkommenen Zustand zu interpretieren und gleichzeitig moderne Reformmaßnahmen durch den Rückgriff auf die „bessere" Tradition zu legitimieren[31].

Das neue „Indian Ideal of Womanhood" war aber nicht nur an den idealisierten und revitalisierten mythischen Frauengestalten aus den Epen Ramayana und Mahabharata orientiert, sondern diente auch als *Gegenbild* zum westlichen Bezugsbild, dessen Verführungswirkung man als Gefahr für

29 R. König: Die Stellung der Frau, S. 39.

30 P. H. Chombart de Lauwe: a.a.O., S. 33.

31 Die Revitalisierung eines traditionellen Weiblichkeitsideals gehört in den ganzen Komplex des Revivalismus. Vgl. W. Mühlmann: Chiliasmus und Nativismus. Berlin 1961.

die eigene kulturelle Identität ansah[32]. Es gibt manches, was gebildete Inder an der westlichen Frau schätzen: ihre Selbständigkeit, ihre Freiheit, ihre Ungezwungenheit im Umgang mit Männern, ihren Mut und ihre Unternehmungslust. Andererseits werden viele Verhaltensweisen der westlichen Frau als ausgesprochen schockierend und als Ausdruck einer niederen Moral empfunden. Dazu gehören vor allem die in Indien noch stark tabuisierten Sitten wie Rauchen, Trinken, Tanzen, freier Umgang mit Männern, Benutzung von auffälligem Make-up und das ganze westliche Modeverhalten, das den männlichen Blicken bestimmte Körperzonen aussetzt, die in Indien bedeckt sein müssen, vor allem die Beine. Die westliche Frau gilt zwar als lebenstüchtig, aber auch als eitel, vergnügungssüchtig, oberflächlich und egoistisch. Das Idealbild der indischen Frau sollte das höhere sittliche und spirituelle Niveau der indischen Frauen gegenüber ihren materialistischen westlichen Schwestern klar zum Vorschein bringen. Es ist ein fester Bestandteil des Selbstverständnisses der gebildeten Inder, daß vor allem die Sexual- und Ehemoral in Indien auf einem höheren Stand ist als im Westen. Zum Beweis dieser moralischen Überlegenheit wird immer wieder die geringere Zahl der Ehescheidungen in Indien angeführt. Darum empfindet man es heute als so gravierend, wenn moderne Frauen westliche Gewohnheiten annehmen und vom „Indian Ideal of Womanhood“ abweichen. Die Attitüde moralischer Überlegenheit, mit der das „Indian Ideal of Womanhood“ oft vorgetragen wird, ist nicht zuletzt darauf zurückzuführen, daß dieser neue Mythos der indischen Frau von den großen Männern der Unabhängigkeitsbewegung zusammengewoben wurde. Hier ist vor allem Mahatma Gandhi zu nennen, der sich wie kaum ein anderer für die Befreiung der Frauen eingesetzt und vielleicht den nachhaltigsten Einfluß auf die Gestaltung der Leitideen über die Frau gehabt hat. Im folgenden werden daher die wesentlichsten Züge des indischen Weiblichkeitsideals, so wie es Gandhi sah, umrissen.

Der Beitrag Gandhis zum heutigen Leitbild von der indischen Frau

Gandhi sah wohl, daß er nicht nur gegen die Krebsgeschwüre eines degenerierten Hinduismus kämpfen mußte, gegen Kinderehe, Witwendiskriminierung und die soziale Degradierung der Frauen, sondern daß er in den Herzen der Frauen Enthusiasmus für ein neues Weiblichkeitsideal wecken mußte, das seine Wurzeln in der kulturellen Tradition des Landes hatte. Es mußte ein neuer Mythos der indischen Frau geschaffen werden, der alle weiblichen Tugenden, die der Hinduismus seit einigen Jahrtausenden predigte, mit den Tugenden der modernen befreiten Frau verband. Gandhi fand die inspirierenden Vorbilder für die indischen Frauen in den Gestalten der Epen Ramayana und Mahabharata.

32 vgl. R. König: „Offene Fragen und ungelöste Probleme der Entwicklungsforschung“. Sonderheft 13 der KZfSS, Hrsg. R. König u.a. Köln 1970, S. 29.

Es ist jedoch charakteristisch für Gandhis Frauenbild, daß er unter den vielen idealen Frauengestalten der Epen nicht etwa Draupadi, die willensstarke, vitale, leidenschaftliche, polyandrische Gattin der fünf Pandavya-Brüder aus dem Mahabharata auswählte, sondern Sita, die monogame, zu höchster Reinheit und Treue hochstilisierte Gattin Ramas aus dem Ramayana, zur indischen Idealfrau erklärte. Daß Rama als idealer Mann und Sita als ideale Frau heute in allen indischen Lesebüchern propagiert werden, geht nicht zuletzt auf Gandhis Einfluß zurück, denn immer wieder hat er erklärt, daß Rama für ihn das Ideal eines Mannes und Sita das Ideal einer Frau darstellte[33]. Sita war für Gandhi vor allem das Urbild ehelicher Keuschheit und Treue. Sita widerstand den Anschlägen Ravanas, der sie mit Gewalt in seinen Palast nach Lanka (Ceylon) geführt hatte und sie mit Schmeicheleien und Drohungen gefügig machen wollte, allein durch die Kraft ihrer Reinheit und Treue zu Rama, ihrem einzigen Gatten.

Als einige Frauen im Nationalkongreß sich bei Gandhi über Belästigungen und Gewalttätigkeiten von Männern beklagten und fragten, was Gewaltlosigkeit *(ahimsa)* einer Frau in dieser Lage wohl nützen könne, wies er sie auf Sita als Vorbild hin. Er war der festen Überzeugung, daß innere Reinheit und Entschlossenheit einer Frau genügten, um selbst physischer Gewalt zu widerstehen. Er riet den Frauen, lieber zu sterben, als den „tierischen Begierden" eines Mannes nachzugeben[34].

Ein weiterer Zug, den Gandhi an Sita bewunderte, war ihre Selbstaufopferung und ihre Fähigkeit zu widerspruchslosem Erdulden von Unrecht. Sie hat im Palast Ravanas unendliche Entbehrungen und grausame Prüfungen ertragen, ohne je ihre innere Ruhe und Würde zu verlieren. Sie ertrug es auch schweigend, als Rama sie nach der Befreiung fortschickte, weil er Zweifel an ihrer Reinheit hegte, und sie unterwarf sich freiwillig der Feuerprobe. Gandhi preist Sita dafür, daß sie sich nie über eine Tat Ramas beklagte, auch wenn ihr Unrecht geschah[35]. Obwohl Gandhi die indischen Männer schärfstens dafür verurteilt, daß sie die Frauen wie „Möbelstücke oder Vieh" behandelt hätten, ist er doch voller Bewunderung für die Fähigkeit des stummen Leidens der indischen Frauen. In dieser Leidensfähigkeit sieht er ihre eigentliche Kraftquelle, die sie zu geeigneten Mitstreiterinnen in seinem gewaltlosen Befreiungskampf macht[36].

Denn Frauen verkörpern seiner Meinung nach das Prinzip der Gewaltlosigkeit *(ahimsa)* in vollkommenerer Weise als Männer. So schreibt er 1938: "I do believe that it is woman's mission to exhibit ahimsa at its highest and best ... For woman is more fitted than man to make ahimsa. For the courage

33 M. K. Gandhi: a.a.O., S. 80.
34 M. K. Gandhi: a.a.O., S. 188; 194–95.
35 M. K. Gandhi: a.a.O., S. 86.
36 M. K. Gandhi: a.a.O., S. 167.

of self-sacrifice woman is any day superior to man, as I believe, man is to woman for the courage of the brute."[37] Er glaubt, daß die Frau von „Natur" gewaltloser ist als der Mann, und daß sie darum auf einer höheren Entwicklungsstufe in der Evolution vom Tier zum Menschen steht: "If nonviolence is the law of our being, the future is with woman."[38]

Obwohl Gandhi in *brahmacharya* (Enthaltsamkeit) den Gipfel sittlicher Vollkommenheit erblickte, war er keineswegs ein Verächter der Ehe. Im Gegenteil. Hier folgte er unbedingt den Hindu-Shastras, die sowohl für den Mann wie für die Frau die Ehe als religiöse und soziale Pflicht erklären. Unter den 4 *ashramas*[39] hat das des *grihasta,* des Haushälters, vor allem die Funktion, das Menschengeschlecht fortzupflanzen. Sita hätte keine Idealfigur für Indien werden können, wenn sie nicht *verheiratet* gewesen wäre und sich den Pflichten der Ehe nicht wie eine treue Gattin unterzogen hätte. Gandhi hieß es zwar gut, daß einzelne Frauen, um der Sache der Befreiung ihres Landes willen, auf die Ehe verzichteten[40]. Er sagt aber sehr klar, daß die Frau der Menschheit am besten diene, indem sie der Nation gesunde und sittlich hochstehende Kinder schenke[41]. Brahmacharyva sei kein Alibi, um sich vor den Pflichten der Gesellschaft zu drücken.

Aber dieses Ideal der völligen Enthaltsamkeit war für Gandhi die Voraussetzung dafür, daß die Ehepartner das eigentliche Ziel der Ehe, nämlich ihre *spirituelle Reifung* erreichen konnten. Die Institution der Ehe hat nach seiner Definition vier Funktionen, die er in folgender Rangordnung sieht:

1. spirituelle Reifung;
2. Dienst *(seva);*
3. Familienrücksichten und die Interessen der sozialen Ordnung;
4. Gegenseitige Anziehung und „Liebe"[42].

Der Aspekt der Liebe ist dabei deutlich den drei anderen unterzuordnen. Höchstes Ziel ist die Erreichung spiritueller Reife, und diesem Ziel habe die Sublimierung des Sexualtriebes zu dienen: "The very purpose of marriage is restraint and sublimation of the sexual passion. If there is any other purpose, marriage is no consecration, but marriage for other purposes besides having progeny."[43]

Den sakramentalen Charakter der Ehe und das Ideal der Enthaltsamkeit sieht er so lange gewahrt, als eine sexuelle Vereinigung von Mann und

37 M. K. Gandhi: a.a.O., S. 21.
38 M. K. Gandhi: a.a.O., S. 156.
39 Die 4 ashramas sind die vier Lebensstufen, die der „Zweimalgeborene" bis zu seinem Tode durchläuft.
40 „Every girl, every Indian girl is not born to marry. I can show many girls who are today dedicating themselves to service instead of serving one man." M. K. Gandhi: a.a.O., S. 172.
41 M. K. Gandhi: a.a.O., S. 179–180.
42 M. K. Gandhi: a.a.O., S. 74.
43 M. K. Gandhi: a.a.O., S. 77.

Frau nur zum Zwecke der Erzeugung eines Kindes stattfindet. Und wenn beide nur *ein* Kind wünschen, was er empfiehlt, dann darf diese Vereinigung nur einmal im Leben stattfinden[44]. Gandhi war unerbittlich in diesem Punkt, und seine Ansichten über die Ehe- und Familienmoral haben weitreichende Folgen für die Bevölkerungspolitik Indiens gehabt. Noch heute sehen viele Hindu-Frauen in brahmacharya die einzig erlaubte Form der Familienplanung[45].

Für Gandhi war die Ehe Ramas und Sitas das Urbild einer ehelichen Verbindung. Rama war ja nach hinduistischem Glauben nicht nur ein irdischer Prinz, sondern die Inkarnation des Gottes *Vishnu.* Sitas Beziehung zu ihm ist daher von vorneherein eine spirituelle. Diese geistliche Liebe Sitas zu ihrem Gott-Gatten wird durch Leiden und Abtötungen von allen irdischen Schlacken gereinigt. Nach dem gleichen Vorbild streben Millionen Hindu-Frauen auch heute noch nach religiöser Vollkommenheit.

Es kann nicht verwundern, daß in Gandhis idealisiertem Frauenbild die wirtschaftliche Tätigkeit der Frau, insbesondere der Aspekt ihrer ökonomischen Unabhängigkeit nicht besonders stark betont wird. Als wichtigste Aktivität empfiehlt er den Frauen Spinnen und Weben, die er beide als religiöse Akte und als der „Natur" der Frau gemäß ansieht[46]. Über die wirtschaftliche Unabhängigkeit der Frau äußert er sich nur ausweichend. Zwar gesteht er der Frau im Prinzip das gleiche Erbrecht zu wie dem Mann, aber er hält es für besser, wenn sie auf die Ausübung dieses Rechts verzichtet: "Woman is the embodiment of sacrifice and suffering, and her advent to public life should, therefore, result in purifying it, in restraining unbridled ambition and accumulation of property."[47] Das Bild der modernen, unabhängigen Karrierefrau paßt nicht in Gandhis Vorstellung von der Idealfrau. Es ist eigenartig, daß ein Zug in Gandhis Frauenbild relativ wenig betont wird. Das ist die Apotheose der indischen Frau als *Mutter.* Zwar ist die Mutter für Gandhi die Inkarnation von Opfer, Leidensbereitschaft und ahimsa, aber er spricht seltener von den Mutterqualitäten als von dem asketischen Ideal der keuschen *pativrata* oder *sati.* Andere Sozialreformer wie Vivekananda und Aurobindo Ghosh machten dagegen gerade das Mutter-Ideal zum Ausgangspunkt für ihre emanzipatorischen Bestrebungen. Es ist denkbar, daß hierbei regionalkulturelle Unterschiede eine Rolle gespielt haben. Gandhi stammte aus

44 „Such union may only be once in a life-time, if no other child is desired. Those who are not morally or physically healthy have no business to unite, and if they do it is ‚vyabhichara', concupiscence", a.a.O., S. 76.

45 K. H. Gould: a.a.O., S. 1887.

46 „Spinning is essentially a slow and comparatively silent process. Woman is the embodiment of sacrifice and therefore non-violence. Her occupations must be therefore be as they are, more conducive to peace than war ..." M. K. Gandhi: a.a.O., S. 164. M. K. Gandhi: a.a.O., S. 164.

47 M. K. Gandhi: a.a.O., S. 12.

dem stark jainistisch beeinflußten Gujrat, das den Kult der Mutter-Göttin nicht kannte. Das puritanisch-asketische Frauenideal Gandhis, das seinen adäquaten Ausdruck in der etwas blutleeren, monogamen Sita findet, ist, wie seine ganze Philosophie, dem heroisch-asketischen Typus hinduistischer Religiosität zuzurechnen, der sich immer wieder mit jener „Religiosität von unten", dem orgiastisch-ekstatischen Typ auseinandersetzen mußte[48], wie er in den Gebieten mit ausgeprägtem Mutter-Gott-Kult verbreitet ist: Bengalen, Andhrapradesh, Tamilnad, Kerala, Mysore und Assam. Es dürfte Gandhi wohl kaum bewußt gewesen sein, daß sein Weiblichkeitsideal, das er als eine Wiederbelebung des hinduistischen Vorbildes ansah, in Wirklichkeit viele Züge des puritanisch-viktorianischen Frauenbildes enthielt, wie es das englische Bürgertum propagierte. Dieses Bild wurde weder durch die indische Wirklichkeit belegt (wir haben z.B. gesehen, wie gewaltsam und radikal indische Frauen sein konnten) noch durch die klassischen Texte, die z.B. im Gegensatz zu Gandhi die Frau als den sexuell aktiveren und unersättlicheren Partner hinstellen.

Die Wirkungen des Mythos vom „Indian Ideal of Womanhood"

Die Schaffung eines neuen Weiblichkeitsideals hatte eine strategische Funktion im politischen Befreiungskampf. Dieser Mythos war aber weit mehr als ein künstliches Konstrukt für Propagandazwecke. Seine Wirkung ging über die politisch-sozialen Nahziele der Reformer hinaus und hat in der Zeit nach der Unabhängigkeit einen entscheidenden Einfluß auf die Gesetzgebung, die Familien-, Sozial- und Erziehungspolitik und auf das allgemeine Bewußtsein gehabt[49]. Es ist zu vermuten, daß vieles, was Goode dem Einfluß der radikalen Ideologie der Gattenfamilie in Indien zuschreibt, in Wirklichkeit mehr auf die Propagierung des patriarchalischen, monogamen Leitbildes, so wie es Sita und Rama verkörpern, zurückgeht als auf Gedankengut der Französischen Revolution. Bei den neuen Gesetzen über Ehescheidung, Monogamie, Erbrecht usw. ging es nicht so sehr um das universale Prinzip der Gleichheit, sondern, wie Iravati Karve betont, um die Propagierung der moralischen Überlegenheit hinduistischer, patriarchalischer Institutionen wie etwa der Monogamie gegenüber nicht-hinduistischen bzw. nicht-arischen Traditionen. Die Gesetzgeber sahen die moralische Überlegenheit der Monogamie dadurch bestätigt, daß sie in den „fortschrittlichen" Ländern des Westens Gesetzesnorm war. Nach Frau Karves Meinung ist diese moralistische Attitüde für viele Ungereimtheiten im neuen Zivilrecht verantwortlich. Sie

48 Vgl. M. Weber: „Hinduismus und Buddhismus", darin vor allem Kap. II. Die orthodoxen und heterodoxen Heilslehren der indischen Intellektuellen, S. 134–217.

49 Über den Einfluß dieses neuen Weiblichkeitsideals in der modernen Romanliteratur vgl. D. Ansari: Die Frau im modernen Hindi-Roman nach 1947. Akademie-Verlag Berlin 1970.

schreibt: "If the Indian Government had not taken upon itself to pronounce about the moral superiority of monogamy or non-consanguinal marriages, it could have succeeded in making a simple law about marriage, divorce and inheritance applicable to all communities. The law of today provides a political lever against communities like Muslims who allow four wives simultaneously to a man. The moralistic attitude is also displayed in the law about divorce. The Western society was obviously in mind when monogamy was made compulsory but the divorce law and the experience of more enlightened Western nations and of the native communities who had this practice for centuries was obviously disregarded: This law, therefore, does not even serve justice."[50]

Das Monogamiegesetz verstärkte, obwohl westlichen Ursprungs, die hinduistische Moral und „paßte" in das Sita-Rama-Modell; die Ehescheidung aber nicht, obwohl sie seit eh und je von vielen indischen Bevölkerungsgruppen praktiziert wurde, allerdings von denen, die zur Kategorie der „backward classes" gerechnet werden.

Das „Indian Ideal of Womanhood" dient der Universalisierung der Moral und der Institutionen der dominanten Kasten und Kommunitäten. Sein Prestige bezieht es aus der Überzeugung seiner Fortschrittlichkeit. Das „Indian Ideal of Womanhood", mit anderen Worten, das patriarchalisch-monogame Weiblichkeitsideal, findet sich daher in etwas modernerer Version auch in vielen halboffiziellen, wissenschaftlichen und journalistischen Publikationen. Hier einige Beispiele zur Illustration: *Die Mutterschaft als wahrer Beruf der Frau:* "The essence of a woman is motherhood and all that a woman does in her cultural development or activities works through her as a woman and a mother ... There is a psychic motherhood which in the cultural woman finds expression in all that she does. This mother instinct always lies in readiness in the being of a woman, and all culture of a high order means its spiritualisation ... it is this force that must be awakened and used in all branches of our life, if our ancient civilisation is to survive and be a spiritual force for the good of our country and also for the betterment of mankind."[51]

Der Beruf als Gefährdung für die Frau: "A working woman has an ambivalent attitude towards herself. She appreciates herself for being useful to the family as well as to society. This inflates her ego and she becomes a happy woman. The inflation of ego leads to over-confidence and an unduly independent bent of mind. This is a disturbing factor both for the harmony of the family and the society" ...[52]

50 I. Karve: Hindu Society – An Interpretation. Poona 1968, S. 163.

51 H. M. Bai: „Educated Women: Marriage or Career? In: Social Welfare. Mai 1966, S. 4–5.

52 Uma Narula: „Career failure among Women". In: Social Welfare. Mai 1967, S. 4–5.

Das wahre Glück der Frau liegt in der Erfüllung ihrer Familien-Rollen: "She fails to understand that her psychological make-up is such that she can never be a happy and true woman without the sunshine of a home however complicated the home life may be. This is all the more true of an Indian woman who comes mostly from authoritarin houses bound down by traditional values."[53] Oder das *Sita-Rama-Ideal nach der Version der modernen geschlechtsspezifischen Arbeitsteilung:* "Today a wife and mother is expected to be an inspiring companion to her husband, proficient in the care of children, able in handling the family budget and possessing in abundance such emotional qualities as patience, understanding, kindness, prudence, tolerance, loyalty and fortitude. A husband and father is expected to be the provider for his wife and children, protector of the home and promoter of domestic harmony based on mutual respect."[54]

An diesen Äußerungen, die durch zahllose andere ergänzt werden könnten, wird deutlich, wie die hinduistisch-patriarchalische Ideologie eine enge Verschmelzung mit dem westlichen Konzept der Gattenfamilie eingegangen ist, und daß beide in die gleiche Richtung wirken.

A. Klokowska weist darauf hin, daß gesellschaftliche Leitbilder immer mit einem normativen Anspruch auftreten, auch wenn sie nicht zu verwechseln sind mit den „patterns of behaviour"[55]. Diese normativen Leitbilder existieren nicht nur in den Köpfen der Männer, sondern auch der Frauen selbst. Aus diesem Grunde muß sich die indische Mittelklassenfrau, die vom „Indian Ideal of Womanhood" abweicht, die Berufstätige, die Unverheiratete, die Geschiedene, die Frau in einem Männerberuf, die Karrierefrau, nicht nur mit den tatsächlichen Personen ihres Rollensatzes und den objektiven Bedingungen ihrer neuen Situation auseinandersetzen, sondern auch noch mit jenem Leitbild, das dieser neuen Wirklichkeit nicht gemäß ist. Ihre Probleme resultieren einmal aus der Kluft zwischen Leitbild und Realität, zum anderen aus der Diskrepanz zwischen neuen Aspirationen und realen Chancen[56].

Nachdem wir die offizielle Ideologie über die Frau untersucht haben, wollen wir nun ihre neue gesellschaftliche Situation kennenlernen, die insbesondere durch Bildung und Berufstätigkeit bedingt ist.

53 Uma Narula: a.a.O., S. 4–5.
54 A. D. D'Souza: „Need for Marriage Guidance Today". Social Action. 14 (11) (1964), S. 548.
55 A. Klokowska: Les attitudes à l'égard de la condition de la femme dans les familles ouvrières Polonaises. In: Chombart de Lauwe: a.a.O., S. 113–114.
56 R. König: Die Stellung der Frau, S. 6.

2.3 Die Situation der Frauenbildung

Die Unabhängigkeitsbewegung hatte die indischen Frauen mit einem Schlag aus dem Privatbereich der Familie in die Arena der politischen Öffentlichkeit gebracht. Über Nacht waren aus willenlosen, völlig vom Mann abhängigen Wesen gleichberechtigte Staatsbürgerinnen geworden, die nicht nur das Wahlrecht hatten, sondern gesetzlich den Männern in Familie, Politik und Wirtgschaft gleichgestellt waren[57].

Die indischen Frauen wären weder in der Lage gewesen, diese neuen Freiheiten zu erkämpfen, noch sie zu halten, wenn nicht parallel zu dem Kampf gegen koloniale Unterdrückung ungeheure Anstrengungen zur Behebung des weiblichen Bildungsdefizits gemacht worden wären. Die in den Mittelklassen sich rasch ausbreitende Frauenbildung hat im Laufe der Zeit zu tiefgreifenden gesellschaftlichen Veränderungen geführt. Für die Frauen selbst war wohl der entscheidende Gewinn der, daß die Bildung ihnen die realen Voraussetzungen zu einer Berufstätigkeit außerhalb des Hauses bot, was sie erstmalig aus der absoluten wirtschaftlichen Abhängigkeit vom Mann befreien konnte.

Der durch die Bildung eingeleitete Prozeß ist nicht abgeschlossen, sondern befindet sich in vollem Gange und hat eine eigene Dynamik entwickelt: Einerseits gewinnt die Frau durch den Zugang zur Bildung immer mehr an individuellen, sozialen, ökonomischen Möglichkeiten, andererseits bringt die so gewonnene Erweiterung ihres intellektuellen Horizontes und ihrer realen Chancen sie mit Notwendigkeit in Konflikt mit traditionellen Normen, Werten und den starren Strukturen des Gesellschaftssystems.

Alle Konflikte, denen indische Mittelklassen-Frauen heute ausgesetzt sind, hängen in irgendeiner Weise mit dem Komplex Bildung zusammen, gleichgültig, ob es sich um familieninterne Spannungen oder den Konkurrenzkampf der Geschlechter um begrenzte Arbeitsplätze handelt. Es ist daher notwendig, diesen Komplex in seinen Grundzügen zu umreißen, ehe diese Konflikte im einzelnen analysiert werden können.

Die Erfolge auf dem Gebiet der Frauenbildung seit 1882

Wenn man die gesellschaftliche Ausgangslage der Frauen im 19. Jh. bedenkt, ihren Zustand absoluter Abhängigkeit und Unwissenheit, so kann man nur mit Staunen den Fortschritt betrachten, den die Frauenbildung seit 1882 gemacht hat, dem Jahr, als die Indian Education Commission der

57 § 15 der indischen Konstitution lautet: „No citizen shall on grounds only of religion, race, caste, sex, place of birth or any of them be subject to any disability, liability, restriction or condition ..." Constitution of India: Dr. A. N. Shukla (ed.): Lucknow. Delhi 1969, S. 42.

britischen Regierung weitgehende Vorschläge zur Verbesserung der Mädchenbildung unterbreitete[58].

Die ersten Bemühungen um eine Förderung der Mädchenbildung waren schon im frühen 19. Jh. von Missionaren und Philantropen ausgegangen. 1820 wurde die erste Mädchenschule von Donald Hare in Kalkutta gegründet, 1848 entstanden mehrere Schulen in Bombay auf Initiative von Prof. Patton, und J. E. D. Bethune gründete 1851 die berühmte Bethune School in Kalkutta[59]. Diese privaten Bemühungen blieben zwar auf bestimmte Gruppen beschränkt – Hindus und Moslems zögerten, ihre Töchter in diese Schulen zu schicken –, dennoch haben sie den institutionellen Rahmen geschaffen, in dem sich eine allgemeine indische Frauenbildung entwickeln konnte. 1882 existierten bereits 2697 Bildungseinrichtungen für Mädchen im Lande, davon waren die Mehrzahl Primarschulen, aber es ab auch schon 82 Sekundarschulen, 15 Lehrerbildungsanstalten und 1 College.

Die Gesamtzahl der Schülerinnen betrug 127 066. Bis 1965–66 war die Zahl der Schülerinnen in Primarschulen auf über 18 Millionen, in Sekundarschulen auf 3,9 Millionen und die der College- und Universitätsstudentinnen von 6 (im Jahre 1882) auf 321 000 gestiegen[60]. Ein Jahr später, 1967, waren bereits 864 375 Studentinnen an indischen Colleges und Universitäten eingeschrieben[61].

Die Fortschritte der Frauenbildung in Indien übertreffen, sowohl was die Zahlen der Bildungseinrichtungen und der Schülerinnen als auch der erreichten Qualifikationen betrifft, zum Teil die Erfolge der Frauenbildung in den hochentwickelten westlichen Gesellschaften. Lange ehe z. B. Deutschland den Frauen die Tore der Universitäten öffnete (Heidelberg 1900, Freiburg 1904, die preußischen Hochschulen 1908)[62], hatten 1883 bereits die ersten beiden indischen Frauen einen Universitätsgrad an der Calcutta University erworben[63].

In den achtziger Jahren des 19. Jh. hatte auch schon die erste indische Frau, Anandibai Joshi aus Poona, nach einem Medizinstudium in England und den U.S.A. einen Doktorgrad erworben[64].

58 Report 1958–59, S. 21.

59 Report 1958–59, S. 15.

60 Report 1958–59 und Report of the Education Commission 1964–66. Govt. of India, Ministry of Education 1966, S. 136, zit. bei Hatė: a.a.O., S. 132.

61 University Development in India. Basic Facts and Figures 1966–67. University Grants Commission. New Delhi 1969, S. 26 (im folgenden: „University Development in India 1966–67").

62 Meyn v. Westenholz: Der Allgemeine Deutsche Lehrerinnenverein in der Geschichte der deutschen Mädchenbildung. Berlin 1936, S. 185 ff.

63 Report 1958–59, S. 21.

64 M. Kaur: a.a.O., S. 87; vgl. auch: Pundita Ramabai: The High Caste Hindu Women. Philadelphia 1888, Einleitung.

Die indischen Frauen mußten und müssen weder als Studentinnen noch als Dozentinnen und Professorinnen den gleichen Kampf gegen die Vorurteile der gebildeten Männerwelt führen wie etwa bekannterweise die deutschen Frauen[65]. Im Jahre 1966 gab es an indischen Hochschulen (Colleges und Universitäten) 8512 weibliche Lehrkräfte. Auf je 100 Männer im Hochschuldienst kamen 17 Frauen[66]. In der BRD betrug die Zahl weiblicher Lehrkräfte an Hochschulen 1960 2022, das sind 15,2% der gesamten Lehrkräfte[67]. Auch die Relation zwischen männlichen und weiblichen Studierenden ist im Durchschnitt in Indien kaum geringer als in der BRD. 1966–67 betrug der Anteil der Studentinnen in Indien 21,7%[68] in der BRD war er 23,9%[69].

Aus diesen Zahlen geht bereits hervor, daß die Ausbreitung der Frauenbildung in den Schichten, die überhaupt Zugang zu den Bildungschancen haben, in Indien nicht hinter dem Stand der sogenannten entwickelten Nationen zurückgeblieben ist. Allerdings ist hier sofort anzumerken, daß die gebildeten Frauen, insbesondere Frauen mit Hochschulbildung, nur einen sehr geringen Bruchteil der gesamten weiblichen Bevölkerung ausmachen. Selbst in Gebieten mit hoher Bildungsrate beträgt der Anteil der Frauen, die lesen und schreiben können, nicht mehr als 40%[70]. Im nationalen Durchschnitt konnten 1961 von 1000 Personen 240 lesen und schreiben. Die Zahl der des Lesens und Schreibens kundigen Personen betrug für die Männer 345 je 1000 und für die Frauen 130 je 1000. Aber nur 36 je 1000 Frauen hatten die Primarschule bis zur 4. Klasse besucht und nur 6 je 1000 hatten eine über den Sekundarschulabschluß (mit etwa 15 Jahren) hinausgehende Bildungsqualifikation. In den ländlichen Gebieten kommen auf 1000 Frauen nur 85, die lesen und schreiben können[71]. Um 1971 hatte sich der Prozentsatz von Frauen, die lesen und schreiben konnten, zwar von 8 % (1951) auf 18,6 % (1971) erhöht, doch war gleichzeitig auch die Zahl der Analphabetinnen von 158,7 Mio. auf 214,7 Mio. angestiegen[71a].

65 Vgl. dazu: H. Anger: Probleme der deutschen Universität. Tübingen 1960, Kap. Universität und Frau, S. 451 ff.
– Hannelore Gerstein: Studierende Mädchen. München 1965.
– Helge Pross: Über die Bildungschancen von Mädchen in der Bundesrepublik. Edition Suhrkamp. Frankfurt 1969.

66 Report of the Education Commission 1964–66. Govt. of India, Ministry of Education 1966, S. 63.

67 Bericht der Bundesregierung über die Situation der Frauen in Beruf, Familie und Gesellschaft. Bonn 1966 (Frauen-Enquete).

68 University Development in India, 1966–67, S. 32.

69 Frauen-Enquete, a.a.O., S. 201–203.

70 I. Karve: The Indian Women in 1975. Reprinted from „Perspective", Supplement to the Indian Journal of Public Administration, Vol. 1, S. 103–135. New Delhi 1966, S. 4. (Die angeführten Seitenzahlen stimmen nicht mit dem mir vorliegenden Sonderdruck überein).

71 Census of India 1961, Govt. of India Social and Cultural Tables, S. 93–95.

71a Critical Issues on the Status of Women, ICSSR, New Delhi 1977.

Es ist wichtig, sich die in diesen Zahlen angegebenen Relationen stets vor Augen zu halten. Die Frauen, mit denen wir es in dieser Untersuchung zu tun haben, die gebildeten Frauen der städtischen Mittelklassen, stellen eine zahlenmäßig sehr kleine Minderheit in der Gesamtbevölkerung dar.

Zwei Konzeptionen der Frauenbildung

Aus der Geschichte der Frauenbildung heraus haben sich zwei divergierende Auffassungen über Ziel und Zweck der weiblichen Bildung entwikkelt. Die eine läßt sich verallgemeinernd mit der Forderung nach *Egalität und Chancengleichheit*[72] *für die Frauen* umschreiben. Die andere, neuere Konzeption legt das Hauptgewicht auf die *Entwicklung menschlicher Ressourcen im Entwicklungsprozeß des Landes.* In der Bildungspolitik Indiens wird ständig der Versuch gemacht, diese beiden konfligierenden Tendenzen zu harmonisieren, aber mal hat die eine, mal die andere die Oberhand.

Die Forderung nach Chancengleichheit wurde vor allem von dem Committee on Women's Education erhoben, das 1959 seinen Bericht vorlegte. Das Hauptanliegen dieser Kommission war es, die große Kluft zwischen der Bildung der Männer und Frauen zu schließen. So lautet die erste Empfehlung: "The education of women should be regarded as a major and special problem in Education for a good many years to come and bold and determined efforts should be made to face its difficulties and magnitude and to close the existing gap between the education of men and women in as short a time as possible."[73]

In dem Bericht, der 1964–66 von der Education Commission zusammengestellt wurde, wurden die Ziele, die 1959 formuliert worden waren, im Prinzip anerkannt, aber Bildung wurde nun nicht mehr in erster Linie als Menschenrecht gesehen, das möglichst rasch, möglichst allen zugänglich gemacht werden sollte, sondern Bildung wurde nun ausdrücklich als Instrument zur Beschleunigung des ökonomischen Entwicklungsprozesses, als „investment in man" betrachtet[74].

72 Die ersten Befürworter der Frauenbildung dachten noch kaum an eine Gleichberechtigung der Geschlechter. Diese westlich und liberal erzogenen Männer sonnten sich im Glanz ihrer neuen Bildung und verlangten gebildete Frauen. Sehr treffend hat Frau I. Karve die dieser Emanzipation unterworfenen Frauen als die „early martyrs" charakterisiert. Die Gatten dieser meist kindlichen Frauen verlangten, daß sie das ABC oder gar Englisch lernten. Sie mußten neben ihrer Hausarbeit und oft gegen den Willen der Schwiegermutter ihre tägliche Lektion lernen und wurden abends von ihren Gatten abgehört. Wenn sie nicht lernten, riefen sie den Zorn des Gatten hervor, wenn sie sich aber im Haus mit Büchern blicken ließen, schalt sie die Schwiegermutter. (Persönliche Mitteilung von Frau Dr. I. Karve über mehrere ihrer Bekannten, Januar 1970.)

73 Report 1958–59, a.a.O., S. 192.

74 Zu dieser neuen Bildungskonzeption bemerkt G. Myrdal: „Equality is most systematically forgotten by the economists who have recently become interested in education as ‚investment in man'." G. Myrdal: Asian Drama, a.a.O., S. 1806.

Es kann nicht verwundern, daß sich mit dieser neuen Konzeption der Bildung auch die Auffassung über Ziel und Zweck der Frauenbildung geändert hat. Während 1959 eine sofortige, einseitige und massive Bevorzugung der Frauenbildung auf allen Ebenen des Erziehungssystems im Namen der sozialen Gerechtigkeit gefordert wurde, wurde die Frauenbildung 1966 dem Ziel der Entwicklung der Produktivität und Modernisierung funktional untergeordnet. Gemäß dieser Zielsetzung sollte die Bildung der Mädchen stärker berufsorientiert sein.

Das neue Fach in den Sekundarschulen, Colleges und Universitäten, das den Frauen eine allgemeine Vorbereitung auf eine Berufstätigkeit geben soll, ist Home Science[75]. Durch dieses Fach soll den Frauen die nötige Grundausbildung gegeben werden, die sie auf die drei Rollen vorbereitet, die die indische Gesellschaft für sie vorsieht:

1. die Hausfrauen-Mutterrolle (die immer noch an erster Stelle steht);
2. die Berufsrolle, die mit wachsendem wirtschaftlichen Druck eine immer größere Bedeutung gewinnt;
3. die Rolle des Dienstes an der Gesellschaft, die seit der Unabhängigkeitsbewegung zum Leitbild der indischen Frau gehört.

Es wird angenommen, daß diese drei Ziele sich harmonisch miteinander verbinden lassen; als Mittel dazu wird die Einführung von Teilzeitarbeit empfohlen. An eine tiefergreifende Umorganisierung der Arbeitsteilung der Geschlechter ist nicht gedacht worden. Die Frauen sollen die Möglichkeit haben, neben ihrem „Hauptberuf" als Hausfrau und Mutter einer nützlichen Erwerbstätigkeit nachzugehen und dadurch der Gesellschaft zu dienen. Die Vorstellung, daß auch der Mann einen substantiellen Beitrag zur Hausarbeit leisten könnte, taucht noch nicht als ernsthafte Alternative auf.

Wie sieht die Situation für die Frauen auf dem Bildungssektor heute aus? Zunächst einige Daten über die Wachstumsrate des Anteils der Frauen an indischen Universitäten und Colleges. Die Tabelle auf folgender Seite gibt die Entwicklung von 1964–1967 an.

Obwohl die Gesamtwachstumsrate zwischen 1964–66 genau so hoch war wie zwischen 1965 und 1967, wuchs der Anteil der Studentinnen doch schneller als der der Studenten; 1965–66 war er gegenüber dem Vorjahr um 19%, 1966–67 um 14% gestiegen, gegenüber einer männlichen Wachstumsrate von 11% und 13% in den beiden Zeiträumen. Das bedeutet, daß der Anteil der Frauen, der zwar immer noch weit hinter dem der Männer an den Universitäten zurückbleibt, sich ständig dem der Männer annähert.

75 „Home Science has been introduced in 33 Universities and is gradually receiving recognition as an academic descipline. Home Science, in addition to giving good general education, should equip students on a scientific basis to work in the professional fields of dietetics, food technology, family welfare work, extension work in community development and welfare Extension Projects." Report of the Education Commission 1966, S. 314.

Tabelle Nr. 1

Wachstum der Einschreibungszahlen an Hochschulen*

	66/67	65/66	66/67 index 65/66 = 100	65–66 index 64–65 = 100
Männer	1317 637	1169 777	113	111
Frauen	364 375	318 996	114	119
gesamt	1682 012	1488 773	113	113

* Quelle: University Development in India 1966–67, a.a.O., S. 26.

Der Prozentsatz der Frauen an indischen Universitäten ist von 1956 bis 1966 von 13% auf 21% gestiegen.

1955–56 13%
1960–61 17%
1965–66 21%[76]

1967 betrug er 21,7 % (s. S. 111)[76a]

In einigen der großen Universitätsstädte liegt die Proportion der Frauen an den Universitäten weit über dem nationalen Durchschnitt, wie aus folgender Tabelle zu ersehen ist:

Tabelle Nr. 2

Prozentsatz der Frauen an einzelnen Universitäten*

	% 64–65	% 66–67
Delhi	40,2	42,1
Kalkutta	29,7	29,7
Bombay	30,6	31,1
Madras	23,7	23,1
Kerala (Trivandrum)	36,4	36,9

* Quelle: University Development in India 1966–67, S. 31.

In Delhi nähert sich die Zahl der studierenden Frauen bereits langsam der der Männer. Auch in Kerala, dem Bundesstaat mit der höchsten Bevöl-

76 Report of the Education Commission 1966, S. 313.

76a Nach dem Bericht des Committee on the Status of Women betrug der Prozentsatz der Frauen an indischen Universitäten 1971 21,9 % (Towards Equality, 1974, S. 260).

kerungsdichte und dem höchsten Bildungsindex, sind über ein Drittel der Studenten Frauen. Es ist aber auch eine Änderung in den Studienrichtungen bei den Frauen festzustellen: Die Zahl der Frauen, die Naturwissenschaften studieren, ist gestiegen und die in den geisteswissenschaftlichen Fakultäten ist gesunken:

Tabelle Nr. 3

Anteil der Studenten und Studentinnen in einzelnen Fakultäten*

Faculty	% of total men 1966–67	% 1965–66	% of total women 1966–67	% 1965–66
Arts	34,5	35,1	60,9	61,2
Science	33,5	32,8	28,0	27,9
Education	1,9	1,9	3,8	3,7
Medicine	4,5	4,5	5,1	5,2

* Quelle: University Development in India 1966–67, S. 41.

Hier handelt es sich um einen allgemeinen Trend. Unter der britischen Regierung hatte ein B. A. oder ein M. A. einen wesentlich höheren Prestigewert als ein B. Sc. oder ein M. Sc., weil die Kandidaten für die höchsten Verwaltungsämter aus den Geisteswissenschaften rekrutiert wurden. Heute haben die Naturwissenschaften generell einen höheren Prestigewert, weil die Chancen für Naturwissenschaftler in der Industrie wesentlich höher sind als die der Absolventen der geisteswissenschaftlichen Fakultäten. Die Zunahme der Zahl von Studentinnen in den naturwissenschaftlichen Fächern kann als ein Hinweis auf die Fähigkeit indischer Frauen gedeutet werden, neue Chancen auf dem Arbeitsmarkt zu erkennen und zu nutzen.

Frauen drängen nicht nur in immer größerer Anzahl zu den Hochschulen und in die bisher typisch männlichen Bereiche der Wissenschaft, sie zeigen generell auch *bessere Prüfungsergebnisse* als ihre männlichen Kommilitonen.

In der Universität Delhi war der Prozentsatz der Frauen, die die Examina bestanden hatten, rund 10% höher als der der Männer. Außerdem war dieser Prozentsatz von 1962 bis 1966 kontinuierlich gestiegen[77].

Diese Beobachtung bestätigt Ch. Haté durch die Ergebnisse an der Universität Bombay. Verhältnismäßig mehr Studentinnen als Studenten bestanden die Prüfungen und erreichten bessere Prüfungsergebnisse, und zwar nicht

77 Anmerkung 77 siehe Seite 116.

nur in den Geisteswissenschaften, sondern auch in den Naturwissenschaften und der juristischen- und Wirtschaftsfakultät[78].

Man hat nach Erklärungen für diese Erscheinung gesucht, die das Vorurteil von der geringeren weiblichen Intelligenz widerlegen, und hat auf den Fleiß und die größere Fähigkeit zu passivem Memorieren der Frauen hingewiesen. Eine plausiblere Erklärung dürfte in der unterschiedlichen Sozialisierung der indischen Mädchen und Knaben zu suchen sein. Der indische Knabe wird sehr verwöhnt und wird kaum zu kontinuierlicher und disziplinierter Arbeit angehalten. Das indische Mädchen lernt jedoch von frühester Kindheit an, sich fremden Wünschen und Situationen anzupassen und muß in seiner Familie einfach mehr arbeiten als sein Bruder.

Der imponierende Fortschritt auf dem Hochschulsektor muß, wie wir bereits andeuteten, auf dem Hintergrund der Bildungssituation der gesamten weiblichen Population gesehen werden. Nach Schätzungen der Education Commission von 1966 waren 1965/66 nur 0,8% der Mädchen in der Altersgruppe zwischen 18–23 in Hochschulen eingeschrieben. Der Prozentsatz eingeschriebener Studenten betrug im selben Jahr 3,3%[79]. Wir sehen also, daß nicht einmal 5% der Gesamtbevölkerung ein College oder eine Universität besuchen.

Obwohl die Parität der Bildungschancen für Männer und Frauen noch auf keiner Ebene erreicht ist[80] – im Hochschulbereich ist das Verhältnis zwischen Studentinnen und Studenten 1:4[81] –, wächst der Anteil studierender Frauen schneller als der der Männer. Das gilt besonders für die Großstädte.

77 Folgende Tabelle gibt die Quoten von Kandidaten an, die die jährlichen Examen bestanden:

Year	% Men	% Women
1962	58,5	65,9
1963	64,2	70,7
1964	58,8	75,3
1965	63,9	73,2
1966	64,4	75,2

Quelle: University Yearbook. Delhi University 1965–66.

78 Ch. Haté: a.a.O., S. 144–145.

79 Report of the Education Commission 1966, S. 300.

80 Die Verhältnisse sind günstiger im Bereich der Primar- und Sekundarbildung. 1965–66 waren rund 90% aller Knaben und 48% aller Mädchen in den relevanten Altersgruppen in den unteren 4 Klassen der Primarschulen. In Sekundarschulen waren aus den entsprechenden Altersgruppen 29% Knaben und 9% Mädchen in den unteren und 11,4% Knaben und 2,3% Mädchen in den oberen Klassen. Der große Schwund setzt nach der 4. Primarklasse ein. Report of the Education Commission 1966, S. 161, 167.

81 Report of the Education Commission 1966, S. 313.

Diskrepanz zwischen Bildung und Chancen

Ehe wir uns den Konsequenzen dieser Entwicklung zuwenden, ist es notwendig, die soziale Realität sichtbar zu machen, die hinter den wachsenden Zahlen der Frauen in Colleges und Universitäten steht. Zwei Fragen drängen sich auf:

1. Besteht eine Korrelation zwischen den nationalen Planzielen, wie sie die Education Commission für Frauen dargelegt hat, und den Motivationen der studierenden Frauen?

2. Was machen die Frauen mit ihrer Hochschulbildung?

Obwohl die Education Commission eine radikale Abwendung von der bisherigen rein formalen Bildung und die Entwicklung einer funktionalen, berufsorientierten Ausbildung als Instrument des sozialen Wandels verlangte, ist es bisher nicht gelungen, das formalistische Bildungsdenken, das mehr an erreichten Graden als an Kenntnissen und Fertigkeiten interessiert ist, zu brechen. Bildung ist vor allem ein Prestige – und Statussymbol. Das gilt für Frauen noch mehr als für Männer, denn in ihrem Fall bleibt Bildung meist eine Art persönliche Dekoration, während die Männer immerhin mit ihrem College- und Universitätsgrad ihre Berufschancen verbessern. Eins der wichtigsten Motive, aus denen Väter ihre Töchter zur Schule und zum College schicken, ist die *Erhöhung der Chancen auf dem Heiratsmarkt.* Wegen des hohen Prestigewertes der Bildung generell und des Wunsches der Männer der Mittelklasse nach gebildeten Frauen zählt ein B. A. oder B. Sc. genau so zu den Vorteilen im Heiratsgeschäft wie helle Haut, guter Familienhintergrund und eine hohe dowry. Die Diskrepanz zwischen den angestrebten Zielen und den tatsächlichen Motivationen wird am deutlichsten am Beispiel des Faches, das gerade dazu eingeführt wurde, den Frauen eine berufsorientierte Ausbildung zu geben, nämlich Home Science. Die Home-Science-Klassen sind von Mädchen überfüllt, die möglichst schnell und möglichst ohne große Anstrengung einen B. A.-Grad erwerben wollen. Die Mehrzahl wird sofort nach dem Examen verheiratet. Der Erwerb eines Grades ist funktional für die Erhöhung der Heiratschancen, darüber hinaus hat er wenig praktischen Nutzen; die Berufe, auf die er eventuell vorbereiten könnte, sind kaum vorhanden, und für die praktische Arbeit im Haushalt ist die Ausbildung zu theoretisch. Hinzu kommt, daß die Frauen, die eine solche Ausbildung bekommen, aus einer Schicht stammen, in der genügend Dienstpersonal vorhanden ist, das die eigentliche Hausarbeit tut. Das Studium ist also der Warteraum auf die Heirat.

Am Beispiel des Faches Home Science, das, entgegen der Intention der Planer, zu einem Prototyp der dysfunktionalen Erziehung wurde, wird deutlich, daß die einseitige Förderung der Bildung ohne gleichzeitige Schaffung von Berufsmöglichkeiten und Änderung sozio-kultureller Leitbilder – hier etwa das des „Hauptberufes“ der Frauen als Hausfrau und Mutter – sich als ein Schlag ins Wasser erweist, der einerseits nur zu einer ungeheuren Verschwendung von in die Bildung investierten Ressourcen, andererseits zur Erhöhung der Zahl der sog. „educated unemployed“[82] führen muß. Auf dieses Problem werden wir im Zusammenhang der weiblichen Erwerbstätigkeit noch näher eingehen.

Nun studieren natürlich nicht alle Mädchen Home Science, die Mehrzahl ist in den geistes- und naturwissenschaftlichen Fakultäten immatrikuliert[83]. Die Frage erhebt sich, ob diese Frauen ihre Ausbildung in einer sinnvollen Berufsarbeit anwenden können. Nach dem Zensus von 1961 waren 60% der weiblichen Graduierten nicht berufstätig – diese Zahl schließt allerdings auch die ein, die noch weiter studieren[84]. Zwei Faktoren sind vor allem verantwortlich für diesen hohen Prozentsatz des weiblichen „educational wastage“:

1. Die kulturelle Norm verbietet in vielen Regionen Frauen aus den höheren Kasten eine Arbeit außerhalb des Hauses, d.h. gerade die Schicht, aus der Frauen zur Hochschulbildung gelangen, hat die größten Vorurteile gegen weibliche Berufsarbeit.

2. Unter dem ökonomischen Druck suchen graduierte Frauen nach Arbeit, aber sie können trotz langer Wartezeiten keine ihrem Ausbildungsstand entsprechenden Stellen finden. Nach verschiedenen von der Regierung und den Universitäten durchgeführten Untersuchungen haben nur 25% der graduierten Frauen, die eine Arbeit suchten, eine Stelle gefunden[85]; allerdings sind ihre Chancen sehr viel besser als die der Frauen ohne Universitätsbildung, die Rate der Nichtausnutzung von Schulbildung der weiblichen Bevölkerung, also der „Bildungsverschwendung“ ist sehr viel höher in den unteren Strata[86].

Die Tatsache, daß ein großer Prozentsatz der College- und Universitätsabsolventinnen ihre Ausbildung nur als Mittel zur Verbesserung der Chancen auf dem Heiratsmarkt ansieht, daß die Heirat eine zwingende gesellschaftliche Norm für Frauen ist und daß die traditionell zugeschriebenen Rollen der Frau immer noch den Vorrang vor allen neuen erworbenen Berufsrollen haben, daß weiterhin gebildete Frauen in allen Berufen, die nicht ohnehin traditionelle Frauenberufe sind, einer überwältigenden männlichen Kon-

82 G. Myrdal: a.a.O., S. 1763, 1808.

83 1966–67 studierten 60,9% aller Frauen in der Arts' Faculty und 28% in der Science Faculty. University Development in India 1966–67, S. 41.

84 Ch. Haté: a.a.O., S. 266.

85 Nach einer Umfrage unter den Graduierten der Delhi Universität blieben 1954 nur 14% der Frauen freiwillig ohne Arbeit: I. Karve: Women 1975, S. 18–19.

86 Nach den Ergebnissen des National Committee on Women's Education 1958–59 war der Schwund in der Mädchenbildung im Primarschulsektor 75%. I. Karve: Women 1975, S. 19.

kurrenz gegenüberstehen, läßt die Erfolge der Frauen auf dem Sektor der Bildung in einem weniger rosigen Licht erscheinen. Diese Erfolge haben ohne Zweifel das Selbstbewußtsein der Mittelklassenfrauen gehoben; die Frauen in Indien haben bewiesen, daß sie zu den gleichen intellektuellen Leistungen fähig sind wie die Männer. Aber die Möglichkeiten der Frauen, ihre Bildung in gleichem Maße auszunützen, sind nach wie vor beschränkt durch traditionelle Normen und die Armut des Landes. Bei anhaltendem Andrang von Frauen auf die höheren Bildungsanstalten, der durch die Bildungspolitik gefördert wird, ist anzunehmen, daß diese Situation unter dem wirtschaftlichen Druck in Zukunft zu erheblichen Konflikten innerhalb der Familie und der Gesamtgesellschaft führen wird.

2.4 Die Situation der weiblichen Erwerbstätigkeit

Die spezifischen Konflikte und Spannungen, denen die berufstätige indische Frau aufgrund ihrer Doppel- oder Tripelrolle ausgesetzt ist, spielen sich zwar im Rahmen der Familie ab, werden aber wesentlich beeinflußt von der gesamtgesellschaftlichen Situation der weiblichen Erwerbstätigkeit. Faktoren wie Anteil der weiblichen Arbeitskräfte an der Gesamtzahl der Beschäftigten, Verteilung der weiblichen Beschäftigten auf die einzelnen Wirtschaftsbereiche, Zunahme oder Abnahme von Frauen in diesen Bereichen und damit überhaupt die Frage der steigenden oder fallenden Zahl weiblicher Arbeitskräfte wirken sich auf die einzelne berufstätige Frau aus.

Am nachdrücklichsten dürfte aber der Druck der wirtschaftlichen Lage, das gesteigerte Anspruchsniveau in einer unterentwickelten Wirtschaft und die gesteigerte Nachfrage nach Arbeitsplätzen auf einem zusammenschrumpfenden Arbeitsmarkt die Rollenproblematik der berufstätigen Frau bestimmen. Es ist schlechterdings unmöglich, die Rollenkonflikte einzelner Frauen oder auch von Kategorien von Frauen zu verstehen, wenn man sie nicht auf dem Hintergrund der gesamtindischen Arbeitsmarktsituation sieht.

Frauen in den einzelnen Wirtschaftsbereichen
Anteil der Frauen an der Gesamtzahl der Erwerbstätigen

Über die Rolle der Frauen in ökonomischen Aktivitäten liegen uns durch die im Abstand von 10 Jahren durchgeführten Zensus-Erhebungen eine Fülle von Daten vor, die einen guten Überblick über die gesamtindische Arbeitsmarktlage geben. Außerdem sind eine Reihe von Einzeluntersuchungen über die Situation der weiblichen Erwerbstätigen durchgeführt worden, die

die globalen Daten der gesamtindischen Zensus-Erhebungen ergänzen und konkretisieren[87].

Die Zensus-Ergebnisse von 1901 bis 1951 zeigen, daß die Zahl weiblicher Arbeitskräfte in der ersten Hälfte des Jahrhunderts in Indien zwischen 37 und 40 Millionen schwankte. Zwischen 1951 und 1961 stieg sie von 40 auf 59 Millionen an[88], das sind etwa 28% der gesamten weiblichen Population und 32% der gesamten Arbeitskraft. Der Anteil der weiblichen Arbeitskräfte an der Gesamtzahl der Erwerbstätigen in Indien hält den Vergleich mit anderen Ländern der Welt durchaus aus. Der Anteil weiblicher Arbeitskräfte an der Gesamtzahl aller Arbeitskräfte betrug 1961 rund 1/3, und etwa 27 % aller Frauen waren erwerbstätig[89]. Nach den letzten Volkszählungen betrug der Anteil der Frauen an der gesamten Arbeitskraft in

Frankreich	32,19% (1966)
U.S.A.	32,07% (1960)
Gr. Britannien	30,80% (1951)
Australien	25,06% (1961)
Bundesrepublik	36,72% (1961)
Schweden	27,36% (1961)
Kanada	27,36% (1961)
UdSSR	45,00% (1955)[90]

Die Beteiligung der Frauen am Wirtschaftsleben in Indien entsprach mit 28 % (1961) etwa dem gesamtasiatischen Durchschnitt, war aber sehr viel höher als der einzelner vergleichbarer Länder. In Pakistan waren nur 3,8 %, im Irak 4,0 und in Iran 6,o % der Frauen erwerbstätig[91].

Damit kommen wir sofort zu der Frage der Verteilung der erwerbstätigen indischen Frauen auf die einzelnen Wirtschaftssektoren, denn ein einfacher internationaler Vergleich der Proportion der weiblichen Arbeitskräfte am Gesamtvolumen der Erwerbstätigen täuscht darüber hinweg, daß die hohe

87 U.a. sind zu nennen:
– D. R. Gadgil: Women in the Working Force in India. Delhi 1965.
– I. Karve: The Indian Women in 1975, a.a.O.,
– Government of India: Employment Review 1967–68, Directorate General of Employment & Training; Ministry of Labour Employment & Rehabilitation. New Delhi 1969; vgl. auch G. Myrdal: Asian Drama, Kap. 23 Abs. 7 Participation Ratios and the Economic Role of Women, S. 1131 ff.
– Women in Employment, Ministry of Labour and Employment, Labour Bureau. Simla 1964.
– P. Sengupta: Women Workers of India. Bombay 1960.

88 Census of India 1961, Paper No. 1 of 1962 App. I Table 2, S. 395.

89 ILO-Bericht: „Women Workers in a Changing World (VI, 1 der 48. Session des Internationalen Arbeitsamts). Genf 1964.

90 Ram Prakash: „Unprogressive Pattern of Women's Employment in India". Social Welfare. Juni 1969, S. 9.

91 Reports and Inquiries: The Population and Labour Force of Asia 1950–80. International Labour Review, Vol. LXXXVI (4), Oct. 1962, S. 361.

Zahl weiblicher Erwerbstätiger in den Ländern Asiens durch das Vorherrschen des Agrarsektors verursacht ist. Auch in Indien, wo auch heute immer noch etwa 80 % der Bevölkerung in Dörfern leben, stellen die in der Landwirtschaft tätigen Frauen die überwiegende Mehrheit aller weiblichen Beschäftigten, nämlich 81,30 %[92]. Der positive Eindruck, den der relativ hohe Anteil weiblicher Arbeitskräfte erweckt, wird weiter getrübt, wenn man erfährt, daß seit 1911 trotz steigender absoluter Zahlen der weiblichen Arbeitskräfte der Anteil erwerbstätiger Frauen an der gesamten weiblichen Population kontinuierlich gesunken ist: 1911 arbeiteten von 100 Frauen 31,70; 1961 nur noch 27,95. Die absolute Zunahme weiblicher Arbeitskräfte ist dem Anwachsen des Anteils der in der Landwirtschaft tätigen Frauen zuzuschreiben, der in der ersten Hälfte des Jahrhunderts von 74 % auf 81 % angestiegen ist[93]. Dieser Anteil ist besonders rasch in der Dekade 1951 - 1961 gestiegen, was teilweise auf eine neue Definition des Begriffs „Arbeiter" im Zensus von 1961 zurückzuführen ist, andererseits aber einen Trend andeutet, den wir auch in den anderen Sektoren wirtschaftlicher Betätigung finden können, nämlich die Verdrängung der Frauen aus verschiedenen Wirtschaftszweigen. Es arbeiten proportional mehr Frauen in der Landwirtschaft als Männer, umgekehrt arbeiten mehr Männer als Frauen in den Städten.

Frauen im Primär-Sektor

Die Verteilung der Frauen auf die verschiedenen Sektoren wirtschaftlicher Tätigkeit war in Indien 1961 folgendermaßen:

Primärsektor	81,6%
Sekundärsektor	9,6%
Tertiärsektor	8,8%[94]

D. R. Gadgil kommt aufgrund einer detaillierten Analyse der Zensus-Daten nach einzelnen Regionen und der Ergebnisse verschiedener sozial-ökonomischer Untersuchungen zu dem Schluß, daß im landwirtschaftlichen Sektor, trotz gestiegener absoluter Zahlen weiblicher Arbeiter, keinerlei Wandel in bezug auf kulturelle und sozial-ökonomische Normen und traditionelle Beschäftigungsmuster festzustellen ist. Er weist auf einen der stabilsten Aspekte der indischen sozio-ökonomischen Struktur hin, nämlich den Zusammenhang zwischen ökonomischem Status und traditioneller sozialer Rangordnung in der ländlichen Gesellschaft, wonach höherer sozialer Rang durch Abstinenz von körperlicher Arbeit ausgedrückt wird. Im Hinblick auf Frauenarbeit herrschen die alten Normen unverändert. Gadgil schreibt: "Therefore, non-participation of women in any work and particularly manual work outdoors is everywhere considered as a value. It is clear, however, that the prac-

92 Census of India 1961, Paper No. 1 of 1962, Appendix I Table 2, S. 395.
93 Census of India 1961, S. 395.
94 I. Karve: The Indian Women 1975, nach dem Census 1961, S. 21.

tical force of this value differs widely from region to region and that the difference is apparently associated with the socio-political and cultural history of each region."[95] Ein Vergleich des Anteils der Frauen in der Landwirtschaft spiegelt eindeutig die Unterschiede sozialer Vorurteile gegen Frauenarbeit in den verschiedenen Kulturregionen Indiens wider. Der niedrigste Prozentsatz weiblicher Arbeitskräfte in der Landwirtschaft ist in den einzelnen Bundesstaaten mit einer langen und konsequenten Geschichte patriarchalischer Kultur zu finden, das sind die nordindischen Bundesstaaten Westbengalen, Uttar Pradesh und Punjab. In Andhra Pradesh, Maharashtra und Kerala dagegen ist das Vorurteil gegen die Feldarbeit der Frauen weit weniger verbreitet, und der Prozentsatz der in der Landwirtschaft tätigen Frauen schwankt zwischen 30 und 40%[96]. Die Frage, ob Frauen auf Feldern arbeiten dürfen, hängt außer von regionalen und kulturellen Unterschieden vom sozialen Rang ab. Die höheren, landbesitzenden Kasten erlauben ihren Frauen nicht, auf den Feldern zu arbeiten, und in Gebieten, wo diese Kasten dominant sind, ist die Beteiligung der Frauen an der landwirtschaftlichen Produktion gering, denn wegen der Mechanismen des Sanskritisierungsprozesses sind dann auch die in diesen Gebieten wohnenden unteren Kasten gezwungen, ihren Frauen die Feldarbeit zu verbieten. So ist charakteristischerweise in einigen Distrikten des Punjab, die zu den reichsten des Landes gehören, der Anteil weiblicher Arbeitskräfte in den landbesitzenden und -bebauenden Familien seit jeher einer der geringsten in ganz Indien[97]. Die unteren Kasten (depressed and scheduled castes), die Unberührbaren (Harijans) und die Bergstämme kennen das patriarchalische Vorurteil gegen Frauenarbeit nicht. Der größte Teil der Frauen in der Landwirtschaft stammt aus dieser Schicht des Landproletariats[98].

Frauen im sekundären Sektor

Neben dem landwirtschaftlichen Sektor hat der sekundäre Sektor: Industrie, Bergwerke, Plantagen und Straßenbau, seit dem 19. Jahrhundert einen bestimmten Prozentsatz von Frauen beschäftigt. Diese Frauen waren wie die Landarbeiterinnen meist Angehörige der unteren Kasten. In der Industrie war vor allem die Jute- und Textilindustrie eine traditionelle Domäne der Frau. In der Zeit von 1911–1961 ist die Zahl der weiblichen Arbeiter in der Industrie ständig zurückgegangen, am schärfsten war der Rückgang in der Textil-, Baumwoll- und Jute-Industrie. Aber auch in den Minen, im Straßenbau, in den Reismühlen, in Steinbrüchen und in der Tabakindustrie ist ein Rückgang weiblicher Arbeitskräfte zu verzeichnen[99]. Die Gründe für die

95 D. R. Gadgil: a.a.O., S. 7.
96 D. R. Gadgil: a.a.O., S. 8.
97 D. R. Gadgil: a.a.O., S. 11.
98 D. R. Gadgil: a.a.O., S. 12.
99 Employment Review 1967–68, S. 30.

sinkende Zahl von Frauen in diesen Wirtschaftszweigen sind verschiedener Art. In der Textil- und Juteindustrie ging die Zahl der Arbeiterinnen zurück, weil neue Automatisierungs- und Rationalisierungsprogramme eingeführt wurden, die die weiblichen Arbeitskräfte, die ja fast alle ungelernte Arbeiterinnen waren, überflüssig machten. Das Bildungsniveau dieser Frauen war außerdem zu gering, als daß man sie auf die neuen Produktionstechniken hätte umschulen können, außerdem wartete bereits ein Heer männlicher Arbeitsloser auf diese Posten. In den Minen, besonders den Kohleminen, wo Frauen seit dem 19. Jahrhundert arbeiteten, ging ihre Zahl zurück, weil ihnen die Untertage-Arbeit verboten und die alten Minen, die im Übertagebau arbeiteten, mechanisiert wurden. Am folgenreichsten haben sich aber wohl für die indische Arbeiterin die von der ILO zum Schutz der arbeitenden Frauen aufgestellten Konventionen ausgewirkt. Indien hat zwar nicht alle diese Konventionen und Empfehlungen[100] ratifiziert, aber doch die wichtigsten, z.B. den Mutterschaftsschutz[101], das Verbot der Nachtarbeit und der Untertage-Arbeit, das Prinzip des gleichen Lohnes für gleiche Arbeit, das Verbot, Frauen an gefährlichen Maschinen arbeiten und schwere Lasten heben zu lassen.

Ferner müssen die Unternehmer Kinderkrippen für arbeitende Mütter einrichten, sie sind verpflichtet, ein Müttergeld für werdende und stillende Mütter zu zahlen und einen Mutterschaftsurlaub zu gewähren[102].

Alle diese Gesetze, die aus humanitären Gründen der arbeitenden Frau eine Vorzugsstellung einräumen, haben sich im Endeffekt als nachteilig für die Arbeiterin erwiesen, weil die Unternehmer bei einem Überangebot an Arbeitskräften lieber Männer einstellten als zusätzlich Ausgaben für weibliche Arbeitskräfte auf sich zu nehmen. Insbesondere hat die Beschränkung der Arbeitszeit und der Grundsatz gleichen Lohnes für Männer und Frauen dazu geführt, daß Unternehmen mit Schichtarbeit nur ungern Frauen einstellen oder daß Frauen entlassen werden. Alle diese Faktoren wirken zusammen, um Frauen aus ihren alten angestammten Arbeitsplätzen in der Industrie zu verdrängen[103]. Da sie außerdem, wie P. Sengupta festgestellt hat, oft lieber arbeitslos werden als bestimmte konventionelle Arbeits- und Verhaltensweisen zu ändern, verlieren viele ihren Arbeitsplatz[104].

100 List of Major ILO Instruments and Documents Concerning Women Workers, ILO, May 1970.

101 Konventionen Nr. 3; 103; 12; 95.

102 Women in Employment, Labour Bureau Simla 1964, S. 28–29.

103 P. Sengupta: Women Workers, S. 97 ff.

104 Die Jutearbeiterinnen weigerten sich z.B. ihre schweren Silber-bangles (Armreifen) abzulegen und wegen der neuen Bestimmungen über den Schutz am Arbeitsplatz billige Glasbangles anzulegen. Die Jute-Industrie ist vor allem im Umkreis von Kalkutta angesiedelt, und die Fabrikbesitzer (meist Marwaris und Schotten) rekrutierten ihren Bedarf an Arbeiterinnen aus der Schicht des Landproletariats und den Bergstämmen in Orissa, Bihar, Andhra Pradesh und den United und Central Provin-

Zu dieser Tendenz der Verringerung der Zahl der Frauen in den erwähnten Industriezweigen kommt noch hinzu, daß die wirtschaftliche Lage, Verschuldung und Hungersnöte immer mehr Menschen zwingen, das Land zu verlassen und Arbeit in den überfüllten Städten zu suchen. Es sind meist besitzlose Landarbeiter oder Bauern, die ihr Land an den money-lender verloren haben. Frauen und Kinder dieser Arbeiter müssen wegen der Hungerlöhne der Männer mitverdienen und übernehmen dann ungelernte Arbeiten, die sogenannten „women's jobs", in den Fabriken. Heute werden die Frauen durch das Heer arbeitssuchender Männer von diesen Arbeitsplätzen vertrieben. Viele Männer, die kaum genug für ihr eigenes tägliches Brot verdienen, verlassen einfach ihre Frauen, die dann für sich und ihre Kinder nach Arbeit suchen müssen oder betteln gehen. Zur Landflucht werden viele Frauen auch dadurch gezwungen, daß ihre in der Stadt arbeitenden Männer dort eine zweite Frau und Kinder haben und dann schließlich der Frau im Dorf kein Geld mehr schicken. Die in der Stadt von den Männern verlassenen Frauen oder Witwen können, wenn sie arbeitslos sind, auch nicht mehr ins Dorf zurückkehren, weil sie dort kein Heim mehr haben. So strömt auf der einen Seite ein ständig wachsendes Herr von ungelernten weiblichen Arbeitssuchenden in die Städte, auf der anderen Seite verringert sich aber die Zahl der Arbeitsplätze für Frauen wegen der neuen, nach westlichem Vorbild eingeführten Rationalisierungs- und Automatisierungsmaßnahmen. Die Folge dieser verhängnisvollen Entwicklung ist, daß immer mehr Frauen ins absolute Elend der Slums und der Prostitution absinken und für sich und ihre Kinder betteln müssen. Sengupta beschreibt ihre Situation: „One has but to visit temple chatrams to see the influx of unwanted women. Many such women are forced to lead immoral lives. The cry of an unemployed women with a baby in her arms is constantly heard in every town and something must be done for these women."[105]

Die Reduzierung weiblicher Arbeitskräfte im Sekundärsektor hielt in der Tendenz auch noch in der Dekade nach 1961 an, und zwar vor allem im privaten Sektor. Zwischen 1967–68 sank die Zahl weiblicher Arbeitskräfte in allen Bereichen des Privatsektors, mit Ausnahme in den industriellen Dienstleistungsberufen, wo sie anstieg. Die Tabelle Nr. 4 gibt Aufschluß über die Arbeitsmarktsituation für Frauen in der Zeit von 1967–68.

ces. Das einzige Zeichen, mit dem diese Frauen ihren Status als Ehefrau, ihren relativen Wohlstand und ihre Zugehörigkeit zu einem bestimmten Dorf oder einer Kaste und einem Stamm in der fremden Stadt ausdrücken können, ist ihr Schmuck. Wenn man sie zwingt, ihn abzulegen, verlieren sie ihre Identität. P. Sengupta: Women Workers, S. 38–40.

105 P. Sengupta: Women Workers, S. 22.

Tabelle Nr. 4

Women Employees in Different Industries and Services: 1967–68*

Industrie Division	March 1967 (in 000) Public	Private	March 1968 Public	Private	Percentage change Public 1967/68	Private 1967/68	Total 1968/1967
Plantation & Forestry	8,2	412,0	12,6	404,2	+54,5	- 1,9	- 0,8
Mining and Quarring	15,6	57,3	14,0	48,0	-10,1	-16,2	-14,9
Manufacturing	19,6	406,7	21,2	404,0	+ 8,1	- 0,4	nil
Construction	22,8	41,2	27,3	25,4	+19,9	-38,4	-17,7
Electricity Gas, etc.	14,9	0,4	14,6	0,4	- 1,5	-	- 1,9
Trade and Commerce	6,9	15,1	7,7	15,0	+11,1	- 0,3	+ 3,3
Transport and Storage Communication	42,6	1,6	43,2	1,5	+ 1,6	- 4,1	+ 1,4
Services	592,7	166,6	611,4	178,5	+ 3,2	+ 7,4	+ 4,1
Total	723,3	1100,5	752,2	1077,9	+ 4,0	- 2,0	+ 0,3

* Quelle: Employment Review 1967–68, S. 30.

Obwohl im Jahr 1967/68 insgesamt ein leichter Anstieg der Zahl weiblicher Arbeitskräfte im organisierten industriellen Sektor[106] zu beobachten war, der auf eine signifikante Wachstumsrate im tertiären Bereich zurückzuführen ist, zeigen die Daten, daß die Tendenz zur Vertreibung der Frauen aus bestimmten Produktionszweigen anhält. Während der öffentliche Sektor große Anstrengungen gemacht hat, um neue Arbeitsplätze für Frauen zu schaffen, vor allem im Straßen- und Hausbau, in Bodenkonservierungsarbei-

106 Der „organisierte Sektor" umfaßt: 1. alle Unternehmen des öffentlichen Sektors, 2. nicht-landwirtschaftliche Unternehmen im Privatsektor mit mehr als 10 Beschäftigten. Employment Review 1967–68, S. 6.

ten (plantation and forestry), ist die Zahl der Arbeitsplätze für Frauen im privaten Sektor in allen Industriezweigen zurückgegangen. Da aber die Mehrzahl aller Frauen im privaten Sektor beschäftigt ist, wird ein sehr großer Prozentsatz von Frauen von dem Trend zur „elimination of women's jobs" betroffen. Die Gründe für die Abnahme der Frauen im sekundären Sektor sind immer noch die gleichen wie vor 1961: "Statutory provisions in regard to women's safety and welfare have, over a period of time, acted as disincentives, leading to some reluctane, on the part of the employers to make fresh recruitment of women."[107].

Am Beispiel der Eliminierung der Frauen aus bestimmten alten Produktionszweigen wird deutlich, wie verhängnisvoll sich singuläre Verbesserungsmaßnahmen in einer unterentwickelten Wirtschaft auswirken, wenn sie nicht Hand in Hand gehen mit grundlegenden Strukturveränderungen.

Rationalisierung und Automation mögen in hochentwickelten Industriegesellschaften notwendig erscheinen, um dem steigenden Arbeiskräftemangel abzuhelfen. Knappheit der Arbeitsplätze nach dem 2. Weltkrieg war auch der Grund, warum die Regierungen dieser Länder einen Teil der ILO-Empfehlungen ratifizierten. Frauen sollte der Eintritt ins Erwerbsleben erleichtert werden. Wenn man aber diese Maßnahmen in Ländern mit einem Überangebot von Arbeitskräften und einem schrumpfenden Arbeitsmarkt einführt, können sie sich nur negativ für jene auswirken, die sie schützen sollen.

Frauen im tertiären Sektor

1961 waren von den 59 Millionen erwerbstätigen indischen Frauen 8,85% im tertiären Sektor, in den sogenannten „Services" beschäftigt. Die absolute Zahl der Frauen in diesem Erwerbszweig ist seit 1951 zwar gestiegen, hat aber nur den gleichen Stand erreicht, den sie schon 1931 hatte. Der prozentuale Anteil von Frauen in diesem Sektor ist aber in der Dekade 1951–61 von 12% auf 8,83% gesunken. Die Entwicklung der Arbeitsmarktsituation der Frauen scheint im tertiären Bereich dem im sekundären zu entsprechen, wie aus Tabelle Nr. 5 ersichtlich ist. (Tabelle Nr. 5 s. S. 127)

Die einzigen Informationsquellen über die Entwicklung der weiblichen Arbeitsmarktsituation nach 1961 sind die Employment Market Information-Services vom indischen Arbeitsministerium, die aber nur den organisierten Sektor erfassen – d.h. alle staatlichen Wirtschaftsbetriebe und alle privaten nichtlandwirtschaftlichen Betriebe mit mehr als 10 Beschäftigten.

Wie aus der Tabelle Nr. 4 ersichtlich ist, ist im Jahre 1967–68 der Prozentsatz der weiblichen Beschäftigten im tertiären Sektor gestiegen, im Gegensatz zum Industriesektor; die höchste Zuwachsrate war bei den „Services" zu verzeichnen.

107 Employment Review 1967–68, S. 30.

Tabelle Nr. 5

Trends of Distribution of Female Workers by Economic Sectors*
(Figures in brackets are percentages to the total female working force)
(Figures in thousands)

Year	Agri-culture	Industry	Services**	Total	Female workers as percentage to total female population	Percentage to total labour force
1901	27807 (74,47)	4945 (13,24)	4589 (12,29)	37341 (100)	31,70	33,52
1911	32252 (77,15)	4784 (11,44)	4767 (11,41)	41803 (100)	33,75	34,44
1921	31594 (78,79)	4096 (10,22)	4407 (10,99)	40097 (100)	32,67	34,02
1931	28663 (76,23)	3663 (9,74)	5276 (14,03)	37602 (100)	27,63	31,17
1941***	-	-	-	-	-	-
1951	32511 (79,62)	3389 (8,30)	4929 (12,08)	40828	23,30	28,98
1961	48297 (81,50)	5860 (9,87)	5244 (8,83)	59401 (100)	27,96	31,53

* Quelle: Ram Prakash: Unprogressive Pattern of Women's Employment in India, Social Welfare, June 1969, S. 10, (nach Zensus Daten zusammengestellt).

** „Services" comprises those engaged in trade and commerce, transport, storage communication and other Services.

*** 1941 figures are omitted because these were based on 2 per cent of the population taken on sample basis (1 out of 50 slips) rather than on full Census and are not comparable.

Aus den Daten der Tabelle 4 ist zu ersehen, daß die Regierung große Anstrengungen gemacht hat, um mehr Arbeitsplätze für Frauen im staatlichen Sektor zu schaffen. Diese Bemühungen werden aber von der Privatwirtschaft nicht geteilt. Im ganzen privaten Sektor ist die Zahl der weiblichen Beschäftigten zurückgegangen, mit Ausnahme in den „Services". Hierin spiegelt sich einmal der wachsende Bedarf an diesen Dienstleistungsberufen, vor allem an Büro- und Lehrpersonal wider, aber auch die größere Bereitschaft von Frauen, in diese Berufe zu gehen. Das soziale Stigma, das z.B.

noch bis vor kurzem mit dem Sekretärinnenberuf verbunden war, scheint an Wirkung zu verlieren. Die Mehrzahl der im tertiären Sektor beschäftigten Frauen arbeiten als Krankenschwestern, Sozialarbeiterinnen, Telephonistinnen und im Lehrberuf[108]. Aufs Ganze gesehen können wir jedoch feststellen, daß sich die Arbeitsmarktsituation indischer Frauen seit 1911 ständig verschlechtert hat und weiter verschlechtert, wie auch der neue Bericht der National Commission of Labour des indischen Arbeitsministerium aus dem Jahre 1969 bestätigt. Es heißt in diesem Bericht: "What irks a woman in the present environment in India is that she will not be called for employment because of the changes in processes which necessitates her replacement by a male hand; changes in the social climate which will prohibit her working at certain hours of the day, or worse still, because her employment would be uneconomic for her employer." Die Diskriminierung der Frauen ist am stärksten im Privatsektor: "... but in the larger sectors of employment, like employment in organized but non-governmental sectors, the proportion of women, as stated earlier has fallen and continues to be inadequate." Der Bericht stellt außerdem eine Diskriminierung der Frauen in bezug auf die Löhne und Gehälter fest: "Even some State Governments are not free from discrimination as far as wages are concerned."[109]

Die Entwicklung von 1971 bis heute

Der Trend zur Verdrängung der Frauen aus traditionellen aber auch aus den moderneren Erwerbszweigen im sekundären und tertiären Sektor, der schon Ende der sechziger Jahre zu beobachten war, wurde auch nach 1970 und auch nach 1980 fortgesetzt. Das wurde erstmals deutlich als der Zensus von 1971 erschien, und das *Committee on the Status of Women* die Ergebnisse seiner landesweiten Untersuchung vorlegte. Dieses Komitee war von der indischen Regierung eingesetzt worden, um den Status der Frauen in den verschiedenen Bereichen der Bildung, der Erwerbsarbeit, der politischen Partizipation und der Gesundheit zu untersuchen. Es stellte seinen Bericht im Dezember 1974 fertig und legte ihn der indischen Regierung Anfang Januar 1975, zum Beginn des Internationalen Frauenjahres, vor. Die Ergebnisse dieses Berichts, der den Titel „Towards Equality“[110] trägt, kamen für viele, die noch immer an der Illusion festhielten, die Unabhängigkeitsbewegung hätte die indischen Frauen befreit, wie ein harter Schock. Die Lage der Frauen hatte sich in allen Bereichen, einschließlich

108 Ch. Haté: a.a.O., 1969, S. 194–195.
109 Report of the National Commission of Labour. Govt. of India, Ministry of Labour and Employment, 1969, S. 181–82.
110 „Towards Equality“ Report of the Committee on the Status of Women in India. Govt. of India, Min. of Education, 1974.

dem des physischen Überlebens, verschlechtert. Am dramatischsten war diese Verschlechterung in der Dekade 1961–1971. Die Regierung war verständlicherweise nicht sehr erpicht darauf, ihn einer breiten Öffentlichkeit zugänglich zu machen. Es erschienen nur wenige Exemplare. Die Erkenntnisse, die dieser Bericht vorlegte, stimmten mit denen des Demographen Asok Mitra überein. Er schrieb:

"Einen Trend beschleunigend, der schon im letzten Jahrhundert begonnen hatte, haben die letzten 30 Jahre nach der Unabhängigkeit die indischen Frauen immer mehr zu einer überflüssigen Ware gemacht. Überflüssig in demographischer sowie in wirtschaftlicher Hinsicht. Demographisch wird die Frau immer mehr auf ihre hauptsächlich reproduktiven Funktionen reduziert und ist überflüssig, sobald diese Forderung erfüllt ist. Wirtschaftlich wird sie unerbittlich aus der produktiven Sphäre verdrängt und auf eine Konsumeinheit reduziert. Gilt also als gesellschaftlich weniger erwünscht. Die zwei Trends der Verschlechterung sind die zwei Seiten derselben Münze."[111]

Mitra spricht hier vor allem den Rückgang des Frauenanteils in der Erwerbsarbeit und auch in der Gesamtbevölkerung an. Ich werde im folgenden auf beide Trends nach 1971 eingehen. Tabelle 6 zeigt, daß Frauen in allen Kategorien der Erwerbstätigkeit, in denen sie seit 1911 beschäftigt sind, an Boden verloren haben, und daß der stärkste Rückgang zwischen 1961 und 1971 zu beobachten war.

Tabelle Nr. 6

Distribution of Female Workers by Broad Industrial Categories
1911–1971 (in thousands)

Year	Total female population	Total number of female workers	I Cultivators	II Agricultural laborers	III mining, quarrying, livestock, forestry fishing, hunting, plantation	IV household industry	V manufacturing other than household industry
1911	123.898	41.802	18.090	12.808	1.452	–	4.391
1921	122.749	60.085	20.276	10.003	1.431	–	3.689
1931	146.075	37.600	12.180	14.997	1.575	–	3.281
1951	173.549	40.539	13.368	12.694	1.357	–	2.906
1961	212.467	59.402	33.103	14.171	1.187	4.665	789
1971	263.900	31.298	9.266	15.794	907	1.331	865

(continued)

Year	VI construction	VII trade & commerce	VIII transport, storage & communication	IX other service	Total of I & II (ag. sec)	Total of III & IX (non-ag. sec)
1911	294	2.266	79	2.422	30.898 (73.9)	10.904 (26.1)
1921	289	2.189	67	2.151	30.279 (75.5)	9.816 (24.5)
1931	291	1.914	49	3.313	27.177 (72.3)	10.423 (27.7)
1951	291	1.153	123	3.647	31.062 (76.8)	9.377 (23.2)
1961	243	815	65	4.364	47.274 (79.6)	12.128 (20.4)
1971	204	556	146	2.229	25.060 (80.1)	6.238 (19.9)

Quelle: Government of India: „Towards Equality".1974. S. 158.

111 Asok Mitra: The Status of Women in India. In: Frontier, 18. Juni 1977.

80 % aller Arbeiterinnen sind im ländlichen Sektor beschäftigt. Der stärkste Rückgang in der Frauenerwerbstätigkeit ist im sekundären Sektor zu registrieren, das heißt in der Industrie, im Handwerk und im Handel – also den Sektoren, die seit dem Anfang der kolonialen Periode nach kapitalistischen Grundsätzen arbeiten. Aber zwischen 1961 und 1971 kann dieser Trend auch in ihren traditionellen landwirtschaftlichen Berufen und in der Heimindustrie festgestellt werden (s. Tab. 7).

Tabelle Nr. 7

Rückgang der Rate der Frauenerwerbstätigkeit im ländlichen Indien

Altersgruppen 15-59, 1961-1971	1961	1971
Landwirte	30,02	7,13
Landarbeiter	12,60	11,80
Plantagen usw.	0,92	0,58
Hausindustrie	3,42	0,77
andere Industrie	0,37	0,34
Baugewerbe	0,13	0,09
Handel	0,51	0,22
Dienstleistungen	2,70	0,77

Quelle: Issues on the Status of Women, Employment, Health Education, Suggested Priorities for Action, herausgegeben vom Advisory Committee on Women's Studies, Indian Council of Social Science Research. New Delhi 1977. S. 26.

Noch aufschlußreicher sind die Daten der Tabelle 7a, bei der die Zahl der Frauen je Tausend Männer in den verschiedenen Erwerbskategorien aufgeführt ist:

Tabelle Nr. 7a

Zahl der Frauen je 1000 Männer
a) in der Gesamtbevölkerung, b) in der Arbeitsbevölkerung, c) unter Nichtarbeitern

Jahr	Gesamtbevölkerung	Gesamtarbeiter	Primärsektor					Sekundärsektor				Tertiärsektor				Nichtarbeiter
		(I-IX)	I	II	I-II	III	I + II + III	IV	V	VI	IV + V + VI	VII	VIII	IX	VII + VIII+ IX	X
1901	972	504	431	1051	540	335	534	...	553	400	543	405	65	325	350	1707
1911	964	525	427	1054	567	337	560	...	574	336	548	513	62	371	390	1676
1921	955	516	463	952	557	372	545	...	508	412	501	479	65	357	379	1629
1931	955	453	289	1006	476	337	466	...	440	303	423	396	41	484	410	1656
1951	947	408	357	857	469	491	470	...	288	248	291	187	61	332	257	1580
1961	941	460	498	819	565	297	552	663	110	134	348	119	22	287	210	1581
1971	930	210	135	498	249	210	248	265	88	101	142	59	34	165	108	1726

Die einzelnen Kategorien bedeuten:

I Landwirte
II Landarbeiter
III Viehzucht, Forst- und Fischwirtschaft, Jagd, Plantagen usw.
IV Bergbau und Steinbrucharbeiten
V Herstellende Industrie, a) Hausindustrie, b) andere Industrie
VI Bauarbeit
VII Handel
VIII Transport und Verkehr
IX Dienstleistungen
X Nicht-Arbeiter

Quelle: Critical Issues on the Status of Women, a. a. O., S. 25.

Tabelle 7a macht deutlich, daß Frauen nicht nur einfach aus bestimmten Erwerbsbereichen „verschwanden", sondern daß sie von den *Männern* verdrängt wurden, vor allem aus den Bereichen, wo kapitalistische Strukturen sich am schnellsten durchgesetzt haben und wo am meisten Geld zu verdienen war, also im Handel, in der herstellenden Industrie und in den Dienstleistungen. Selbst in der Landwirtschaft ist ein solcher Rückgang zu beobachten, obwohl dort der Frauenanteil an der Arbeiterschaft höher ist als in anderen Bereichen.

Bereinigung der Statistik oder: Frauen ab in den informellen Sektor?

Nachdem diese Daten bekannt geworden waren, gab es in Indien und außerhalb Indiens viele Untersuchungen, die die Ursachen für diese negative Entwicklung der weiblichen Erwerbsarbeit zu ergründen versuchten. Die meisten erklärten das schlechte Abschneiden der Frauen jedoch lediglich mit der im Zensus von 1971 geänderten Definition des Begriffs „Arbeiter". In der Tat hatte die Zensusbehörde 1971 eine andere Definition von „Arbeiter" verwandt als 1961. Auch 1961 war diese Definition schon gegenüber 1951 geändert worden, wie wir sahen. Als „Arbeit" galt 1971 die „Teilnahme an einer ökonomisch produktiven Arbeit durch physische oder geistige Aktivität". Als „Arbeiter" galt demnach eine Person, die in der Woche vor der Volkszählung in ihrer „Haupttätigkeit" einer solche „ökonomisch produktiven" Arbeit nachgegangen war. Als Nicht-Arbeiter galt: „Ein Mann oder eine Frau, die hauptsächlich den Haushalt versorgt, z.B. für den eigenen Haushalt kocht oder andere Hausarbeit tut, oder ein Junge oder ein Mädchen, die hauptsächlich Schüler sind und eine Schule besuchen, selbst wenn diese Person die Familie wirtschaftlich unterstützt, aber nicht als Vollzeitarbeiter."[112]

Mit dieser Definition war natürlich der größte Teil der indischen Frauen, vor allem der Landfrauen, aus der Kategorie der Arbeiter hinausdefiniert und in die Kategorie der Hausfrauen hineindefiniert. Diesen Prozeß der Unsichtbarmachung von Frauenarbeit, auch gerade durch statistische Definitionen, habe ich an anderer Stelle „Hausfrauisierung" genannt.[113] Diese Hausfrauisierung von Frauen und Frauenarbeit bedeutet jedoch keinesfalls, daß diese Frauen nun einen männlichen „Ernährer"

112 Asok Mitra, Lalit Pathak, Shekhar Mukherji: The Status of Women, Shifts in Occupational Participation 1961-1971, New Delhi 1980, zitiert in Maria Mies: Indian Women in Subsistence and Agricultural Labour, ILO-Working Paper No. 34, S. 235 ff.

113 Maria Mies: The Lace Makers of Narsapur: Indian Housewives Produce for the World Market. London 1982. S. 172 f.

hätten, der sie mit einem ausreichenden Einkommen lebenslänglich versorgte. Noch bedeutet es, daß diese Frauen nun keinen Beitrag mehr zur „ökonomisch produktiven" Arbeit leisten, z.B. als Gelegenheitsarbeiterinnen, als Heimarbeiterinnen, als Kleinhändlerinnen, als Landarbeiterinnen usw. Dieser Beitrag erscheint hinfort lediglich nicht mehr als „Arbeit", d.h. als Lohnarbeit, muß also auch nicht mehr als solche bewertet und bezahlt werden, denn sie wird ja nur von einer „Hausfrau" getan. Dieser Begriff impliziert aber, daß sie einen Ernährer hat, der das Haupteinkommen der Familie erarbeitet und daß ihr Einkommen nur ein Zusatzverdienst ist.

Ich kann nicht beurteilen, ob diese Unsichtbarmachung von Frauenarbeit durch die Definition der Frauen als Hausfrauen von der Zensusbehörde beabsichtigt war. Jedenfalls bemühte sie sich beim nächsten Zensus 1981 die Definition des Begriffs „Arbeiter" so zu verändern, daß auch die Nebentätigkeiten von Frauen damit erfaßt würden. Sie benutzte eine ziemlich weitgehende Definition von „Arbeiter". Eine Person wurde als „Arbeiter" klassifiziert, auch wenn sie nur wenige Tage in dem Jahr, das der Volkszählung vorausging, gearbeitet hatte. „Arbeit" aber wurde, wie 1971, als „Teilnahme an ökonomisch produktiver Arbeit" verstanden.[114] „Ökonomisch produktiv" heißt aber in der letzten Instanz eine Arbeit, die zur Erhöhung des Mehrwerts beiträgt. Die Bezeichnung „ökonomisch produktiv" ist also an einen kapitalistischen Arbeitsbegriff gebunden. Aus diesem Begriff sind aber Hausarbeit und ähnlich Nicht-Lohnarbeit explizit ausgeschlossen. Darum bleibt die Arbeit, die Frauen tun, die nach dieser Logik alle zu Hausfrauen deklariert worden sind, wenn sie nicht ausdrücklich einen festen Lohnarbeitsplatz haben, auch im Zensus von 1981 weitgehend unsichtbar, gilt als Nicht-Arbeit. Deshalb sah auch nach der geänderten, liberaleren Definition von „Arbeiter" das Bild für die indischen Frauen auch im Zensus von 1981 nicht rosig aus. Die Rate der „erwerbstätigen Frauen" war zwar von 14,2 % (1971) auf 20,8 % (1981) gestiegen, war aber immer noch niedriger als 1961, wo sie 28 % oder 1951, wo sie 23,4 % betrug.[115]

Die Frage drängt sich nun auf: Wo sind denn nun all die Frauen geblieben, die in den früheren Dekaden noch die Statistiken füllten? Sind sie etwa als „Arbeitslose" zurückgekehrt an „Heim und Herd"? Nichts wäre verfehlter, als aus den Zensusdaten von 1961, 1971 und 1981 diesen Schluß zu ziehen. Für die Mehrzahl der aus der Lohnarbeit, den „produktiven Bereichen" verdrängten Frauen existiert so etwas wie „Heim und

114 Asok Mitra, Lalit Pathak, Shekhar Mukherji, a. a. O.

115 J. N. Sinha: 1981 Census Economic Data: A Note, Economic and Political Weekly, 6. Februar 1982, S. 197.

Herd" im Sinne eines gesicherten Unterhalts durch einen männlichen „Ernährer" gar nicht. In sehr vielen Fällen müssen sie selbst für den Unterhalt der Familie sorgen. In meinen Untersuchungen über Frauen in der Subsistenzproduktion auf dem Lande habe ich festgestellt, daß die zu Hausfrauen erklärten indischen Frauen heute nicht *weniger* auf den Feldern, im Kleingewerbe in der Heimindustrie usw. arbeiten – kurz: im informellen Sektor – sondern *mehr*. Sie müssen länger arbeiten als früher, sie müssen in den verschiedensten Arbeits- und Produktionsverhältnissen arbeiten, um auch nur das Minimum zum Überleben zusammenzubringen.[116] Die verarmten Frauen stellen sowohl auf dem Lande als auch in der Stadt die weitaus größte Zahl der Arbeitskräfte im informellen Sektor. Dieser Sektor bietet den Frauen aber nicht nur eine prekäre und marginale Basis für ihr Überleben, sondern stellt für das Kapital auch gleichzeitig einen Pool von Arbeitskräften dar, die unkontrolliert und unbeschränkt ausgebeutet werden können, ungehindert durch Arbeitsgesetze und Gewerkschaften.

Die Frauen sind also nicht einfach aus den „ökonomisch produktiven Bereichen" – hier zu verstehen als die Bereiche des sogenannten formellen Sektors, der abgesicherten, geschützten Lohnarbeit und der Teilhabe an Produktionsmitteln – „verschwunden", sondern sie sind verdrängt worden. Und sie sind von den *Männern* verdrängt worden. Dies ist der Schluß, den nicht nur die Tabelle 7a nahelegt, sondern dies ist auch das Ergebnis einer Analyse von B. Ghosh und S. K. Mukhopadhyay.[117] Die beiden Wissenschaftler haben durch einen Vergleich der Zensusdaten von 1961, 1971 und 1981 in verschiedenen Regionen festgestellt, daß überall dort, wo Frauen verdrängt wurden, der Männeranteil stieg. Dieser Verdrängungseffekt war am deutlichsten in den Städten und in den Regionen, in denen die kapitalistische Entwicklung den schnellsten Fortschritt gemacht hat, z.B. im Punjab und in Hariyana, den Hochburgen der „Grünen Revolution". Diese Verdrängung der Frauen durch die Männer aus den ökonomisch produktiven Bereichen wird auch indirekt durch eine Studie von S. und L. K. Deshpande bestätigt, die nach einer Analyse der männlichen Erwerbstätigkeit zu dem Schluß kommen, in Indien sei ein Trend „weg von der landwirtschaftlichen Arbeit" zu anderen Erwerbszweigen zu beobachten, und von diesem Trend hätten hauptsächlich die Männer profitiert.[118]

116 Maria Mies: Indian Women in Subsistence and Agricultural Labour, a. a. O., S. 84-125.

117 Bahnisikha Ghosh, Sudhin K. Mukhopadhyay: Displacement of the Female in the Indian Labour Force. Economic and Political Weekly, 24. November 1984.

118 Sudha Deshpande, L. K. Deshpande: Census of 1981 and the Structure of Employment. Economic and Political Weekly, 1. Juni 1985, S. 969-973.

Die Entwicklung des Geschlechterverhältnisses

Die Verdrängung der Frauen bezog sich aber nicht nur auf den ökonomischen Bereich, sondern manifestierte sich noch weit dramatischer in dem sinkenden Anteil der Frauen an der Gesamtbevölkerung. Mehr noch als der sinkende Anteil der Frauen an der Erwerbsarbeit beunruhigte die Analytiker der Zensusdaten die Feststellung, daß auch der Anteil der weiblichen Bevölkerung in der Gesamtbevölkerung seit 1901 gesunken war. Die folgende Tabelle gibt Auskunft über die Entwicklung des Geschlechterverhältnisses von 1921 bis 1971.

Tabelle 7b

Die Entwicklung des Geschlechterverhältnisses in den einzelnen Bundesstaaten von 1921 – 1971 (Frauen auf 1000 Männer)

Staat	1921	1931	1941	1951	1961	1971
Andhra	993	987	980	986	981	997
Assam	908	886	886	877	876	901
Bihar	1016	994	996	990	994	956
Gujrat	944	945	941	952	940	936
Jammu und Kashmir	870	865	869	873	878	882
Kerala	1011	1022	1027	1028	1022	1019
Madhya Pradesh	974	973	970	967	953	943
Maharashtra	950	947	949	941	936	932
Mysore	969	965	960	966	959	959
Orissa	1086	1067	1053	1022	1001	989
Punjab	821	830	850	858	864	874
Rajasthan	896	907	906	921	908	919
Tamilnadu	1029	1027	1012	1007	992	979
Uttar Pradesh	909	904	907	910	909	883
West Bangal	905	890	852	865	878	892
All-India	955	955	–	947	941	930

Quelle: Critical Issues on the Status of Women, a. a. O., S. 24 u. 25.

Die Zahlen in den Tabellen 7a und 7b zeigen zwei Grundzüge des Geschlechterverhältnisses. Erstens, die Proportion der weiblichen Bevölkerung gegenüber der männlichen ist in Indien seit langem niedriger als in anderen Ländern, und zweitens, dieses Verhältnis sinkt anhaltend seit 1911, wobei der tiefste Rückgang in der Periode 1961 – 1971 registriert wurde. Asok Mitra hat festgestellt, daß in Indien weibliche Kinder (in der Altersgruppe 0–9) eine viel höhere Sterblichkeitsrate aufweisen als männliche Kinder und daß diese Rate zwischen 1941 und 1971 ständig gestiegen ist. Auch bei den anderen Altersgruppen ist in dieser Periode eine gestiegene Sterblichkeitsrate der Frauen im Vergleich zu der der Männer zu verzeichnen, insbesondere bei der Altersgruppe 20–45. Ein ähnlich düsteres Bild entsteht aus einer Analyse der Sterblichkeitsrate bei Müttern. 1968 war sie im ländlichen Indien 573 pro 10.000 Lebendgeburten, während sie in den USA 32 (1965), in Großbritannien 29 (1968) in Honkong 44 (1966), in Malaysia 200 (1965) und in Sri Lanka 300 (1968) war.[119]

Die steigende Sterblichkeitsrate bei Frauen und Mädchen kann nicht nur durch die „gewöhnliche" Vernachlässigung der Frauen in der patriarchalischen indischen Gesellschaft erklärt werden. Wir müssen weiter fragen, warum diese Vernachlässigung zunimmt. Einen konkreten Ausdruck dieser Vernachlässigung kann man in der unterschiedlichen medizinischen Versorgung und Nahrungseinnahme von Frauen und Männern finden. Bei einer 1957 durchgeführten Studie in sechs ländlichen Gemeinden wurde festgestellt, daß in der Altersgruppe 0–15 730 Mädchen und 513 Jungen krank waren. Während für 50,1 % der Jungen ein Arzt konsultiert wurde, wurde dies nur für 25,4 % der Mädchen getan.[120] Außerdem kommt bei Frauen und Mädchen, wenn überhaupt, gewöhnlich nur die unbezahlte traditionelle medizinische Behandlung in Betracht. Die hohe Sterblichkeitsrate der Frauen und Mädchen hängt auch eng mit ihrer Unterernährung zusammen. 70 % der schwangeren Frauen leiden an Anämie.[121] Es mag seltsam erscheinen, daß diejenigen, die das Essen zubereiten, weniger Nahrung bekommen als diejenigen, für die sie kochen. Aber in einem typischen indischen Haushalt geben die Frauen zuerst den Männern und Kindern das Essen, und dann essen sie gewöhnlich, was übrigbleibt. Doch der zunehmende Rückgang der Zahl der Frauen im Vergleich zu der der Männer, ihre steigende Sterblichkeitsrate, ihre sich verschlechternde Gesundheit und Ernährung – all das kann nicht nur durch einen Hinweis auf die patriarchalische Ideologie oder auf die gegenwärtige Familienstruktur erklärt werden. Keiner der beiden Faktoren war weniger dominant in früheren Jahren.

Was einer Erklärung bedarf, ist die Beziehung zwischen dem sinkenden Geschlechterverhältnis und den Entwicklungsprozessen, die in Indien abgelaufen sind.

Es scheint einen engen Zusammenhang zwischen der Erwerbstätigkeit der Frauen in der außerhäuslichen Produktion und ihrem Anteil an der Gesamtbevölkerung zu geben. Das ergibt sich, wenn man die Ent-

119 Asok Mitra: India's Population: Aspects of Quality and Control, New Delhi 1978, S. 393.

120 Ders.: a. a. O., S. 390-392.

121 Ders.: a. a. O., S. 393.

wicklung des Geschlechterverhältnisses in der Bevölkerung mit dem Trend der weiblichen Erwerbstätigkeit vergleicht. In beiden Bereichen scheinen die Frauen seit 1911 immer mehr an Boden zu verlieren. In der Broschüre des Indian Council of Social Science Research (ICSSR) „Critical Issues On the Status of Women" stellt man fest:

In den 40 Jahren zwischen 1911 und 1951 ist die Kluft zwischen Männern und Frauen bei der Bevölkerung um 27 % größer geworden. In derselben Periode sank die Proportion der Frauen in der Gesamtarbeitsbevölkerung von 525 pro 1000 Männer (1911) auf 408 pro 1000 Männer (1951). In den 20 Jahren zwischen 1951 und 1971 stieg der Unterschied zwischen Männern und Frauen in der Bevölkerung von 8,9 Millionen auf 19,9 Millionen. In derselben Periode sank die Zahl der Arbeiterinnen in der Landwirtschaft von 31 auf 25 Millionen, während die Zahl der Männer auf 34,3 Millionen stieg. In dem nichtlandwirtschaftlichen Sektor sank die Zahl der Arbeiterinnen von 9,3 auf 6,2 Millionen, während die der männlichen Arbeiter von 32,8 auf 48,4 Millionen stieg. Die Gesamtzahl der männlichen Arbeiter stieg um 27 %, während die der Arbeiterinnen um 12 % sank, wodurch ihre Proportion in der Gesamtarbeitsbevölkerung auf 210 pro 1000 Männer sank.[122]

Diese Zahlen sind ein unbestreitbarer Beweis für die wachsende Disparität zwischen den Geschlechtern, sowohl hinsichtlich ihrer Chancen auf physisches Überleben als auch hinsichtlich ihrer Erwerbstätigkeit.

Es ist nicht meine These, daß die wachsende Disparität zwischen den Geschlechtern in Indien nicht nur etwas mit dem „alten Patriarchat" zu tun hat, sondern mehr noch mit der Durchsetzung kapitalistischer Verhältnisse in Wirtschaft und Gesellschaft. Der frauenfeindliche Charakter dieses kapitalistischen Patriarchats wird an der Entwicklung des modernen Indien besonders deutlich. Auf diesem Hintergrund ist auch die Zunahme von Gewalt gegen Frauen in Indien zu sehen, auf die ich im letzten Kapitel ausführlicher eingehen werde.

122 Critical Issues on the Status of Women, a. a. O., S. 5.

3. Rollenkonflikte studierender und berufstätiger Frauen

3.1 Zum Problem des Rollenkonflikts

3.1.1 Definitionen

Die Rollenkonflikte, denen die indische Frau durch das Eintreten in neue Lebensbereiche – Studium und Beruf – ausgesetzt ist, sind vor allem *Inter-Rollenkonflikte*[1], und nur von solchen soll im folgenden die Rede sein und nicht von den Konflikten, die sich aus widersprechenden Erwartungen, die an ein und dieselbe Position geknüpft sind, ergeben. Diese Inter-Rollenkonflikte werden „hervorgerufen durch Einnahme zweier (oder von noch mehr) Rollen, auf die sich definitionsgemäß verschiedene Erwartungsbündel richten, denen nicht ausgewichen werden kann“[2]. Nach Parsons sind die konfligierenden Bündel von Erwartungen dadurch charakterisiert, daß sie als *legitim* angesehen werden und eine vollständige Erfüllung beider oder aller in der Realität unmöglich ist: “It is necessary to compromise, that is to sacrifice some at least of both sets of expectations or to choose one alternative and sacrifice the other. In any case the actor is exposed to negative sanctions and, so far as both sets of values are internalized, to internal conflict. There may, of course, be limited possibilities of transcending the conflict by redefining the situation, as well as of evasions as for example through secrecy, and segregation of occasions.”[3]

Diese Konfliktsituation existiert *objektiv* und ist unabhängig davon, ob die Akteure die äußeren Konflikte, denen sie ausgesetzt sind, auch als innere Frustrationen subjektiv *wahrnehmen.* Wir werden im folgenden sowohl von den objektiven Bedingungen als auch von den subjektiv empfundenen Konflikten und Spannungen sprechen. Es wird eine wichtige Frage sein, wie weit indische Frauen eine objektive Konfliktsituation auch subjektiv als frustrierend wahrnehmen.

Wenn die *beiden* Bündel widerstreitender Erwartungen *institutionalisiert* sind, bedeutet das nach Parsons einen Anspruch auf Legitimität, der die Ambivalenz und den Konflikt verschärfen muß, da man keine der Verhal-

1 N. Gross, A. W. McEachern und W. S. Mason: „Role Conflict and its Resolution“, gekürzt aus: Explorations in Role-Analysis: Study of the School Superintendency Role. New York 1957. In: Biddle u. Thomas: a.a.O., S. 288.
– R. Dahrendorf: Homo Sociologicus. Köln/Opladen 1967, S. 59–60.

2 D. Claessens: a.a.O., S. 70.

3 T. Parsons: „Role Conflict and the Genesis of Deviance“. Aus: The Social System. New York 1951, S. 280–283. In: Biddle u. Thomas: a.a.O., S. 275.

tensweisen, die dem einen oder dem anderen Erwartungsbündel entsprechen, als illegitim oder abweichend im kriminellen Sinn disqualifizieren kann[4]. Dieser Sachverhalt liegt eindeutig vor im Falle der indischen Mittelklassenfrau, für die sowohl Bildung als auch Heirat institutionalisierte und legitime Erwartungen sind, d.h. jede Frau kann die Abweichung von den Familienrollen zugunsten der Studentinnenrolle heute infolge der hohen sozialen Bewertung von Bildung *rechtfertigen.* Sie braucht kein schlechtes Gewissen mehr zu haben, denn die Gesellschaft selbst erwartet von ihr, daß sie sich um Bildung bemüht. Die Berufsrolle der Frau ist in den Mittelklassen nicht im gleichen Maße institutionalisiert wie die Bildungsrolle, folglich ist auch ihre Legitimität geringer. Den Frauen eine Ausbildung zu geben, ist in den Mittelklassen bereits ein Statussymbol geworden, das gilt aber nicht in gleichem Maße für die außerhäusliche Tätigkeit der Frau. Berufstätige Frauen haben immer noch mit gewissen sozialen Vorurteilen zu rechnen.

Trotzdem drängt eine immer größere Zahl von gebildeten Frauen ins Erwerbsleben, und unter dem Druck der wirtschaftlichen Not erwarten viele Familien heute von den Frauen, daß sie zum Unterhalt der Familie beitragen. So kommt der Berufstätigkeit der Frauen eine de facto Legitimität zu, die sich aus der ökonomischen Notsituation ergibt, die aber noch nicht zu weitreichenden ideologischen und strukturellen Veränderungen geführt hat. Diese Situation ist daher besonders prekär für die berufstätigen Frauen: In der Praxis *müssen* sie arbeiten, sie müssen sich aber dabei nach einem Leitbild richten, in dem außerhäusliche Erwerbstätigkeit als degradierend und unmoralisch angesehen wird.

Die Rollenkonflikte der studierenden Frauen beruhen nicht nur auf sich widersprechenden Normen, sondern mehr noch auf strukturellen Hindernissen. Es gilt nicht mehr als moralisch anrüchig, wenn eine Frau studiert, aber das neue kulturelle Ziel der Frauenbildung läßt sich nicht ohne weiteres mit der Struktur des Familiensystems in Einklang bringen. Eine Frau muß z.B. immer darauf achten, daß ihre Bildungsqualifikation nicht höher ist als die eines zukünftigen oder aktuellen Gatten. Zu diesen strukturbedingten Konflikten und Abweichungen kommen im Fall der Berufstätigen auch noch echte Normkonflikte hinzu. Die Frau *soll* z.B. zum Familienunterhalt beitragen, sie *soll* aber gleichzeitig alle Aufgaben in der Familie erfüllen und *soll* am Arbeitsplatz die Regeln der Geschlechtersegregation und des purdah-Systems einhalten.

Die Rollenkonflikte studierender und berufstätiger indischer Frauen resultieren daher weitgehend aus einem Auseinanderklaffen zwischen neuen sozialen und ökonomischen Zielen (Bildung, Berufstätigkeit) und den rigiden sozialen Strukturen, vor allem der Familienstruktur, die eine Realisierung dieser Ziele erschweren. Das im einen wie im anderen Falle abweichende Verhal-

4 T. Parsons: Role Conflict and the Genesis of Deviance, a.a.O., S. 276.

ten der Frauen ist bedingt durch die Kluft zwischen Strukturen und Institutionen und neuen Zielen[5].

Parsons schließt, daß sich in einer Situation konfligierender, legitimer und institutionalisierter Rollenerwartungen die Sanktionsbereitschaft und damit die soziale Kontrolle aufweicht, was schließlich sozialen Wandel zur Folge haben müßte: "Then on the one hand role conflict can be seen as to be very important as a sort of motivations leading to social change, through some sort of undermining of the motivational basis of an established order which includes the provision of motivationally acceptable alternatives."[6]

Wir werden in den folgenden Ausführungen die Hypothese zu überprüfen haben, ob die Rollenkonflikte der studierenden und berufstätigen indischen Frauen zu sozialem Wandel sowohl auf der Ebene des tatsächlichen Verhaltens als auch der kulturellen Normen und Leitbilder führt oder geführt hat.

3.1.2 Die signifikanten Akteure im Familienrollensatz der Frau

Die konfligierenden Rollenerwartungen die an die indische Mittelklassenfrau gerichtet werden, werden im konkreten Einzelfall nicht von der Gesellschaft als solcher erhoben, sondern gehen von den für sie maßgeblichen Akteuren in ihrem Familienrollensatz aus. Die wichtigsten „Rollensender"[7] für die Frau sind die Autoritätsträger in der Familie: Vater, Mutter, Gatte, Schwiegereltern, evtl. Brüder und Schwägerinnen. In Nuklearhaushalten sind vor allem die Väter und die Gatten die entscheidenden Rollensender für die Frau. Sie repräsentieren das System Familie nach außen und müssen darüber wachen, daß die Frauen nicht von den kulturell akzeptierten Verhaltensnormen abweichen. Die Sanktionen der größeren Gruppe richten sich zunächst gegen diese Rollensender, wenn eine Frau sich abweichend verhält. So kommt z.B. ein Vater ins Gerede, dessen Tochter schon über das heiratsfähige Alter hinaus ist und immer noch weiter studiert. Die Bezugsgruppe der Rollensender ist also das größere soziale System.

Auf der anderen Seite stehen die Frauen mit ihren Studien- und Berufswünschen. Ihre Bezugsgruppe[8] ist die „moderne Gesellschaft", die auf weite Strecken identisch ist mit der *vorgestellten* westlichen Gesellschaft, also einer Fremdgruppe, die in ihrem Denken die Funktion einer Art Utopie hat.

5 R. K. Merton: Social Theory and Social Structure 1957, S. 134.
6 T. Parsons: Role Conflict and the Genesis of Deviance, S. 276.
7 R. L. Kahn; D. M. Wolfe, R. P. Quinn, J. D. Snoek, R. A. Rosenthal: „Adjustment to Role Conflict and Ambiquity in Organizations". In: Biddle u. Thomas: a.a.O., S. 277.
8 Über die Bedeutung der Nicht-Mitgliedgruppe als Bezugsgruppe vgl.: R. K. Merton: a.a.O., S. 298 ff.

Diese klare Entgegensetzung von Rollenerwartungen der Rollensender und der Rollenträger, also etwa des Vaters und der Tochter, trifft aber nicht die Situation. Die Erwartungen der Rollensender selbst sind keineswegs eindeutig, sondern entspringen einer ambivalenten Motivation. Auch der Vater erkennt das Recht der Tochter auf Bildung an, auch der Gatte möchte eine „moderne" und „fortschrittliche" Frau haben. Der Unterschied zwischen den Frauen und ihren Rollensendern besteht nicht so sehr in der Differenz ihrer Erwartungen als in den *Prioritäten,* die sie den einzelnen Rollen der Frau zuerkennen. Für Väter und Gatten haben die *Familienrollen* der Frau die Priorität vor allen anderen Rollen, die sie eventuell ergreifen kann. Solange die Frau damit einverstanden ist, alle anderen Rollen den dominierenden Familienrollen unterzuordnen, solange sie z.B. ihr Studium stets in Abhängigkeit von der Erwartung „Heirat" betreibt, solange sie ihre Karriere nicht über ihre Hausfrauen-, Gattinnen- und Mutterpflichten stellt, wird es nicht zu manifesten Rollenkonflikten kommen. Sobald die Frau aber den Familienrollen *in ihrem tatsächlichen Verhalten* nicht mehr den unabdingbaren Primat zuerkennt, sondern eine ihrer außerfamiliären Rollen *unabhängig* von diesen Rollen betreibt, muß es zu offenen Spannungen und Konflikten zwischen der Frau und ihren Rollensendern kommen.

So lassen sich z.B. unterschiedliche Prioritätsordnungen der Erwartungen des Vaters und der Tochter modellhaft wie folgt skizzieren:

Vater	*Tochter*
1. Heirat (vor dem 22. Jahr)	1. Persönlichkeitsentfaltung (Unabhängigkeit, Egalität, Individualität)
2. Bildung (funktional für 1., daher bis B.A., B.Sc. etc.)	2. Bildung (funktional für 1., daher so hoch wie möglich)
3. Beruf (zur Erhöhung des wirtschaftlichen Potentials der Familie)	3. Beruf (zur Erlangung eines eigenen Sozialstatus)
4. Persönlichkeitsentfaltung	4. Heirat (Suche nach „companionship")

Die Erwartungsskala des Vaters ist an den Bedürfnissen des Systems Familie orientiert, die der Tochter richtet sich auf *sie* selbst als Individuum. Obwohl die Tochter ihre Erwartungen inhaltlich anders füllt als der Vater, hegt sie doch keine, die nicht auch in der Skala des Vaters vorkommen. Sie setzt lediglich andere Prioritäten.

3.1.3 Die Genese von Rollenkonflikten und ihr Ort im Lebensphasenzyklus der Frau

Die Diskrepanz zwischen den Rollen „Studentin“ und „Berufstätige“ und den „Familienrollen“ der Frau ist nicht, wie aus der angeführten Skala ersichtlich ist, durch einander prinzipiell ausschließende Bündel von Rollenerwartungen bedingt. Auf weite Strecken laufen beide Erwartungsbündel nebeneinander her, ohne sich zu kreuzen. Der Besuch einer höheren Schule oder des College gilt z.B. nicht nur als wichtig für die Persönlichkeitsentwicklung des Mädchens, sondern ist auch funktional für seine Heiratsaussichten. Eines der wichtigsten Kriterien bei der Wahl einer Braut ist, wie B. V. Shah unter Collegestudenten in Gujarat nachgewiesen hat, die Bildung der Braut[9]. Bildungserwartungen und Heiratserwartungen wachsen zunächst in gleicher Proportion, ohne miteinander in Konflikt zu geraten. Allerdings ist in den Bildungserwartungen der Konflikt latent angelegt, da Frauenbildung im Wertsystem der indischen Mittelklassen einen hohen Rang einnimmt und die Tendenz hat, wie übrigens alle Bildung in Indien, eine sich verselbständigende Dynamik zu entwickeln. Die Erreichung immer höherer akademischer Qualifikationen ist ein Ziel an sich. Darum antworten Frauen oft, wenn man sie fragt, was sie nach ihrem M. A. Examen machen wollen: „Do my Ph. D.!“ Ähnlich ist es mit der Berufstätigkeit der Frau. Viele Mittelklassenfamilien erwarten von ihren unverheirateten Töchtern, daß sie arbeiten und die Familie unterstützen. Hochgebildete berufstätige Frauen streben aber heute auch einen unabhängigen Sozialstatus an und versuchen, in hohe Positionen und Prestigeberufe hineinzukommen.

Wir können den Beginn der Rollenkonfliktsituation studierender und berufstätiger Frauen zeitlich etwa um das 22. Lebensjahr lokalisieren. Ist eine Frau nach diesem Zeitpunkt noch unverheiratet, so weicht sie mit zunehmendem Alter und steigendem Bildungs- und Berufsstatus immer mehr von der zentralen Erwartung Heirat ab. Ist sie verheiratet, so geraten ihre außerhäuslichen Rollen (Studium oder Beruf) in Konflikt mit den Familienrollen. Da mehr und mehr Frauen Studium und Beruf nach der Heirat fortsetzen, wie wir im einzelnen noch sehen werden, geraten sie unweigerlich in diese Konfliktsituation. Der Höhepunkt der Rollenkonflikte dürfte für die Ledige zwischen dem 25. und 30. Lebensjahr anzusetzen sein.

Dieses Streben nach immer höheren akademischen Graden und nach hohem Sozialstatus kann sich als disruptiv für die etablierte Familienordnung erweisen und zu Spannungen zwischen der Frau und ihren Rollensendern führen. Dazu müssen allerdings bestimmte Bedingungen erfüllt sein:

9 „First in importance to them is the education of the girl. As many as 94,5% stress it.“ B. V. Shah: „Gujarati College Students and Selection of Bride“. Sociological Bulletin. Vol. XI (1962), S. 125.

1. Die *unverheiratete* Frau muß das von der Gesellschaft als „richtig" angesehene Heiratsalter bereits überschritten haben. Das ist der Fall, wenn sie älter als 22 oder 23 Jahre ist.

2. Ihre Bildungsqualifikation und ihr Sozialstatus muß so hoch sein, daß die Wahlmöglichkeiten „passender" prospektiver Partner in den in Frage kommenden Gruppen eingeschränkt ist, da die Frau nicht gebildeter sein und kein höheres Einkommen haben darf als der Mann. Diese Bedingung kann als erfüllt angesehen werden, wenn die Frau noch über den Collegeabschluß hinaus weiterstudiert, also M. A. oder Ph. D. macht, und in einer hohen Position ist. In manchen Gruppen gilt bereits die „matriculation" (Mittlere Reife) als optimaler Bildungsabschluß für die Frau[10].

3. Die Alternative, unverheiratet zu bleiben, muß in den in Frage kommenden Gruppen negative Sanktionen hervorrufen. Das gilt für alle indischen Kommunitäten, sogar für die, die der Frau die Möglichkeit zu einem religiösen Zölibat einräumen (Jains, einige Hindusekten, Christen und die Devadasi-Kasten). Eine alleinstehende Frau, die nicht im religiösen Zölibat lebt, wird vom Stigma der „Unmoral" verfolgt und gilt als statusmindernd für die Familie; sie verschlechtert z. B. die Heiratsaussichten für Brüder und Schwestern.

Für die *verheiratete* Frau spielt die Variable Alter nicht mehr die entscheidende Rolle, wohl aber die des Bildungsgrades und des sozialen Status. Ist ihre Bildung oder ihre berufliche Position besser als die ihres Mannes, wächst die Möglichkeit der Rollenkonflikte. In ihrem Fall kommen dann noch die widersprüchlichen Erwartungen hinzu, die an eine Hausfrau und Mutter und an eine Studentin und Berufstätige gerichtet werden.

Es ist anzunehmen, daß die Rollenkonflikte der Verheirateten am intensivsten in den ersten Jahren der Ehe sind, wenn die Kinder klein sind und noch nicht zur Schule gehen: das hieße bei etwa zwei Kindern, die im Abstand von zwei Jahren geboren wurden, in der Zeit zwischen dem 23. und 30. Lebensjahr.

Gewisse Faktoren begünstigen das nichtkonforme Verhalten studierender und berufstätiger Frauen:

1. Die Sekundar- und Collegeausbildung ist an westlichen Vorbildern orientiert und vermittelt Ideen und Werte, die mit den Anforderungen des indischen Sozialsystems inkompatibel sind: Ideen des Individualismus, der Freiheit und Gleichheit, z. B. Recht auf Chancengleichheit und auf freie Partnerwahl, Recht auf freie Persönlichkeitsentfaltung[11].

2. Die hohe Bewertung des Faktors Bildung unterhöhlt die Sanktionsbereitschaft der Bezugsgruppe Familie: Ein Vater ist nicht leicht in der Lage, seine studierende Tochter gegen ihren Willen zu verheiraten. Man redet

10 Die Mehrzahl der Gujarati College Studenten wünscht, daß ihre zukünftigen Bräute höchstens „matriculates" seien, nur 5 von 200 bevorzugten „graduates". B. V. Shah: a.a.O., S. 127.

11 Vgl. W. J. Goode: World Revolution, S. 20 ff.

schlecht über einen Gatten, der seiner Frau eine weitere Ausbildung verweigert.

3. Viele Studentinnen leben in Studentinnenheimen (auch verheiratete). Diese Segregation der Lebensbereiche der Familie und des Studiums begünstigt die Entwicklung abweichender Ideen und nichtkonformen Verhaltens, da „Beobachtbarkeit" eine Voraussetzung für soziale Kontrolle ist[12]. Bei der Berufstätigen ist die soziale Kontrolle durch die Trennung zwischen Familie und Arbeitsplatz eingeschränkt.

4. Die wirtschaftliche Notsituation veranlaßt nicht nur die Frauen, selbst nach einer besseren Ausbildung auf Kosten ihrer Familienrollen zu streben, sondern schwächt vor allem die Bereitschaft bei Vätern und Gatten, auf einer strikten Erfüllung der Familienrollennormen zu bestehen. Sie müssen zwar Lippenbekenntnisse zu den traditionellen Werten ablegen, erlauben aber den Frauen in der Praxis einen Abweichungsspielraum. So ist z.B. ein Vater, dessen unverheiratete ältere Tochter immer weiterstudiert oder berufstätig ist, zwar unglücklich, weil er seine Pflicht, sie zu verheiraten, nicht erfüllt hat, auf der anderen Seite hofft er aber, daß auf diese Weise die leidige Frage der dowry umgangen oder zumindest aufgeschoben werden kann.

3.2 Die Rollenkonfliktsituation studierender Frauen (Analyse regionaler Untersuchungen)

3.2.1 Bildung als konfliktauslösendes Moment

Es ist Teil der modernen Fortschrittsideologie in den Mittelklassen, daß man der Frau das Recht auf Ausbildung, auf Entfaltung ihrer Fähigkeiten, auf Chancengleichheit zugesteht. Entsprechend dieser Ideologie sehen Mädchen in der Bildung den Schlüssel zur Befreiung von vielen sozialen Zwängen. So erklärten bei einer Untersuchung, die R. Ferris-Wiesinger unter heranwachsenden Hindu Mädchen durchführte, 33,5%, daß es für ein gebildetes Mädchen nicht unbedingt notwendig sei zu heiraten. Als repräsentativ für diese Auffassung wurde die Antwort einer Schülerin zitiert: "Nowadays marriage is not absolutely necessary for a Hindu girl as it was in olden days when women were not educated. Today we can go to work and stand on our own two feet. We can earn and make a name for ourselves. We can remain single, independent and yet bet happy."[13]

An dieser Antwort ist nicht nur erstaunlich, daß indische Mädchen ein zölibatäres Leben als wünschenswerte Alternative gegenüber der Heirat an-

12 R.K. Merton: a.a.O., S. 320, S. 370 ff.
13 R. Ferris-Wiesinger: a.a.O., S. 270.

sehen, sondern daß sie dieses Leben im Namen emanzipatorischer Ziele befürworten.

Ähnlich allgemeine Forderungen in bezug auf Frauenbildung wurden auch von den College-Studenten und Studentinnen gemacht, die M. Cormack untersucht hat. 95% der Studentinnen gaben Bildung als wichtigstes Ziel für Frauen an, und 88% der Studentinnen sowie 80% der Studenten sahen Universitätsbildung (Collegeabschluß) als optimalen Bildungsabschluß für Frauen an[14].

Diese allgemeinen Erklärungen über Frauenbildung als Menschenrecht und die positive Einstellung gegenüber Frauenstudium sagen aber wenig darüber aus, wie dieses neue kulturelle Ziel innerhalb der bestehenden Strukturen verwirklicht wird. Sowohl bei Männern als auch bei Frauen steht neben dem abstrakten Postulat nach Frauenbildung die Auffassung, daß die zentrale Funktion einer Frau ihre Gattinen- und Mutterrolle sei. So gaben 90% der männlichen und 88% der weiblichen Studenten in der Cormack-Studie an, die wichtigste Funktion einer Frau sei, „to be a good wife and mother“[15]. Es scheint, daß den meisten Befragten die Unvereinbarkeit ihrer abstrakten Forderung mit der gegebenen sozialen Realität gar nicht bewußt wurde. Nach allgemeiner Auffassung lassen sich „Bildung“ und die traditionellen Familienrollen der Frau problemlos miteinander vereinbaren, denn Bildung wird als funktional für diese Rollen angesehen: Die gebildete Mutter ist eine bessere Mutter.

Frauen, die den „Initiationsritus“ der Graduierung bereits hinter sich haben, zeigen eine viel realistischere Einstellung gegenüber der Frauenbildung, denn sie setzen sie bereits in Relation zu den anderen Erwartungen, die die Gesellschaft an sie richtet. Sie wissen, daß Bildung sowohl funktional als auch dysfunktional für eine Frau sein kann. Bei einer Untersuchung, die A. Ramanama unter graduierten berufstätigen Frauen in Poona durchführte, befürworteten nur 5% der Frauen eine über die Graduierung hinausgehende Ausbildung für Frauen; über die Hälfte setzte die Höchstgrenze beim ersten Grad an. Über ein Drittel dieser Frauen sah ganz realistisch, daß eine Frau mit Universitätsbildung schwerlich einen noch gebildeteren Mann findet und daß andererseits eine Ehe, in der die Frau gebildeter ist als der Mann, im indischen Kontext größten Belastungen ausgesetzt ist[16].

Daraus ist ersichtlich, daß das im Namen des Fortschritts propagierte Ziel der Frauenbildung innerhalb der bestehenden Gesellschaftsstruktur zu einem konfliktauslösenden Moment werden kann. Diese Konflikte unterscheiden sich bei verheirateten und unverheirateten Studentinnen, entspringen aber der gleichen strukturellen Wurzel:

14 M. Cormack: She Who Rides a Peacock. Bombay 1960, S. 105–106.
15 M. Cormack: She Who Rides a Peacock, S. 106.
16 A. Ramanama: „Position of Women in India, With Special Reference to Poona“. Unveröffentlichte Dissertation. Universität Poona 1968, S. 270.

1. der nicht umkehrbaren hierarchisch definierten Beziehung zwischen Mann und Frau, wonach die Frau auf keinen Fall älter, gebildeter oder in höherer gesellschaftlicher Position sein darf als der Mann;

2. der zwingenden Verpflichtung zur Heirat, wonach eine Unverheiratete keinen Platz in der Gesellschaft hat.

Wenn man die Daten über erwartetes Heiratsalter und tatsächliches sowie den als optimal geltenden Bildungsabschluß und die tatsächliche Bildungsqualifikation von Frauen vergleicht, so muß man schließen, daß viele Frauen die Spannungen und Ängste kennen, die sich aus der Tatsache ergeben, daß sie eine hohe Bildungsqualifikation haben und noch nicht verheiratet sind. So sprachen sich 70% der Frauen in der Untersuchung Ramanamas für eine Heirat vor dem 22. Lebensjahr aus, aber nur 54% der verheirateten Frauen hatten vor diesem Zeitpunkt geheiratet, 26% hatten erst nach dem 25. Lebensjahr geheiratet. Alle diese Frauen waren graduiert, aber nur die Hälfte der Frauen sah die Graduierung als optimale Bildungsgrenze für Frauen an[17].

Für die unverheiratete Frau, die bereits einen B. A. oder B. Sc. hat, älter ist als 22 oder 23 und dann noch weiterstudiert, wirkt sich die weitere Bildung negativ auf die Rollenerwartung „Heirat“ aus; sie befindet sich in einer objektiven Konfliktssituation, gleichgültig, ob sie sich ihrer bewußt ist oder nicht. Die Abweichung von der Idealnorm in bezug auf Heiratsalter und Bildungsgrad der Frau ist wohl häufiger, als manche Attitüdenstudien vermuten lassen. Es ergibt sich die Frage, warum diese Frauen, denen ihre erworbenen Universitätsgrade in Kombination mit fortgeschrittenem Alter für ihre Heiratschancen im Wege stehen, noch weitere Studien auf sich nehmen und so ihre Heiratsaussichten noch weiter verschlechtern. Haben diese Frauen den Konflikt zwischen Heirat und Bildung bereits zugunsten der Bildung entschieden? Sind sie sich der negativen Auswirkungen des Faktors Bildung auf die Variable Heirat nicht bewußt? Ist das weitere Studium ein Ausweichen vor den immer drängender werdenden Fragen der Familie und der Gesellschaft, ist die räumliche Trennung ein Mittel, Konflikte zu reduzieren? Hoffen sie durch eine bessere Bildungsqualifikation wenigstens ihren wirtschaftlichen und sozialen Status so weit zu sichern, daß sie auch ohne einen Mann leben können, für den Fall, daß sie nicht heiraten?

Wir müssen diesen Fragenkomplex vorläufig zurückstellen; wir werden später versuchen, anhand von Einzelfallanalysen eine Antwort auf diese Fragen zu finden. Zunächst müssen wir nach der konfliktauslösenden Wirkung des Faktors Bildung in der Situation der verheirateten Frau fragen.

Es wurde bereits darauf hingewiesen, daß der höhere Bildungsstatus der Frau gegenüber dem des Mannes zu Problemen in der Ehe führt. Darum sind solche Ehen selten. Das Problem stellt sich aber auch, wenn eine Frau, die bei der Heirat keine höhere Bildungsqualifikation hatte als ihr Mann,

17 A. Ramanama: a.a.O., S. 114, 116.

später noch einmal zu studieren beginnt und ihren Bildungsstatus über den des Mannes erhöht. Wie neuere Studien zeigen, wird die Heirat in den städtischen Mittelklassen heute keineswegs mehr als Schlußpunkt der Bildungskarriere einer Frau angesehen, und die Wahrscheinlichkeit wächst, daß Ehefrauen schließlich gebildeter als ihre Männer sind. Aus dieser Tatsache müssen sich ganz bestimmte Spannungen und Konflikte für die betroffenen Frauen ergeben. Zur Illustration dieses Sachverhalts sei hier das Beispiel einer Studentin der Punjab Universität erwähnt. Diese Studentin bekam nach einem exzellenten Magisterexamen von ihrem Professor das Angebot zur Promotion. Als sie mit ihrem Mann, der auch einen M. A. hatte, zur Vorbesprechung zum Professor kam, sagte der Gatte, seine Frau müsse das Angebot leider ausschlagen, denn sonst müsse er selbst auch noch promovieren, dazu fühle er sich aber nicht imstande[18]. Die Frau durfte nicht gebildeter sein als der Mann.

Zu diesem Konflikt, der sich aus der Bedrohung des hierarchischen Statusgefälles der Ehegatten ergibt, kommen im Fall der studierenden Ehefrauen auch noch die Probleme der multiplen Rollenbelastung hinzu. Zwar trägt die hohe Wertschätzung der Bildung dazu bei, den Bildungswünschen von Ehefrauen *Legitimität* zu verschaffen, sie führt aber nicht automatisch zu einer Reduzierung oder Modifizierung der Erwartungen, die an eine Ehefrau und Mutter gerichtet werden. Für die Ehefrau ist die zentrale Frage der Heirat, die das Leben der Unverheirateten belastet, zwar gelöst, sie hat die Erwartungen der Gesellschaft und ihrer Familie erfüllt und gehört nun zur angesehenen Kategorie der *Gattinnen* und bald auch der *Mütter.* Daraus erwächst ihr ein hohes Maß an Statussicherheit und Gelassenheit, die auch dann nicht leicht zu erschüttern ist, wenn die Ehe sich als Fehlschlag erweist. Eine unglückliche, von ihrem Mann betrogene oder mißhandelte Frau hat als Trost immer noch das Bewußtsein, eine *Gattin* zu sein und daher Anspruch auf Respekt zu haben. Diese große Statussicherheit erlaubt ihr dann auch, irgendwelchen Studienplänen ohne allzugroßen Stress und ohne allzugroße Besorgnis nachzugehen, denn ihr gesellschaftlicher Status ist gesichert. Das bedeutet aber nicht, daß sie sich nicht in einer objektiven Konfliktsituation befindet, die durch die multiplen Rollenanforderungen gegeben ist.

Wie sich studierende Ehefrauen in dieser objektiven Konfliktsituation verhalten, wie sie ihre Rollenkonflikte lösen, hängt wesentlich von ihrer Familiensituation ab, vom sozio-ökonomischen Status der Familie, vom Familientyp, von Anzahl und Alter der Kinder, vom Vorhandensein von Dienstpersonal, von der Zeitspanne, die zwischen Heirat und Studium liegt. Zu diesen objektiven Bedingungen kommen noch die subjektiven Faktoren der Studienmotivation und der Einstellungen der für die Frau maßgeblichen Familienmitglieder hinzu.

18 Persönliche Mitteilung von Prof. D. D'Souza. Chandigarh 1970.

Zur Analyse dieser objektiven Konfliktsituation beziehen wir uns auf die bisher einzige empirische Untersuchung der Probleme studierender Ehefrauen, die 1969 von Neera Desai in Bombay durchgeführt wurde[19].

Desai geht von der Hypothese aus, daß die zwei oder drei Positionen, die die studierende Ehefrau als Gattin, Mutter und Studentin einnimmt, im indischen Kontext unvereinbar sind. Sie nimmt an, daß diese multiplen und divergierenden Rollenanforderungen sich negativ auf das Studium auswirken werden, gleichgültig, ob sich die Frauen dieser Spannungen bewußt sind oder nicht.

N. Desai hat 369 studierende Ehefrauen in Bombay untersucht. 75 dieser Frauen waren reguläre Studentinnen der S.N.D.T. Frauenuniversität[20], 229 waren Externe dieser Universität und 65 waren reguläre Studentinnen der Bombay University.

Zum Vergleich und zur Ergänzung ziehen wir die Ergebnisse der schon erwähnten Studie heran, die Angara Ramanama 1968 unter 505 berufstätigen graduierten Frauen in Poona durchgeführt hat[21]. Ramanama untersucht vor allem Attitüden und Probleme berufstätiger Frauen, geht aber auch auf die Bildungssituation dieser Frauen ein. Die Hälfte ihres Samples waren verheiratete Frauen.

3.2.2 Die Familiensituation

Die Familiensituation hat für die studierende Frau eine viel dramatischere Bedeutung als für den studierenden Mann. Ihre Studentinnenrolle ist immer in hohem Maße von der Frage abhängig, ob sie verheiratet oder ledig ist, ob sie Kinder hat, ob sie das Studium nach kurzer oder längerer Zeit nach der Heirat wieder aufgenommen hat, ob sie die älteste oder eine jüngere Tochter ist, ob sie in einer joint family oder in einem Nuklearhaushalt lebt, ob ihre Familie sich genügend Dienstpersonal leisten kann oder nicht. All diese Momente der äußeren Familiensituation haben eine existentielle Bedeutung für die Frau in ihrer Studentinnenrolle, ganz abgesehen von den psychologischen und ideologischen Faktoren, der Frage, ob die Familie orthodox oder fortschrittlich, die Schwiegermutter großzügig oder nörglerisch ist usw. Die Familiensituation einer verheirateten Studentin wird durch folgende Faktoren

19 N. Desai: „Socio-Economic Background of Married Women Students of the University and their Educational Problems". Unveröffentlichter Forschungsbericht. Bombay 1969.

20 Die S.N.D.T. (Shreemati Nathibai Damodar Thackersey) Women's University ist die erste indische Frauenuniversität; sie wurde 1916 von dem Sozialreformer Maharshi Karve gegründet.

21 A. Ramanama: Position of Women in India.

definiert: 1. den sozio-ökonomischen Status, 2. den Typ der Familie, 3. die Zahl der Kinder, 4. die Anwesenheit oder Abwesenheit von Dienstpersonal und 5. die Zeitspanne, die zwischen der Heirat und der Aufnahme des Studiums liegt.

Sozio-ökonomischer Status

Die Familiensituation der studierenden Frau hängt vor allem von der ökonomischen Lage der Familie ab. Das Einstellen von Dienstpersonal zur Entlastung der Hausfrau wird durch die Höhe des Familieneinkommens bestimmt, in gleicher Weise Kinderzahl, Bildungsgrad und Aspirationsniveau der Frau.

Desai hat ihr Sample in untere, mittlere und höhere Einkommenskategorien eingeteilt; die untere geht bis zu 250 Rupies[22], die mittlere bis 750 und die höhere von 750 Rupies aufwärts. Sie fand, daß nur 7% der Frauen aus Familien der unteren Einkommensgruppe kamen, die Mehrzahl der Familien hatte mittlere Einkommen zwischen 250–750 Rupies (59%) und 28% hatten höhere Einkommen, 15% davon sogar über 1000 Rupies.

Weiteren Aufschluß über den sozio-ökonomischen Status der Familien studierender Ehefrauen geben die Daten über Beruf und Bildung der Ehemänner. Über die Hälfte der Ehegatten arbeitete in den sogenannten „Services", und 24% waren in akademischen Berufen. Es gab nur wenige Manager oder Kaufleute (insgesamt 7%), nur 5% Kleinhändler und Facharbeiter, aber keinen Arbeiter unter den Gatten studierender Ehefrauen. Das bedeutet, daß die überwältigende Mehrheit studierender Ehefrauen aus der Schicht der städtischen Mittelklassen kommt, die bereits unter der englischen Regierung den Bildungsgedanken propagierte und in der Verwaltung tätig war. Sie rekrutiert sich vorwiegend aus den höheren Kasten. So gehörten auch 80% der Frauen des Bombay Samples den oberen Kasten an, aus unteren Kasten kamen nur 2%.

Die Mehrzahl der Ehegatten (266 aus 345) waren Graduierte, 77 hatten Sekundarschulausbildung und nur einer Primarschulbildung. Das bedeutet, daß 22,6% der Ehegatten bereit waren, ihren Frauen eine höhere Ausbildung als ihre eigene zuzugestehen. Das sind typischerweise die weniger gebildeten Männer, die auf die Mitarbeit der Frauen angewiesen sind.

Typ der Familie

Ein wichtiges Kriterium für die tatsächliche Belastung der studierenden Ehefrau ist die Größe des Haushalts. Ob sie eine Familie von 15 Mitgliedern oder von 5 zu versorgen hat, ob sie diese Aufgabe allein zu erfüllen hat oder mit anderen Frauen teilt, wird sich entscheidend auf ihre Studentinnenrolle auswirken.

Desai berichtet, daß über die Hälfte der untersuchten verheirateten Studentinnen in dem „reinen“ Typ des Nuklearhaushalts wohnte (51,22%), d.h. Familien, die aus Gatte, Gattin und deren Kinder bestehen, 24,66% lebten in joint families und 12,2% lebten in erweiterten Nuklearfamilien (Ehepaar, Kinder und noch irgendwelche Verwandten des Mannes). Aufgrund dieser Daten kommt Neera Desai zu dem Schluß, daß die Präponderanz des Nuklearfamilientyps unter den Studentinnen entweder dem „dead weight“ der joint family zuzuschreiben ist, die den verheirateten Frauen kein Studium erlaubt, oder aber daß der Typ der klassischen joint family selten in den Großstädten wird[23]. Die Daten über die Haushaltsgröße des Samples geben uns weiteren Aufschluß über die Arbeitsbelastung der Frauen. 10% kamen aus einem 1–2 Personenhaushalt, waren also Witwen oder jungverheiratete Frauen, 59,45% kamen aus 3–5 Personenhaushalten und der Rest aus größeren[24].

Angesichts der Tatsache, daß die Frau im Nuklearhaushalt weniger Hilfe hat als die Frau in der joint family, ist es umso bemerkenswerter, daß gerade aus Nuklearhaushalten sich eine sehr große Zahl von Frauen zum Studium drängt und sich zusätzlich den Rollenanforderungen als Hausfrau und Mutter noch die der Studentin aufbürdet.

Kinder

Neben ihren Verpflichtungen gegenüber der Familie und gegenüber dem Mann spielen die Zahl und das Alter der Kinder für die verheiratete Studentin eine wichtige Rolle. Wie in den meisten Gesellschaften wird auch in Indien von der Mutter erwartet, daß sie selbst ihre Kinder pflegt und versorgt.

282, das sind 76,42% der verheirateten Studentinnen in der Bombay-Studie, hatten Kinder, 36,17% dieser Mütter (102 aus 282) hatten ein Kind, 39,01% hatten zwei, 25% hatten drei und mehr Kinder[25].

Dieses Ergebnis berechtigt zu zweierlei Schlußfolgerungen: 1. das Vorhandensein von Kindern ist für die Frauen der Mittelklasse kein Hinderungsgrund, ein Studium aufzunehmen, 2. das Studium dieser Frauen, die also zumindest drei Rollen gleichzeitig zu erfüllen haben, vollzieht sich unter erheblich mehr Belastungen und Spannungen als bei unverheirateten oder kinderlosen Frauen. Diese Belastung durch multiple Rollenanforderungen wird noch verstärkt in den Fällen, wo die Frauen neben dem Studium auch noch einer regulären Berufsarbeit nachgehen, wie es bei 128 Frauen der Fall war; 104 dieser arbeitenden und studierenden Frauen hatten Kinder[26].

22 1 Rupie = ca. 0,50 DM.
23 N. Desai: a.a.O., S. 73–74.
24 N. Desai: a.a.O., S. 75.
25 N. Desai: a.a.O., S. 94 ff.
26 N. Desai: a.a.O., S. 218, 223–224.

Nun könnte man annehmen, daß nur solche Mütter studieren, deren Kinder nicht mehr ihre ständige Fürsorge brauchen. Die Ergebnisse der Bombay-Studie bestätigen diese Annahme nicht, denn mehr als die Hälfte der studierenden Mütter gibt an, daß „nursing and feeding" zu den Haupttätigkeiten in bezug auf ihre Kinder gehören. Das heißt also, daß ihre Kinder noch im Kleinkindalter sind. Fast genau so viele Mütter geben an, daß sie ihre Kinder auf die Schule vorbereiten und ihnen bei den Hausarbeiten helfen[27]. Daraus ist ersichtlich, daß die Mehrzahl der studierenden Mütter noch Kinder hat, die ihre Fürsorge brauchen.

Dienstpersonal und Hilfe im Haushalt

In einer Gesellschaft, in der ständig Millionen von Menschen arbeitslos sind und in der es infolge der geringen Industrialisierung und der fortdauernden feudalen Gepflogenheiten der oberen Schichten noch möglich ist, Dienstpersonal für den Haushalt zu bekommen, ist die Situation der studierenden oder arbeitenden Hausfrau und Mutter anders als die ihrer Geschlechtsgenossin in den westlichen Industriegesellschaften.

Die Mittelklassenfamilien haben in der Regel zumindest einen, wenn nicht mehrere Diener. Das ist das, was sie ihrem Status schuldig sind. Die eigentlichen Hausdiener sind Köche, Kinderfrauen (Ayahs), Gärtner (Malis), Chauffeure, Hausmädchen, Nachtwächter und Putzfrauen (Sweepers) – Angehörige der unberührbaren Kasten, die die rituell verunreinigenden Arbeiten verrichten, wie Putzen der Toilette und des Badezimmers.

Die Familien der unteren Mittelklasse sind natürlich nicht in der Lage, sich 3–5 Hausdiener zu halten, zumal sich die Urbanisierung und Industrialisierung in den großen Städten auch auf die Löhne des Dienstpersonals ausgewirkt hat. Dennoch werden die Familien auch der unteren Mittelklasse versuchen, zumindest eine Frau für die schmutzigeren Hausarbeiten zu haben, wenn auch nur stundenweise oder als Halbtagskraft.

Eine genaue Angabe über die Zahl der Diener in den Familien der studierenden Frauen liegt in der Desai Studie nicht vor. Auf die Frage, wer in ihrer Abwesenheit die Kinder versorge, sagten jedoch nur etwa 16%, daß ein „servant" dafür da sei, fast die Hälfte der Frauen bekam Hilfe von irgendwelchen Familienangehörigen, in der Mehrzahl von der Familie des Gatten. Immerhin sagten 78 Frauen, daß sie niemanden hätten, dem sie ihre Kinder anvertrauen könnten[28]. Damit ist natürlich noch nicht gesagt, daß diese Frauen keinerlei Diener im Hause haben, denn eine Hindu-Mutter würde ihr Kind schwerlich in die Obhut einer Sweeper-Frau geben.

27 N. Desai: a.a.O., S. 96.
28 N. Desai: a.a.O., S. 98.

Die weitaus größte Mehrzahl dieser Frauen, die niemanden haben, dem sie ihre Kinder überlassen können, kommt aus Nuklearhaushalten. Interessant ist auch, daß Frauen aus solchen Familien sich eher an ihre Elternfamilie wenden, wenn sie Hilfe brauchen, als an die Familie des Gatten, der sie angehören und die traditionsgemäß zuerst zu befragen wäre[29]. Das kann bedeuten, daß durch den Nuklearhaushalt und insbesondere durch das abweichende Verhalten der Frauen die Bande zwischen der Herkunftsfamilie der Frau und ihrer neuen Familie, die nach der idealtypischen patrilokalen Heiratsordnung nach der Hochzeit fast gänzlich gelöst werden, sich heute verstärken.

Die Mehrzahl der studierenden Mütter bekam aber Hilfe von der Familie, in die sie hineingeheiratet hatte, so wie es der traditionellen Norm entspricht. Nachbarschaftshilfe, Kinderkrippen oder ein Baby-Sitting System existieren so gut wie nicht. Mit Recht weist N. Desai darauf hin, daß „traditional sentiments are sustained more due to absence of modern facilities to look after the children of married women taking to education or going for earning rather than for their inherent value“[30].

Was aber auch immer die Attitüden der Frauen gegenüber der traditionellen Familiensolidarität sein mögen, ob sie die Hilfe der Schwiegermutter oder der Schwägerin insgeheim ablehnen oder nicht, sicher ist, daß die traditionellen Familienbindungen den Frauen die Übernahme der neuen Rollen außerhalb der Familie enorm erleichtern. Wir stoßen hier auf das schon angedeutete Paradox, daß die normativen Voruteile gegenüber dem Studium verheirateter Frauen zwar größer sind in der joint family als in der sogenannten Nuklearfamilie, daß die Nuklearfamilie die Frauen sogar zum Studium zu stimulieren scheint, daß aber die praktischen Voraussetzungen für eine solche Doppelrolle in der joint-family weit günstiger sind als in der Nuklearfamilie. Daß sich die Frauen dieser Situation durchaus bewußt sind, zeigt die Tatsache, daß die meisten Frauen zwar selbst in Nuklearfamilien wohnen, daß aber von 369 Befragten 205 die joint family als idealen Familientyp ansehen[31].

Die Gründe, die für die Bevorzugung der joint family angegeben werden, sind alle utilitaristischer Natur: Aufteilung der Hausarbeit, die Kinder sind immer versorgt, es ist billiger[32].

Fassen wir die obigen Ergebnisse zusammen, so können wir feststellen, daß es indischen Ehefrauen nicht zuletzt darum möglich ist zu studieren, weil einmal traditionelle Strukturen noch existieren, entweder in der Form der joint family oder zumindest der traditionellen joint family-Solidarität, die wesentlicher ist als das tatsächliche Zusammenwohnen unter

29 N. Desai: a.a.O., S. 100.
30 N. Desai: a.a.O., S. 100.
21 N. Desai: a.a.O., S. 173.
32 N. Desai: a.a.O., S. 174–175.

einem Dach, sodann in der Form des aus feudaler Zeit stammenden Diener-Systems. Es kann die Prognose aufgestellt werden, daß sich mit fortschreitender Auflösung dieser traditionellen Strukturen, wie sie sich z. B. in der Verteuerung und Verknappung des Dienstpersonals in den großen urbanen Zentren bereits abzeichnet, die praktischen Voraussetzungen zur Ausführung mehrerer Rollen außerhalb des Hauses für die Frauen verschlechtern werden, es sei denn, eine grundsätzliche Wandlung der Definition der Geschlechterrollen fände statt. Wie weit ein solcher Wandel möglich oder bereits im Gange ist, wird im Verlauf dieser Untersuchung deutlich werden.

Zeitspanne zwischen Heirat und Studium

Nach der Idealnorm ist für die indische Frau ihre Ausbildung mit dem B. A. oder B. Sc. und der darauffolgenden Heirat abgeschlossen. Wir haben aber gesehen, daß die soziale Realität sich nicht mehr nach dieser Idealnorm richtet, sondern daß auch verheiratete Frauen zu den höheren Bildungsanstalten drängen, um ein angefangenes Studium fortzusetzen oder ein neues zu beginnen. Es erhebt sich nun die entscheidende Frage, zu welchem Zeitpunkt nach der Heirat sie sich zu einem höheren Studium entschließen. Nach den Erfahrungen, die im Westen gemacht werden, wäre anzunehmen, daß die Frau erst dann wieder eine außerhäusliche Aktivität aufnehmen kann, wenn das jüngste Kind die Schule und das Elternhaus verlassen hat. Das heißt: nach Beendigung des Familienzyklus der Frau, der nach neueren Forschungen auf höchstens 25 Jahre geschätzt wird[33].

Wie ist diese Situation in Indien?

Wir finden im Verhalen der verheirateten Studentinnen nicht nur ein starkes Abweichen von der offiziellen indischen Norm, sondern auch vom westlichen Lebensphasen-Zyklus. 60,4% der Frauen der Bombay Studie hatten ihre höhere Ausbildung erst *nach* der Heriat begonnen, nur 39,57% hatten schon vor der Heirat studiert[34]. Aufschlußreicher ist vielleicht noch die Tatsache, daß von den Frauen, die ihr Studium *vor* der Heirat begonnen hatten, immerhin ein Drittel nach der Heirat ohne Unterbrechung weiterstudieren konnte[35]. Leider enthält die Studie keine Angaben über den Zeitpunkt, wann die restlichen Zweidrittel wieder auf die Schulbank zurückkehren konnten. Ein Hinweis in dieser Richtung findet sich aber bei der Analyse der Zeitspanne zwischen Heirat und Studium für die Frauen, die erst *nach der Heirat* zu studieren begannen, 8,07% konnten unmittelbar nach der Heirat oder innerhalb des ersten Ehejahres beginnen, 36,7% mußten bis etwa 6 Jahre warten, und der Rest, das ist die Mehrheit, begann erst nach dem 7. Ehejahr zu studieren. Die folgende Tabelle gibt näheren Aufschluß über die Zeitspanne zwischen Heirat und Studium:

33 R. König: Die Stellung der Frau, S. 21.
34 N. Desai: a.a.O., S. 108.

Tabelle Nr. 8

Zeitspanne zwischen Heirat und Studium*

	Beginn des Studiums						
	sofort nach d. Heirat	zwisch. 1. u. 3. Ehej.	zwisch. 4. u. 6. Ehej.	zwisch. 7. u. 10. Ehej.	zwisch. 11.u.15. Ehej.	nach 16 Ehej.	keine Angaben
Zahl der Studentinnen	18	48	34	44	49	28	2
%	8,07	21,53	15,25	19,73	21,97	12,56	0,89

* N. Desai: a.a.O., S. 110.

Daß die Heirat als solche nicht mehr als Hindernis für das Studium der Frau angesehen wird und die Tendenz besteht, dieses Studium *so bald wie möglich* nach der Heirat fortzusetzen, zeigen auch die Ergebnisse der Poona-Studie. Von den 255 verheirateten Frauen des Samples hatten mehr als 55% noch nach der Heirat studiert. Es ist aufschlußreich, daß die Zeitspanne zwischen Heirat und Studium im Falle dieser Frauen allgemein niedriger ist als in der obigen Tabelle. Von den 129 Frauen, die auch nach der Heirat studierten, hatten 41 noch im ersten Ehejahr begonnen oder hatten ihr Studium gar nicht unterbrochen, 43 fingen schon im 2. Ehejahr wieder mit dem Studium an, nach dem 3. Ehejahr sinkt die Zahl der studierenden Frauen ab und steigt erst nach dem 9. Ehejahr wieder an[36].

Der Wunsch zum höheren Studium ist also scheinbar am stärksten unmittelbar in den ersten 3 Jahren nach der Heirat und nach dem 10. Ehejahr. Das steile Abfallen der Zahl der studierenden Ehefrauen nach dem 3. Ehejahr könnte einmal als Indiz gewertet werden, daß die Mehrzahl der Frauen dann den angestrebten Studienabschluß erreicht hat, zum anderen aber, daß inzwischen kleine Kinder da sind, die die Mutter zunächst brauchen.

Die obigen Angaben machen vor allem die ungeheure Wertschätzung, der Frauenbildung in den städtischen Mittelklassen deutlich; dem Streben nach Bildung gelten weder die Ehe noch die Anwesenheit von Kleinkindern als grundsätzliche Hindernisse.

35 N. Desai: a.a.O., S. 109.
36 A. Ramanama: a.a.O., S. 266–267.

3.2.3 Studienmotivation

Nach der Analyse der Familiensituation bleibt nun zu fragen, aus welchen Gründen Ehefrauen ein Studium aufnehmen oder fortsetzen.

Aufgrund der empirischen Daten können wir bei den Frauen der Mittelklassen ein allgemeines Interesse an weiterer Bildung feststellen. So drückten 66% der bereits berufstätigen Frauen der Ramanama-Studie in Poona den Wunsch nach weiterer Bildung aus, aber nur 37% waren in der Lage gewesen, diesen Wunsch zu realisieren[37]. Die Frauen der Bombay-Studie hatten dieses Interesse schon dadurch bekundet, daß sie ein Studium nach der Heirat aufgenommen hatten.

Die Motive, die die Frauen in den beiden Untersuchungen angaben, lassen sich unter folgende Kategorien einordnen:

1. Wirtschaftliche Motive (Berufsausbildung, Möglichkeit, selbst zu verdienen);
2. Wissenserweiterung (Persönlichkeitsentfaltung);
3. Erhöhung des Sozialprestiges durch einen akademischen Grad;
4. Wunsch des Ehemanns.

An erster Stelle steht in beiden Studien das *ökonomische Motiv.* 39% der Frauen in Bombay geben als Hauptgrund für ihr Studium wirtschaftliche Erwägungen an[38]. Von den Frauen in Poona nennen 35,1% dieses Motiv[39]. Die Frauen, die bereits arbeiten, wollen durch ein weiteres Studium ihre Aufstiegschancen verbessern, andere wollen erst eine berufliche Laufbahn einschlagen und möchten sich darauf vorbereiten.

Die ökonomische Begründung kommt erwartungsgemäß am häufigsten unter den Frauen vor, deren Männer in den unteren Einkommensschichten sind (251–500 Rs.). Ferner scheint auch eine Beziehung zwischen Bildung und Beruf des Mannes und dem ökonomischen Motiv zu bestehen. Frauen, deren Männer höhere akademische Grade besitzen und in höheren Berufen sind, sehen Bildung weniger unter dem Aspekt des ökonomischen Nutzens[40].

Die Mehrzahl der Frauen des Poona-Samples gehörte zu den mittleren und höheren Einkommenskategorien (26% : 601–1000, 31% über 1000 Rs.). Aber auch diese Frauen sahen Bildung vor allem unter dem Aspekt wirtschaftlichen Nutzens.

An zweiter Stelle steht in beiden Studien der Wunsch nach *Erweiterung des Wissens und Persönlichkeitsentfaltung* (Bombay 38%, Poona 32%)[41]. Das Streben nach Wissen als Selbstzweck entspricht der brahmanischen Vorstellung von Wissen als Heilsweg.

37 A. Ramanama: a.a.O., S. 188.
38 N. Desai: a.a.O., S. 138.
39 A. Ramanama: a.a.O., S. 252.
40 N. Desai: a.a.O., S. 146.
41 N. Desai: a.a.O., S. 138; A. Ramanama: a.a.O., S. 252.

An dritter Stelle steht das Motiv *der Erhöhung des sozialen Prestiges* durch den Erwerb akademischer Grade. In Bombay wird dieses Ziel von rund 15% der Frauen genannt[42], in der Poona Studie wird es explizit nicht genannt, dürfte aber doch eine gewisse Rolle gespielt haben. Dieses Motiv hängt damit zusammen, daß die Elite Indiens eine Bildungselite ist.

Bei einer Reihe von Frauen wird deutlich, daß sie ihr Studium weniger auf eigene Initiative als auf Wunsch des Gatten aufgenommen haben. In Bombay sagten 128 von 369 Frauen, daß ihr Gatte wünscht, daß sie studieren, das sind 35%[43]. In Poona gaben 25% der verheirateten Frauen an, ihr Gatte sei an ihrem Studium interessiert[44]. Dieses Ergebnis zeigt,

1. daß indische Ehemänner daran interessiert sind, akademisch gebildete Frauen zu haben;

2. daß indische Frauen bei einer Entscheidung wie der über ein weiteres Studium auf die Zustimmung des Gatten angewiesen sind.

Es ist interessant, daß mehr als die Hälfte der Frauen der Desai-Studie aus sich selbst den Entschluß faßte, zusätzlich zu Ehe-, Familien- und teilweise Berufspflichten noch die Mühe eines mehrjährigen Universitätsstudiums auf sich zu nehmen. Diese Tatsache ist ein Indiz für das leidenschaftliche Streben der Mittelklassenfrauen nach Bildung. Nicht weniger bemerkenswert ist aber, daß mehr als ein Drittel der Frauen auf Veranlassung ihrer Gatten noch einmal zurück auf die Schulbank gegangen ist –[45], eine Tatsache, die den bisherigen Vorstellungen und Normen über die Rolle einer Ehefrau diametral entgegengesetzt ist. Mit Recht fragt sich darum N. Desai: "Does this mean that the Indian husbands are becoming liberal and progressive minded or are they realising that if their wives are deprived of higher education they would not be able to keep up with the changing times and environment?"[46]

Auf die Frage, warum indische Ehegatten ein Studium ihrer Frauen befürworten, gibt uns eine Analyse ihrer Attitüden zum Studium ihrer Gattinnen nähere Auskunft.

3.2.4 Attitüden zum Studium der Frau

Attitüden der Frauen zu ihrer multiplen Rollenbelastung

Das Problem, das bei der Analyse der Konfliktsituation der verheirateten indischen Studentin zunächst Beachtung verdient, ist das der physischen Überlastung.

42 N. Desai: a.a.O., S. 138.
43 N. Desai: a.a.O., S. 138.
44 A. Ramanama: a.a.O., S. 263.
45 N. Desai: a.a.O., S. 149.
46 N. Desai: a.a.O., S. 150.

Eine der wichtigsten Pflichten der indischen Ehefrau ist der „Dienst" an ihrem Gatten. Auch in der joint family, in der noch die Schwiegermutter dem Haushalt vorsteht und das Bereiten der Mahlzeiten überwacht, kocht die Gattin für ihren Mann; sie ist verpflichtet, ihn bei den Mahlzeiten zu bedienen, und da die Speisen stets heiß serviert werden müssen, läuft sie während des Essens zwischen Küche und Eßzimmer hin und her. Sie ißt erst, wenn der Mann satt ist. Zu essen, ehe der Mann gegessen hat, ist für die meisten indischen Mittelklassenfrauen unvorstellbar. Die indische Küche ist nicht nur kompliziert, sondern auch außergewöhnlich zeitraubend, so daß viele Frauen kaum aus der Küche herauskommen. Eine Vereinfachung der Kochgewohnheiten würde aber auf den Widerstand der in diesem Punkt sehr verwöhnten Männer stoßen.

Es ist selbstverständlich, daß die Frau ihren eigenen Kindern in ähnlich selbstloser Weise zu „dienen" hat wie ihrem Gatten. Es kann daher kein Zweifel daran bestehen, daß die physische Belastung der studierenden Ehefrauen durch die Akkumulation mehrerer Rollen sehr groß ist.

51,22% der Frauen der Bombay-Studie kamen aus Nuklearfamilien, 76,42% hatten Kinder, die Hälfte davon Kleinkinder, über 25% der Mütter hatten niemanden, dem sie die Kinder anvertrauen konnten. Ferner waren 128 dieser 369 Frauen außerdem auch noch berufstätig. Daher findet die Mehrzahl der verheirateten Studentinnen auch nur 1–2 Stunden Zeit für eine Vertiefung ihrer Studien zu Hause[47]. Das gilt auch für diejenigen, die als Externe studieren. In der Regel kommen diese Frauen erst spät am Abend oder am frühen Morgen oder nach Beendigung der Hausarbeit am Nachmittag dazu, ein Buch aufzuschlagen[48].

Zwar ist die Familiensolidarität in Indien noch so groß, daß fast die Hälfte der Mütter der Desai-Studie auf die Mithilfe von Familienangehörigen bei der Betreuung der Kinder rechnen können. Aber nur ein kleiner Teil der Frauen konnte die Kinder während des Studiums bei einem Diener lassen.

Der Rest der studierenden Ehefrauen trug die Verantwortung für die Hausarbeit und die Betreuung der Kinder allein. Daß der Mann im Haushalt mithilft, ist noch ein Novum. Zwar berichten fast alle Frauen über die kooperative Haltung ihrer Gatten gegenüber ihrem Studium. Darunter verstehen die meisten aber nichts anderes, als daß der Gatte eine „angenehme Atmosphäre" schafft, d.h., daß er ihren Studienwünschen nichts in den Weg legt. Die Frauen sind in der Regel mit dieser Art „Mithilfe" zufrieden, obwohl es scheint, daß langsam auch die Männer Aufgaben übernehmen, die traditionsgemäß Frauenarbeiten sind[49]. Wegen der physischen Überlastung ziehen auch die meisten Frauen die joint family vor, weil sie dort auf Hilfe

47 N. Desai: a.a.O., S. 119.
48 N. Desai: a.a.O., S. 128.
49 N. Desai: a.a.O., S. 179.

im Haushalt rechnen können, obwohl sie aus vielen anderen persönlichen Gründen lieber in einer Nuklearfamilie wohnen.

Die Überbelastung durch die multiplen Rollen im Falle der Ehefrau und Mutter, die gleichzeitig arbeitet und studiert, erscheint erdrückend. In der Mehrzahl der Fälle scheint diese Rollenakkumulation jedoch nicht zu Spannungen und Konflikten zu führen. 55% dieser Frauen finden die Erfüllung dieser Rollenobligation „nicht schwierig"[50]. Sie sind vor allem darum mit der Tripelrolle in Familie, Studium und Beruf zufrieden, weil sie ihnen finanzielle Vorteile bringt und sie wirtschaftlich unabhängig vom Gatten macht. Diejenigen allerdings, die unter dem Druck der diversen Anforderungen leiden, klagen an erster Stelle über physische Erschöpfung. Es scheint, daß die Tatsache der physischen Überbelastung zwar erkannt wird, daß sie aber in den meisten Fällen nicht zu psychischen Spannungen führt. Viele Frauen empfinden es als ein Privileg, studieren und arbeiten zu können. Dafür sind sie dann bereit, jede Mühe auf sich zu nehmen. Die psychischen und nervlichen Spannungen, die sich aus der Doppel- oder Tripelrolle ergeben, resultieren weit mehr aus den Einstellungen und Reaktionen der Familie, als aus der Arbeitsbelastung.

Attitüden der Familienmitglieder

Die Mehrzahl der Frauen lebt in einer familiären Atmosphäre, die ihrem Studium gegenüber positiv eingestellt ist. Fast alle Frauen (98%) berichten über die kooperative Einstellung ihrer Gatten. Es ist anzunehmen, daß viele dieser Männer ein Studium ihrer Frauen befürworten, weil dadurch ihr eigenes Sozialprestige steigt. Zum anderen sind sie sich auch wohl bewußt, daß eine gebildete Frau das wirtschaftliche Potential der Familie erhöht. Etwas mehr Opposition oder Indifferenz erfahren die Frauen von seiten der Schwiegereltern, vor allem der Schwiegermütter. Es scheint aber, daß die Kritik der Schwiegereltern sie kaum beunruhigt. Sie finden es natürlich, daß sie gegen ihr Studium sind und kümmern sich nicht sehr um ihre Meinung. Anders verhält es sich in bezug auf die Einstellung des Gatten. Desai weist darauf hin, daß die Kontrolle der Schwiegereltern über die Ehefrau zurückgetreten ist zugunsten der Kontrolle des Gatten. Ihrer Meinung nach erlaubt jedoch die positive Haltung der Gatten gegenüber dem Studium der Ehefrauen keinen Rückschluß auf die allgemeine Liberalität und Fortschrittlichkeit indischer Männer; sie nimmt vielmehr an, daß nur *die* Frauen studieren dürfen, deren Männer ihnen die Erlaubnis geben. Eine Frau kann sich über die negativen Attitüden der Schwiegereltern hinwegsetzen, nicht aber über die des Gatten. Er ist heute in städtischen Nuklearhaushalten die wichtigste Autorität für die Frau[51].

50 N. Desai: a.a.O., S. 244.
51 N. Desai: a.a.O., S. 183.

Die Sorgen der studierenden Ehefrauen resultieren daher vorwiegend aus dem Schuldgefühl, die Anforderungen der multiplen Rollen nicht zur Zufriedenheit des Mannes erfüllen zu können[52]. Bemerkenswerterweise rufen weder die Kritik der Öffentlichkeit an ihrer außerhäuslichen Betätigung noch der Mangel an Kooperation von seiten der Schwiegereltern und der Familienmitglieder ähnlich starke Ängste und Besorgnisse hervor[53]. Dadurch wird bestätigt, daß die modernen Frauen Sanktionen der traditionellen Autoritätsträger – der Schwiegereltern – weniger fürchten als die des Gatten. Die Vernachlässigung ihrer Gattinnen- und vor allem ihrer Mutterpflichten dagegen erweckt in ihnen tiefe Schuldgefühle. Andererseits ist ihre Besorgnis nicht weniger groß, den Anforderungen der Studentinnenrolle nicht gerecht zu werden. Beide Rollenerwartungen gelten als höchst legitim; obzwar der Familienrolle die Priorität zuerkannt wird, erzeugt die Unmöglichkeit, den Forderungen des Studiums nachzukommen, tiefe Beunruhigung. Die Frauen des Desai-Samples bemühen sich, beiden Rollen gerecht zu werden; sie erwarten dabei, wie es scheint, von sich selbst ein Übermaß an Anpassung an die neue Situation, aber sozusagen nichts von den Partnern ihres Rollensatzes. Sie bestreiten nicht den Anspruch des Mannes und der Kinder auf ihre unbeschränkten traditionellen Dienstleistungen. Vor allem stellen sie nirgendwo die Priorität der Familienrollen der Frau in Frage. So sind sie hin- und hergerissen zwischen den multiplen Rollenanforderungen, ohne aber gegen die eine oder die andere zu rebellieren.

Fast alle Frauen sind sich der Konflikte, die aus ihrer Situation erwachsen, bewußt; ein Drittel ist der Meinung, daß es zu schwierig sei, die verschiedenen Rollenanforderungen miteinander zu vereinbaren; der Rest der Ehefrauen versucht, auf die eine oder andere Weise den divergierenden Ansprüchen gerecht zu werden, und davon findet ein erheblicher Teil, daß ihnen die Anpassung an beide Rollen ohne große emotionale Spannugen gelingt[54].

Die Ergebnisse, zu denen N. Desai bei ihrer Untersuchung der Probleme studierender Ehefrauen in Bombay gekommen ist, können wie folgt zusammengefaßt werden.

1. Ehe und das Vorhandensein kleiner Kinder ist für indische Mittelklassenfrauen kein Hinderungsgrund zur Aufnahme oder Fortsetzung eines Studiums. Dieses Studium wird in vielen Fällen unter äußerst schwierigen äußeren Bedingungen absolviert. Die Mehrzahl der Frauen studiert unter dem Druck wirtschaftlicher Not, wohnt in einem Nuklearhaushalt und hat kleine Kinder zu betreuen.

2. Die objektive Situation des Rollenkonfliktes macht sich zunächst äußerlich als physische Überlastung bemerkbar, da die Übernahme der nicht-

52 N. Desai: a.a.O., S. 203.
53 N. Desai: a.a.O., S. 204.
54 N. Desai: a.a.O., S. 208.

traditionellen Studentinnen- und Berufsrolle zu einer erheblichen Steigerung des Arbeitsaufwandes führt, da weiterhin die traditionellen Anforderungen der Familienrollen nicht reduziert worden sind. Diesem multiplen Rollendruck versuchen sich die Frauen so gut wie möglich anzupassen. Die Tatsache der physischen Überlastung wird als solche noch nicht als beunruhigend und unerträglich empfunden.

3. Da die Frauen selbst an den traditionellen Normen und Leitbildern festhalten, andererseits aber versuchen, den Anforderungen eines akademischen Studiums gerecht zu werden, kommt bei vielen ein Schuldgefühl auf, weil sie nicht imstande sind, den beiden divergierenden Sätzen von Rollenansprüchen völlig Genüge zu tun, sie leiden einerseits darunter, daß sie ihre Gattinnen- und Mutterpflichten vernachlässigen, andererseits fürchten sie, den Anforderungen des Studiums nicht gerecht zu werden. Dieser Doppel- oder Tripelrollenkonflikt wird von allen Frauen bewußt empfunden; die meisten suchen ihn durch eine Kompromißhaltung zu lösen, d.h., sie passen sich mal der einen mal der anderen Forderung mehr an.

4. Auf der theoretischen und ideologischen Ebene zeigen die Frauen nur geringe Abweichungen vom traditionellen Rollenbild der Frau und befinden sich in weitgehender Übereinstimmung mit den signifikanten Bezugspersonen: den Schwiegereltern und dem Gatten. Ihre Abweichung vom traditionellen Rollenmuster stößt auf sehr geringe Opposition beim Gatten, der der entscheidende Autoritätsträger für die meisten Mittelklassenfrauen in den Städten zu sein scheint. Die eigentlichen Konflikte finden auf der praktischen Ebene statt, da, wo sich das Bemühen um die Realisierung der von allen Akteuren hochbewerteten Rolle der Studentin an der faktischen Starrheit der Rollenverteilung in der Familie stößt. Der Gatte erlaubt zwar seiner Frau zu studieren, erwartet aber von ihr die gleiche Arbeitsleistung und vor allem das gleiche Verhalten wie von der traditionellen indischen Ehefrau.

5. Die Alternative, eine der beiden Rollen aufzugeben, also etwa das Studium, wird von den Frauen, die unter den Rollenspannungen leiden, nicht in Betracht gezogen; nur eine Frau bedauert, überhaupt mit dem Studium angefangen zu haben. Auch eine Rebellion gegen die traditionelle Rolle und eine „Neudefinierung der Situation“[55] scheint nicht stattzufinden. Trotz faktischer physischer Überlastung und widersprüchlichem normativem Druck von den beiden Rollensätzen her bestätigen die meisten Frauen die populäre, auf Harmonisierung bedachte Auffassung, daß sich die beiden Rollen ohne Schwierigkeiten miteinander vereinbaren lassen.

55 T. Parsons: Role Conflict and the Genesis of Deviance, a.a.O., S. 275.

3.3 Die Konfliktsituation berufstätiger Frauen (Analyse regionaler Untersuchungen)

In Indien war und ist der Prozeß der Verdrängung der Frau aus dem Erwerbsleben verknüpft mit der Bewegung der vertikalen Kastenmobilität, dem Sanskritisierungsprozeß[56].

Die oberen Kasten erlaubten ihren Frauen keine wirtschaftliche Betätigung. Unter dem Einfluß der Kolonialherrschaft hat diese Tendenz dadurch Verstärkung erfahren, daß die patriarchalische Ideologie der Brahmanen mit dem bürgerlich-viktorianischen Leitbild von der „leisure class woman", dem „clinging vine"-Ideal[57] verbunden wurde.

Wenn wir heute also von dem Konflikt der Doppelrolle der indischen Frau in Familie und Beruf sprechen, so kann dies nur auf dem Hintergrund dieses Leitbildes geschehen, wonach der einzige Beruf der Frau durch ihre biologischen Funktionen bestimmt ist[58]. Nur aufgrund des Postulats, daß die wichtigste Funktion der Frau ihre Familienrollen sind, kann es zu Spannungen kommen, wenn Frauen eine außerhäusliche Erwerbstätigkeit aufnehmen. Für die Frauen der Unterklasse, die in der Landwirtschaft, im Straßenbau, in der Industrie arbeiten, besteht das Problem des Rollenkonflikts nicht, denn sie werden nicht am Maßstab des brahmanisch-viktorianischen Leitbildes gemessen. Zwar sind diese Frauen nicht weniger physisch überlastet als die berufstätigen Frauen der Mittelschichten, aber sie sind relativ frei vom Druck der Rollennormen der „anständigen" Mittelklassenfrau.

Es gibt zwischen den Konflikten, die sich aus der Doppelrolle der Frau in Studium und Familie ergeben, und denen, die aus einer außerhäuslichen Berufsarbeit resultieren, bestimmte Gemeinsamkeiten, aber auch charakteristische Unterschiede.

Gemeinsam ist beiden Rollenkonfliktsituationen, daß die Frau ihre eigentliche und „primäre" Rolle in der Familie durch eine außerhäusliche Rolle ergänzt, d.h., daß sie aus dem engbegrenzten Bereich der Familie heraustritt, in der Öffentlichkeit erscheint und damit der direkten sozialen Kontrolle durch die Familie zumindest zeitweise entzogen ist. In beiden außerfamiliären Rollen erscheint außerdem die Frau als Individuum mit einem Anspruch auf Entfaltung der eigenen Persönlichkeit und nicht nur in ihrer

56 M. N. Srinivas: Social Change in Modern India, S. 6.

57 Dieses Ideal der anschmiegsamen, hilflosen „Weinranke" hatte nach Viola Klein die Funktion, die Frau über den Verlust ihrer wirtschaftlichen Selbständigkeit im Bürgertum zu täuschen: „Only by flattering his (des Mannes, M. M.) vanity could she make up for the loss of the practical contribution she had to offer in the matrimonial relation." V. Klein: a.a.O., S. 11.

58 R. König: Die Stellung der Frau, S. 34.

Funktionalität für die Gruppe. Die tatsächliche multiple Rollenbelastung existiert ferner sowohl für die studierende wie für die berufstätige Frau.

Neben diesen Gemeinsamkeiten gibt es aber auch entscheidende Unterschiede zwischen der Situation der studierenden und der der berufstätigen Frau. Die Studentinnenrolle der Frau konfligiert z.B. nur vorübergehend mit den zentralen Familienrollenerwartungen. Die Konfliktsituation einer Berufstätigen kann sich aber unter Umständen über die ganze aktive Spanne eines Lebens erstrecken, denn die Berufsrolle ist im Prinzip auf Dauer angelegt. Der Faktor Bildung verstößt außerdem nicht mit der gleichen Eindeutigkeit wie eine außerhäusliche Berufstätigkeit gegen die traditionellen familiären Rollenerwartungen, denn, wie wir sahen, kann der Faktor „Bildung" einer Frau zunächst mit Leichtigkeit in das traditionelle System integriert werden, da sie als rein formale Bildung zu einem bloßen Status- und Prestigesymbol geworden ist, durch das traditionelle Institutionen wie dowry, arranged marriage gestärkt werden. Die weibliche Berufstätigkeit hat aber nicht den gleichen Prestigewert wie die Bildung. In den Mittelklassen herrscht immer noch ein Vorurteil gegen eine außerhäusliche Erwerbstätigkeit der Frau, wenn auch dieses Vorurteil sich vor allem gegen bestimmte Berufe richtet. Ein Mann, dessen Frau studiert, kann dies als Statusgewinn für sich selber verbuchen; wenn aber eine Frau arbeiten muß, wird dies von der Öffentlichkeit leicht als Unfähigkeit des Mannes interpretiert, seine Familie zu ernähren. Die Vorbehalte gegen weibliche Berufstätigkeit werden außerdem dadurch verstärkt, daß die berufstätige Frau weit mehr als die Studentin Gelegenheit zu unkontrolliertem Kontakt zu Männern hat. Die Studentinnen stehen immer noch unter der Kontrolle der College- oder Universitätsautoritäten. Zwar sitzen Studenten und Studentinnen in denselben Räumen, aber die soziale Kontrolle auf dem Campus sorgt dafür, daß keine freien und informellen Intimbeziehungen zwischen Männern und Frauen aufkommen. Diese Kontrolle ist bei den berufstätigen Frauen nicht mehr garantiert. Der entscheidende Unterschied zwischen der Studentin und der Berufstätigen ist jedoch der, daß letztere über ein Einkommen verfügt, das sie zumindest potentiell wirtschaftlich von der Familie unabhängig macht. Dieser Umstand ist für das Entstehen von Spannungen innerhalb der Familie von größter Bedeutung.

Da Beruf und Studium für viele Frauen einen Zusammenhang bilden, können wir annehmen, daß manche Probleme der Studentinnen auch bei den berufstätigen Frauen wieder auftauchen, wenn auch in veränderter Form. Es werden aber auch neue Probleme hinzukommen, die die Studentin nicht kennt, z.B. die Folgen der wirtschaftlichen Unabhängigkeit der Frau.

Die bisherigen empirischen Arbeiten über berufstätige Inderinnen konzentrieren sich vor allem auf die Erforschung der Attitüden zur weiblichen Erwerbstätigkeit. So untersuchte A. Mahajan 1966 die Attitüden von 237 College-Studentinnen der Punjab University (Chandigarh) zu der Frage „Marriage or Career". Er stellte fest, daß 82,2% der Befragten erwarteten, beide

Funktionen zu erfüllen, 66,6% wollten auch nach der Heirat noch arbeiten, allerdings nur bei Zustimmung des Gatten. Nur 7,6% wollten im Konfliktfall die Berufsrolle den Familienrollen vorziehen. Daraus schließt Mahajan, daß diese Frauen bei der Realisierung ihrer Pläne unter erheblichen Rollenspannungen zu leiden haben werden[59].

Ähnliche Attitüdenuntersuchungen zur weiblichen Erwerbstätigkeit finden sich auch in anderen familiensoziologischen Arbeiten eingestreut. Kapadia fand in einer Untersuchung über die Attitüden von Collegelehrern zur weiblichen Erwerbstätigkeit eine große Diskrepanz zwischen verbalem und tatsächlichen Verhalten dieser Männer. Sie waren allgemein für das Recht der Frau auf Berufstätigkeit, aber nur wenige gestanden ihr das Recht auf ökonomische Unabhängigkeit zu[60].

In Ferris-Wiesingers Studie: „The Hindu Adolescent Girl" sprachen sich 76% der Mädchen für eine Karriere vor und 59% auch noch nach der Heirat aus. Auch Cormack stellte in ihrer Studentenuntersuchung die Alternativfrage: „Heirat oder Beruf für Frauen?" Sie stellte fest, daß mehr Männer als Frauen gegen weibliche Berufstätigkeit waren, aber auch die Frauen sahen die Ehe als wichtigste Bestimmung der Frau an[61]. Gore hatte in seiner Arbeit über die Agarwals ebenfalls die Frage nach den Attitüden zur weiblichen Erwerbstätigkeit gestellt. Auch hier sprachen sich mehr Frauen als Männer für eine weibliche Erwerbstätigkeit aus, und zwar mehr ländliche als städtische Frauen (Land: 50%, Stadt: 30%). Die Männer zeigten eine relativ konservative Einstellung, nur 12 bzw. 13% waren in Stadt und Land für weiblcihe Erwerbstätigkeit[62].

Das Ziel der meisten dieser Untersuchungen ist die Frage nach dem Wandel kultureller Normen. Sie geben wichtige Hinweise auf herrschende Ideen, Meinungen, Einstellungen und Bewertungen in bezug auf Frauenarbeit, sagen aber kaum etwas über die tatsächlichen Probleme einzelner arbeitender Frauen aus.

Die wenigen Arbeiten, die sich in neuerer Zeit speziell mit diesen Problemen befaßt haben, sind einmal die schon erwähnten Untersuchungen von N. Desai[63] und A. Ramanama[64]. Ramanama hat ein Sample von 505 berufstätigen, graduierten Frauen in Poona, einer aufstrebenden Industriestadt in West-Maharashtra, untersucht. Sie behandelt nicht nur die objektiven Bedingungen, unter denen Frauen ihre Doppelrolle ausüben, sondern geht auch auf die Attitüden dieser Frauen zu den Themen: Familie, Freundschaft und

59 A. Mahajan: „Womens Two Roles; A Study of Role Conflict". The Indian Journal of Social Work. Vol. XXVI, 4 (1966), S. 377–380.
60 K. M. Kapadia: Changing Patterns, a.a.O., S. 50–51.
61 R. Ferris-Wiesinger: a.a.O., S. 575 ff.
62 M. S. Gore: Urbanization, S. 160–161.
63 N. Desai: (1969) a.a.O.
64 A. Ramanama: (1968) a.a.O.

Ehe, die Rolle der Frau als Gattin und Mutter, Frauenbildung und Gleichheit der Geschlechter ein.

Ferner liegen noch zwei Arbeiten aus Delhi zu diesem Problemkreis vor. Die erste ist eine 1964 durchgeführte Untersuchung der Delhi School of Social Work über die Attitüden von Frauen zur Teilzeitarbeit[65]. Das Sample umfaßte 320 Mittelklassenfrauen zwischen 18 und 55 Jahren, die mindestens Mittlere Reife (Matriculation) hatten. Etwa die Hälfte dieser Frauen war verheiratet, 48% waren berufstätig, 28% waren arbeitslos, suchten aber Arbeit, und 34% arbeiteten nicht, suchten auch keine Arbeit. Unter den höher gebildeten Frauen war nur ein geringer Anteil an Unbeschäftigten.

Die zweite Arbeit ist eine 1970 erschienene Studie von Promilla Kapur über die Eheprobleme berufstätiger Frauen in Delhi[66]. Das Sample bestand aus 300 gebildeten Frauen (in der Mehrzahl Graduates und Post-Graduates), die alle im Staatsdienst arbeiteten und sich zu gleichen Teilen auf Lehrerinnen, Ärztinnen und Büroangestellte verteilten.

Die Zielvariable Kapurs war „marital adjustment". Sie untersuchte den Einfluß der Berufstätigkeit der Frau auf die eheliche Anpassung und beschränkte sich dabei nicht nur auf eine quantitative Analyse von Interviewdaten, sondern ergänzte die quantitativen Ergebnisse durch eine sehr extensive qualitative Analyse von Einzelfallstudien. Besonders letztere sind sehr aufschlußreich für den Problemkreis der Rollenkonflikte, weil dadurch die Eheprobleme der berufstätigen Frauen im Kontext eines Lebenszusammenhanges und nicht nur als isolierte Einzelprobleme erfaßt werden.

Es ist ein Vorteil, daß diese Studien in kulturell verschiedenen Regionen durchgeführt wurden. Die Möglichkeit eines interregionalen Vergleichs gibt eine größere Berechtigung, zu allgemeinen Schlüssen zu kommen. Da über die Ergebnisse Desais bereits ausführlich berichtet wurde, soll diese Arbeit im folgenden nur am Rande berücksichtigt werden.

3.3.1 Die Familiensituation

Die objektive Konfliktsituation der arbeitenden Frau wird zunächst bedingt durch ihre Familiensituation. Die familiale Situation der berufstätigen Mittelklassenfrauen ist, wie die Ergebnisse der einzelnen regionalen Untersuchungen bestätigen, nicht sehr verschieden von der der studierenden Frauen der gleichen Schicht. Die Befunde über Familientyp, Haushaltsgröße, Kinderzahl, Alter der Kinder, Hilfe im Haushalt sind bei den berufstätigen

65 Delhi School of Social Work: Attitudes of Women Towards Part-time Employment, Report of a Pilot Study. Delhi University 1964. (Im folgenden zitiert als D.S.S.W.-Studie. Die gleiche Untersuchung wurde auch vom Tata Institute of Social Sciences in Bombay durchgeführt; der Bericht war mir aber nicht zugänglich.)

66 P. Kapur: Marriage and the Working Woman in India. Delhi 1970.

Frauen ähnlich wie bei den studierenden. Das gleiche gilt für den sozio-ökonomischen Status der Familie, der im Fall der Berufstätigen jedoch auch von Beruf und Einkommen der Frau mitbestimmt wird.

Sozio-ökonomischer Status der Familie

Auch in den indischen Mittelklassen wird der sozio-ökonomische Status der Familie vor allem durch Beruf und Einkommen des Mannes, bzw. der Männer (in joint families) bestimmt. In der folgenden Tabelle sind die Ergebnisse der vier Studien in Bombay, Delhi und Poona über das Einkommen der Gatten, bzw. der Familie zusammengefaßt. Ein Vergleich dieser Zahlen hat allerdings mehr illustrativen als analytischen Wert, weil in zwei Untersuchungen das Einkommen des Mannes und in zwei anderen das gesamte Familieneinkommen erfaßt wurde. Außerdem werden in den einzelnen Arbeiten jeweils verschiedene Einkommenskategorien verwandt.

Tabelle Nr. 9

Einkommen des Gatten				Familieneinkommen			
Bombay (Desai)	%	Delhi (Kapur)	%	Delhi (D.S.S.W.)	%	Poona (Ramanama)	%
bis 500 Rs	75	bis 500 Rs	27	bis 400 Rs	55	unter 600 Rs	43
501–1000 Rs	23	501–1000 Rs	33	über 500 Rs	27	600–1000 Rs	26
über 1000 Rs	2	über 1000 Rs	39	– –	–	über 1000 Rs	31

Trotz unterschiedlicher Kategorieneinteilung fallen die großen Unterschiede zwischen den 4 Studien in bezug auf die oberen und unteren Einkommensgruppen der Gatten bzw. Familien auf. In den Studien Desais und der Delhi School of Social Work (D. S. S. W.) gehörte die weitaus größte Mehrzahl der Männer bzw. Familien zu den unteren Einkommensgruppen, und nur ein verschwindender Prozentsatz hatte ein Einkommen von über 1000 Rupies. Diese Kategorie fehlt bei der D.S.S. W.-Untersuchung ganz. In den Untersuchungen Kapurs (Delhi) und Ramanamas (Poona) hatte rund ein Drittel der Gatten bzw. der Familien berufstätiger Frauen Einkommen über 1000 Rupies, was als Einkommen der oberen Mittelklasse angesehen werden kann, 3% der Männer der Kapur-Studie hatten sogar ein Einkommen über 1750 Rupies; die unteren Einkommenskategorien waren in den Studien von Ramanama und Kapur viel schwächer besetzt als in den beiden anderen Untersuchungen.

Eine Erklärung für die Divergenz der vier Untersuchungen im Hinblick auf das Familieneinkommen dürfte in den Schichtunterschieden der untersuchten Gruppen zu sehen sein. Die Frauen der D. S. S. W.- und der Desai-Studie kamen aus der unteren Mittelklasse, die Untersuchungen Ramanamas und Kapurs betrafen Frauen der oberen Mittelklasse, was sich auch im Bildungs- und Berufsstatus dieser Frauen ausdrückte. 81% der Frauen der Kapur-Untersuchung waren „graduates and postgraduates" und in Poona waren nur Frauen mit akademischen Graden erfaßt worden.

Aus den obigen Daten ist ferner ersichtlich, daß die Berufstätigkeit der Frau nicht abhängig ist vom wirtschaftlichen Status. Nicht nur dort, wo das Einkommen des Mannes nicht für den Lebensunterhalt der Familie ausreicht, arbeiten die Frauen, sondern auch dort, wo die Gatten oder Familien hohe oder höchste Einkommen haben. Dieses Faktum widerspricht in eklatanter Weise der landläufigen Meinung, daß die Frau nur im Notfall einer ökonomischen Erwerbstätigkeit außer Haus nachgehen soll.

Die schichtspezifischen Unterschiede zwischen den einzelnen Studien wiederholen sich auch in bezug auf das Gehalt der Frau. 60% der arbeitenden Ehefrauen in Bombay verdienten weniger als 250 Rs, 40% verdienten zwischen 250 und 500 Rs. Im Sample Kapurs hatten jedoch nur 16% ein Einkommen unter 200, 37% verdienten zwischen 200 und 500 und 34% über 500 Rs., die Hälfte davon sogar über 950 Rs. Im allgemeinen waren die Einkommen der Frauen niedriger als die der Ehegatten, es gab nur wenige Frauen, die mehr als 1000 Rs. verdienten.

Auch die von der D. S. S. W. untersuchten Frauen verdienten in der Mehrzahl nur zwischen 100 und 300 Rs. (60%). Nur 16% verdienten über 300 Rs.

In der Regel gilt das Einkommen der Frau in Indien wie in den westlichen Ländern als *zusätzlich* zu dem des Mannes. In der unteren Mittelklasse sind die Frauen jedoch gezwungen, dieses zusätzliche Einkommen zu erbringen. Die Hälfte der Frauen in der D. S. S. W.-Untersuchung gab an, daß ihr Einkommen zwischen 25% und 50% des Familieneinkommens ausmacht.

Das zusätzliche Einkommen der Frau, das in vielen Mittelklassenfamilien notwendig, in anderen aber auch sehr willkommen ist, verbessert die wirtschaftliche Lage der Familie. Gleichzeitig kann es aber auch der auslösende Faktor für Spannungen und Rollenkonflikte innerhalb der Familie werden. Wir können als vorläufige Hypothese aufstellen, daß solche Spannungen dort auftreten, wo

1. Frauen aus wirtschaftlicher Not arbeiten müssen, aber nicht genug verdienen, um den Lebensunterhalt der Familie zu sichern,

2. Frauen mehr verdienen als der sogenannte „Hauptemährer", oder wo sie selbst die Rolle des Hauptemährers spielen.

Im ersten Fall wird die Frau unter der allzu großen physischen Belastung leiden, weil sie keine zusätzliche Hilfe für den Haushalt einstellen kann, im zweiten wird die hierarchische Machtstruktur zwischen Mann und Frau in der Familie gefährdet.

Nur Kapur hat die Einkommensdifferenz zwischen Mann und Frau untersucht. Die Unterschiede zwischen den Einkommen der beiden Ehegatten variierten zwischen 50 und 700 Rs. In der großen Mehrzahl der Fälle verdiente der Mann mehr als die Frau (83%). In 8% der Fälle hatten Mann und Frau gleich hohe Einkommen und in 10% der Fälle verdiente die Frau mehr als der Mann. Nach unserer Hypothese müßten Rollenkonflikte mit größter Wahrscheinlichkeit dort auftreten, wo Mann und Frau gleich viel verdienen oder die Frau mehr verdient als der Mann. Diese Hypothese wird durch die Ergebnisse der Untersuchung Kapurs bestätigt: Fast in allen Fällen, wo die Männer weniger als ihre Frauen verdienten, gab es Schwierigkeiten in der Ehe. Die Erklärung, die Kapur für dieses Faktum gibt, macht deutlich, daß die Rollenkonflikte aus der Gefährdung der traditionellen Autoritätsstruktur in der Familie durch die ökonomische Überlegenheit der Frau herrühren. Den Grund für die schlechte Anpassung in den Ehen dieser Gruppe sieht sie im „overdeveloped ego of those women who earn more than their husbands or because of the ego threat to the husband who may react aggressively to overcome that threat“[67].

Diese rein psychologische Erklärung ergibt aber erst einen Sinn auf dem Hintergrund der traditionellen Autoritäts- und Machtstruktur in der indischen Familie. Die Dominanz des Mannes war durch seine ökonomische Überlegenheit als „breadwinner“ und die ökonomische Abhängigkeit der Frauen bedingt. Wenn die wirtschaftliche Überlegenheit des Mannes durch die Frau gefährdet ist, ist auch das kulturell als nicht umkehrbar definierte Statusgefälle zwischen Mann und Frau bedroht. Dort wo die Frau weniger als der Mann verdiente, bestand darum bezeichnenderweise keine Korrelation zwischen ehelicher Anpassung und Einkommensdifferenzen.

Zusammenfassend können wir feststellen, daß die berufstätigen gebildeten Frauen vorwiegend aus Familien der unteren und oberen Mittelklassen stammen. Die Frauen der unteren Mittelklasse sind wahrscheinlich aus wirtschaftlicher Not zur Erwerbstätigkeit gezwungen, aber hoher sozio-ökonomischer Status der Familie hindert andererseits Frauen keineswegs, eine Berufstätigkeit aufzunehmen. Das Einkommen der Frau scheint in diesen Schichten als zusätzliches Einkommen sehr willkommen zu sein, dieses Einkommen darf jedoch nicht so hoch sein, daß es die auf wirtschaftlicher Überlegenheit basierende Autorität des traditionellen „Ernährers“ in Frage stellt.

Familientyp

Im Hinblick auf Familientyp und Haushaltsgröße ist die Situation der berufstätigen Frauen ähnlich wie die der Studentinnen. Berufstätige Frauen der städtischen Mittelklassen kommen vorwiegend aus Nuklearhaushalten. Von den von der D. S. S. W. untersuchten Frauen kamen 71% aus Nuklear-

67 P. Kapur: a.a.O., S. 50.

haushalten, einzelne Frauen wohnten bei ihren Eltern. Wahrscheinlich handelt es sich dabei um geschiedene oder verwitwete Frauen, oder um Frauen, deren Männer aus dienstlichen Gründen von ihnen getrennt sind. Diese Rückkehr in die Elternfamilie ist ein neues Phänomen in der indischen Gesellschaft und bestätigt das, was N. Desai in Bombay beobachtet hatte, nämlich, daß die Orientierungsfamilie der Frau, die sie im traditionellen System nach der Heirat für immer verlassen mußte, für berufstätige Frauen an Bedeutung gewinnt.

Auch die von Kapur untersuchten Frauen kommen in der Mehrzahl aus Nuklearhaushalten (44%). Nur 8% kommen aus idealtypischen joint families. So scheint der Schluß gerechtfertigt, den Frau Kapur zieht: "Working wives prefer to live in individual families."[68] Diese Tatsache ist erstaunlich, wenn man bedenkt, daß die joint family mit ihrem System der Arbeitsteilung den Frauen die Übernahme einer Erwerbstätigkeit erleichtert. Aus den Intensivinterviews geht jedoch hervor, daß die berufstätigen Frauen die joint family vor allem wegen der autoritären Position der Schwiegermutter ablehnen. Sie sind z.B. gerne bereit, den „in-laws" (Schwiegereltern) oder anderen bedürftigen Familienmitgliedern ihres Mannes Geld zu schicken[69] oder selbst diese Familienmitglieder in ihre eigene Familie aufzunehmen, aber als verdienende Ehefrauen wollen sie sich nicht mehr den Schwiegereltern unterordnen. Sie erkennen, genau wie die Frauen in Bombay, die praktischen Vorteile der joint family für eine berufstätige Frau, aber sie wollen diese Vorteile nicht mit traditioneller Unterwürfigkeit erkaufen. "They do not feel happy in subordinating their set ways of doing things to the authority of mother-in-law, father-in-law or any other relative, yet they desire to have in-laws' help in looking after the children when they are away at work."[70]

Was die berufstätigen Frauen ablehnen, ist die Autoritäts- und Machtstruktur der joint family, nicht die Familiensolidarität. Das mag auch erklären, warum es bei den Frauen, die in einer joint family wohnen, zu mehr Spannungen kommt als bei Frauen aus Nuklearhaushalten. Wie Kapur berichtet, steht das Merkmal Familientyp an erster Stelle als Kriterium für eheliche Anpassung. Der höchste Prozentsatz der Frauen in „glücklichen Ehen" lebt in Nuklearhaushalten, während die Mehrzahl der Frauen mit Eheproblemen in joint families wohnt. Daraus schließt Kapur, daß die joint family sich weniger günstig auf die eheliche Anpassung berufstätiger indischer Frauen auswirkt als die sogenannte Individualfamilie[71].

68 P. Kapur: a.a.O., S. 65.

69 So hatten z.B. 46% der Frauen finanzielle Verpflichtungen gegenüber Verwandten zu erfüllen. Das ist ebenfalls eine neue Erscheinung im indischen Sozialsystem.

70 P. Kapur: a.a.O., S. 65.

71 Unter Individualfamilie versteht Kapur nicht unbedingt die sog. Gattenfamilie, sondern lediglich eine vom großen Familienverband getrennt wohnende Einheit, in der das Ehepaar die führende Stellung einnimmt. (a.a.O., S. 67)

Zahl und Alter der Kinder

Wenn wir die Studien aus den drei Städten in bezug auf die Variable Kinderzahl vergleichen, so ergibt sich ein ziemlich gleichförmiges Bild:

Tabelle Nr. 10

	Bombay (Desai) %	Poona (Ramanama) %	Delhi (Kapur)* %
kein Kind	19	21	–
1–2 Kinder	57	64	64
3 Kinder	19	11	–
4 u. mehr K.	5	5	1

* In der D. S. S. W.-Untersuchung fehlen die Angaben über Kinderzahl.

Die berufstätigen Mütter haben eine kleine Kinderzahl, über die Hälfte der Frauen in den drei Studien hat nicht mehr als zwei Kinder. Daraus könnte einmal der Schluß gezogen werden, daß berufstätige Frauen die Tendenz zeigen, ihre Kinderzahl zu beschränken. Zum anderen könnte man aber auch vermuten, daß nur Frauen mit wenigen Kindern arbeiten.

Von den vorliegenden Arbeiten gibt nur Kapur Auskunft über das Alter der Kinder. 9% der berufstätigen Ehefrauen hatten Kinder unter einem Jahr und 41% hatten Kinder unter 4,9 Jahren. Die Hälfte der Frauen hatte also Kinder unter 5 Jahren, die noch nicht zur Schule gingen. Das bedeutet, daß ein hoher Prozentsatz der Frauen ihre Berufstätigkeit auch in der Phase fortsetzt, wenn die Kinder noch klein sind und der Pflege und Aufsicht bedürfen. Diese Tatsache bestätigt den Befund, den wir schon bei den studierenden Müttern festgestellt haben: Ehe und das Vorhandensein von Kindern ist für die gebildete indische Frau kein Hinderungsgrund mehr, eine außerfamiliäre Rolle einzunehmen, sei es Studium oder Beruf. Dadurch wird allerdings ihre Rollenkonfliktsituation verschärft, denn das traditionelle Leitbild von der sich für die Kinder aufopfernden Mutter ist nach wie vor verpflichtend.

Hilfe im Haushalt

Einer der Gründe, warum indische Mittelklassenfrauen mit kleineren Kindern ohne allzugroße Schwierigkeiten einer Berufstätigkeit nachgehen können, könnte das Vorhandensein von Verwandten oder Dienern sein, die im Haushalt mithelfen. Schwiegermütter oder Schwägerinnen werden zwar als traditionelle Autoritätsträger abgelehnt, sind aber willkommen bei der Betreuung der Kinder.

Die Frage nach der Hilfe bei der Kinderbetreuung wurde nur von Desai ausdrücklich behandelt. Von den 128 berufstätigen und gleichzeitig studierenden Frauen ihres Samples bekamen 16,4% Hilfe von der Familie der Schwiegereltern, fast 20% von der eigenen Orientierungsfamilie und 16,4% hatten Diener, die sich um die Kinder kümmerten. Für etwa 43% bestand das Problem nicht, weil sie entweder keine Kinder hatten oder die Kinder schon größer waren[72].

Kapur berichtet von einzelnen Frauen, die für die Kinderbetreuung auf die Kooperation der eigenen Familie zurückgreifen[73]. Es ist noch ungeklärt, ob der Rückgriff auf die Orientierungsfamilie bei der Durchsetzung nichttraditioneller Ziele der Frau auch das streng hierarchisch strukturierte Verhältnis zwischen den Familien der beiden Ehegatten in Richtung auf mehr Egalität hin verwandelt, oder ob nicht vielmehr umgekehrt die Familie des Mannes die Lasten, die aus Studium und Berufstätigkeit der Frau erwachsen, einfach der Familie der Frau auflädt. Das würde bedeuten, daß die Obligationen der Orientierungsfamilie der Frau gegenüber ihrer Prokreationsfamilie mit der Zahlung der dowry und der Ausstattung der Hochzeit nicht abgegolten sind, sondern daß diese Leistungen auch nach der Heirat noch weitergehen. Das hieße, daß das asymmetrische Muster, daß „der, der gibt, immer geben muß", weiterbestünde. Wie dem auch sei, es kann als gesichert angesehen werden, daß Frauen in nicht-traditionellen Tätigkeiten in stärkerem Maße als bisher auch nach der Heirat auf die Hilfe der eigenen Familie angewiesen sind. Dadurch wird aber das Prinzip der strengen Patrilokalität, das eine absolute Loslösung der Frau aus der Orientierungsfamilie bedeutet, durchbrochen. Die uralte Rivalität zwischen den beiden Familien der Ehegatten wird zugunsten der Familie der Frau verschoben.

Obwohl Kapur die Frage nach der Hilfe im Haushalt nicht ausdrücklich behandelt hat, geht aus der qualitativen Analyse ihrer Einzelfälle hervor, daß das Nichtvorhandensein von Dienern oder Verwandten in vielen Fällen Probleme für die berufstätigen Frauen mit sich bringt. Das trifft vor allem für die Frauen aus der unteren Mittelklasse zu, wo das kombinierte Gehalt von Mann und Frau nicht zur Einstellung von Dienstpersonal ausreicht. Hier ein Beispiel: Die Frau verdient 250, der Mann 600 Rs. Sie war bereits 15 Jahre berufstätig. Sie mußte sofort nach der Heirat arbeiten, weil das Einkommen des Mannes nicht ausreichte. Sie sagt: "As I could not afford to engage a domestic servant I had to do all the household work, work of children, without any help along with my job. With the uncooperative, selfish and demanding husband as mine is, I wish I had plenty of money to engage servants to look after the household jobs so that I could meet the de-

72 N. Desai: a.a.O., S. 224.
73 P. Kapur: a.a.O., S. 166 ff.

mands of my husband and avoid most of the frictions and altercations with him."[74]

In der D. S. S. W.-Studie gab nur ein Viertel der Frauen an, keine Hausarbeit leisten zu müssen, das waren vor allem Unverheiratete, aber fast alle verheirateten Frauen (97%) mußten neben ihrem Beruf ihren Haushalt versorgen[75].

Wie bereits bei der Analyse der Situation studierender Ehefrauen deutlich wurde, halten die indischen Frauen vorwiegend am traditionellen Muster der Arbeitsteilung fest und erwarten vom Gatten kaum Mithilfe bei der Hausarbeit. Die Frage wurde in den vier Studien daher auch nicht explizit behandelt. Aus der Studie Kapurs ist jedoch ersichtlich, daß überall dort, wo die Frau in der Praxis Hilfe vom Mann bei Hausarbeit und Kinderbetreuung erwartet, Konflikte entstehen. 68% der Frauen aus schlecht angepaßten Ehen berichten über Spannungen mit ihren Männern, weil sie von ihnen erwarteten, daß sie im Haushalt halfen. Dort, wo die Frau keine Hilfe vom Mann erwartet und glücklich ist, die Doppelrolle gut zu erfüllen, gibt es keine Probleme. 85% der glücklichen Ehen fallen unter diese Kategorie.

3.2.2 Die Berufssituation

Die objektive Konfliktsituation der berufstätigen indischen Frauen wird nicht nur von den Umständen ihrer Familie bestimmt, sondern ebenso von ihrer beruflichen Situation. Im folgenden soll anhand des vorliegenden empirischen Materials geklärt werden, wie die berufliche Situation der erwerbstätigen Mittelklassenfrauen aussieht.

Art der Berufe

Die Analyse der Arbeitsmarktlage indischer Frauen hat ergeben, daß die Mehrzahl der gebildeten Frauen im tertiären Sektor beschäftigt ist, und zwar in den typischen Frauenberufen. Dieser Befund wird durch die regionalen Untersuchungen bestätigt.

In Bombay und Poona stellten die *Lehrerinnen* den weitaus größten Anteil der untersuchten Gruppe. Ihnen folgten die *Büroarbeiterinnen,* dann die Frauen im Gesundheitsdienst und schließlich die technischen Hilfskräfte. Die höher qualifizierten Frauenberufe fehlten im Bombay-Sample. Das Sample der Kapur-Untersuchung in Delhi war zu gleichen Teilen auf die drei Kategorien Lehrberuf, Gesundheitsdienst und Büroarbeit aufgeteilt, war also keine Zufallsauswahl im Hinblick auf die Art des Berufes.

74 P. Kapur: a.a.O., S. 277.
75 D.S.S.W.-Studie: a.a.O., S. 24.

Das traditionelle Berufsmuster indischer Frauen wird auch durch die D. S. S. W.-Studie bestätigt: 59% der untersuchten Frauen waren Lehrerinnen, 15% Büroarbeiterinnen und 15% hatten sogenannte „technical or professional jobs", waren Ärztinnen, Krankenschwestern, Sozialarbeiterinnen, Gesundheitsinspektorinnen, Radiomechanikerinnen und Telefonistinnen. Danach scheinen gebildete indische Frauen auch heute noch vorwiegend in den typischen Frauenberufen zu arbeiten. Es gibt kaum Ingenieurinnen und nur wenige Rechtsanwältinnen. Der populärste Frauenberuf ist immer noch der der Lehrerin, obwohl die Verdienstmöglichkeiten in diesem Beruf geringer sind als z.B. bei bestimmten Büroarbeiten. Die „Respektabilität" eines Frauenberufes scheint immer noch einen Einfluß auf die Berufswahl der Frauen auszuüben. Allerdings können wir in industriellen Zentren wie Bombay oder Poona einen Wandel in der Orientierung der Frauen feststellen. Eine wachsende Zahl von Frauen scheint sich unter dem Druck wirtschaftlicher Not über das Vorurteil gegen Büroarbeit, das auf den kulturellen Normen über die Geschlechtersegregation beruht, hinwegzusetzen. Sowohl Ramanama[76] als auch Desai[77] berichten, daß eine wachsende Zahl von Frauen die Büroarbeit dem Lehrberuf vorzieht, einmal aus finanziellen Erwägungen, zum anderen, weil die Frauen die Routinearbeit der ständigen Korrekturen beim Beruf der Lehrerin scheuen.

Die Tatsache, daß Frauen bereit sind, im bisher stigmatisierten Beruf der Sekretärin oder Stenotypistin zu arbeiten, sagt aber noch nichts über einen erfolgten Wandel der kulturellen Normen aus. Es ist denkbar, daß Frauen in solchen Berufen nicht nur unter der Kritik der Öffentlichkeit, sondern auch unter Spannungen innerhalb ihrer Familie zu leiden haben. Diese Vermutung wird durch die Ergebnisse der Kapur-Untersuchung bestätigt. Die Gruppe der Büroangestellten hatte am meisten über Eheschwierigkeiten zu klagen. Die am besten angepaßten Ehen hatten die Lehrerinnen, ihnen folgten die Ärztinnen[78]. Wie die qualitative Analyse ergab, resultierte ein großer Teil der Eheprobleme der berufstätigen Frauen aus der Durchbrechung des „*mixing*"-Tabus[79] am Arbeitsplatz, wie es für die Arbeitssituation im Büro typisch ist.

Ein weiterer Hinweis in dieser Richtung ist auch die Tatsache, daß unter den gebildeten Frauen der vier Studien fast keine Krankenschwestern vorkamen. Das bestätigt die Befunde der gesamtindischen Analyse: Nicht

76 a.a.O., S. 360.
77 a.a.O., S. 227.
78 P. Kapur: a.a.O., S. 41.
79 *Mixing* ist der terminus technicus für die Durchbrechung der Segregationsregeln, d.h. Aufhebung der Geschlechtertrennung in der Öffentlichkeit. *Mixing* wird symbolhaft dadurch ausgedrückt, daß Frauen sich ungezwungen mit Männern unterhalten, ferner durch gemeinsamen Besuch von Kinos und Restaurants usw. Die Gefahr des *mixing* gilt als besonders groß beim Beruf der Krankenschwester und der Sekretärin.

einmal die große Nachfrage gebildeter Frauen nach Arbeitsplätzen hat das Vorurteil gegen den Krankenschwesternberuf beseitigen können.

Beschäftigungsmuster

Alva Myrdal und Viola Klein schlagen als eine Möglichkeit zur Reduzierung der Doppelrollenbelastung der Frau die Einführung von Teilzeitarbeit vor[80]. Auch die offiziellen Stellungnahmen der indischen Regierung befürworten die Teilzeitarbeit der Frau.

Die tatsächliche Berufssituation der indischen Frauen scheint aber von diesem Ziel weit entfernt zu sein. Die Mehrzahl der Frauen in den vier genannten Untersuchungen geht einer Vollzeitbeschäftigung nach. Obwohl eine Vollzeitbeschäftigung eine enorme physische und psychische Belastung für die Ehefrau und Mutter darstellt, waren doch nur wenige Frauen der Untersuchung der D. S. S. W. in Delhi bereit, eine Teilzeitarbeit aufzunehmen (12 aus 112). Die Frauen, die eine Teilzeitarbeit wünschten, kamen zum größten Teil aus Familien mit höherem Einkommen[81]. Teilzeitarbeit bedeutet unter den gegenwärtigen indischen Verhältnissen geringeren Lohn, Gefährdung des Arbeitsplatzes, unregelmäßige Arbeitszeiten. Es ist darum nicht verwunderlich, wenn Frauen bei der großen Arbeitslosigkeit einen sicheren full time job einem schlecht bezahlten und unsicheren part time job vorziehen. Die rein physische Belastung der meisten berufstätigen Frauen, vor allem der Mütter, muß demnach sehr hoch sein.

Über den Punkt der Länge der Berufstätigkeit geben nur die Arbeiten von Kapur und Desai Auskunft. In beiden Untersuchungen war die Mehrzahl der Frauen nicht nur länger als 3 Jahre berufstätig[82], sondern hatte schon vor der Heirat zu arbeiten begonnen. In Bombay hatten 48% der Frauen ihre Berufstätigkeit vor der Ehe begonnen und in Delhi sogar mehr als zwei Drittel. Es scheint demnach, daß die Heirat auch in bezug auf die Berufstätigkeit der Frau nicht mehr die entscheidende Zäsur im Lebenszyklus der indischen Frau darstellt, vielmehr können wir die Tendenz beobachten, daß Frauen aus den Mittelklassen versuchen, ihre Karriere unabhängig von ihren Familienrollen kontinuierlich zu verfolgen. Das trifft nicht nur, wie im Falle der Bombay-Untersuchung, für die untere Mittelklasse zu, sondern auch für die obere Mittelklasse, die in Kapurs Sample stärker repräsentiert war.

3.3.3 Berufsmotivation

Eine Betrachtung der objektiven gesellschaftlichen Situation berufstätiger Frauen wäre unvollständig ohne eine Analyse der Gründe, die Frauen

80 A. Myrdal und V. Klein: Die Doppelrolle der Frau, S. 150 ff.
81 D.S.S.W.-Studie: a.a.O., S. 16, 20.
82 P. Kapur: 94%, Desai: 69%.

dazu veranlassen, eine Arbeit gegen Bezahlung außerhalb des Hauses zu ergreifen. Diese Motive können subjektiver und objektiver Natur sein, je nachdem, ob Frauen stärker durch die wirtschaftlichen Bedürfnisse der Familie oder durch eigene emanzipatorische Bestrebungen bestimmt sind. Beide Kategorien können durchaus nebeneinander bestehen und einander durchdringen, und beide können den Charakter der *Notwendigkeit* annehmen, so daß Berufstätigkeit nicht mehr eine Frage der Beliebigkeit für eine Frau ist.

Im folgenden soll eine vergleichende Analyse der vorliegenden Arbeiten im Hinblick auf die Berufsmotivation versucht werden. Da in den verschiedenen Studien nicht die gleichen Kategorien zur Bestimmung der Berufsmotivation benutzt wurden, kann ein solcher Vergleich nur einen Aufschluß über vorherrschende Tendenzen geben. (Tabelle Nr. 11, S. 170)

Die Gründe, die in Tabelle Nr. 11 angeführt worden sind, lassen sich in drei Gruppen zusammenfassen:

1. Familienorientierte ökonomische Gründe;
2. Wunsch nach individueller Selbstentfaltung und Emanzipation;
3. Freizeitgestaltung.

In der ersten Gruppe scheinen die Frauen stärker von außen motiviert zu sein, in der zweiten mehr von innen und in der dritten wiederum stärker von außen. In den beiden ersten Kategorien kann die Berufstätigkeit einen subjektiven oder objektiven Muß-Charakter annehmen und wird dann zu stärkeren Spannungen führen als in der dritten Kategorie, wo die Arbeit der Frau ein Mittel zur Ausnützung der freien Zeit oder zur Flucht aus der Familienenge darstellt.

Es ist evident, daß sich diese drei Motivgruppen im Einzelfall überschneiden. Die Mehrzahl der Frauen hatte multiple Antworten auf die Frage der Berufsmotivation gegeben. Dennoch können wir an den Daten der obigen Tabelle die relative Wichtigkeit ablesen, die diese verschiedenen Motive im Gesamtkomplex der Berufsmotivation haben.

Die familienorientierte, ökonomische Motivation

Trotz einzelner regional- oder schichtbedingter Unterschiede der Samples in den verschiedenen Untersuchungen ist festzustellen, daß bei allen das Motiv der ökonomischen Unterstützung der Familie an erster Stelle steht. Es scheint, daß nicht nur in den westlichen Ländern[83], sondern auch in Indien die Frauen vorwiegend aus wirtschaftlichen Gründen erwerbstätig sind.

Die Gruppe der Frauen, die vor allem aus ökonomischen Motiven arbeitet, ist keineswegs homogen. Es befinden sich darunter Frauen aus der unteren Mittelklasse, die aus wirtschaftlicher Not zum Mitverdienen gezwungen sind, aber auch Frauen, die das Einkommen der Familie oder des Gatten

83 Vgl. Myrdal-Klein: a.a.O., S. 109 ff. – J. Hubback: a.a.O., S. 56.

Tabelle Nr. 11

Berufsmotivation

Motive zur Aufnahme einer Berufstätigkeit	D. S. S. W.	Ramanama		Desai	Kapur	
		Präferenz I.	Präferenz II.		Aufnahme eines Berufes	Fortsetzung der Berufstätigkeit
	%	%	%	%	%	%
Erhöhung des Familieneinkommens	68,84	85,9	37,4	53,1	38	44,3
Ausnützung der Bildung	6,5	–	–	–	29	–
Eigene Karriere und Status, Interesse am Beruf	15,9	2,3	20,2	18,2	9	29,3
Ökonomische Unabhängigkeit	–	4,6	16,8	17,5	18	12
Ausnützen der Freizeit, Flucht aus der Familie	10,8	–	–	5,1	7	6
Um die dowry zu verdienen	–	3,4	16,4	–	–	–
andere	–	2,13	3,3	5,1	5,3	8

lediglich ergänzen wollen. Und schließlich sind auch Frauen in dieser Gruppe zu finden, deren Gatten sehr hohe Einkommen beziehen[84].

Zu den Frauen, die aus krasser wirtschaftlicher Not arbeiten, zählen nicht nur die, deren Gatten Gehälter zwischen 50 und 300 Rupies beziehen, sondern auch Witwen, Getrennte oder Geschiedene, die für ihren eigenen Lebensunterhalt sorgen müssen. In vielen Fällen müssen auch die unverheirateten Töchter zum Unterhalt der Familie beisteuern, die alten Eltern ernähren, die Ausbildung der Geschwister finanzieren und vor allem sich selbst die dowry verdienen, die eine Vorbedingung für ihre Verheiratung ist.

Von den 251 unverheirateten Frauen der Ramanama-Untersuchung gaben z.B. 101 an, daß sie berufstätig seien, um ihre dowry zusammenzubringen[85]. Diese Frauen wissen, daß sie heiraten müssen, daß sie aber keinen Mann aus einer respektablen Familie finden werden, wenn die eigene Familie keine dowry anzubieten hat, die dem Status des Bräutigams angemessen ist. Denn die Höhe der dowry bemißt sich lediglich nach den Qualitäten des Bräutigams: nach dem gesellschaftlichen Status und Prestige seiner Familie, ihrem Reichtum, seinen Bildungsqualifikationen, seiner Berufsposition und seiner Auslandserfahrung. Das nicht-reziproke hypergamische Verhältnis zwischen der Familie, die eine Tochter „gibt“, und der Familie, die eine Tochter „empfängt“, macht es unmöglich, daß die Höhe der dowry durch entsprechende Vorzüge der Braut heruntergehandelt werden könnte. Der Handel ist immer ein ungleicher und geht zu Lasten der Familie der Braut. Heute aber sind die Familien der Mittelklassen oft nicht mehr imstande, die phantastischen Summen zu zahlen (vgl. Exkurs über dowry S. 173), die auf dem Heiratsmarkt für einen „*guten*“ Mann verlangt werden[86], und so schieben sie die Last der dowry der zu verheiratenden Tochter selbst zu. Sie weiß, daß die Frage ihrer Verheiratung die größte Sorge ihres Vaters oder ihrer Brüder ist, und sie leidet unter Schuldgefühlen. “I want to help Daddy to bear the dowry of my marriage, I do not want to be a burden to him” – diese Antwort eines jungen Mädchens aus der Untersuchung von Ferris-Wiesinger ist typisch für diese Haltung[87].

Obwohl viele Mädchen sich gegen das degradierende dowry-System auflehnen[88], sind sie doch nicht in der Lage, sich davon zu befreien. Sie müssen ihren Zorn und ihren Stolz herunterschlucken, wenn sie heiraten wollen und zusehen, daß sie den Preis zusammen bekommen, der ihnen den Eintritt in eine respektable Familie verschafft. Sie sind also heute auf dem Heiratsmarkt „Handelsobjekt“ und „Geldgeber“ zugleich. Daß diese Situation bei vielen von ihnen kein neues Bewußtsein erzeugt hat, nicht einmal bei den

84 P. Kapur: a.a.O., S. 47, 78, 79.
85 A. Ramanama: a.a.O., S. 341.
86 Vgl. Exkurs über dowry, S. 173.
87 A. Ramanama: a.a.O., S. 275.
88 Vgl. Exkurs über dowry, S. 173.

Gebildeten, daß sie es vielmehr, wie uns die Ramanama-Daten zeigen, für selbstverständlich ansehen, daß sie den Preis für ihren zukünftigen Gatten selbst verdienen müssen, zeigt deutlich die Starrheit gewisser traditioneller Institutionen und Normen, die auch dann noch für viele Individuen verpflichtend bleiben, wenn sie längst ihren Sinn verloren haben. Am Beispiel der dowry wird deutlich, zu welch grotesken Folgen es kommen kann, wenn eine Veränderung der ökonomischen Basis der Frau nicht begleitet wird von strukturellen, institutionellen und normativen Veränderungen im Familiensystem[89]. Die Fähigkeit, Geld zu verdienen, hat die indischen Frauen nicht automatisch aus der patriarchalischen Abhängigkeit befreit.

Das ökonomische Motiv ist aber auch maßgebend für die Frauen, deren Familien nicht um die Erhaltung der nackten Existenz ringen müssen, die vielmehr nach Erreichung oder Wahrung eines bestimmten modernen Lebensstandards streben, der typisch für die verwestlichte städtische Elite ist und sich durch den Erwerb der industriellen Konsumgüter auszeichnet. So schreibt Ramanama: „... as new gadgets come into the markets for household work, the women feel, that the drudgery of household work could be reduced by possessing these gadgets"[90]. Hier ist anzumerken, daß diese „gadgets" – Kühlschränke, Elektrogeräte, moderne Küchenutensilien – in den Mittelklassen weniger die Funktion haben, die Hausarbeit zu reduzieren, denn dafür sind ja noch genügend billige Diener da, sie gelten vielmehr als Status- und Prestige-Symbole, weil sie den Wohlstand und die „Fortschrittlichkeit" einer Familie signalisieren.

Mit dem Streben nach höherem, westlich orientiertem Lebensstandard ist das Streben nach besseren Aufstiegschancen verbunden. Dieses aber ist abhängig von der erworbenen Bildungsqualifikation. Es ist daher nicht verwunderlich, daß das zusätzliche Einkommen der Frau in dieser Schicht in die Bildung der Kinder investiert wird. Familien, die es sich eben leisten können, schicken ihre Kinder in eine teure, meist von Missionaren geleitete Privatschule, wo Englisch Unterrichtssprache ist. Sie wissen, daß Kinder, die eine „Convent"- oder „Boarding-School" besucht haben, später bessere Aussichten haben, in Prestigeberufe und -positionen aufzusteigen als Kinder, die nur die kostenlosen staatlichen Schulen besuchen konnten.

Was aber auch immer die Hintergründe für die ökonomische Motivation der berufstätigen Frauen sind, für alle Gruppen ist maßgebend, daß nicht die individuellen Bedürfnisse der Frauen selbst, sondern die Bedürfnisse der *Familie* im Vordergrund ihres Interesses stehen. Das gilt sowohl für diejeni-

89 An diesem Beispiel wird deutlich, daß ein asymmetrisches, nicht-zyklisches Heiratssystem, wie das indische, keineswegs an seinen inneren Widersprüchen zugrunde geht, wie Levi-Strauss annimmt, sondern daß es vielmehr dadurch stabilisiert wird, daß eher ganz systemfremde Abweichungen in der Praxis zugelassen werden, als daß das System und seine Theorie geändert würden. Vgl. C. Levi-Strauss: a.a.O., S. 346.

90 A. Ramanama: a.a.O., S. 335.

gen, die aus wirtschaftlicher Notwendigkeit arbeiten als für die, die den Lebensstandard der Familie durch ihren Verdienst erhöhen oder neue Aspirationen realisieren wollen.

Exkurs über dowry

Die Höhe der dowry variiert nach Region und Klasse. In einem Bericht in „Link" vom Mai 1969 standen folgende Angaben: Eine sweeper-Frau (Unberührbare) verkaufte ihre zwei Kühe, die sie von ihren Eltern bekommen hatte, um Kleider für ihre Tochter zu kaufen. Sie und ihr Mann verdienten zusammen 120 Rs. Sie haben drei Kinder zu füttern und trotzdem gaben sie 3000 Rs. für die Hochzeit ihrer ältesten Tochter aus.

Ein clerk aus dem Punjab, der 300 Rs. Monatsgehalt hat, gab insgesamt 15 000 Rs. für die Hochzeit seiner Tochter aus. Die dowry bestand aus sechs Saris und sechs kurtachuridars (nordindisches Frauenkostüm), einem Satz Juwelen (Ohrringe, Halskette, Armreifen) für 1500 Rs, zwei Betten, einem „sofa set", einer Anrichte, einer Nähmaschine, einem Tisch-Ventilator, Küchenutensilien und Bett- und Tafelleinen. Dazu mußte er das Hochzeitsessen für eine *barat* (Hochzeitsgesellschaft) von 200 Leuten bezahlen und die Kleider, die der Familie des Bräutigams geschenkt wurden.

In den reicheren Schichten der Gesellschaft steigert sich nicht nur die dowry, die als Bargeld gegeben wird, sondern vor allem der Geld- und Prestigewert der Gegenstände, die der Familie des Bräutigams zu liefern sind. Dazu gehören neben mehreren kostbaren südindischen Saris im Wert von 500–1000 Rs., Gold und Diamanten, Juwelen im Wert von vielen tausend Rupies. Dazu kommen als neue Statussymbole Kühlschränke, Autos, Klimaanlagen, Anzüge und Krawatten für den Schwiegersohn[91].

In manchen Fällen wird von den Eltern der Braut verlangt, daß sie dem Schwiegersohn eine Auslandsreise bezahlen. Die gesamten Heiratskosten belaufen sich dann für einen Vater einer Tochter u. U. bis auf ein lakh Rupies (100.000).

Gerris-Wiesinger zitiert in ihrer Studie über Hindu-Mädchen folgende Statements entrüsteter Mädchen: "This is the greatest insult a father is made to bear for the sake of his daughter. He even falls on the feet of the bridgeroom's parents, but money wins and ends in the disgrace of the bride's father and the ruin of the bride."

"I know of a case, where the father paid a part of the dowry and promised to pay the rest afterwards. But the husband had greed for money and he pestered his wife to ask her father to pay the remaining dowry. The wife suffered mental agony knowing the poor circumstances of her family. Now the husband abuses her and says that if he could not pay, then why did he marry her to such a rich man like himself. The girl's married life is ruined. Sometimes such unpleasantness leads to murder and suicide."[92]

Daß das dowry-System und die daraus folgenden endlosen Kontroversen in der joint family oder mit dem Gatten die Ursachen für Trennungen, Ehescheidungen und Selbstmord der Frauen sind, berichtet auch M. Fonseca in einer Untersuchung über Ehescheidungen: „ ... disputes centre on dowry and stridhan ... the ill-treatment of husband and his family members may therefore at times centre on a critical problem pertaining to money-matters or as to the settlement of dowry disputes when at times too little is given, or when the demand for more is persistent ... At times, this inference from extern-

91 Link: 11. Mai 1969, S. 37.
92 Ferris-Wiesinger: a.a.O., S. 299.

al sources, such as severe disputes over dowry and ensuing ill-treatment can reach serious proportions and cases are not unknown where a young wife has attempted suicide in her desperation"[93].

Das kulturell vorgeformte Muster für diese Selbstmorde ist „self-immolation". Die Frau gießt Kerosin über ihren Sari und zündet ihn an. Solche Fälle kommen besonders häufig in Gujerat vor.

Die Beträge für die eigentliche dowry, die bar gegeben werden, und über die zu liefernden „gadgets", Kleidungsstücke und Juwelen werden von den beiden Parteien vor der Hochzeit genauestens ausgehandelt, und oft scheitert eine Heirat daran, daß der Vater den Betrag nicht aufbringen kann, den die Familie des Schwiegersohns verlangt. Das Aushandeln der verschiedenen Gegenstände dauert manchmal bis zu der eigentlichen Hochzeitszeremonie und darüber hinaus.

Zur Illustration ein Beispiel, das eine empörte Frau in der Tagespresse berichtete: "Even after the amount is fixed and even paid, devious are the ways with which the groom's folk manage to embellish it by extracting frills and fringes from the other side. The groom is said to sulk for a diamond ring, his mother refuses to attend the wedding unless she is given a gold image of Lord Krishna for worship, the groom's sister non-cooperates to get a gold watch. At one particular wedding the father of the groom having played all these tricks came over to the bride's father on the morning of the ceremony and dropped a broad hint that his son wanted to go to Kashmir for the honeymoon. First-class arrangements for travel and accommodation were promptly made, and who do you think went to Kashmir? The parents of the groom."[94]

Wunsch nach eigener Karriere, eigenem Status und ökonomischer Unabhängigkeit

Neben dem ökonomischen Motiv nennt ein beachtlicher Teil der Frauen an zweiter Stelle den Wunsch nach einer eigenen Karriere, nach eigenem beruflichen Status, nach Befriedigung des eigenen Ehrgeizes, nach Ausnützung der genossenen Bildung und Interesse an einem bestimmten Beruf. Alle diese Gründe sind *nicht* primär an den Bedürfnissen der Familie orientiert, sondern zielen auf individuelle Selbstentfaltung und Selbstverwirklichung. Damit weichen diese Frauen in eindeutiger Weise von dem traditionellen indischen Frauenideal ab, indem sie für sich das Recht auf ein unabhängiges Leben als Individuum, auf einen eigenen Sozialstatus, unabhängig von dem des Mannes, verlangen.

Der Wunsch nach einem eigenen, nach individuellen Bedürfnissen gestalteten Leben findet seinen klarsten Ausdruck in dem Bestreben nach finanzieller und wirtschaftlicher Unabhängigkeit. Dieses Streben nach Unabhängigkeit wird in drei dieser Studien von einer beträchtlichen Anzahl von Frauen als Grund für die Aufnahme einer Erwerbstätigkeit angegeben; in

93 M. Fonseca: Counselling for Marital Happiness. Bombay 1966, S. 82.
94 Shakuntala Paranjpye: The wedding trap: The Hindustan Times Weekly, 4. Mai 1969.

der Skala der Präferenzen bei Kapur und Ramanama steht dieses Motiv an dritter Stelle. Es scheint, daß diese Frauen begriffen haben, daß die Basis der sozialen Abhängigkeit in der Familie, sei es vom Gatten oder vom Schwiegervater, in der wirtschaftlichen Abhängigkeit der Frau zu sehen ist[95]. Unabhängigkeit heißt für sie darum vor allem: unabhängiges Einkommen. Die tieferen Ursachen für dieses Streben nach Unabhängigkeit und Selbstbestimmung sind außer in den modernen Ideen in dem Gefühl der Unsicherheit zu sehen, unter dem viele Frauen in steigendem Maße leiden. Die traditionelle indische Familie hatte die Frau zwar einer absoluten Fremdbestimmung unterworfen, gab ihr dafür aber ein hohes Maß an Sicherheit. Wenn sie sich den sozialen Normen entsprechend verhielt, wußte sie, woran sie war und wohin sie gehörte, die Autorität des Mannes und die Familienautorität waren unbestritten.

Heute erfahren viele Frauen der Mittelklassen, daß die Männer nicht mehr in der Lage sind, die wirtschaftliche Basis der Familie zu sichern; noch können sie sicher sein, daß der Mann seinen Verpflichtungen als Ehemann und Vater nachkommen wird. In der joint family verlor eine Frau nicht ihre Existenzbasis, wenn der Mann eine Konkubine nahm, oder wenn er sie verließ. Im städtischen Nuklearhaushalt hat die Frau diese Sicherheit nicht mehr. Wenn der Mann sie verläßt, und das geschieht viel häufiger als offizielle Statistiken und vor allem die öffentliche Meinung wahrhaben wollen[96], dann steht sie buchstäblich vor dem Nichts und muß entweder zu ihrer eigenen Familie zurückkehren, die sie in vielen Fällen nicht mehr aufnimmt, oder sie muß sich eine Arbeit suchen. Auf dem Hintergrund dieser allgemeinen Unsicherheit und Desorientierung ist es verständlich, wenn auf der einen Seite die Eltern darauf drängen, daß die Tochter eine gute Ausbildung bekommt, damit sie im Notfall auf eigenen Füßen stehen kann[97], und auf der anderen die Frauen selbst versuchen, sich nicht ganz vom Einkommen des Mannes abhängig zu machen. Sie haben zu viele Beispiele von Frauen vor

95 Vgl. M. S. Gore: Urbanization, S. 12.

96 Obwohl keinerlei genaue statistische Angaben über wachsende oder sinkende Scheidungsraten in Indien wegen der Tabuisierung dieses Aspekts erhältlich sind, deuten die Daten, die M. Fonseca in ihrer Studie über getrennte oder geschiedene Frauen vorstellt, darauf hin, daß diese Raten weit höher sind als normalerweise angenommen wird. Das „normale" indische Scheidungsverfahren ist das der Trennung oder die Desertion: Mann und Frau gehen ohne Gerichtsbeschluß auseinander oder der Mann verläßt einfach seine Frau. Keiner dieser Fälle wird behördlich registriert, aber Fonseca berichtet über eine wachsende Zahl von verlassenen Frauen, die Zuflucht bei bestimmten, von den Kasten oder Religionsgemeinschaften eingerichteten sozialen Institutionen suchen. M. Fonseca: a.a.O., S. 30.

97 Solche Überlegungen finden ihren Ausdruck in Sätzen wie: „You never know what is ahead of you; it is better to be prepared for the worst." „Education and work for an emergency" ist das Stichwort, mit dem diese Motivation begründet oder gerechtfertigt wird.

Augen, die ohne Ausbildung, ohne Beruf und eigenes Einkommen der Willkür des Mannes oder der in-laws ausgesetzt sind, und die darüber hinaus in absolutes Elend geraten, wenn der Mann seiner Unterhaltspflicht nicht nachkommt, sie verläßt oder stirbt.

In dem oft leidenschaftlich vorgetragenen Wunsch nach Unabhängigkeit sind neben dem Aspekt der eigenen Existenzsicherung in einer ökonomisch und sozial immer unsicherer werdenden Umwelt auch Elemente einer genuinen Rebellion gegen das pativrata-Ideal und die Manu'sche Konzeption der lebenslänglichen Abhängigkeit der Frau enthalten. Der Samen dieser noch unterdrückten und sich selten artikulierenden Rebellion wird in den Schulen und Colleges gesät, in denen die demokratischen Ideale und die Menschenrechte zumindest theoretisch vermittelt werden. Dieser Samen geht in manchen Fällen in dem Augenblick auf, wo die Aufhebung des alten Abhängigkeitsverhältnisses zwischen Männern und Frauen eine materielle Basis in der Wirklichkeit hat, d.h., wenn die Frauen wirtschaftlich auf eigenen Füßen stehen können und dann nicht mehr nur gleichen Status als theoretisches Recht verlangen, sondern durch ihren Beruf, ihr Einkommen, die Tatsache, daß sie nicht selten die Familie ernähren, so viel Selbstbewußtsein gewonnen haben, daß sie nicht länger die Rolle der submissiven pativrata spielen wollen.

Gerade diese Kombination von egalitärer Ideologie und tatsächlich verfügbarem wirtschaftlichem Potential führt, wie wir noch genauer an Einzelfällen belegen werden, zu den explosivsten Konflikten zwischen der berufstätigen Frau und ihren relevanten Rollensendern.

Wenn also unter den Motiven für die Annahme einer Berufstätigkeit der Wunsch nach ökonomischer und sozialer Unabhängigkeit von vielen Frauen an zweiter oder dritter Stelle genannt wird, so kann diese Tatsache als Indiz dafür gewertet werden, daß sich bei diesen Frauen langsam ein Bewußtsein über ihre tatsächliche Konfliktsituation bildet, daß sie zumindest in ihrem Verhalten und in der Art, wie sie ihr Leben planen, die hierarchische Abhängigkeitsordnung zwischen Männern und Frauen in Frage stellen. Dieses Streben nach Unabhängigkeit, vor allem nach ökonomischer Unabhängigkeit, kann, bestärkt durch die wirtschaftliche Notlage, zu einem Agens des sozialen Wandels in den intrafamilialen Rollenbeziehungen werden.

Es ist darum nicht erstaunlich, daß indische Männer besonders allergisch auf diesen Wunsch der Frauen nach Unabhängigkeit reagieren. Wie mehrere empirische Untersuchungen gezeigt haben, haben indische Ehegatten der städtischen Elite nichts dagegen, wenn ihre hochgebildeten Frauen arbeiten, aber sie wollen nicht, daß sie für Geld arbeiten; sie erlauben ihren Frauen eine unentgeltliche, ehrenamtliche Tätigkeit im Dienst an der Gesellschaft. Sie sehen aber ihre Würde und mehr noch ihre Autorität bedroht, wenn ihre Frauen ein unabhängiges Einkommen beziehen. Kapadia, der die Meinung von College-Lehrern in Bombay zu der Frage der weiblichen Erwerbstätigkeit ermittelt hat, macht klar, daß nicht die außerhäusliche Tätigkeit als solche, sondern erst die ökonomische Erwerbstätigkeit der Frauen auf den Widerstand der Männer stößt: Von den 84,8% der Lehrer, die sich für eine außerhäusliche Tätigkeit der Frau aussprachen, war nur die Hälfte dafür, daß sie für Geld arbeiten sollte. Über die tieferen Gründe dieser Einschränkung schreibt Kapadia: "... many of the teachers who hold that women may take to gainful occupations may say so because they have realised that this is one of the sources to supplement man's insufficient income. If so, it is a concession to women under the heavy economic pressure rather than the recognition of their right to be economically independent"[98]. Doch selbst dieser ökonomische Druck reicht nicht in allen Fällen aus, das Vorurteil gegen die wirtschaftliche Unabhängigkeit der Frau aufzuweichen. Nur 9% der Lehrer hatten selbst ein ausreichendes Einkommen, über 50% waren nicht imstande, die Familie mit ihrem Verdienst zu erhalten, waren also auf das Einkommen der Frau angewiesen. "The fact that even in the face of economic strain the number of teachers according freedom to women to take up remunerative activities outside the home is not substantially large, shows how norms change slowly and under heavy pressure."[99]

Die 1970 erschienene Studie von Rama Metha über die Auswirkung der Ausbildung in Missionsschulen auf Frauen der oberen Mittelklasse kommt zu ähnlichen Ergebnissen. Eine Reihe dieser Frauen hatte nach den ersten sechs Ehejahren den Wunsch, eine außerhäusliche Tätigkeit aufzunehmen. Aber ihre Männer waren dagegen: "These men were wholly against their wives trying to achieve economic independence even if it was necessary, and they would not have permitted them to hold a paid job. Even full-time volunteer work would have been discouraged."[100]

Die Reaktion der Frauen auf diese Situation ist charakteristisch für viele Frauen dieser Schicht, die die Diskrepanz zwischen egalitärer Ideologie und tatsächlicher Abhängigkeit rechtfertigen müssen. Sie geben u.a. folgende Begründungen: "Working was not important enough for me to go against my husband's wishes."; "After marriage one cannot do as one wants; working is not an important enough issue to create tensions."; " I prefer to be dependent on my husband than to run things my way."; "There are many different ways to use one's education. I don't see how a typist is using her education better than I am just because she goes to an office and I stay at home."[101] Ein weiterer Teil dieser Frauen durfte zwar arbeiten, aber nur ehrenamtlich. Eine höher bezahlte Tätigkeit hätten sie wohl angenommen, aber nicht eine Arbeit, die unter dem Statusniveau des Gatten lag; denn diese Frauen waren

98 M. K. Kapadia: Changing Patterns, S. 50.
99 M. K. Kapadia: Changing Patterns, S. 51.
100 R. Metha: a.a.O., S. 40.
101 R. Metha: a.a.O., S. 40.

nicht zum Mitverdienen gezwungen. So verlegten sie sich auf freiwillige Sozialarbeit, auf Hobbies, die etwas Geld einbrachten, auf jeden Fall auf Arbeiten, die in der Gesellschaft als prestigehaltig für Frauen der oberen Mittelklasse gelten[102]. Frauen dieser Schicht scheinen die konservativste Einstellung zur Rollenverteilung von Mann und Frau zu haben.

Freizeitgestaltung

Das zentrale Motiv, das sie zu einer außerhäuslichen Tätigkeit bewegt, ist für eine kleine Zahl von Frauen Langeweile oder der Wunsch, der Enge des Familienkreises oder einer gespannten Familienatmosphäre zu entrinnen. Das Motiv, etwas Nützliches mit der vielen leeren Zeit anfangen zu wollen, kommt nur bei Frauen aus wohlhabenden Familien der oberen Mittelklasse vor, die genügend Diener haben. Diese Gruppe macht nur eine Minorität unter den berufstätigen Frauen aus; in Kapurs Studie wurde dieses Motiv von 7%, in Desais Studie von 5% und in der D.S.S.W.-Studie von 10% der Frauen genannt. Es handelt sich bei diesen Frauen um die typischen Vertreterinnen der leisure-class. Es ist charakteristisch für diese privilegierte Minderheit von Frauen, daß ihre Tätigkeit einen zufälligen, spielerischen Charakter hat, eben Zeitvertreib ist, den sie genauso gut wieder aufgeben können. Solche Frauen haben die Tendenz, den ökonomischen Aspekt einer Tätigkeit abzuwerten und sie unter dem Gesichtspunkt des Prestigegewinns und der Freizeitgestaltung zu betrachten:

Hier einige Beispiele, wie diese Haltung von Frauen dieser Schicht rationalisiert wird: "I would only work for voluntary agencies where I know there is lack of trained personnel. Not only does one meet nice people in such work, but one also feels really needed." Oder: "I want to work, but with a congenial set of people with whom I can have an intellectual exchange."; "My need to work is not because I don't know what to do with my time, but because I want to be engaged in interesting problems."[103]

Das elitäre Vorurteil der Männer gegen wirtschaftliche Unabhängigkeit der Frau ist von dieser Gruppe übernommen und internalisiert worden. Es ist darum nicht erstaunlich, daß sie auch die eifrigsten Verfechterinnen der hierarchischen Herrschaftsposition des Mannes sind. Sie sind zwar theoretisch für die Aufhebung der weiblichen Subordination unter den Mann, aber in der Familie betrachten sie die männliche Herrschaft als richtig und notwendig: "If working is so important for a woman then she should not marry. Once she is married, she must not act as if she were the most important member of the family."; "Educated women must not forget that their primary duty is towards their husband and children; everything else must be subordinated to their needs."; "A family where the man is not the domin-

102 R. Metha: a.a.O., S. 43–44.
103 R. Metha: a.a.O., S. 44.

ant figure whose word is respected is not a happy unit. In such a unit the children and the woman feel insecure."[104]

Es ist nicht anzunehmen, daß Rollenkonflikte und Spannungen in erhöhtem Maße in dieser Schicht auftreten, weil die wirtschaftliche Tätigkeit der Frau nicht den Charakter der Notwendigkeit hat und weder von den Frauen selbst und erst recht nicht von der Familie legitime Erwartungen an ihre Berufsrolle geknüpft werden. Die wirtschaftliche Existenz der Familie ist auch ohne das Einkommen der Frau gesichert. Elemente der Rebellion gegen die traditionellen Familienrollen und den inferioren Status der Frau sind daher in dieser Gruppe selten; wenn sie auftauchen, haben sie meist deklamatorischen Charakter.

3.3.4 Attitüden zur Berufstätigkeit der Frau

Wie sehen die Frauen ihre eigene Berufstätigkeit?

Ob eine berufstätige Frau sich durch die multiplen Rollenanforderungen überlastet fühlt, hängt nicht zuletzt davon ab, ob sie diese Anforderungen für prinzipiell miteinander vereinbar hält oder nicht. Hält sie es für unmöglich, allen gerecht zu werden, oder hält sie die eine oder die andere Rolle im Konfliktfall für die wichtigere, oder glaubt sie, daß kein grundsätzlicher Widerspruch zwischen den diversen Rollenerwartungen besteht?

Nach den Ergebnissen der regionalen Untersuchungen scheint der Schluß gerechtfertigt, daß der größte Teil der arbeitenden indischen Mittelklassenfrauen die Auffassung vertritt, daß sich weibliche Berufsarbeit und Familienverpflichtungen durchaus harmonisch ergänzen. 70% der Frauen der Poona-Untersuchung gaben an, daß Berufsarbeit und Familienarbeit für sie von gleicher Wichtigkeit seien. Nur 14,2% hielten Arbeit im Haus, und 15,8% Berufsarbeit für wichtiger[105]. Es ist interessant, daß nur Frauen mit einer hochqualifizierten Berufsausbildung und in prestigehaltigen Berufen und Positionen die Berufsarbeit für wichtiger als die Hausarbeit ansahen, während die Frauen, die der Hausarbeit den Vorzug gaben, in inferioren und schlechtbezahlten Stellungen waren.

Für die Mehrzahl der Frauen, die Berufs- und Hausarbeit gleiche Wichtigkeit beimaßen, erhebt sich nun die Frage, ob dieses Gleichgewicht der Rollen in Beruf und Familie auch in der Praxis besteht oder nur ein Postulat ist. Es erwies sich, daß 43% der Frauen angaben, volle Harmonie zwischen Hausfrauen- und Berufspflichten erreicht zu haben, 41,4% berichteten über eine erreichte Teilharmonie und 10,8% erwähnten Konflikte[106]. Es scheint

104 R. Metha: a.a.O., S. 45.
105 A. Ramanama: a.a.O., S. 383.
106 A. Ramanama: a.a.O., S. 395.

also, daß ein hoher Prozentsatz von Frauen keine Disharmonie zwischen ihren Berufs- und Familienpflichten empfindet. Manche geben jedoch zu, daß es oft schwierig sei, allen Anforderungen gerecht zu werden. Aber durch besondere Anstrengung versuchen sie, ein gewisses Gleichgewicht zwischen Beruf und Familie zu erreichen.

Zu ähnlichen Ergebnissen kam die D.S.S.W.-Studie. 70,7% der Frauen in den white collar jobs gaben an, daß ihre Arbeit keine negativen Auswirkungen auf ihre Familienbeziehungen hätte.

Die Berufsbefriedigung scheint bei indischen Frauen hoch zu sein. Dreiviertel dieser Frauen waren sehr zufrieden mit ihrer Arbeit, vor allem weil sie eine zusätzliche Einkommensquelle war[107].

Auch in der Studie von Kapur erklärten mehr als 2/3 der Frauen, daß sie mit ihrer Berufsarbeit zufrieden, bzw. sehr zufrieden seien, und nur 10 fanden ihre Arbeit unbefriedigend. Auch in Poona erklärte über die Hälfte der Frauen, sie hätten nie daran gedacht, ihren Beruf einmal aufzugeben[108].

Aufgrund dieser Befunde können wir schließen, daß

1. die Mehrzahl der berufstätigen indischen Mittelklassenfrauen eine positive Einstellung zu ihrer beruflichen Tätigkeit hat;

2. die Frauen keinen prinzipiellen Gegensatz zwischen ihren Berufs- und Familienrollen sehen, sondern von ihrer Vereinbarkeit überzeugt sind;

3. sich die positive Einstellung vor allem aus der Befriedigung über ihre neue ökonomische Rolle ergibt.

Es geht aus den Regionaluntersuchungen nicht hervor, ob sich in der positiven Meinung über die harmonische Koexistenz von Berufs- und Familienpflichten tatsächliche Erfahrungen niedergeschlagen haben oder ob sie zumindest teilweise ein Produkt der modernen Mittelklassenideologie ist, die den Gegensatz zwischen traditionell-indischen und westlich orientierten sozio-kulturellen Phänomenen hinwegleugnen will. Die oft stereotypen Formulierungen über die Vereinbarkeit von Beruf und Familie erwecken den Eindruck, daß diese konfliktlose Kombination von in sich widersprüchlichen Rollenobligationen bereits wieder eine neue kulturelle *Norm* darstellt, die man, je nach Kontext und Gesprächspartner, zu unterstreichen hat. Als Idealfrau gilt in der gebildeten städtischen Mittelschicht nach dieser Norm *die* Frau, die *spielend* gleichzeitig die Pflichten einer gattentreuen pativrata, einer aufopferungsvollen Mutter, einer gehorsamen, dienstbereiten Schwiegertochter, einer effizienten, hochplazierten Karrierefrau und einer unermüdlich ihren Wissenshorizont erweiternden Studentin erfüllt. Dieses Ideal wird nur dort in der Praxis erreicht, wo die materielle Grundlage der Familie eine weitgehende Befreiung der Frau von Familienpflichten ermöglicht. Diesem neuen Ideal eifern aber auch die vielen Frauen

107 D.S.S.W.-Studie: a.a.O., S. 37–38.
108 A. Ramanama: a.a.O., S. 382.

aus unteren und mittleren Einkommensgruppen nach, die nicht so viele Diener haben und die postulierte Harmonie nur durch ein Übermaß an Arbeit erreichen können.

Wie sehen die Ehemänner die Berufstätigkeit der Frau?

In der traditionellen patriarchalischen Familie waren die Meinung und die Attitüden des ältesten Mannes von zentraler Bedeutung für das Verhalten aller anderen Familienangehörigen. Wie die Studie von Desai gezeigt hat, ist der Gatte heute in den Nuklearhaushalten der zentrale Rollensender für die Frau, und nicht mehr der Schwiegervater[109].

Nach den Befunden der verschiedenen Untersuchungen über die Probleme berufstätiger Frauen ist ein erstaunlich hoher Prozentsatz der Ehemänner der Berufstätigkeit ihrer Frauen gegenüber positiv eingestellt. In vielen Fällen haben die Männer sogar den Anstoß zu der außerhäuslichen Arbeit der Frau gegeben, wie Kapur in ihren Einzelfalluntersuchungen nachweist. Von den 300 Frauen ihres Samples gaben 70% an, daß ihre Gatten wünschten, daß sie berufstätig seien, nur 9% der Gatten waren dagegen, daß ihre Frauen arbeiteten, und in all den Fällen, wo die Frau trotz ausdrücklicher Opposition des Gatten berufstätig war, gab es Schwierigkeiten in der Ehe[110].

Einen indirekten Hinweis auf die Bedeutung der Attitüden des Gatten zur Berufstätigkeit der Frau gibt auch Ramanama in ihrer Analyse der Gründe, warum 83 Frauen ihres Samples *nicht* berufstätig sind. Von diesen Frauen sagen 12, daß der Gatte, 6, daß die Schwiegermutter und 3, daß die eigenen Eltern opponieren, letztere waren wohl unverheiratet. 62 geben keine Gründe an. Da aber von diesen 83 Frauen 57 gerne arbeiten würden, ist anzunehmen, daß der tatsächliche Prozentsatz derer, die wegen negativer Attitüden ihrer relevanten Familienmitglieder *nicht* arbeiten, in Wirklichkeit höher ist, als die obigen Zahlen vermuten lassen. Der hohe Prozentsatz derer, die eine Antwort verweigern, könnte also auch so erklärt werden, daß die Frauen sich scheuen, Aussagen über die konservativen Attitüden ihrer Familienmitglieder zu machen[111].

Zu ähnlichen Ergebnissen kam auch die Untersuchung über die Attitüden von Frauen zur Teilzeitarbeit in Delhi. Das Sample bestand fast zu gleichen Teilen aus verheirateten und unverheirateten Frauen. Davon berichteten nur 7,11% über eine Opposition von seiten der Angehörigen[112].

Wenn man diese Befunde auf dem Hintergrund der traditionellen Normen über die Beschränkung der Frau auf den Familienbereich zu erklären versucht, könnte man annehmen, daß die positive Einstellung der Rollen-

109 N. Desai: a.a.O., S. 187.
110 P. Kapur: a.a.O., S. 80–81.
111 A. Ramanama: a.a.O., S. 351.
112 D.S.S.W.-Studie: a.a.O., S. 38.

sender der Frauen, vor allem der Gatten, zur Erwerbstätigkeit ihrer Ehefrauen ein Indiz für einen sich vollziehenden gesellschaftlichen Wandel auf der Ebene der Werte und Normen darstellt.

Gegen eine solche Erklärung ist eine gewisse Skepsis anzumelden. Die Erklärung, die N. Desai für die positive Haltung der Familie gegenüber dem Studien der verheirateten Frauen anführt, scheint auch für die Beurteilung der Berufstätigkeit Gültigkeit zu haben. Das würde besagen, daß in der Regel nur *die* Frauen berufstätig sind, deren Gatten oder Eltern eine positive Einstellung zu ihrer außerhäuslichen Tätigkeit haben, und daß deren Opposition ein Hinderungsgrund für Frauen ist, eine Berufstätigkeit aufzunehmen.

Diese Erklärung wird auch durch die Ergebnisse der D. S. S. W.-Studie gestützt. Opposition der Familienangehörigen war einer der Hauptgründe, warum nicht-arbeitende Frauen, trotz eigenen Arbeitswunsches, nicht berufstätig waren[113]. Die positive Einstellung der Gatten und „in-laws" zur Erwerbstätigkeit der Frauen beruht vor allem auf der Befriedigung darüber, daß die Frau durch ihre Arbeit das Familieneinkommen ergänzt[114]. Das bestätigen nicht nur die Ergebnisse der verschiedenen quantitativen regionalen Studien, sondern mehr noch die qualitativen Einzelfallanalysen von Kapur. Daß Gatten und Schwiegereltern an dem Einkommen der Frau interessiert sind und darum ihre Berufstätigkeit befürworten, bedeutet noch keinen Wandel der Werte und Normen.

Sowohl Desai's als auch Kapur's Ergebnisse bestätigen die schon von Kapadia bemerkte grundlegende Ambivalenz indischer Männer gegenüber nicht-traditionellen Aktivitäten ihrer Ehefrauen. Die Haltung der Männer gegenüber der Berufstätigkeit ihrer Gattin ist grundsätzlich positiv, sei es aus ökonomischen oder ideologischen Gründen, aber diese positive Attitüde hat weitgehend deklamatorischen Charakter, denn sie reagieren mit Ressentiments auf die Folgen, die sich aus der neuen Aktivität ihrer Frauen ergeben. Kapur schreibt: "They like their wives to take up jobs but dislike them to change at all as far as their attitude towards their roles and statuses at home is concerned, and dislike their traditional responsibilities being neglected which results from their preoccupation with out-of-home vocation. Their attitude towards their wives being employed is found to be ambivalent. They like their wives being in job for the advantages it bestows upon the family and upon them, yet they dislike it for the inconveniences caused to them on that account and for the feeling of insecurity and ego-frustration created by many things that their employment implies – wife sharing economic independence, individual status, proneness for developing individualised interests, wishes, attitudes and values of life, her having less submissive tem-

113 D.S.S.W.-Studie: a.a.O., S. 42 ff.
114 D.S.S.W.-Studie, S. 38.

perament and more developed sense of equality and freedom to move about with more opportunities to develop extra-marital relationship."[115]

Diese Ambivalenz der Ehemänner, auf die auch Dube hingewiesen hat[116], ist präzis mit dem englischen Sprichwort umschrieben: "They want to eat the cake and keep it."

Zusammenfassung

Die Ergebnisse der 4 Studien über berufstätige Frauen in Indien zeigen, daß keine signifikanten, durch kulturelle Faktoren bedingten regionalen Unterschiede in bezug auf die objektive Situation arbeitender Frauen bestehen. Dem Faktor Schicht kommt eine größere Bedeutung zu.

Eine objektive Rollenkonfliktsituation kann jedoch für alle Frauen, unabhängig von ihrer Schichtzugehörigkeit, angenommen werden. Sie wird bestimmt durch folgende Faktoren:

1. Die Berufsrolle der Frau konkurriert mit ihren Familienrollen, die keine prinzipielle Veränderung erfahren haben. Die physische und psychische Überlastung der Frauen ist groß, weil die Mehrzahl in Nuklearhaushalten wohnt, viele Frauen Kleinkinder zu versorgen haben, der überwiegende Teil einer Vollzeitbeschäftigung nachgeht und der Mann nicht im Haushalt mithilft. Erleichtert wird die Kombination multipler Rollen durch das Vorhandensein von Dienstpersonal und Hilfe der größeren Familie. Die Überforderung der Frauen ist in der unteren Mittelklasse am stärksten, weil hier die Frau mitarbeiten *muß*, ohne daß genügend Diener zur Entlastung eingestellt werden könnten.

Neben der physischen Überlastung verschärfen die negativen Reaktionen der signifikanten Rollensender die Konfliktsituation der Berufstätigen. Die Ressentiments der Gatten richten sich z.B. gegen bestimmte Berufsgruppen, besonders wegen der Durchbrechung der kulturellen Norm der Geschlechtersegregation, gegen die ökonomische Unabhängigkeit der Frau und gegen die Vernachlässigung traditioneller Pflichten in der Familie. Sie resultieren vor allem aus der Angst vor Autoritätsverlust.

2. Die Mehrzahl der Frauen ist aus ökonomischen Gründen berufstätig, sei es, weil sie das Familieneinkommen erhöhen wollen oder müssen, sei es, weil sie durch die Berufstätigkeit einen unabhängigen ökonomischen Status erwerben wollen. Die ökonomische Motivation hat auch den Vorrang bei Frauen aus der oberen Mittelklasse.

Neben dem ökonomischen Motiv spielt der Wunsch nach individueller Selbstverwirklichung in einem Beruf und nach einem eigenen Sozialstatus

115 P. Kapur: a.a.O., S. 407.

116 S.C. Dube: Men's and Women's Roles in India. In: Women in the New Asia, Barbara Ward (ed.). Paris, UNESCO 1963, S. 194–195.
S.C. Dube: Indian Village. Bombay 1965, S. 141–147.

eine Rolle. Ein kleiner Teil von Frauen ist berufstätig, weil sie ihre müßige Zeit ausfüllen wollen. Diese Frauen kommen alle aus der oberen Mittelklasse.

Die Mehrzahl der Frauen war schon vor der Heirat berufstätig und hat auch nach der Heirat gearbeitet.

3. Indische Mittelklassenfrauen sehen ihren Beruf vorwiegend als einen Dauerberuf an. Trotz großer Belastung und mancher Spannungen innerhalb der Familie zeigen sie die Tendenz, die Berufstätigkeit möglichst kontinuierlich neben ihren Aufgaben als Mutter und Gattin und evtl. Studentin weiterzuführen. Sie sind im allgemeinen mit ihrer Berufstätigkeit zufrieden, insbesondere weil sie eine Verdienstquelle darstellt.

4. Die Attitüden der relevanten Familienmitglieder, besonders der Gatten, sind im allgemeinen positiv gegenüber der weiblichen Erwerbstätigkeit. Es erwies sich, daß die Zustimmung der Männer vor allem deklamatorischen Charakter hat, sich aber kaum in aktiver Kooperation äußert. Die Frauen selbst sind mit dieser verbalen Zustimmung zufrieden, da sie es noch für selbstverständlich ansehen, daß sie die Arbeit im Haus allein erledigen. Ihre Berufstätigkeit hat ihre Iedologie über die Geschlechterrollen und die geschlechtsspezifische Arbeitsteilung nicht verändert. Da sie sowohl die Berufstätigkeit als auch die Erfüllung ihrer traditionellen Familienpflichten als legitime Erwartungen ansehen, außerdem unter dem Druck der neuen Norm stehen, daß diese beiden Erwartungssätze leicht zu vereinbaren seien, sind sie in der Praxis einem außergewöhnlichen Druck inkompatibler Anforderungen ausgesetzt.

3.4 Darstellung und Analyse von Einzelfällen

Die einzelnen regionalen Untersuchungen über studierende und berufstätige Frauen haben gezeigt, daß für die Mehrzahl dieser Frauen eine objektive Konfliktsituation besteht. Heirat und Übernahme der Pflichten einer Gattin, Schwiegertochter und Mutter bedeuten für viele dieser Frauen nicht mehr den Schlußpunkt oder auch nur eine einschneidende Zäsur in ihrer Bildungs- und Berufslaufbahn. Die Eigendynamik der Bildungs- und Berufswünsche führt bei der Ledigen zu einer Verringerung der Heiratschancen, bei der Verheirateten zu einer Häufung mehrerer familialer und außerfamilialer Rollen, die dann auch eine Überforderung darstellt, wenn diese Frauen es als ein Privileg ansehen, neben ihren Familienpflichten noch studieren und arbeiten zu dürfen.

Wir haben gesehen, welche äußeren und inneren Faktoren diese objektive Konfliktsituation konstituieren und wie die Frauen im allgemeinen in ihren verbalen Äußerungen auf diese Situation reagieren. Da die Mehrzahl dieser Frauen nicht daran denkt, Studium oder Beruf zugunsten der Familienrollen aufzugeben, müssen wir uns nun fragen, wie einzelne Frauen diese objektiv überfordernde Situation bewältigen und welche Auswege und Lösungen sie in ihrem tatsächlichen Verhalten finden. Ob Rollenkonflikte im Einzelfall *manifest* werden und welche Lösungen gefunden werden, hängt nicht nur von der objektiv gegebenen Rollenkonfliktsituation und dem „typischen Verhalten", sondern von dem tatsächlichen Verhalen der einzelnen Akteure ab[117]. Dies ist aber bedingt durch das Zusammenspiel multipler Faktoren im Kontext eines Lebenszusammenhanges. Zu diesen Faktoren gehört nicht zuletzt die Art und Weise, wie die einzelne Frau und ihre wichtigsten Rollensender ihre Situation *interpretieren*[118].

Im folgenden soll anhand von Einzelfalldarstellungen[119] von verheirateten und unverheirateten Frauen die Frage geklärt werden, wie Frauen im konkreten Einzelfall tatsächlich auf die Rollenkonfliktsituation reagieren, ob die Konflikte manifest werden oder verdeckt bleiben, welche Faktoren dabei eine Rolle spielen und welche Lösungen gefunden werden.

3.4.1 Unverheiratete Frauen

Der Zugang zur Bildung hat nicht nur den traditionellen Lebensphasenzyklus der Frau durch die Erhöhung des Heiratsalters verändert, sie hat darüber hinaus den *Erwartungshorizont* der Frauen entscheidend beeinflußt. Die gebildete indische Frau richtet neue Erwartungen ans Leben, die ihrer ungebildeten Schwester unbekannt sind. Sie strebt nach Chancengleichheit und Unabhängigkeit in Familie und Gesellschaft, nach einem eigenen Sozialstatus und vor allem nach einem eigenen, individuellen Leben, das nicht ausschließlich durch die Bedürfnisse ihrer Gruppe bestimmt ist. Diese neuen Erwartungen sind zunächst weitgehend theoretisch. Die Bildung gibt jedoch den Frauen gleichzeitig die Instrumente in die Hand, diese neuen Aspiratio-

117 E. Goffmann hat unterschieden zwischen dem normativen Aspekt einer Rolle, dem „typical response" und der aktuellen „role performance".
E. Goffmann: Encounters. Indianapolis 1961, S. 93.

118 E. Goffmann: Encounters. Indianapolis 1961, S. 93.

119 Diese Einzelfalluntersuchungen wurden teils während der Jahre 1966–67 während meiner Tätigkeit als Dozentin in Indien aufgezeichnet, teils während eines erneuten Aufenthaltes in Indien im Januar 1970. Daten, die aus den Jahren 1966–67 vorlagen, wurden bei dieser Gelegenheit ergänzt und neue Einzelfälle registriert. Um die Anonymität zu wahren, wurden fiktive Namen verwandt und konkrete Hinweise auf Beschäftigung, Wohnort usw. vermieden. Alle Aufzeichnungen wurden in den Städten Bombay und Poona gemacht.
Zur Ergänzung und um den Einfluß regionaler Unterschiede festzustellen, werden einige Einzelfälle in Kurzfassung referiert, die P. Kapur in Delhi untersucht hat (P. Kapur: a.a.O.). An dieser Stelle möchte ich der Autorin für die freundliche Erlaubnis danken, diese Einzelfälle darzustellen.

nen zu realisieren. Ihre Bildungsqualifikation ist die Voraussetzung dafür, daß sie in das Erwerbsleben eintreten und eine unabhängige Berufslaufbahn aufbauen können.

Die Realisierung dieser neuen Aspirationen wird durch die wirtschaftliche Notsituation des Landes stark begünstigt. Das Einkommen der traditionellen „Ernährer" reicht nicht mehr aus, um die materielle Existenz der Familie zu sichern, so daß sie auf die Mitarbeit der Frauen angewiesen sind.

Die neue Wirklichkeit und die neuen Aspirationen der indischen Mittelklassenfrauen stehen jedoch im Gegensatz zu der zentralen Rollenerwartung *Heirat* und den damit verbundenen Implikationen. Die Rollenerwartungen, die nach der Idealnorm an eine *Gattin* gerichtet werden, werfen ihre Schatten voraus auf die unverheiratete Frau und durchkreuzen ihre eigenen Bildungs- und Berufspläne. Die Rollenkonflikte der unverheirateten Frau antizipieren die Rollenkonflikte der verheirateten Berufstätigen. Sie haben ihre Wurzel in der Tatsache, daß Bildungs- und Berufserwartungen eine Eigendynamik entfalten, die nicht immer kongruent ist mit dem gesellschaftlich postulierten Primat der Familienrollen der Frau. Aus diesem Grunde befindet sich die ledige Frau in einer unsicheren und prekären Situation: sie muß und will studieren und arbeiten. Diese Tatsache gefährdet u. U. ihre Heiratschancen; gleichzeitig weiß sie, daß sie als Unverheiratete in der indischen Gesellschaft keinen Status hat.

Die folgende Darstellung und Analyse einzelner Beispiele von ledigen Frauen wird auf das Entstehen von Rollenkonflikten im Zusammenhang biographischer Situationen eingehen. Die Anordnung der Einzelfälle erfolgt nach dem Kriterium, ob Frauen aus äußerer wirtschaftlicher Notwendigkeit studieren und arbeiten und so ohne eigenes Zutun in die Rollenkonfliktsituation hineingeraten oder ob sie Studium und Beruf bewußt als Mittel zur Opposition gegen Heiratspläne der Familie und gegen das traditionelle Rollenbild der Frau betrieben haben. Die erste Gruppe wäre demnach stärker außengesteuert und die zweite stärker innengesteuert, obwohl beide Kategorien sich überschneiden können.

I. Gruppe: Frauen, die aus wirtschaftlicher Notwendigkeit studieren und arbeiten

SUMATI (32, Hindu, M.A., Lektorin, Einkommen ca. 800 Rupies)

Ihr Vater (Brahmane, B.A.B.Ed.) war zuerst Lehrer, dann Ingenieur und ist heute Assistant Manager. Er hat ungefähr 1000 Rs Einkommen.

Sumati ist das älteste von 8 Kindern, ihre Mutter starb, als sie 2 Jahre alt war, von der zweiten Mutter hat der Vater 5 Kinder.

Da der Vater oft versetzt wurde, besuchte sie viele Schulen und verlor viel Zeit. Ein Jahr lang war sie in einem Internat, ihre Collegeausbildung bekam sie in Bombay.

Nach dem B. A. wartete sie wegen einer Versetzung des Vaters zwei Jahre, ehe sie weiterstudierte. Dann machte sie den M. A. schließlich mit 25 Jahren. Nach dem M. A. bekam sie ein Stipendium für ein Auslandsstudium und kehrte als Sprachlehrerin nach Indien zurück.

Sie betrieb ihre Studien nicht im *Gegensatz* zur Heirat. Da sich aber ihr Vater nie nach einem Bräutigam für sie umsah, sie im Gegenteil ermutigte, weiter zu studieren, hat sich diese Frage zunächst gar nicht gestellt. Sie selbst hatte auch nichts gegen die Wünsche des Vaters einzuwenden und sah das Studium als ein lohnendes Ziel. Sie hätte wohl früher heiraten können; in ihrer Familie stand ihr das Recht auf eine Kreuzvettern-Ehe zu (die Familie stammt aus Mysore, wo die Kreuzvettern-Ehe üblich ist), aber diese Möglichkeit hatte sie abgelehnt.

Sie unterstützt mit ihrem Gehalt die jüngeren Geschwister, die alle noch in der Ausbildung sind, jeden Monat gibt sie dem Vater einen bestimmten Betrag. Einige sind aber bald mit ihrem Studium fertig und können dann selbst verdienen.

Jetzt würde der Vater sie gerne verheiraten, aber es ist nicht leicht, einen passenden Partner für sie zu finden. Sie ist 1. zu weit ausgebildet und findet nicht leicht jemanden, der einen ähnlich hohen Bildungsstatus hat, wobei der Auslandsaufenthalt auch als statuserhöhend mitzubedenken ist. Ihr Vater müßte 2. eine sehr hohe dowry aufbringen, denn nur dadurch könnte 3. der Mangel ihres Alters ausgeglichen werden, wenn der Vater seine Tochter nicht unter seinem Stand verheiraten will, d.h. an einen verwitweten Mann oder einen Mann aus einer „schlechteren" Familie. Das „Hinabheiraten" der Tochter ist aber gegen die soziale Norm der Brahmanen.

Sumati selbst würde jetzt auch gerne heiraten, aber sie sieht die Schwierigkeiten, die sich aus ihrer Situation ergeben, realistisch, denn auch die Möglichkeit einer *love-marriage*, gegen die der Vater nichts einzuwenden hätte, hat unter den gegebenen Umständen keine großen Chancen. Obwohl sie durch ihren Beruf mit vielen erwachsenen Männern zusammenkommt und auch die Atmosphäre ihres Arbeitsplatzes informelle Beziehungen zwischen den Geschlechtern erlaubt, verhindert ihr Status als Lehrerin und die internalisierten Hemmungen sowohl auf seiten der Männer als auch der Frauen das Aufkommen einer Liebesbeziehung. Trotz des Wegfalls äußerer Schranken ist es nicht leicht möglich, sich zu verlieben. Sie ist bereit zu heiraten, wenn ihr Vater einen Partner findet. Sie ist sich darüber im klaren, daß sie dann eventuell ihren hochbezahlten Beruf aufgeben muß, aber sie würde versuchen, weiter zu arbeiten. Wenn Mann und Frau nicht in der gleichen Stadt Arbeit fänden, würde sie ihre Arbeit aufgeben und mit ihrem Mann ziehen, aber sie würde versuchen, sich zu beschäftigen.

Wenn der Vater keinen passenden Partner findet, wird sie in ihrem jetzigen Beruf bleiben. Auf die Frage, ob sich aus der Situation, als ledige Frau allein in einer fremden Stadt zu wohnen, Probleme für sie ergeben, sagte sie, daß es in den Städten Bombay und Poona nicht so problematisch sei, als Unverheiratete allein zu wohnen. Sie wohnt mit einer ebenfalls ledigen Kollegin zusammen in einer Art Pension für berufstätige Frauen. Das wird von der Gesellschaft akzeptiert, nicht aber, wenn eine ledige Frau irgendwo in der Stadt ein Zimmer hat. Sie geht auch mit ihrer Kollegin oder anderen Freundinnen abends aus, ohne männliche Begleitung. Manchmal kommen sie erst um 2 Uhr nachts von einer Theater- oder Musikveranstaltung zurück. Bis 9 Uhr abends geht sie auch allein aus, aber nach 9 Uhr nur mit anderen Frauen zusammen oder in Begleitung ihrer männlichen Kollegen oder Freunde, die dann die bekannte Beschützer-Rolle spielen.

NAJNA, (31, Moslem, M.A., B.Ed., Lehrerin an einer Sekundarschule, Einkommen: ca. 400 Rs.)

Sie ist die älteste von 5 Schwestern, die alle unverheiratet sind. 3 der Schwestern sind berufstätig und verdienen zwischen 100 und 350 Rupies, die jüngste studiert noch. Der Vater lebt nicht mehr, es sind keine Söhne in der Familie, folglich müssen Najna und ihre Schwestern die Mutter und die Familie erhalten.

Najna ist zufrieden mit ihrer Berufsarbeit, weil sie finanziell auf eigenen Füßen stehen und ihre Familie unterstützen kann. Sie ist außerdem die am weitesten ausgebildete Schwester, alle anderen haben nur Sekundarschulabschluß.

Sie hat keine Pläne in bezug auf eine Heirat, schließt diese Möglichkeit aber nicht grundsätzlich aus. Als älteste und am besten ausgebildete Schwester muß sie allerdings die Rolle des Brotverdieners und „ältesten Bruders" in der Familie spielen und kann daher kaum an eine Heirat denken. Außerdem ist die Familie arm und könnte keine dowry für einen Mann zahlen, der ihrem Bildungsstand entspräche. Zudem fehlen die Männer in der Familie, Vater und Brüder, die sich nach einem passenden Mann für sie umsehen könnten. Darum ist auch noch keine der Schwestern verheiratet. Die Möglichkeit, daß es zu einer love-marriage kommt, ist gering, denn Najna hält strikt am orthodoxen Frauenbild und den traditionellen Verhaltensmustern fest. Sie ist gegen mixing von Männern und Frauen, geht nur mit Freundinnen aus, ist der Meinung, daß das indische Weiblichkeitsideal nicht mit dem Bild der modernen Frau zu vereinbaren ist, sieht es als höchste Pflicht der Gattin an, für Mann und Kinder zu sorgen und alle Aufgaben dieser Pflicht unterzuordnen. Sie hält Frauen für ungeeignet, in höhere Stellungen und in prestigehaltige Berufe, etwa in die höhere Beamtenlaufbahn oder ins Management, aufzusteigen. Sie ist der Meinung, diese hochbezahlten Posten müßten Männern vorbehalten bleiben.

Sie möchte ihren Beruf auf keinen Fall aufgeben, denkt vielmehr daran, ihre Bildungsqualifikation noch weiter zu verbessern und möchte noch promovieren.

SUDHA (27, Hindu, S. S. C., ohne Beruf)

Sudha hat Sekundarschulbildung. Sie hat eine Zeitlang als Telefonistin gearbeitet, hat aber später diese Arbeit wieder aufgegeben. Sie versucht, ihre Ausbildung durch zusätzliche Kurse zu verbessern.

Sie kommt aus einer Brahmanenfamilie. Ihr Vater besaß etwas Land, er war Verwaltungsangestellter und ist vor einigen Jahren gestorben. Sie hatte noch einen Bruder, aber der ist schon in jungen Jahren als Boxer[120] tödlich verunglückt.

Der Vater war ein leidenschaftlicher Nationalist und Verehrer Hitlers gewesen und hatte seine Tochter in seinem Geist erzogen. Sie hatte früh gelernt, Männerarbeit zu verrichten, sie konnte sogar elektrische Geräte reparieren. Morgens stand sie um 5 Uhr auf, verrichtete ihre Gebete und schleppte das Wasser vom Brunnen in den dritten Stock des Hauses, wo sie wohnte.

120 Die Tradition des Boxens oder Ringens geht in Poona auf die Freiheitsbewegung unter Lokamanya Tilak zurück, der im Gegensatz zu Gandhi eine gewaltsame Befreiung vom Kolonialjoch predigte. In den Boxer- und Ringerclubs sollten sich die jungen Männer körperlich für diesen Kampf ertüchtigen.

Nach dem Tod des Vaters blieb sie allein in diesem Haus, das in einem sehr orthodoxen Brahmanenviertel der Stadt liegt. In diesem Milieu verliert eine junge Frau ihren guten Ruf, wenn sie allein wohnt.

Sie hatte keinen Onkel und keine anderen männlichen Verwandten mehr, die sich um ihre Verheiratung hätten kümmern können. Das vom Vater hinterlassene Vermögen war nicht groß, trotzdem sagte sie, sie habe nach dem Tod des Vaters weniger aus Not als aus dem Wunsch nach Beschäftigung eine Arbeit als Telefonistin angenommen. Aber nach zwei Jahren gab sie diese Arbeit wieder auf, weil, wie sie sagte, die „Atmosphäre" am Arbeitsplatz schlecht war. Dazu erklärt sie folgendes: „Von Kind auf wurde uns beigebracht, daß wir keinen Mann ansehen, anlächeln oder mit ihm sprechen dürften. Wenn ich es trotzdem tat, verachteten mich meine Kollegen und meine Vorgesetzten. Sie hielten mich für eine schlechte Frau. Manchmal besuchten mich meine Kollegen in meiner Wohnung, einige kommen auch heute, aber dann wollen sie immer etwas von mir."

In ihrem äußeren Habitus und ihrer Kleidung hält sie sich nicht strikt an das Modell der orthodoxen Brahmanin: Sie trägt ihre Haare nicht in einem straffen Zopf, sondern lose am Hinterkopf zusammengebunden, sie benutzt kein Haaröl. Sie trägt zwar nur Saris, aber manchmal ärmellose Sariblusen, was als Zeichen der Modernität gilt. Hosen oder Röcke trägt sie allerdings nicht. Manchmal besucht sie sogar Tanzveranstaltungen in der sogenannten Cantonment Area der Stadt, dem Stadtteil, in dem früher die englischen Kolonialherren, heute Ausländer und die verwestlichten Gruppen von Indern wohnen.

Auf die Frage, ob die Nachbarn sich nicht über ihre Lebensweise und die Tatsache, daß sie als unverheiratete Frau allein wohne, aufregten, sagte sie: „Was frage ich nach den Leuten! Tust du was, dann reden sie, tust du nichts, dann reden sie auch. Ich lasse mein Leben nicht von den anderen Leuten bestimmen."

Sie sieht keine Möglichkeit für eine arranged marriage, weil sie ganz allein im Leben steht. Da sie weder eine gute Ausbildung , noch einen guten Beruf hat, muß sie versuchen, auf unkonventionelle und sozial nicht akzeptierte Weise Kontakt zu Männern zu bekommen. Dadurch verdirbt sie aber ihre Aussichten, einen „guten" Mann aus „guter Familie" zu bekommen, vollends.

Als Ausweg aus diesem hoffnungslosen Dilemma zwischen ihrer konkreten sozialen Lage und den orthodoxen Normen ihrer Umgebung träumt sie davon, eine Arbeit im Ausland zu finden, obwohl sie keinerlei Voraussetzungen dazu hat.

Analyse der Gruppe I

Obwohl der familiäre und sozio-ökonomische Hintergrund der drei Frauen unterschiedlich ist, bestehen in bezug auf die zentrale Konfliktsituation Studium/Beruf oder Heirat weitgehende Parallelen.

Das nichtkonforme Verhalten – Studium und Beruf über das ideale Heiratsalter und die optimale Bildungsqualifikation hinaus – geht nicht auf die Initiative der Frauen selbst zurück. Im ersten Fall ermutigte der Vater die Tochter zum Studium und vernachlässigte, wahrscheinlich aus wirtschaftlichen Erwägungen, seine Pflicht, die Tochter rechtzeitig und standesgemäß zu verheiraten. Dabei kam ihm der Wunsch der Tochter und der allgemeine Trend zur höheren Frauenbildung entgegen. Da in der Familie noch viele unversorgte Kinder waren und das Gehalt des Vaters nicht für eine angemessene Ausbildung, zumindest der Söhne, ausreichte, mußte die Tochter die Rolle übernehmen, die in den Mittelklassen normalerweise dem ältesten Sohn zufällt: Die Familie investiert einen ziemlichen Betrag in die Ausbildung dieses Ältesten, erwartet aber, daß er dieses Geld zurückzahlt, indem er 1. seine alten Eltern versorgt, 2. die Ausbildung seiner jüngeren Brüder und 3. die Verheiratung seiner Schwestern bezahlt. Im Falle des ältesten Sohnes steht diese Rollenerwartung einer rechtzeitigen Heirat nicht im Wege, denn das Geld, das die Schwiegertochter als dowry in die Familie mitbringt, kann in die Ausbildung der jüngeren Geschwister investiert werden. Bei der ältesten Tochter, die die Rolle des ältesten Bruders übernehmen muß, schließen sich Versorgung der jüngeren Geschwister und eigene Heirat aus, da die Frau nach der Heirat zur Familie des Mannes gehört.

Auch im zweiten Falle spielte die Frau die Rolle des „ältesten Bruders", war am besten ausgebildet, hatte den besten Beruf, verdiente am meisten und war der Hauptemährer der Familie. Da aber kein männliches Familienoberhaupt da war, hatte sie mit der Ernährerrolle auch die formale Autorität in der Familie, was allerdings bedeutete, daß sie in bezug auf die Frage der Heirat auch ganz auf sich gestellt war, während die Frau im ersten Fall noch immer die Verantwortung und die Entscheidung über Ehe und Partnerwahl auf den Vater abschieben konnte.

Im dritten Fall kümmerte sich der Vater weder um eine gute Ausbildung, noch um eine rechtzeitige Verheiratung der Tochter. Nach seinem Tod gab es niemanden mehr, der sie in sozial akzeptierter Weise verheiraten konnte.

Die beiden ersten Frauen sind nicht prinzipiell gegen eine Heirat, sondern sehen in der Gattinnen- und Mutterfunktion das höchste Ziel der Frau. Sie machen sich auch beide Gedanken darüber, daß sie als Unverheiratete keinen geachteten Status in der Gesellschaft haben und möchten gerne heiraten. Sie wissen außerdem, daß die Familie bisher die einzige Sozialversicherung ist, die man in Indien hat. Aber inzwischen haben beide Frauen einen so hohen sozio-kulturellen Status erreicht, sind beide bereits so alt geworden, daß sich nicht leicht mehr ein passender Gatte für sie findet, d.h. ein Gatte, der älter als sie oder gleichaltrig und mindestens genau so gebildet ist wie sie. Einen weniger gebildeten Gatten würden diese Frauen aber selbst nicht gerne akzeptieren, nicht zuletzt aus ökonomischen Erwägungen heraus. Sie halten am orthodoxen Frauenbild fest und wären im Ernstfall bereit, den Beruf auf Wunsch des Mannes aufzugeben. Darum hätten sie bei einer nichtstandesgemäßen Heirat wirtschaftliche Nachteile. Eine standesgemäße Heirat ist aber so gut wie ausgeschlossen.

Die dritte Frau ist bereits so sehr in eine abweichende Lage abgedrängt, daß sie nur auf nichtkonformem Wege noch eine Chance für eine Heirat sieht. Die Chancen für eine nichttraditionelle love marriage sind aber ebenso gering. Um nicht ins Gerede zu kommen, müssen diese alleinstehenden Frauen sich strikt an den traditionellen Verhaltenskodex der Frau halten und dürfen nicht gegen die sozialen Regeln der Geschlechtersegregation verstoßen. Selbst dort, wo die äußeren Bedingungen für eine freie Partnerwahl sehr günstig sind, nämlich im ersten Fall, wo die Frau mit vielen erwachsenen Studenten und Kollegen zu tun hat, sind die internalisierten Hemmungen auf beiden Seiten so stark, daß nur mehr oder weniger formelle und neutrale Beziehungen zwischen den Geschelchtern aufkommen können. Dazu kommt, daß die beiden ersten Frauen das traditionelle indische Weiblichkeitsideal als verpflichtend ansehen. Sie müssen also in ihrem Verhalten sehr vorsichtig sein und unterliegen aufgrund ihrer Situation einer Art Zwangszölibat.

Die beiden ersten Frauen weichen in ihrem praktischen Verhalten erheblich von dem traditionellen Rollenmuster der Frau ab. In der Praxis hat eine Rollenumkehr stattgefunden, da beide die Rolle des „Ernährers“ und des älteren Bruders spielen, ohne aber dessen Status zu haben. Trotz dieser weitgehenden Veränderung auf der Ebene des tatsächlichen Verhaltens ist kein Wandel auf der Bewußtseinsebene erfolgt. Die Frauen halten an dem Primat der Familienrollen und dem patriarchalischen Weiblichkeitsideal fest. In ihrem Lebensstil sind sie peinlich darauf bedacht, die Normen über „anständiges Verhalten“ nicht zu verletzen.

Daß es sich bei dieser faktischen Rollenumkehr nicht um isolierte Ausnahmen handelt, bestätigt auch Ramanama in ihrer Untersuchung. Sie schreibt: „... as cost of living has terribly increased, nowadays the eldest child, whether girl or boy is forced to take up employment in order to supplement the Family income“[121].

Ein weiterer Hinweis in dieser Richtung ist auch die Tatsache, daß viele unverheiratete Frauen sich ihre dowry heute selbst verdienen müssen. Diese Übernahme der instrumentellen Rollen des Mannes, des Vaters, des Gatten oder des ältesten Bruders wirkt sich aber, wie wir sahen, keineswegs automatisch auf eine Veränderung der normativen Struktur und der Rollenbilder aus. Diese Normen werden vielmehr ritualistisch weiterbefolgt, obwohl sie längst ihren Sinn verloren haben. Die Frau ist selbständig genug, zu studieren, zu arbeiten und die Familie zu ernähren, aber aus dieser Selbständigkeit erfolgt keine Rebellion gegen alte Strukturen.

Im dritten Fall rebelliert die Frau in ihrem äußeren Habitus gegen die traditionellen Verhaltensmuster der anständigen Frau. Es ist anzunehmen, daß dieser Protest mehr die notwendige Folge ihrer ausweglosen Situation als das Resultat emanzipatorischer Ideen ist. Aber die Frage der Motivation ist belanglos für die Reaktionen der Gesellschaft auf ihr Verhalten; sie ist in einem praktischen Sinn exkommuniziert, da sie nicht mehr den Schutz einer Familie hinter sich hat. Sie gehört nirgendwohin, und ihr bleibt als Ausweg

121 A. Ramanama: a.a.O., S. 334.

nur die Flucht in die weitere Abweichung. Falls sie überhaupt heiratet, wird sie nur einen „schlechten" Mann finden, einen Witwer, einen aus einer niederen Kaste, aus einer schlechten Familie, einen Trinker usw. Da sie weder eine gute Ausbildung noch einen guten Beruf hat, ist sie andererseits auf „Versorgung" durch Heirat angewiesen.

II. Gruppe: Frauen, die aus Opposition studieren und arbeiten

Nicht alle Mädchen geraten ohne eigenes Dazutun in die Konfliktsituation. Für viele der unverheirateten Studentinnen über 22 ist das Studium eine Art Protest gegen das herrschende Heiratssystem, das ihnen eine freie Gattenwahl versagt und sie in die Abhängigkeit der Schwiegereltern und des Mannes bringt. Sie fühlen sich gedemütigt durch das dowry-System, das sie doch nicht beseitigen können, und sie suchen nach individueller Partnerschaft, für die es aber in dem bisherigen System keinen Platz gibt. Da eine offene Opposition gegen die gesellschaftlichen Strukturen ihnen nicht möglich ist, wählen sie den Ausweg des Studiums, durch den sie die Frage der Heirat zunächst einmal vor sich herschieben können, ohne gesellschaftliche Normen prinzipiell anzugreifen. Gleichzeitig erwerben sie sich auf diese Weise die Fähigkeiten, die sie in der Praxis von diesem Normdruck unabhängiger machen können. In diesen Fällen geraten die Frauen in dem Moment in die Situation des Rollenkonflikts, in dem die Familie oder die Gesellschaft ihnen ein weiteres Abweichen von der zentralen Rollenerwartung für die indische Frau, ihrer Gattinnen- und Mutterrolle, nicht mehr gestattet. Die folgenden Beispiele sollen diese Situation beleuchten:

KAMLA (23, Hindu, B. A., Studentin)

Kamla bereitet sich auf ihren M. A. in Sozialarbeit vor. Sie ist ein hübsches, gesundes Mädchen, sie trägt keinen Sari, sondern Rock und Bluse nach europäischer Manier.

Ihre Familie lebt in Bihar, sie gehört der Kaste der Chandrasenya Kayastha Prabhu an – einer Kaste, die nicht weit unter den Brahmanen steht. Ihr Vater hat einen B.Sc.-Grad, war Ingenieur und Industrieberater der Regierung von Bihar, Beamter, und ist jetzt pensioniert. Er verdiente etwa 2500 Rupies im Monat. Die Mutter hat die Primarschule bis zum 7. Schuljahr besucht. Sie ist Hausfrau. Kamla hat 3 Brüder und zwei Schwestern, die beide älter sind als sie, beide sind unverheiratet. Die älteste (28) ist Lehrerin, die jüngere (26) ist Ärztin. Die Brüder sind alle Ingenieure.

Ihre Sekundarschulausbildung bekam sie in einer Convent School in Bihar; sie war dort in einem Schülerinnenheim. Die ersten Collegejahre verbrachte sie in einem Regierungs-College in Calcutta, ihren B.A. legte sie in einem College ab, das von Nonnen geleitet wurde, ebenfalls in Calcutta. Alle diese Jahre wohnte sie im Studentenheim. Ein Jahr nach dem B.A. wollte sie zu Hause bleiben, aber sie hielt es nicht lange aus, untätig zu sein und arbeitete einen Monat mit dem amerikanischen Peace Corps und 5 Monate in einer Schule. Dann beschloß sie, Sozialarbeiterin zu werden und bewarb sich um Aufnahme in ein Institut für Sozialwissenschaften in Bombay. Sie sagte, zuerst habe sie Jura studieren wollen wegen des höheren Berufsprestiges, sie habe diese Idee aber aufgegeben, weil sie etwas Praktischeres tun wolle, sie möchte den Leuten in direkter Weise helfen; nach ihren Worten hat sie ein großes Bedürfnis, „to clean up the place". Zunächst hatte sie idealistische Ideen über Sozialarbeit im Kopf, dachte noch nicht so sehr daran, daraus einen Beruf zu machen. Aber sie wollte schon immer einen Beruf haben und nicht nur bis zum Collegeabschluß studieren und dann heiraten. Man sagte ihr, sie könne ja Hauswirtschaftslehre (Home Science) studieren und darin einen Grad erwerben, da die Heirat doch das Wichtigste sei. Sie wollte aber eine Tätigkeit ausüben, die über den engen Familienbereich hinaus geht. Sie glaubt auch, daß es nicht mehr leicht ist, weiter zu studieren, wenn man einmal verheiratet ist, darum möchte sie zuerst ihre Studien zu Ende führen. Ihre Pläne nach dem M.A. Examen: Sie möchte zuerst praktische Erfahrung in ihrem Beruf erwerben (Community Development ist ihre Spezialisierung) und eine Zeitlang auf dem Lande arbeiten. Danach möchte sie promovieren. Sie hält die praktische Erfahrung für eine notwendige Voraussetzung für eine wissenschaftliche Arbeit und möchte beides verbinden. Sie strebt den Doktorgrad an, weil er ihren Status erhöht und eine gute Ausgangsbasis für eine Karriere ist, nicht um sich die Zeit zu vertreiben.

Sie möchte heiraten, aber erst nachdem sie ihre Studien beendet und festen Fuß im Beruf gefaßt hat. Sie strebt eine love marriage an mit Zustimmung der Eltern. Sie würde wegen der Wahl des Ehepartners nicht ihre Beziehungen zu ihren Eltern brechen. Wenn sie einen Partner ablehnen würden, würde sie nicht auf der Heirat bestehen, denn die Eltern „are often more sober than the girl". Wenn sie keinen geeigneten Partner findet, wird sie auch eine arranged marriage akzeptieren, unter der Voraussetzung, daß die Eltern sie um ihre Meinung fragen und ihr die Gelegenheit geben, den jungen Mann kennenzulernen. Sie hält die Ehe für wichtig. Eine Ehe ist nach ihrer Meinung ein Prozeß, in dem beide Partner sich anpassen müssen. Sie möchte auch nach der Heirat arbeiten. Wenn der Mann, der sie heiraten möchte, dagegen ist, daß sie auch als Gattin berufstätig ist, wird sie ihn nicht heiraten. Sie hat schon einmal einen Mann aus diesem Grunde abgewiesen. Die Eltern haben eine unterschiedliche Einstellung zu ihren Studienplänen. Der Vater sieht zwar ein, daß eine gute Ausbildung heute wichtig für eine Frau ist, gleichzeitig macht er sich aber auch große Sorgen, weil seine drei gebildeten Töchter noch nicht verheiratet sind. Er sagt ihnen, sie sollten sich doch selbst nach einem Partner umsehen, hat also nichts gegen eine love marriage; wenn die Töchter aber keine Anstalten in dieser Richtung machen, wird er nervös und beginnt, sich selbst nach einem passenden Bräutigam umzusehen. Als er einen Mann für die älteste Schwester gefunden hatte, lehnte diese ihn ab, denn die drei Schwestern weigerten sich, daß eine dowry gezahlt wurde. Aber schließlich wird die älteste doch eine arranged-marriage haben.

Die Mutter hat alle Kinder, aber besonders die Töchter ermutigt, immer weiter zu studieren; sie möchte, daß sie finanziell unabhängig seien und auf eigenen Füßen stehen können. Obwohl – oder vielleicht weil – sie selbst keine hohe Schulbildung hat, sieht sie die Wichtigkeit einer guten Ausbildung und einer Berufskarriere für die Töchter ein. Während der Vater Bildung vor allem als Prestige-Faktor sieht – in Bihar geben die reicheren Familien ihren Töchtern jetzt mehr und mehr eine höhere Bildung, weil das den Status der Familie erhöht, erlauben ihnen aber in der Regel nicht, nach der Heirat zu arbeiten – denkt die Mutter praktisch, sie sieht das Studium der Tochter als Voraussetzung für eine unabhängige Karriere, die ihr die Möglichkeit gibt, ihr Leben selbst in die Hand zu nehmen. Die Mutter ist dafür, daß Söhne und Töchter sich ihren Lebenspartner selbst suchen. Aus diesem Grunde hat sie auch nichts gegen mixing von Mädchen und Jungen. Sie ist dafür, daß ihre Töchter viele Leute treffen, auch Männer, damit sie eine gesunde Beziehung zum anderen Geschlecht entwickeln können. Der Vater ist auch in dieser Frage uneins mit sich: er glaubt, daß eine Frau durch mixing ihre „Kultur“ verliert. Auf der anderen Seite hat er Kamla nach Bombay geschickt, wo junge Männer und Frauen zusammen studieren und ihre Studentenheime auf dem gleichen Campus sind, damit sie junge Männer kennenlernt. Er hat nichts gegen eine love marriage, aber er hält mixing für schlecht.

UMA (23, Hindu, M. A., Forschungsassistentin)

Uma, Brahmanin, hat einen M. A. und arbeitet als Assistentin an einem Institut für Sozialarbeit und Sozialwissenschaften in Bombay.

Ihr Vater ist Steuerbeamter, hat einen B. A. und einen Grad in Jura. Er ist pensioniert. Die Mutter ist Hausfrau. Sie hat 3 Schwestern, alle graduiert und verheiratet, und einen Bruder. Er ist Ingenieur. Der Vater hat ein Monatseinkommen von 500–600 Rs. Die Familie wohnt in einer größeren Stadt in Maharashtra.

Der Vater war nicht dagegen, daß sie nach dem B. A. noch weiterstudierte, hatte aber Bedenken, seine damals neunzehnjährige Tochter allein in die Großstadt Bombay ziehen zu lassen. Er hat auch nichts dagegen, daß sie einen Beruf ergreift.

Uma hat sich als Forschungsassistentin für einen 2. M. A.-Kurs eingeschrieben, danach möchte sie promovieren. Sie möchte eine akademische Laufbahn einschlagen.

Sie will erst heiraten, wenn sie ihr Doktorexamen hat und alle für ihre Karriere nötigen Qualifikationen. Sie ist der Meinung, daß sie nur vor der Ehe frei genug ist, alle diese Entscheidungen zu fällen, nachher besteht die Möglichkeit, daß der Gatte oder seine Familie ihr verbieten weiterzustudieren. Sie hält die Ehe für wichtig für eine Frau und ist nicht grundsätzlich gegen eine arranged marriage, vorausgesetzt, daß ihr der Partner sympathisch ist, daß er aufrichtig und ein wirklicher „companion“ ist.

Ihre Eltern hätten auch nichts gegen eine love marriage. Sie selbst will keinen Mann heiraten, der eine dowry verlangt. Wenn weder sie noch die Eltern einen Mann finden, der ihren Vorstellungen entspricht, wird es ihr nichts ausmachen, allein zu bleiben, sie wäre mit ihrem Beruf ganz zufrieden.

Die Eltern wären glücklich, wenn sie heiratete, aber sie will zuerst ihr Studium ganz abschließen.

In ihrem Institut ist die Möglichkeit gegeben, Männer zu treffen. Sie hat nichts gegen mixing, solange es in den Grenzen der Konventionen bleibt. Wenn sie mit einem Mann befreundet wäre, würde sie selbst dafür sorgen, daß gewisse Schranken nicht überschritten würden. Tanzen, Rauchen, Küssen etc. kämen nicht in Frage. Sie würde erst dann mit einem Mann ins Kino gehen, wenn sie ihn wirklich sehr gut kännte. Sie bedauert es nicht, in einer orthodoxen und konventionellen Familie aufgewachsen zu sein, wo es alle die Freiheiten nicht gab, die man in Bombay haben kann.

In den beiden folgenden Beispielen bekommen die Frauen die negativen Sanktionen von Familie und Gesellschaft wegen ihres abweichenden Verhaltens bereits zu spüren. Sie befinden sich in einer aktuellen Konfliktsituation und sind sich dessen bewußt. Sie stammen aus der oberen Mittelklasse.

RADHA (28, Hindu, M.A., Sprachlehrerin, Einkommen ca. 1000 Rs.)

Radha ist die einzige Tochter eines Geschäftsmannes aus Bombay. Die Familie stammt aus dem Punjab, gehört der Khatri Kaste an (eine landbesitzende Kaste) und ist nach der Teilung des Landes aus der Lahore-Gegend zunächst nach Amritsar, später nach Bombay gezogen. Der Vater ist der Vorstand einer joint family, die aus drei Brüdern mit ihren Frauen und Kindern besteht. Der Familienverband wurde auch durch die Flucht nicht aufgelöst. Zwar wohnen die einzelnen Familien nicht im selben Haus, aber die Brüder betreiben das Geschäft gemeinsam, teilen den Profit und keiner hat die Absicht, die joint family aufzulösen. Nur die drei Brüder wissen über die Finanzlage der Familie Bescheid, sie sprechen nie vor ihren Frauen oder ihren Kindern von Geschäftsangelegenheiten. Die Familie gehört zu der oberen Mittelschicht. Der Vater hat einen B.A. Grad, die Mutter hat Sekundarschulbildung und spricht Englisch. Radha hat einen jüngeren Bruder, der Ingenieurwissenschaften studiert.

Radha bekam ihre College-Ausbildung in Bombay, wo die Familie auch wohnte. Sie wollte jedoch nach dem B.A.-Examen nicht sofort heiraten, und der Vater erlaubte ihr, in Poona weiterzustudieren. Sie war dann mehrere Jahre in dieser Stadt und lebte im Studentinnenheim. Sie bewarb sich um ein Stipendium für ein Auslandsstudium. Als Voraussetzung mußte sie aber den M.A. nachweisen. Deshalb belegte sie einen M.A.-Kurs und unterrichtete gleichzeitig schon. Nach dem M.A.-Examen ging sie ins Ausland, blieb dort 1 1/2 Jahre und erwarb ein Sprachlehrerdiplom. Nach ihrer Rückkehr nach Indien bekam sie eine gutbezahlte Stelle als Sprachlehrerin in Bombay.

Radha ist ein zurückhaltendes, gut aussehendes Mädchen, das in ihrem Auftreten und Benehmen nicht von dem Rollenmuster der guten Tochter abweicht, trägt Saris, hat ihre Haare nicht abgeschnitten, sondern trägt sie in einer gepflegten Frisur, manchmal aufgesteckt, manchmal in einem Zopf. Sie wehrt sich gegen die Idee einer arranged marriage und gegen dowry und hat anfangs die Idee der Heirat überhaupt von sich weggeschoben. Obwohl Männer sie attraktiv finden und sie in Poona in ihren Möglichkeiten, Männern zu begegnen, keinerlei Hemmungen unterworfen war, blieb sie scheu und schloß keine Freundschaft mit einem Mann. Sie rebellierte gegen den Zwang, dem die indische Frau unterworfen ist und sah ihr Studium und ihre Karriere als ein Mittel an, diesem Zwang zu entgehen.

Ihr Vater hatte zunächst nichts gegen ihre Bildungswünsche, er war reich genug, ihr Studium zu bezahlen. Er sah das Studium seiner Tochter vorwiegend unter dem Aspekt des Prestiges, sah aber auch die finanziellen Vorteile, die daraus erwachsen konnten. Er wollte sie allerdings auch verheiratet sehen; da sie aber nichts von Heirat hören wollte und trotz ihres schüchternen Auftretens einen festen Willen hat, gab er nach und ließ sie sogar ins Ausland reisen, was zwar seinen und ihren Status erhöhte, aber ihre Heiratschancen herabsetzte.

Heute möchte er sie gerne so bald wie möglich verheiraten. Von Zeit zu Zeit stellt er ihr einen jungen Mann als prospektiven Bräutigam vor; es wird ihm immer schwieriger, Männer zu finden, die älter und gebildeter als Radha sind; Radha selbst sieht jetzt auch ein, daß sie ihre Protesthaltung aufgeben muß, daß sie als Frau in ihrem Land nicht gut allein bleiben kann. Aber durch ihr Studium und durch ihren Auslandsaufenthalt haben sich ihre Ideen über Ehe und Familie geändert. Sie findet die Männer, die ihr der Vater bringt, zu albern und zu unreif, sie würde schon heiraten, wenn sie einen Mann fände, der, wie sie sagt, „erwachsen“ ist und ähnliche Ansichten hat wie sie. Sie ist aber nicht mehr bereit, die Rolle der unterwürfigen indischen Frau zu spielen, auch kann sie keine arranged marriage mehr akzeptieren. „Man heiratet einen Mann nicht", so meinte sie, „weil er zufällig die gleiche Kaste, einen hohen Bildungs- und Berufsstatus hat und aus einer reichen Familie stammt". Auf der anderen Seite sieht sie klar, daß es einer Frau aus ihren Kreisen nicht leicht ist, sich selbst einen passenden Partner zu suchen. Die indische Gesellschaft hat keine Formen des zwischenmenschlichen informellen Verkehrs zwischen den Geschlechtern entwickelt. Radha sagt, ihre Eltern erlaubten ihr nicht, unbegleitet abends auszugehen, und selbst wenn sie es dürfte, wäre es nicht ratsam. Und im Umgang mit Männern, den sie aufgrund ihres Berufes reichlich hat, herrschen die formalen und konventionellen Beziehungen vor (s. Sumati); trotz freier und häufigerer Begegnungsmöglichkeiten mit dem anderen Geschlecht verhindern die internalisierten Hemmungen das Entstehen von Freundschaft, Liebe und Gefährtenschaft.

Wenn sie keinen passenden Partner findet – eine arranged marriage ohne gegenseitige Zuneigung käme für sie nicht in Frage –, wird sie ledig bleiben. In diesem Fall wird sie evtl. noch weiterstudieren und ihre Karriere ausbauen. Sie glaubt, daß ein solches Leben immer noch erfüllter und besser sei als das mit einem ungeliebten und herrschsüchtigen Mann, der nicht das gleiche geistige Niveau habe wie sie.

Die Familie drängt aber auf eine baldige Heirat, und Radha ist hin und her gerissen. Die Frage beschäftigt sie sehr, sie schläft nicht mehr gut und leidet unter depressiven Stimmungen. Die Sorge um die Zukunft hat auch ihren allgemeinen Gesundheitszustand angegriffen.

SHAMIM (29, Moslem, M. A., Sprachlehrerin)

Shamim hatte ihren B.A. in Französisch abgelegt. Danach hatte sie eine kurze Reise nach Europa gemacht. Nach ihrer Rückkehr wollte sie weiterstudieren; da ihr Vater ihr aber kein Geld mehr gab, machte sie zunächst mit einem Kollegen eine kleine Privatschule auf. Als das Unternehmen sich als wenig einträglich erwies, lieh sie sich Geld zu Wucherzinsen bei einem Geldverleiher und bezahlte damit die Studiengebühren für weitere Sprachkurse in einer anderen Stadt, wo sie in einem Studentinnenheim wohnte.

Ihre Familie gehörte der oberen Mittelklasse an. Der Vater war ein höherer Beamter des Bombay Port Trust gewesen und war jetzt pensioniert. Er war sehr liberal und hatte seinen Kindern, auch den Töchtern, eine westlich orientierte Ausbildung gegeben. Die Frauen der Familie beobachteten nicht mehr die Purdah-Sitten. Er erlaubte seinen Töchtern sehr viele Freiheiten; sie hielten sich nicht an die traditionellen Tabus und machten sich den modernen, verwestlichten Lebensstil der Großstadt-Inder zu eigen. Die Mutter war nicht besonders gebildet, setzte dem Vater und den Kindern aber keinen Widerstand entgegen.

Shamim verstand sich sehr gut auf den modernen Lebensstil. Sie drapierte ihre Saris nach der neuesten Mode oder trug Hosen, legte großen Wert auf ein gepflegtes Äußeres und war nicht scheu im Umgang mit Männern; sie rauchte und tanzte gelegentlich (damit verstieß sie bewußt gegen den Sittenkodex der „anständigen" Frau). Sie war selten verlegen um einen männlichen Begleiter, der sie auf ihren Ausgängen eskortierte, denn trotz aller Selbständigkeit teilte sie die Angst vieler Mittelklassenfrauen vor Belästigungen durch Männer. Sie verband die Vorteile des alten Systems auf diese Weise mit der Freiheit der modernen Frau.

Das Fernziel ihrer Studien war ein Studium oder ein Aufenthalt im Ausland. Um ein Anrecht auf ein Auslandsstipendium zu bekommen, mußte sie mehrere Kurse absolvieren und das M. A.-Examen ablegen. Als sie das M. A.-Examen mit Erfolg abgeschlossen hatte und ihr Ziel nun in erreichbare Nähe gerückt war, rief sie der Vater zurück nach Bombay. Er machte ihr klar, daß sie jetzt endlich heiraten müsse. Ihre Heiratschancen waren durch ihr Alter – sie war fast dreißig – und durch ihr vieles Studieren und ihren unabhängigen Lebenswandel bereits sehr schlecht. Ein weiterer Auslandsaufenthalt würde diese Aussichten eher noch verschlechtern als verbessern, da er sie nicht nur älter, sondern auch noch anspruchsvoller in bezug auf einen Partner machen würde. Shamim hatte – ähnlich wie Radha – immer gesagt, die indischen Männer seien „unreife Jungen", sie aber suchte einen gleichwertigen Partner. Der Vater machte ihr klar, daß sie sich jetzt entscheiden müsse, den Mann zu heiraten, den er bereits für sie ausgesucht hatte, oder aber das Schicksal einer unverheirateten Frau auf sich zu nehmen. Shamim sah sich in die Enge getrieben, denn sie wußte, daß sie als ledige Frau keinen Status und auch keine Freiheit haben konnte. Außerdem wußte sie, daß im gegenwärtigen Indien nur die Familie so etwas wie eine Sozialversicherung für Alter und Invalidität bedeutet. Sie sah wohl auch, daß ihre Chancen, in Europa einen Mann zu finden, nicht sehr groß waren. In ihrer Ratlosigkeit setzte sie sich und dem Vater ein Ultimatum: Wenn zu einem bestimmten Termin die Zusage für das Stipendium nicht gekommen sein sollte, wollte sie den vom Vater Erwählten heiraten. Sie hatte ihn einmal gesehen, er war viel jünger als sie und war Ingenieur. Die Frist verstrich, die Zusage für das Stipendium traf nicht ein, Shamim gab ihre Zustimmung zur Heirat. Sofort wurden alle Hochzeitsvorbereitungen getroffen. Als nach wenigen Tagen der Brief mit der Bewilligung des Stipendiums eintraf, war es zu spät; Shamim konnte ihr gegebenes Wort nicht mehr zurücknehmen. Sie gab das Stipendium zurück mit der Begründung, sie werde in zwei Wochen heiraten.

Die Hochzeit fand nach dem üblichen mohammedanischen Ritus statt. Shamim saß geschmückt auf ihrem Bett und ließ es zu, daß Schwestern und Tanten um sie herumschwirrten und ihr Füße und Stirn bemalten, sie trug schweren Goldschmuck, wie es die Sitte vorschrieb. Alle Frauen bewunderten die teuren Juwelen, aber sie hatte nur Verachtung für dieses Gehabe. Sie benahm sich nicht wie eine gute Braut, die schweigsam und mit niedergeschlagenen Augen zu warten hat, bis die eigentliche Hochzeitszeremonie, die in einem anderen Raum stattfindet, zu Ende ist. Sie redete laut und machte ironische Bemerkungen über ihre Ausstattung.

Für ihre Entscheidung gab sie folgende Erklärung: „Mein Vater liebt mich sehr, er hat uns immer sehr viel Freiheit gelassen, aber jetzt ist er alt und pensioniert und macht sich Sorgen um meine Zukunft. Wenn ich jetzt nicht geheiratet hätte, wäre er sehr unglücklich gewesen, das konnte ich ihm nicht antun, außerdem habe ich noch mehrere unverheiratete Schwestern, und die Pension meines Vaters ist ja nicht so hoch." Von ihrem Bräutigam sagte sie, er sei ein netter Junge, der ihr versprochen habe, später einmal mit ihr nach Europa zu fahren. Sie wollten nicht zu den Schwiegereltern ziehen, wie es seine Mutter verlangte, sondern eine kleine Wohnung suchen.

Heute (1970) hat sie ein Kind. Sie gibt wieder Sprachunterricht, denn der Mann verdient nicht sehr viel.

LEELA (23, Hindu, B. Sc., Übersetzerin)

Leela stammt aus einer reichen Familie aus dem heute pakistanischen Teil des Punjab. Nach der Teilung des Landes ließ sich die Familie in Delhi nieder.

Leela studierte Mathematik, Physik, Chemie bis zum B.Sc.-Grad, erreichte aber bei der Prüfung nicht die notwendige Punktzahl, um den M.Sc. in Chemie machen zu können, wie sie es wünschte. Damit war ihr eine akademische Laufbahn in der naturwissenschaftlichen Fakultät verschlossen. Sie wollte aber um keinen Preis nach dem B.Sc. heiraten, sondern richtete ihr ganzes Sinnen und Trachten auf ein Studium und auf einen unabhängigen Beruf. Sie ging daher in eine Stadt in Mittelindien und absolvierte dort mehrere Sprachkurse. Sie wohnte in einem Studentinnenheim. Sie gab ihren Plan trotz mehrerer Fehlschläge nicht auf; ihr Fernziel war ein Studium oder eine Arbeit im Ausland. Sie bewarb sich mehrere Male erfolglos um ein Stipendium und um Stellungen bei ausländischen Firmen in Indien und in Europa. Nach vielen vergeblichen Versuchen nahm sie die Stelle einer Übersetzerin an.

Die Frage der Heirat wies sie weit von sich: sie wollte sich nicht, bzw. noch nicht, in die Abhängigkeit von einem Mann oder einer Schwiegermutter begeben. In ihrem Auftreten war sie unauffällig, kleidete sich einfach und konventionell. Sie trug ihre Haare in Zöpfen, ihre Sariblusen hatten keinen zu tiefen Ausschnitt, noch waren sie zu kurz – in keiner Weise versuchte sie durch äußere Symbole zu demonstrieren, daß sie gegen die indische Gesellschaftsordnung rebellierte. In Gegenwart von Männern war sie schweigsam und ausdruckslos. Manche ihrer Mitstudenten fanden sie „tot", sie wußten nichts mit ihr anzufangen und sie nichts mit ihnen.

Die Familie ließ ihr sehr große Freiheit, sie setzte ihrem Unabhängigkeitsstreben und ihren diversen Studien- und Karrierewünschen keinen Widerstand entgegen. Die Brüder waren zwar dagegen, daß ihre einzige Schwester arbeitete, aber sie sorgte dafür, daß sie nicht viel von der Familie sah, fuhr auch in den Ferien nicht nach Hause, wie es von jeder indischen Tochter erwartet wird, sondern blieb im Studentinnenheim oder übernahm irgendeine Beschäftigung. Auf diese Weise vermied sie die Kritik der Familie.

Doch auch die neue Umgebung des Studentinnenheims übte eine soziale Kontrolle aus: Als einer der Mitstudenten sich für sie zu interessieren begann, mit ihr spazieren und ins Kino ging, begannen ihre Mitstudentinnen das Schlimmste zu fürchten. Ihren Freund hielten alle für einen Hochstapler, der keinerlei ernste Absichten habe, und Leela, die sich nun auch in der Praxis über Tabus und Konventionen hinwegsetzte traf die harte Kritik der Umwelt. Eine Mitstudentin erklärte ihre Situation folgendermaßen: „Wir indischen Mädchen sind wie ein eingedämmter Fluß. Der Damm, das sind die Konventionen, die dem Mädchen von klein auf Vorsicht und Zurückhaltung in bezug auf Männer auferlegen. Wir sind reserviert, bescheiden, passen auf alle unsere Bewegungen auf, wissen, wie wir in der Gegenwart von Männern stehen, sitzen und reden müssen, um nur ja nicht unseren Ruf zu gefährden. Wir müssen uns so verhalten, denn sonst verderben wir uns alle Heiratschancen. Kein Mann will ein Mädchen mit einem „schlechten Charakter" heiraten. Wenn aber dieser Damm der Konventionen einmal bricht, dann sind wir nicht mehr zu halten, dann sind wir hilflos. Wir haben nicht gelernt, uns gegen die Männer zu wehren. Die indischen Männer wissen das, darum ist es ihnen so leicht, ein indisches Mädchen zu verführen, das den Schutz der konventionellen Reserve aufgegeben hat. Aber selbst wenn es nicht so weit kommt, genügt es, daß es in der Heimatstadt Leelas ruchbar wird, daß sie einen Freund gehabt hat, und ihre Heiratschancen sind ruiniert. Es ist darum notwendig, daß sie nun, da sie „erweckt“ ist, sobald wie möglich heiratet – diesen oder einen anderen Mann –, denn welcher Mann würde ein Mädchen heiraten, das einen Freund gehabt hat?“ Der Ruf eines Mädchens ist jedoch schon gefährdet, wenn es einmal allein mit einem Mann ins Kino gegangen ist.

Obwohl hier die Voraussetzungen für eine love marriage gegeben waren, hat Leela bisher weder diesen noch einen anderen Mann geheiratet. Sie ist auch nicht ins Ausland gegangen, sondern arbeitet auch heute noch (1970) als Übersetzerin in dem gleichen Institut. Sie ist jetzt 27 Jahre alt.

Analyse der Gruppe II

Gemeinsam ist den fünf letzten Frauen, daß Studium und Beruf sich nicht aus objektiver wirtschaftlicher Not ergaben, sondern von den Frauen selbst als Mittel der Emanzipation von gesellschaftlichen Zwängen aufgefaßt wurden. Diese Frauen kamen alle aus den bessergestellten Schichten der Mittelklasse und aus relativ fortschrittlichem Milieu, in dem das Recht der Frau auf Bildung und Beruf anerkannt ist. Das Studium ist für diese Frauen eine Form der „institutionalisierten Evasion der institutionalisierten Norm“[122] Heirat. Sie wissen, daß die Familie sie mit Heiratsplänen verschont, solange sie studieren, gleichzeitig hoffen sie, durch das Studium die Voraussetzung für die Gestaltung eines individuellen Lebens zu schaffen, das nicht mehr nur durch den Horizont der Familie begrenzt ist.

Die Probleme dieser Frauen resultieren aus der Tatsache, daß sie nicht zum gesellschaftlich vorgeschriebenen Zeitpunkt geheiratet haben. Über die Bedingungen, die zur Rollenkonfliktsituation geführt haben, und die gefundenen Lösungen lassen sich folgende Punkte festhalten:

1. Aufgrund ihres bisherigen Studiums und des liberalen Familienmilieus richten diese Frauen neue, individualistische Erwartungen ans Leben. Sie streben nach Unabhängigkeit von der Familie, lehnen sich gegen den Zwang zur Heirat mit einem unbekannten und von der Familie ausgewählten Mann, gegen die traditionelle Schwiegertochter- und Gattinnenrolle auf und verurteilen das Zahlen einer dowry. Sie streben nach einem individuellen Sozialstatus, der nicht durch den Gatten, sondern durch ihre eigene Karriere bestimmt ist.

2. Ihre abweichende Haltung wird durch eine Kombination verschiedener Faktoren begünstigt: Die Familien selbst, Väter und Mütter, sehen in der Bildung ihrer Töchter ein erstrebenswertes Ziel. Sie können ihren Bildungs- und Karrierewünschen keinen Widerstand entgegensetzen und können sie nicht mehr zwingen, zu einem bestimmten Zeitpunkt zu heiraten. In einem Fall war sogar die Mutter die treibende Kraft hinter dem emanzipatorischen Verhalten der Tochter.

122 R. Merton: a.a.O., S. 344.

Durch ihr Studium haben diese Frauen egalitäre Ideen aufgenommen und wollen diese Ideen nun in ihrem Leben verwirklichen. Die Entwicklung abweichender Ideen und Verhaltensweisen wurde in allen Fällen durch eine Entfernung aus der Primärgruppe und die Mitgliedschaft in einer neuen Bezugsgruppe, nämlich der Studentinnen im Studentinnenheim, begünstigt. Hier wurden diese Mädchen mit Verhaltensweisen anderer kultureller Gruppen und Kasten konfrontiert. Das führte notwendigerweise zu einer Auseinandersetzung mit den eigenen Gruppennormen. In allen indischen Studentinnenheimen werden endlose Diskussionen über die Frage der arranged oder love marriage, über dowry, über die Frage Karriere oder Heirat geführt. Trotz strengster Heimregeln, die die Kontrolle des Elternhauses fortsetzen sollen, bieten sich immer Gelegenheiten zu einem weniger kontrollierten Kontakt zu jungen Männern, sei es bei Picknicks oder bei Studentenfeiern. Gleichzeitig stellt das Ausweichen ins Studium und ins Studentinnenheim ein Mittel dar, den Fragen der Eltern, die auf Heirat drängen, auszuweichen.

3. Der in allen Fällen latent vorhandene und mit zunehmendem Alter sich verschärfende Konflikt wird in dem Augenblick manifest, da ein weiteres Ausweichen vor der Mußerwartung Heirat nicht mehr aufrechtzuerhalten ist.

4. Die einzelnen Frauen unterscheiden sich in der Intensität ihrer Protesthaltung. Neben einer pragmatischen und kompromißbereiten Haltung, die vor allem bei den jüngeren Frauen vorkommt (Kamla, Uma), steht eine radikale Ablehnung traditioneller Rollenerwartungen aus ideologischen Gründen.

5. Die Opposition gegen die traditionelle Rollenerwartung Heirat ist nicht mehr gleichzusetzen mit einem Entschluß zu einem ehelosen Leben. Alle diese Frauen wollen heiraten; was sie ablehnen ist die Abhängigkeit und Fremdbestimmung, die mit der Ehe für sie gegeben ist. Dabei erweist es sich, daß dieselben Faktoren, die der Frau die Möglichkeit zur Gestaltung eines individuellen Lebens bieten, sich als hemmend für die Heiratsaussichten auswirken.

Das fortgeschrittene Alter und die hohe Bildungsqualifikation der Frauen wirken sich negativ auf die Gattenwahl aus, weil die Frau jünger und weniger ausgebildet sein soll als der Mann. Folglich verringert sich die Auswahl der „möglichen" Gatten bei hohem Bildungsgrad der Frau.

Bei den bereits berufstätigen Frauen kommt auch noch der inzwischen erworbene relativ hohe sozio-ökonomische Status hinzu, der wiederum die asymmetrische Struktur der Gattenbeziehung gefährdet und daher die Auswahlmöglichkeiten der Gatten beschränkt.

Einige Frauen haben ihren Protest auch durch äußere Symbole manifestiert, durch westliche oder zumindest moderne Garderobe, nichttraditionellen Haarstil, durch Verletzung des mixing-Tabus, durch Rauchen, Trinken,

Tanzen. Dieser neue Lebensstil wirkt sich ebenfalls negativ auf ihre Heiratsaussichten aus. Frauen, die sich so verhalten, kommen in den Ruf, einen „schlechten Charakter" zu haben. Eine standesgemäße Heirat wird dadurch sehr erschwert.

Hinzu kommt, daß einige Frauen eine dowry und eine arranged marriage kategorisch aus ideologischen Gründen ablehnen. So schränken sie wiederum ihre Heiratschancen ein.

6. Die Frauen unterscheiden sich in der Art und Weise, wie sie die Lösung ihrer Konfliktsituation sehen. In den beiden ersten Fällen wurde nicht der Primat der Familienrollen der Frau prinzipiell in Frage gestellt. Diese Frauen ziehen eine love marriage vor, sind aber auch zu einer arranged marriage bereit. Sie wollen wegen dieser Frage nicht mit ihrer Familie brechen. In den drei anderen Fällen wurde eine solche Lösung nicht vorgesehen, die Frauen rebellierten grundsätzlich gegen die pativrata-Rolle, hatten aber auch keine realistische Möglichkeit einer freien Gattenwahl. In einem Fall wurde nach Zuspitzung der Konfliktsituation vom Vater eine sehr radikale Lösung des Konflikts im Sinne des traditionellen Musters erzwungen, die wenig Spielraum für einen Kompromiß ließ.

7. Auch da, wo eine Lösung nach dem modernen Modell einer freien Partnerwahl versucht wurde, traten massive innere und äußere Hemmungen auf, die einen Erfolg verhinderten. Diese Lösung wurde von allen Frauen zwar angestrebt, eine Realisierung ist aber unter der Voraussetzung der herrschenden sozialen Mores sehr erschwert.

8. Die verdeckte oder offene Rebellion dieser Frauen gegen das traditionelle Rollenmuster der Frau findet ihre Schranken an der Rigidität der Strukturen. Es nutzt ihnen nichts, sich individuell von traditionellen Vorstellungen über Heirat und Gattenwahl und die Rolle der Frau in der Öffentlichkeit und in der Familie zu emanzipieren. Sie sind darauf angewiesen, daß sich ein Mann findet, der genau so denkt wie sie und bereit ist, sie zu heiraten. Allerdings sehen einige dieser Frauen der Möglichkeit, unverheiratet zu bleiben, mit ziemlicher Gelassenheit entgegen, weil sie einen guten Beruf haben.

3.4.2 Das Konfliktsyndrom unverheirateter Frauen

Die wichtigsten Faktoren im Konflikt Studium bzw. Beruf versus Heirat waren, wie wir sahen,

1. das fortgeschrittene Alter der Frau;
2. ihr überhöhter Bildungsstatus;
3. ihre neue sozio-ökonomische Rolle;
4. ihr neuer Lebensstil;
5. die neuen Erwartungen, die sie ans Leben richtet.

Die dargestellten Beispiele haben gezeigt, daß diese Faktoren in den meisten Fällen zusammenwirken, wenn auch manchmal der eine, manchmal der andere mehr im Vordergrund stand. Aus analytischen Gründen sollen sie hier jedoch getrennt betrachtet werden.

1. Fortgeschrittenes Alter

Eine Frau, die ihr Studium und ihre Karriere ohne Rücksicht auf ihre Heiratsaussichten verfolgt, überschreitet schließlich das „wünschenswerte" Heiratsalter und kann nur schwer einen Partner finden. Bis zu einer gewissen Altersgrenze, die im Einzelfall je nach der Liberalität der Familie verschieden ist, erlauben die Eltern ihren Töchtern, Studium und Beruf ungehindert zu verfolgen. Die Tochter mag anfangs auch die Illusion haben, daß es nicht schwer ist, als unabhängige berufstätige Frau einen Mann zu finden, der genau so denkt wie sie. Mit zunehmendem Alter muß sie aber einsehen, daß die jungen indischen Männer keinen Wert darauf legen, eine Frau zu heiraten, die selbständig ist, ihre eigenen Ansichten über das Leben hat und die gelernt hat, in Beruf und Gesellschaft auf eigenen Füßen zu stehen. Nach dem System der arranged marriage muß ein Mädchen so früh verheiratet werden, daß es sich ohne Schwierigkeiten einem fremden Mann und dessen Familie anpaßt. Aus diesem Grunde finden Frauen über 25 nur schwer einen Mann und müssen, wie wir es am Beispiel von Sumati sahen, darauf warten, daß die Familie einen Mann für sie sucht, was häufig mit großen finanziellen Opfern verbunden ist. Unverheiratete berufstätige Frauen, die das „ideale Heiratsalter" überschritten haben, sehen nicht nur mit Sorge und Unsicherheit in ihre Zukunft – trotz gesicherter Berufsexistenz –, sondern werden auch von dauernden Schuldgefühlen gegenüber ihren Vätern geplagt. Sie wissen, daß sie eine Last für den Vater sind, daß seine größte Sorge ihre Verheiratung und die Beschaffung einer adäquaten dowry ist, und daß er keine Ruhe finden wird, bis er diese religiöse und soziale Pflicht erfüllt hat. So kommt es denn manchmal dazu, daß ein Mädchen mehr aus Mitleid mit dem Vater als aus Neigung ihre Zustimmung zu der Heirat mit einem vom Vater ausgesuchten Mann gibt, wie wir es im Fall von Shamim sahen. Um diese Schuldgefühle gegenüber dem Vater in etwa abzutragen, sind, wie wir bereits sahen, heute viele Mädchen bereit, sich die dowry durch ihre eigene Arbeit zu verdienen[123].

2. Überhöhter Bildungsstatus

Die Mehrzahl der Frauen in den angeführten Beispielen hatte eine Bildungsqualifikation, die über dem Collegeabschluß (B. A., B. Sc. etc.) lag. Über den M. A. hinaus hatten mehrere ihre Ausbildung noch durch Spezialkurse verbessert. In einigen Fällen war zu diesen statushebenden Faktoren noch

123 s. S. 171.

ein Studium im Ausland gekommen, das in den indischen Mittelklassen einen außergewöhnlichen Prestigewert hat.

Alle diese Momente, die den individuellen Status der Frauen sichern und erhöhen, erweisen sich als Hindernis bei der Suche nach einem Bräutigam. Die Zahl der Männer, die einen ähnlich hohen oder höheren Bildungsstatus haben als diese Frauen, ist selbst in sehr fortschrittlichen Kommunitäten und Kasten nicht hoch. Außerdem ziehen Männer mit hohen Qualifikationen jüngere und anpassungsfähigere Frauen vor.

Die hohe Bildung dieser Frauen ist aber nicht nur ein objektives Hindernis für eine sozial akzeptierte Heirat, sondern hat auch die Erwartungen der Frauen in vielen Fällen im Hinblick auf einen zukünftigen Gatten verändert. Mehrere Frauen wollen aufgrund ihres veränderten Bewußtseins nur einen Mann heiraten, der ihnen an Selbständigkeit, Aufgeschlossenheit und Reife ebenbürtig ist. Sie klagen darüber, daß die indischen Männer „unerwachsen" seien. Sie meinen damit, daß sie nicht gelernt haben, die Verantwortung für ihr eigenes Leben selbst zu übernehmen, daß sie zu sehr von ihren Eltern abhängig, zu verwöhnt sind und nicht den Mut haben, unkonventionelle Entscheidungen zu treffen.

Das Dilemma dieser Frauen besteht darin, daß sie zwar neue Erwartungen in bezug auf die Partnerwahl hegen, daß sie aber warten müssen, ob sich indische Männer finden, die diese Erwartungen teilen.

3. Die neue sozio-ökonomische Rolle der unverheirateten berufstätigen Frau

In zwei der berichteten Fälle (Sumati, Najna) mußten die Frauen studieren und arbeiten, um den Unterhalt der Familie sichern zu helfen; in einem Fall war die Frau sogar die Haupternährerin, weil kein Mann mehr in der Familie war. Aus diesem Grund konnte sie nicht an eine Heirat denken, da sonst die Familie ihre wichtigste Stütze verloren hätte.

In beiden Fällen mußten die Frauen wegen der wirtschaftlichen Notlage der Familie Funktionen übernehmen, die die indische Gesellschaft den Männern zugeschrieben hat. Diese Tatsache bewahrt sie aber nicht vor der Kritik der Gesellschaft. Um sich in etwa vor den negativen Sanktionen zu schützen, halten sich diese Frauen peinlich genau an die vorgeschriebenen Verhaltensmuster der „anständigen indischen Frau".

In den anderen Fällen (Radha, Shamim, Sudha) waren die Frauen weniger aus wirtschaftlicher Not berufstätig als aus dem Wunsch, sich ökonomisch und sozial von der Familie unabhängig zu machen und ein eigenes Leben zu führen. Es ist kennzeichnend für die heutige Übergangssituation in Indien, daß die Eltern nichts gegen die wirtschaftliche Aktivität ihrer Töchter als solche haben, sie sind im Gegenteil ganz dankbar für das zusätzliche Einkommen, das die Tochter ins Haus bringt, auch in den Familien mit höheren Einkünften. Die Tatsache, daß sie Geld verdienen kann, wirkt sich auch keineswegs negativ auf ihre Heiratsaussichten aus, wie eine Analyse von Heiratsannoncen in einer indischen Tageszeitung bestätigt. Eine Untersuchung von 282 Heiratsanzeigen in der englischsprachigen Hindustan Times (Delhi) vom 3. Januar 1970 ergab, daß von 123 weiblichen Heiratssuchenden 49 (39,8%) eine Erwerbstätigkeit und davon 16 außerdem auch noch ihr Einkommen angaben. Einige der männlichen Heiratssuchenden bevorzugten sogar ein „employed girl". Es scheint, daß die ökonomische Tätigkeit der Frau in zunehmendem Maß als positives Attribut bei der Wahl eines Ehepartners bewertet wird. In früheren Inhaltsanalysen indischer Heiratsinserate kamen die Kategorien der weiblichen Berufstätigkeit und ihres Einkommens gar nicht vor oder waren nur schwach besetzt[124]. In ihrer Untersuchung der „Hindustan Times" und der „Tribune" von 1960 hat K. Anand aber schon gefunden, daß 30% der heiratswilligen Frauen einen Beruf angaben[125]. Mit der sich verschlechternden Wirtschaftslage des Landes scheinen sich die Normen über die ökonomische Aktivität der Frau in den Mittelklassen zu ändern. Das bedeutet jedoch nicht, daß auch die Implikationen dieser neuen wirtschaftlichen Tätigkeit der Frau positiv bewertet werden, nämlich die neuerworbene Unabhängigkeit und der eigene Sozialstatus der Frau. Auf der anderen Seite zögern gebildete und berufstätige Frauen, sich früh verheiraten zu lassen. Der vom Gesichtspunkt des indischen Heiratssystems negativste Aspekt der neuen ökonomischen Rolle der Tochter ist aber das berufsbedingte mixing, wie die angegebenen Beispiele deutlich illustrieren.

4. Der neue Lebensstil der Frau

Studium und Berufstätigkeit der unverheirateten Frau bedingen einen Wandel ihres Lebensstils, der sich zunächst dahin auswirkt, daß sie sich in der Öffentlichkeit unter die Männer „mischen" muß und dadurch die Segregations- und Purdah-Regeln verletzt. Manchmal muß sie auch vom Wohnort der Eltern entfernt wohnen, was bedeutet, daß sie ohne den traditionellen Schutz und die Kontrolle der Familie ist. Ein indisches Mädchen, das allein lebt, kann kaum der Mißbilligung und den Verdächtigungen ihrer Umgebung entgehen, wie das Beispiel von Sudha gezeigt hat. Zum anderen wird die berufstätige Tochter durch ihr eigenes Einkommen in den Stand gesetzt, Geld für sich selbst auszugeben, für Kleidung, Kosmetik, Erholung – alles Dinge,

124 Bei Noel Gist (1953–54) hatten 11% der heiratssuchenden Frauen einen Beruf angegeben; bei Arthur Niehoff (1953–54) ebenfalls 11%, bei Vreede de Stuers (1957–59) fehlt diese Kategorie, ebenfalls bei Reyes-Hockings' vergleichender Analyse von Zeitungen der Jahrgänge 1936, 1941, 1946, 1951, 1961. Die zusammenfassende Darstellung dieser Untersuchungen gibt Peter Kaupp: Das Heiratsinserat im sozialen Wandel. Ein Beitrag zur Soziologie der Partner-Wahl. Stuttgart 1968, S. 18 ff.

125 K. Anand: „An Analysis of Matrimonial Advertisements". Sociological Bulletin. 14/1 (1965), S. 59–71.

die der vom Vater wirtschaftlich abhängigen Tochter verboten waren. In der traditionellen Familie kaufte der älteste Mann die Saris und den Schmuck für die Frauen der Familie. Die wirtschaftlich unabhängige Tochter kann jedoch auch in ihrem äußeren Habitus ihren Protest gegen die patriarchalischen Mores ausdrücken.

Der ganze Komplex, den die indische Gesellschaft mit „mixing" umschreibt, versetzt die Eltern, insbesondere die Väter von berufstätigen Töchtern, verständlicherweise in größte Unruhe und Sorge. Sie wissen, daß ein „working girl" der Familie zwar finanzielle Vorteile bringt, aber gleichzeitig ihren eigenen und den Ruf der Familie und damit ihre Heiratsaussichten gefährdet, denn eine der wichtigsten Eigenschaften, die bei einer Heirat von einer Braut erwartet werden, ist ihr „Charakter"[126]. Charakter bedeutet im Kontext der indischen Moral: Keuschheit, Zurückhaltung, Virginität, absolute Loyalität und Treue gegenüber *einem* Mann vor und nach der Ehe. „Charakter" ist also eine Implikation des pativrata-Ideals.

Als größte Gefahr für den Ruf eines Mädchens gilt das Abhängigkeitsverhältnis zwischen ihr und ihrem männlichen Chef. Man scheint sich des Zusammenhangs zwischen ökonomischer und sexueller Abhängigkeit der Frau deutlich bewußt zu sein. Um diesen Komplex jedoch zu verstehen, muß man die Art und Weise der Sozialisation des indischen Mädchens mit in Rechnung stellen. Es hat von klein an auf der einen Seite gelernt, daß Männer eine Gefahr für seinen „Charakter" darstellen, und auf der anderen, daß jeder Mann, ob Bruder, Vater, Großvater, Onkel usw. aufgrund seines Geschlechts eine Autorität darstellt, der man sich gehorsam und ohne Widerrede unterwerfen muß. Das Ziel der Sozialisierung des indischen Mädchens ist Anpassung an gegebene Verhältnisse und an den Willen anderer; es hat nie gelernt, Entscheidungen für sich selbst zu fällen, Befehlen zu widersprechen, Autoritätsträgern den geforderten Respekt zu verweigern. Aufgrund dieser Sozialisierung haben indische Mädchen keine Verteidigungs- und Abwehrtechniken im Umgang mit fremden Männern gelernt, insbesondere nicht gegenüber Männern in Autoritätspositionen. Die Eltern fürchten daher nicht zu Unrecht, daß ihre Töchter ihren Chefs völlig wehrlos ausgesetzt sind[127].

Ferner zeigen die angeführten Beispiele, daß die indische Kultur keine Verhaltensmuster für einen informellen, freundschaftlichen Kontakt zwi-

126 94% der von M. Cormack befragten College-Studenten gaben als wichtigstes Kriterium bei der Wahl einer Braut „Charakter" an. Sie definierten „Charakter" vor allem durch folgende Kriterien: „faithful to me, loyal, chaste, moral, loving, affectionate, educated, good natured, obedient, subservient etc."
M. Cormack: She Who Rides a Peacock, S. 93.

127 Die alte Vorstellung, daß Frauen gänzlich außerstande seien, ihren guten Ruf selbst zu schützen und daher auf den „Schutz" der Gesellschaft angewiesen seien, bestimmt noch weitgehend das Bewußtsein der modernen Frauen, wie u.a. auch die Informantinnen M. Cormacks (The Hindu Woman, S. 74) bestätigen.

schen den Geschlechtern herausgebildet hat. Das gilt gleicherweise für den Hinduismus wie für die anderen Religionen. Weil jede nicht-formelle und nicht-verwandtschaftliche Beziehung zwischen einem Mann und einer Frau nur unter dem sexuellen Aspekt gesehen wird, wissen weder Männer noch Frauen, die durch die moderne Arbeitswelt, durch moderne Verkehrsmittel und westliche Freizeitinstitutionen wie Kino und Tanz in vielfältigen, kulturell nicht formalisierten Kontakt miteinander kommen, wie sie sich in dieser Situation verhalten sollen. Wenn die Frauen aus der ihnen anerzogenen Reserve heraustreten, wird diese Haltung von den Männern eindeutig als sexuelle Provokation interpretiert und gleichzeitig verurteilt. Welche Folgen diese doppelte Moral für die unverheiratete Frau haben kann, ist durch die angeführten Beispiele hinlänglich klar geworden.

Es ist darum nicht verwunderlich, wenn einige der berufstätigen ledigen Frauen sich in ihrem Verhalten in der Öffentlichkeit peinlichste Vorsicht auferlegen und sich in ihrem Lebensstil streng an die orthodoxen Verhaltensmuster halten. Diese „Überkonformität“[128] ist der Preis, den sie dafür zahlen müssen, daß sie berufstätig und, trotz fortgeschrittenen Alters, noch unverheiratet sind. Nur durch diese Art unfreiwilligen Zölibats können sie ihren guten Ruf in der Gesellschaft bewahren. Diese Situation der Gleichzeitigkeit von wirtschaftlichem Zwang zur weiblichen Berufstätigkeit und von patriarchalischen Moralvorstellungen hat in den indischen Mittelklassen zu einem bisher unbekannten sozialen Phänomen geführt, dem der ledigen Frau, der *„spinster“*, deren Problematik M. Cormack folgendermaßen beschreibt: “ “Girls, who are too old (above 25) or too highly educated (above B. A.) have denied their parents the opportunity to find them husbands. Bargaining power has gone. But it is difficult for the girls to find their own husbands (Lady doctors have the best opportunity) for in their jobs and homes they must be circumspect or lose their reputation. Indeed, to be friendly to bachelors – as, for instance, colleagues in a college faculty – would often result in dismissal. The unmarried woman can now usually earn her living, but she remains an object of suspicion.”[129]

Daß es sich bei dem neuen Phänomen der ledigen Frauen keineswegs um eine Randerscheinung handelt, bestätigen auch die Ergebnisse einer Untersuchung von Ch. Haté unter berufstätigen Frauen in Maharashtra. 39% Hindufrauen der ersten und 22% Hindufrauen der zweiten Gruppe waren unverheiratet. Ihr mittleres Alter betrug 26,8 bzw. 23,07 Jahre. Die Gründe für ihr Ledigsein sind die bekannten: zu hohe Bildung, Berufstätigkeit, Verantwortung für die Familie, Versorgung jüngerer Geschwister und vor allem

128 Der Begriff der „Überkonformität“ wurde von Merton geprägt; er bezeichnet ritualistisches Festhalten an vorhandenen Wertmustern in einer Situation, für die es keine verhaltensregulierenden Normen gibt.
R. K. Merton: a.a.O., S. 182.

129 M. Cormack: She Who Rides a Peacock, S. 89–90.

immer wieder zu hohe dowry-Forderungen. Es ist bemerkenswert, daß 134 von 541 Unverheirateten nicht zu heiraten wünschen[130]. Dieser hohe Prozentsatz berufstätiger lediger Frauen in einem Land mit einem chronischen Männerüberschuß spricht für sich.

5. Neue Erwartungen ans Leben

Waren die mit dem mixing-Komplex zusammenhängenden Rollenkonflikte der unverheirateten Frau eine gewissermaßen unvermeidliche Konsequenz ihrer Berufstätigkeit, so kann das nicht in gleichem Maße von den Problemen gesagt werden, die sich aus den neuen subjektiven Erwartungen ergeben, die gebildete indische Frauen ans Leben richten.

In den angeführten Fällen fand sich der Aspekt neuer, individueller Erwartungen ans Leben bei den Frauen, die nicht aus wirtschaftlicher Not, sondern aus Protest gegen die traditionellen Familienrollen der Frau berufstätig waren. Ihre Berufstätigkeit faßten sie als Instrument auf, um sich von den vielfältigen, der Frau auferlegten Restriktionen zu befreien. Dabei orientierten sie sich am Leitbild der – ihrer Meinung nach – emanzipierten westlichen Frau und verlangten im Namen einer egalitären Idologie wirtschaftliche Unabhängigkeit, Chancengleichheit mit dem Mann in Beruf und Familie, das Recht auf freie Partnerwahl und auf einen eigenen, nicht vom Gatten abhängigen Status. Diese Frauen mußten trotz weitgehender Toleranz ihrer Eltern erfahren, daß die in der indischen Konstitution den Frauen zuerkannten Rechte eine Sache sind und die soziale Praxis eine andere, mehr noch, daß sie nicht ungestraft als Individuen versuchen konnten, diese Rechte *gegen* die bestehenden gesellschaftlichen Strukturen durchzusetzen, sie waren vielmehr gezwungen, sich letztlich dem sozialen Druck zu beugen und auf einen Teil ihrer nichtkonformen Erwartungen zu verzichten.

3.4.3 Verheiratete Frauen

Wie die Analyse von Heiratsanzeigen gezeigt hat, ist eine Frau, die Geld verdienen kann, sogar im patriarchalischen Nordindien als Schwiegertochter willkommen. Die gebildete, berufstätige Inderin bringt aber nicht nur ihr wirtschaftliches Potential als willkommene Mitgift in die Ehe ein, sondern oft auch neue Ansprüche und Erwartungen, für die es im traditionellen indischen Familiensystem keinen Platz gibt und die ihre „in-laws" mit ihrer finanziellen Leistungsfähigkeit wohl oder übel miteinhandeln. Nicht nur die *objektiven* Berufsrollenerwartungen konfligieren mit den Familienrollenerwartungen. Auch die *subjektiven* neuen Erwartungen der Frau an die Mitglieder ihrer Familie stellen eine Herausforderung für deren eigenes Selbstverständnis dar.

130 Ch. Haté: a.a.O., S. 53, 56, 58.

Die Frau ist nicht nur das Opfer, das zwischen inkompatiblen Rollenanforderungen aufgerieben wird, sondern sie selbst tritt mit neuen Forderungen an den Ehemann und die Schwiegereltern heran, die deren Rollendefinition in Frage stellen. Ihre *Bildung* gibt manchen Frauen das Selbstvertrauen, solche neuen Forderungen zu stellen, und ihre wirtschaftliche Unabhängigkeit, das Gefühl, auf niemanden angewiesen zu sein, verleiht diesen Ansprüchen den nötigen Nachdruck. Dieser Nachdruck wird vermutlich umso größer sein, je höher der sozio-ökonomische Status der Frau einerseits und je abhängiger die Familie andererseits von ihrem zusätzlichen Einkommen ist.

Die Untersuchung des Verhaltens von unverheirateten Frauen in Konfliktsituationen hat deutlich gezeigt, daß Spannungen, Dissonanzen und Konflikte sich an einem Komplex von spezifischen „kritischen" Faktoren entzünden. Es waren dies insbesondere der Tatbestand der sozio-ökonomischen Unabhängigkeit und damit zusammenhängened die berufsbedingte Abweichung vom moralischen Verhaltenskodex der Frau, ihre neuen Aspirationen, ihr überhöhter Sozialstatus und ihr fortgeschrittenes Alter.

Ein Teil der Ängste, Spannungen und Schuldgefühle der Unverheirateten verschwindet mit der Heirat. Dennoch ist die Natur dieser kritischen Faktoren so, daß einige der Rollenkonflikte der Unverheirateten in modifizierter Form in der Ehe wiederkehren, denn die Konflikte der Ledigen bestehen ja ausschließlich im *Hinblick* auf ihre zukünftige Rolle als Gattin. So dürften sich die neue Rolle der studierenden oder arbeitenden Ehefrau, ihr berufsbedingtes mixing, ihr Streben nach einem individuellen Sozialstatus auch nach der Heirat als konfliktgenerierende Momente erweisen.

Die Übernahme des zentralen, zugeschriebenen Gattinnenstatus bedeutet aber auch gleichzeitig den Eintritt in einen neuen Rollensatz und in neue Rollenverpflichtungen. Damit hat sich auch der Bereich, in dem Rollenkonflikte akut werden können, für die studierende und berufstätige Frau erweitert. Zu den oben genannten Faktoren kommt nun noch hinzu die Aufteilung der Hausarbeit und der Kinderbetreuung, ferner das Problem, wie der unabhängige, erworbene Außenstatus der Frau mit ihrem abhängigen und kulturell als inferior definierten familieninternen Status in Einklang zu bringen ist und welche Rückwirkung diese Diskrepanz auf die Autoritätsstruktur in der Familie hat.

Es ist anzunehmen, daß die Reaktionen der einzelnen Frauen und ihrer relevanten Rollenglieder auf diese kritischen Faktoren mit sozialer Schicht variieren. Aus diesem Grunde teilen wir die Einzeldarstellungen der Ehefrauen in zwei Gruppen auf:

1. Frauen, die aus wirtschaftlichen Gründen studieren und berufstätig sein müssen,

2. Frauen, die *nicht* aus wirtschaftlichen Gründen studieren oder berufstätig sind, sondern aus Interesse, aus Ehrgeiz oder Langeweile.

Es ist selbstverständlich, daß sich die beiden Kategorien überschneiden. Wirtschaftliche Not schließt keineswegs genuines Berufsinteresse aus, und umgekehrt bedeutet Berufsinteresse nicht, daß eine Frau nicht auch die wirtschaftlichen Vorteile ihrer Tätigkeit mit in ihre Motivation einbezieht. Dennoch sind die beiden Gruppen deutlich voneinander unterschieden, und zwar durch das Kriterium der Notwendigkeit. Für die eine ist Ausbildung und Arbeit ein Muß, für die andere ein Privileg. Die Frauen der ersten Gruppe können ihren Beruf nicht nach Belieben aufgeben, die der zweiten Gruppe wohl. Die Frage, ob eine Frau arbeiten *muß* oder arbeiten *darf,* hängt aber vor allem von ihrer Schichtzugehörigkeit ab.

I. Gruppe: Frauen, die aus wirtschaftlicher Notwendigkeit studieren und arbeiten

PUSHPA (24, Jaina, M. A., Lektorin)

Pushpa ist die Tochter eines Landbesitzers aus einem Flecken in Rajasthan. Er hatte vor der Unabhängigkeitserklärung mehrere Dörfer besessen. Obwohl er nicht reich war, hatte er das feudale Leben eines Seth – eines Dorf- oder Distriktchefs geführt, das seiner Kaste und seinem Stand gemäß war. Nach seinem Tode wurde der älteste Sohn Chef der joint family, die rasch verarmte. Der älteste Sohn hatte zwar ein College besucht und sogar einen B. A. Grad erworben, hatte aber nie gearbeitet und lebte mit seiner zahlreichen Familie vom Vermögen des Hauses. Die jüngeren Söhne hatten schon keine vernünftige Schulbildung mehr bekommen, ihre bescheidenen Einkünfte als clerks oder shop keepers mußten sie zum Unterhalt der großen joint family beisteuern, denn sie lebten mit ihren Frauen und insgesamt 17 Kindern alle im Hause des alten Seth und standen unter der Autorität des ältesten Bruders. Die Frauen wohnten in einem separaten Teil des Hauses und beobachteten die Purdah-Sitten. Wenn einer der Männer seiner eigenen Frau begegnete – oder auch einer der Schwägerinnen, zog sie das Sari-Ende über das Gesicht und wandte den Kopf ab. Selbst die Mutter sprach nur mit verhülltem Gesicht mit ihrem ältesten Sohn. Sie war die Herrin des Frauenflügels, und die Schwiegertöchter schuldeten ihr Respekt und absoluten Gehorsam.

Pushpas Mutter hatte keine Bildung genossen, sie hatte allerdings Lesen gelernt, damit sie die hl. Jain-Schriften lesen konnte. Sie hatte Zeit ihres Lebens unter der Verfügungsgewalt eines Mannes gestanden, setzte es aber gegen den Widerstand der Familie und das Gerede des ganzen Städtchens durch, daß Pushpa, ihre jüngste Tochter, eine höhere Schule besuchen durfte und danach sogar noch ein Women's College in einer entfernten Stadt. Eine solche Ausbildung war gegen die herrschende Sitte dieser Gegend, nach der ein Mädchen bis zur 4. Volksschulklasse, im Höchstfalle bis zu 8. Klasse in der Schule bleiben durfte. Danach mußte es verheiratet werden.

Nach dem B. A.-Examen wäre es demnach auch höchste Zeit gewesen, Pushpa zu verheiraten. Aber sie wollte weiterstudieren, und ihre Mutter setzte es bei ihrem ältesten Sohn durch, daß sie die Universität in Jaipur besuchen durfte, wo sie nach zwei Jahren das M. A.-Examen in Sanskrit ablegte.

Sie war das erste Mädchen ihrer Stadt, das einen M. A. Grad erworben hatte. Diese Tatsache hob zwar einerseits das Prestige der verarmten Familie, verursachte aber andererseits Komplikationen und böses Gerede. Pushpa war inzwischen längst über das Alter hinaus, in dem ein „anständiges" Mädchen in dieser Gegend verheiratet wird. Außerdem war sie nun so viel gebildeter als die meisten jungen Männer ihrer Kaste, was wiederum gegen alle Konvention war. Die Mutter hatte zwar richtig erkannt, daß Bildung das einzige Mittel ist, mit dem eine indische Frau ihre Unabhängigkeit erringen kann, sie war aber auch realistisch genug, den Druck der herrschenden sozialen Normen richtig einzuschätzen. Sie bestand darauf, daß Pushpa nun heiratete, denn sie wußte, daß die indische Gesellschaft eine unverheiratete Frau nicht akzeptiert. Pushpa selbst zeigte keine große Neigung, in den Ehestand einzutreten, aber der Wille der Mutter galt für sie absolut. „I have absolute faith in my Mother", sagte sie.

Es war keineswegs leicht, einen passenden Mann für sie zu finden. Sie war nicht besonders hübsch; die Familie, vormals zwar angesehen, war nicht reich genug, eine hohe dowry zu zahlen, und Pushpa war vor allem zu gebildet.

Die ersten Heiratsverhandlungen scheiterten daran, daß die Familie des Mannes eine unverschämt hohe Mitgift verlangte (40.000 Rupies). Pushpas Brüder wären noch bereit gewesen, diese hohe Summe zusammenzubringen (durch den Verkauf von Familienschmuck oder Aufnahme eines Darlehens), aber Pushpa weigerte sich, sich auf so unwürdige Weise verkaufen zu lassen. Schließlich fand man einen Advokaten, der zwar weniger gebildet war als Pushpa, die Familie verlangte aber auch nur eine angemessene Mitgift, da sie selbst nicht sehr reich war.

Pushpa zog nach der Hochzeit in die joint family ihres Mannes, wo sie als jüngste Schwiegertochter die Rolle der Dienstmagd für die ganze Familie zu spielen hatte. Die ganze Familie und alle Frauen des Städtchens beobachteten diese neue „gebildete" Schwiegertochter mit Mißtrauen. Aber Pushpa hatte sich in den Kopf gesetzt, den Leuten zu beweisen, daß eine gebildete Schwiegertochter auch eine gute Schwiegertochter sein kann. Sie verhielt sich also äußerst respektvoll und gehorsam gegenüber ihrer Schwiegermutter, arbeitete Tag und Nacht und enthielt sich aller Widerrede. Mit dieser Anpassung an ihre zugeschriebene Rolle verfolgte sie in ihrem Hinterkoüf nur ein Ziel: Sie wollte aus dieser Familie herauskommen und sich selbständig machen. Das konnte sie aber nur, wenn sie die Familie ihres Mannes, besonders den Schwiegervater, nicht gegen sich hatte. Ihren jungenhaften und schwachen Mann hatte sie davon überzeugt, daß sie kein Kind in dieser Familie zur Welt bringen werde, denn wenn ein Kind da war, gehörte sie der Familie. Sie wollten wegziehen in eine der großen Städte, wo sie und ihr Mann Arbeit finden und wo sie ihr eigenes Leben leben könnten.

Durch Zufall erfuhr sie von der Möglichkeit einer weiteren Berufsausbildung auf Stipendienbasis in einer weitentfernten Stadt. Sie überredete ihren Mann und schließlich auch den Schwiegervater, daß eine solche Ausbildung von großem Vorteil sei, und mit ihrer Erlaubnis zog sie ein halbes Jahr nach der Hochzeit in diese Stadt.

Pushpa lebte wieder in einem Studentenheim, wie die meiste Zeit ihres Lebens, und genoß die Freiheit, die sie sich geschickt erkämpft hatte. Ihren Mann sah sie in den zwei Jahren ihrer Ausbildung nicht sehr oft, obwohl sie stets mit gebührendem Respekt von ihm sprach.

Nach ihrem Abschlußexamen versuchte sie zunächst, eine Stelle an einer Universität in ihrer Heimat Rajasthan zu bekommen, um in der Nähe ihres Mannes zu sein, der in eine andere Stadt gezogen war und dort als Advokat arbeitete. Als die Stellensuche sich als erfolglos erwies, blieb sie ein halbes Jahr bei ihrem Mann. Während dieser Zeit wurde das erste Kind, ein Mädchen, geboren. Ihr Mann verdiente aber nicht genug, um sie und das Kind zu ernähren, so nahm sie, als das Kind 8 Wochen alt war, eine Stelle an einer Universität in Andhra Pradesh an, etwa 2000 Meilen von ihrer Heimat entfernt, ihr Mann blieb in Rajasthan. Seine Ausbildung ermöglichte es ihm nicht, in einer fremden Stadt Fuß zu fassen.

Sie lebte mit ihrer Tochter in einer kleinen Wohnung. Eine Ayah versorgte das Kind, wenn die Mutter nicht da war. Ihr Gehalt war nicht sehr hoch, aber vermutlich höher als das ihres Mannes. Sie bemühte sich weiter, eine Stelle in der Nähe ihres Mannes zu finden, denn ihr Mann bat sie von Zeit zu Zeit, ihre Stelle aufzugeben und zu ihm zu kommen, sie hatte aber keinen Erfolg.

Dann wurde ihr die Gelegenheit zu einem kurzen Studienaufenthalt in Europa geboten. Sie nahm das Angebot an, weil sich ein Auslandsaufenthalt nur positiv für ihre berufliche Karriere auswirken konnte. Ihr Kind wurde während ihrer Abwesenheit von Verwandten versorgt.

Ihr Mann war zunächst stolz auf ihren beruflichen Erfolg, aber er hatte unter dem Gerede der Leute zu leiden, denn er war zwar verheiratet, aber seine Frau war nie da. Als sie aus dem Ausland zurückkam, war sie nicht nur sehr viel gebildeter als er, sondern bekam auch sofort eine sehr gute Stelle an einer Universität in Rajasthan. Sie hatte eine höhere Bildungsqualifikation als die Männer in der joint family der „in-laws".

Als ihr Mann feststellte, daß einer seiner Schwäger sich lieber mit der gebildeten und weitgereisten Pushpa unterhielt und ihr mehr Aufmerksamkeit widmete als seiner eigenen ungebildeten Frau (der Schwester von Pushpas Mann), wurde er eifersüchtig und warf ihr unmoralische Absichten vor. Das kränkte sie sehr, denn sie hatte sich stets bemüht, ihm allen Respekt entgegenzubringen, den eine indische Gattin ihrem Mann schuldet, sie hatte ihn nie spüren lassen, daß sie einen höheren Status hatte als er.

Nachdem sie eine Stelle an der Universität ihrer Heimat bekommen hatte, war ihre berufliche Karriere gesichert. Ihr Mann lebte immer noch in einer anderen Stadt, wo er seine Anwaltspraxis betrieb. Seine Frau verdiente mehr als er, und bald kamen Verwandte aus ihrer eigenen und der Familie ihres Mannes und beanspruchten ihre Hilfe. Als Schwiegertochter schuldete sie allen Mitgliedern der Gattenfamilie Respekt und konnte diese Hilfe nicht abschlagen. Die Beziehungen zu ihrem Mann waren gespannt, er kümmerte sich auch wenig um sie, als sie das zweite Kind erwartete. Sie wohnte allein mit ihrer zweijährigen Tochter in der Stadt, wo sie arbeitete, und mußte neben ihrer Tätigkeit an der Universität das Kind versorgen. Eine Nichte ihres Mannes half ihr ein wenig bei der Hausarbeit. Sie wollte nur zwei Kinder haben und war daher sehr glücklich, als das zweite Kind ein Sohn war. Damit hatte sie nun alle Erwartungen, die an eine Frau in einer traditionellen nordindischen joint family gerichtet werden, restlos erfüllt. Sie war eine respektvolle Gattin, sie unterstützte und achtete die Familie ihres Mannes, sie hatte einen Sohn geboren. Gleichzeitig hatte sie sich aber durch die Konsequenz, mit der sie ihre Karriere aufgebaut hatte, einen so hohen und unabhängigen ökonomischen und sozialen Status erworben, daß sie sich nicht mehr dem Kommando der Familie beugen mußte. Nach der Geburt des Sohnes gab ihr Mann seine Stelle auf und zog in die Stadt, wo seine Frau wohnte, obwohl ihm das zunächst berufliche Nachteile brachte. Die Frau war in der Zwischenzeit weit mehr die Ernährerin der Familie als der Mann.

SAROJINI (33, Hindu-Brahmanin, B.A. Sprachlehrerin, Einkommen ca. 800 Rs.)

Sarojinis Familie gehört einer der höchsten Brahmanenkasten an. Ihr Vater war Professor an einem Ingenieur-College.

Da ihre Familie ziemlich orthodox war, bekam sie ihre Sekundarschulausbildung in der Familie; ihr B.A.-Studium absolvierte sie jedoch in einem College, den M.A. konnte sie aus finanziellen Gründen nicht mehr machen. Sie machte dann eine einjährige Bibliothekarausbildung mit und belegte einen Sprachkurs. Nach dieser Ausbildung arbeitete sie als Bibliothekarin.

Der Vater war dagegen, daß sie arbeitete, er wollte sie nach dem B.A. sofort verheiraten und sah sich nach einem Mann für sie um, aber diese Pläne scheiterten daran, daß sie eine Brille trug. Sie sagte dann: „Ihr habt lange genug gesucht, wenn ich keinen Mann finde, dann will ich wenigstens eine Arbeit und einen Beruf haben." Die Arbeit im Haushalt befriedigte sie nämlich auch nicht sehr. Der Vater war vor allem dagegen, daß sie arbeitete, weil er glaubte, der Großvater, der Vorstand der joint family, würde das nicht dulden. Die Mutter redete ihr aber zu, sie solle die Bibliothekarstelle, die ihr angeboten wurde, annehmen, und so begann sie ihre Karriere. Sie war die erste berufstätige Frau in ihrer Familie.

Ihren Mann lernte sie als Bibliothekarin kennen. Die Heirat war eine Kombination aus arranged- und love marriage. Ihr Mann hatte darauf bestanden, die Braut kennenzulernen, ehe er heiratete. Sie selbst hätte nicht wagen dürfen, danach zu fragen, denn ihre eigene Entscheidung spielte keine Rolle. Da aber der Bräutigam darauf bestand, erlaubten es die Eltern. Im übrigen hat sich in dieser Beziehung in ihrer Familie in den vergangenen Jahren ein rapider Wandel vollzogen. Eine Kusine hat vor 4 Jahren ihren Bräutigam selbst gewählt, auch sie hatte verlangt, den zukünftigen Gatten zuerst kennenzulernen. Auch ihr jüngster Bruder wählte seine Braut selbst; sie gehörte gar einer weniger hohen Kaste an. Die Eltern erlaubten diese inter-caste-marriage, obwohl sie nicht glücklich darüber waren. Der Vater wäre wohl liberaler gewesen, wenn er nicht Rücksicht auf seine Eltern hätte nehmen müssen.

Nach ihrer Heirat fuhr Sarojini mit ihrem Mann für zwei Jahre ins Ausland und bekam dort eine Ausbildung als Sprachlehrerin. Nach ihrer Rückkehr erhielten beide eine Stelle an dem gleichen Institut. Sie hat den gleichen Berufsstatus wie ihr Mann und verdient genauso viel wie er.

Da sie sich nach ihrer Rückkehr von der joint family des Mannes getrennt hatten und einen gewissen Lebensstandard halten wollten, war es notwendig, daß sie mitverdiente. Ihr Mann war auch dafür, daß sie arbeitete. Er stellte keine besonderen Ansprüche ans Essen und half im Haushalt mit.

Sarojini arbeitete auch weiter, als nach 3 Jahren ein Kind geboren wurde. Sie hat eine Dienerin angestellt, die sich während ihrer Dienstzeit um das Kind kümmert, aber sie wartet jeden Morgen mit Bangen, bis die Dienerin kommt, damit sie rechtzeitig zum Dienst kommt.

Wenn ein zweites Kind kommt – das erste ist ein Mädchen, und so werden sie wahrscheinlich noch ein zweites Kind haben –, wird es schwierig werden, Berufs-, Mutter- und Haushaltspflichten zu kombinieren. Sie rechnet damit, in diesem Falle den Beruf aufgeben zu müssen, obwohl sie nicht gerne nur zu Hause sitzen würde.

Trotz der Schwierigkeiten, gute und zuverlässige Hilfe für den Haushalt zu finden (in den Industriestädten wird jetzt auch das Dienstpersonal für den Haushalt knapp oder verlangt höhere Löhne), zieht sie es vor, von der joint family getrennt zu leben. Wenn sie bei den Schwiegereltern wohnte, wäre die Situation komplizierter: die Schwiegermutter wäre die Hausherrin, und sie selbst müßte gehorchen. Ihr Mann aber ist sehr liberal, teilt die Hausarbeit mit ihr und paßt, wenn er Zeit hat, auf das Kind auf.

Für ihr Gehalt haben sie getrennte Konten. Beide zahlen die Hälfte der Haushaltskosten; größere Ausgaben für den Haushalt oder etwa für einen Motorroller teilen sie unter sich auf. Ihrer Schwiegermutter geben sie monatlich eine bestimmte Summe. Dieses System hat sich, wie sie sagt, bis jetzt sehr gut bewährt; es gibt keine Schwierigkeiten wegen der Finanzen.

Konflikte mit ihrem Mann hat sie auch nicht, da sie beide den gleichen Status haben und ihr Mann von ihr nicht verlangt, daß sie ihn wie eine traditionelle Hindu-Gattin bedient. Seine Einstellung gegenüber ihrer Berufsarbeit ist positiv und ermutigend, er möchte sogar, daß sie noch weiterstudiert. Sie aber hat keinen besonderen beruflichen Ehrgeiz und ist zufrieden mit dem, was sie hat. Ihr Lebensstil ist modern, aber nicht verwestlicht, sondern eher puritanisch und traditionsbewußt, wie es für die gebildete und progressive Brahmanen-Schicht, aus der sie und ihr Mann stammen, charakteristisch ist.

Die drei folgenden Beispiele aus der Untersuchung von P. Kapur machen den Einfluß der neuen ökonomischen Rolle der Frau auf die Genese von Rollenkonflikten besonders deutlich. Sie zeigen außerdem, daß regionale Unterschiede keinen wesentlichen Einfluß auf diese Situation haben[131].

Frau G.:

Frau G., 26, gehört einer Mittelklassenfamilie aus dem Punjab an, hatte bis zum zweiten College-Jahr studiert, arbeitet in einem regierungseigenen Geschäft und verdient 275 Rs. pro Monat. Sie arbeitet seit 8 Jahren und ist seit 5 Jahren verheiratet. Ihr Mann ist Angestellter der Regierung und hat etwa ein gleich hohes Gehalt wie sie.

In Frau G's Elternhaus herrschte eine relativ offene Atmosphäre, der Vater war Geschäftsmann, verdiente nicht schlecht, war aber meistens unterwegs und hatte die Gewohnheit, zu trinken, zu spielen und sich mit fremden Frauen abzugeben. Die Mutter war sehr unglücklich und bestand darauf, daß ihre Töchter eine Ausbildung bekämen, damit sie wirtschaftlich von einem Mann unabhängig wären. Als sie ihre Collegeausbildung halb abgeschlossen hatte, hatte der Vater sein Vermögen zum größten Teil verloren. Sie mußte sich nach einer Arbeit umsehen.

Nach der Teilung Indiens hatte die Regierung viele Stellen für Frauen geschaffen, und sie fand leicht eine gute Arbeit. Nach dreijähriger Berufsarbeit arrangierte die Familie die Heirat mit einem jungen Mann, der entfernt mit ihr verwandt war. Er gefiel ihr und sie ihm, und sie war ganz glücklich über diese Ehe. Nach der Heirat wohnte sie in der joint family der Schwiegereltern. In dieser Familie lebten ein Schwager mit seiner Familie und außerdem noch 3 verheiratete Schwestern ihres Gatten mit ihren Männern und Kindern, aber sie hatten getrennte Küchen. Das Haus war so überfüllt von Leuten, daß Frau G. und ihr Mann kaum allein zusammen sein konnten. Er legte auch keinen Wert darauf, sondern verbrachte seine Zeit mit seinen Schwestern und Brüdern, die sie bei ihm schlecht machten.

Sie hatte gehofft, daß sie nach der Ehe ein bequemeres Leben haben würde, aber nach der Heirat sagten ihr Mann und ihr Schwiegervater, daß sie arbeiten müsse, um die

131 Vgl. P. Kapur: a.a.O., S. 138 ff. und S. 181.

Familie finanziell zu unterstützen. Da ihr die Atmosphäre im Haus nicht gefiel, war sie einverstanden. Sie hatte geglaubt, als arbeitende Gattin nicht mehr im Haushalt mithelfen zu müssen. Aber die Schwiegermutter, die Schwägerinnen und ihr Mann befahlen ihr, die ganze Haushaltsarbeit zu tun, die eine Schwiegertochter in einer traditionellen nordindischen joint family tun muß. Sie hatte eine lange Arbeitszeit und einen langen Anfahrtsweg zu ihrer Arbeitsstelle, und wenn sie abends müde nach Hause kam, zwang man sie zur Hausarbeit.

Weder die Schwiegereltern noch der Gatte sahen ein, daß sie durch ihre Berufsarbeit erschöpft war. Die Schwiegereltern verdächtigten sie vielmehr bei ihrem Mann und sagten, die arbeitenden Ehefrauen hätten einen schlechten „Charakter", vertrieben sich die Zeit mit ihren Freunden, seien eitel und arrogant. Sie sagten ihr: „Deine Arbeit ist nur ein Vergnügen für dich, du solltest nicht so tun, als ob du nach der Arbeit zu müde wärest; wie eine traditionelle Hindu-Frau solltest du deinem Mann und deinen Schwiegereltern mit Hingabe dienen." Diese Haltung ärgerte sie sehr.

Ihr Mann hatte ihr befohlen, ihr ganzes Gehalt der Schwiegermutter auszuhändigen. Das tat sie auch 2–3 Monate lang. Sie glaubte, einiges Recht über ihr selbstverdientes Geld zu haben. Als man ihr aber nur das Geld für die Busfahrten gab, protestierte sie und gab der Schwiegermutter ihr Geld nicht mehr. Das brachte ihren Mann und die Familie gegen sie auf und sie verweigerten ihr daraufhin das Essen in der Familie. Sie verlangten, daß sie ihr Geld dem Haupt der joint family übergebe oder aber für ihre eigenen Mahlzeiten in der Familie bezahle. Das tat sie schließlich. Sie fand jedoch, daß man ihr nur schlechtes Essen gab, und die Schwiegermutter fand, daß sie zu wenig Geld für das Essen hergab, so gab es laufend Auseinandersetzungen zwischen ihrem Mann, der auf seiten seiner Mutter stand, und ihr.

Sie überredete schließlich ihren Mann, sich von der joint family zu trennen. Aber ihre Probleme wurden dadurch nicht geringer, ihr Mann erlaubte ihr nicht, einen Diener einzustellen, half ihr aber auch nicht im geringsten bei der Hausarbeit, auch nicht als ein Kind geboren wurde, ein Mädchen, was ihr den Zorn des Gatten und seiner Familie eintrug. Wenn sie ihm sagte, daß er ihr helfen solle, daß sie genau so gut wie er für den Unterhalt der Familie sorge und länger arbeite als er, wurde er zornig und sagte, sie solle diese Aufgabe freudig und kompetent ausführen, ohne die Hilfe des Gatten zu erwarten, denn der Gatte habe das Recht, von der Frau bedient und versorgt zu werden; sie solle nur danach trachten, ihm zu gefallen, denn er sei der Herr und Meister.

Er erwartete von ihr, daß sie ihm ihr ganzes Gehalt aushändigte, er würde ihr dann das Haushaltsgeld geben. Sie weigerte sich aber und verlangte statt dessen von ihm einen Beitrag zu den Haushaltskosten, was er schließlich auch gab.

Wenn sie Geld für Kleider und Kosmetik ausgab, schalt er sie, sie aber fand, daß sie das Recht habe, mit ihrem selbstverdienten Geld zu kaufen, was sie brauchte, ohne ihren Mann um Erlaubnis zu fragen.

Ihr Mann trank, spielte Karten und blieb oft mehrere Tage weg, ohne sie zu informieren. Als verdienende Frau war sie nicht bereit, dieses Verhalten stillschweigend zu dulden. Als sie ihm einmal Vorhaltungen über seinen Lebenswandel machte, sagte er, er sei der Gatte und könne tun, was er wolle, sie habe ihm nur zu dienen. Darauf wurde sie zornig und sagte: „Ich bin eine verdienende Ehefrau, ich bin nicht von dir für mein tägliches Brot abhängig und werde dein unsinniges Verhalten nicht länger tolerieren." Sie beschimpfte ihn und warf ihn aus dem Haus.

Der Mann und seine Familie verdächtigten sie eines unmoralischen Lebenswandels; jedesmal, wenn sie etwas später von der Arbeit zurückkam, beschimpfte ihr Mann sie und sagte, sie habe sich mit ihren Kollegen die Zeit vertrieben. Er selbst war jedoch keineswegs ein treuer Ehemann.

Sie war von Anfang an keine unterwürftige Gattin gewesen. Sie glaubte, als verdienendes Familienmitglied nicht wie eine Sklavin behandelt werden zu dürfen, erwartete vielmehr, daß man sie wie einen Partner und Freund behandelte. Immer, wenn ihr Mann oder sonst ein Familienmitglied sie in ihre traditionelle Gattinnen- oder Schwiegertochterrolle zurückweisen wollten, trumpfte sie auf, sie verdiene selbst Geld und sei nicht von ihnen abhängig.

Trotz der dauernden Spannungen und Streitereien trennte sie sich nicht von ihrem Gatten; sie wußte, daß sie als getrennte oder geschiedene Frau in Indien mit einer Tochter wohl kaum wieder heiraten konnte. Außerdem legte sie Wert darauf, in der Öffentlichkeit als Frau G. bekannt zu sein; sie wußte, daß eine Gattin mehr geachtet wird als eine Getrennte oder Geschiedene.

Frau M.

Frau M. (32) ist graduiert und verdient als Angestellte in einer halbstaatlichen Organisation 900 Rs. im Monat. Sie ist 11 Jahre im Dienst und hat kein Kind.

Sie hatte ihren Mann als Studentin kennengelernt und sie hatte sich in ihn verliebt, weil er ein berühmter Redner war. Er hatte einen Grad in Jurisprudenz erworben. Er kam aus einer anderen Provinz und einer anderen Kaste, und die Ehe wurde gegen den Willen ihrer Eltern geschlossen. Nach der Heirat stellte sich heraus, daß er nicht mehr als 100 Rs. im Monat durch seine Anwaltspraxis verdienen konnte; sie hatte schon vor der Heirat gearbeitet und verdienste ca. 200 Rs. Beide lebten in einem Nuklearhaushalt, der vor allem von ihrem Einkommen getragen wurde, denn ihr Mann vernachlässigte seine Praxis schließlich mehr und mehr und faulenzte zu Hause herum.

Er erwartete von ihr, daß sie ihm ihr Gehalt gab, und daß sie die ganze Hausarbeit allein tat und ihn bediente. Er rührte keinen Finger, um ihr dabei zu helfen, obwohl er den ganzen Tag zu Hause war und sagte, die Hausarbeit sei ausschließlich die Pflicht der Gattin, sie solle dem Gatten stets frohen Herzens dienen, denn er sei der Herr des Hauses. Sie aber sagte, es sei die Pflicht des Gatten, für den Familienunterhalt zu sorgen, wenn er das schon nicht tue, solle er wenigstens im Haushalt helfen.

Da sie beruflich oft unterwegs war, gab sie ihm fast ihr ganzes Gehalt. Wenn sie Geld für sich selbst ausgab, für Kleider, Kosmetik, Tee oder Snacks schalt er sie. Sie aber fand, daß sie das Recht habe, ihr selbstverdientes Geld auch für sich selbst auszugeben.

Wenn sie einmal in seinem Beisein mit einem Kollegen sprach, verdächtigte er sie, sie habe unerlaubte Beziehungen zu ihm. Wenn sie sich nett anzog, sagte er, sie wolle nur die Aufmerksamkeit ihrer Kollegen auf sich ziehen. Wenn sie Freunde und Kollegen nach Hause einlud, was sie als verdienende Ehefrau als ihr gutes Recht ansah, ärgerte er sich und sagte, sie als Gattin habe keine solchen Rechte und Privilegien und, obwohl sie Geld verdiene, sei ihr Status doch niedriger als der seine, und er sei der Herr im Hause. Wegen ihres ökonomischen Status lehnte sie aber seinen patriarchalischen Anspruch ab und tat schließlich, was sie wollte, lud ein, wen sie wollte, und kam oft absichtlich später nach Hause. Sie sagte: „Ich war wirtschaftlich unabhängig, hatte einen eigenen Status und unterhielt meinen Gatten, deshalb konnte ich seine überhebliche, kritische und aggressive Haltung nicht tolerieren." Als sie merkte, daß er sich gar nicht um eine Anstellung bemühte, sondern immer nur an ihr herumnörgelte, trennte sie sich von ihm. Sie hatte eine Dauerstellung und gute Berufsaussichten. Nach zwei Jahren heiratete sie einen Mann, der 1000 Rs. verdiente. Die Ehe war glücklich.

Frau H.

Frau H. (29) ist graduiert und arbeitet als Angestellte bei einer Regierungsbehörde, sie verdient 300 Rs. im Monat. Sie arbeitet seit 10 Jahren und ist seit 6 Jahren verheiratet; sie hat 2 Kinder. Ihr Mann arbeitet auch in einem Regierungsbüro und verdient 350 Rs.; er hat einen M.A. Grad und ist 30 Jahre alt.

Als ihr Vater starb, mußte sie ihre Ausbildung unterbrechen und arbeiten, sie sorgte damals für den Unterhalt ihrer ganzen Familie, die aus der Mutter und vier jüngeren Brüdern und Schwestern bestand. Später besuchte sie neben ihrem Beruf Abendkurse und brachte ihre Collegeausbildung zu einem Abschluß.

Sie lernte ihren Mann in dem Abendcollege kennen, und sie heirateten mit Zustimmung der Eltern. Nach der Heirat wohnte Frau H. in der joint family ihres Gatten, zusammen mit den Schwiegereltern, einem Schwager und einer Schwägerin, die beide verheiratet waren. Sie verdiente damals 150 Rs. und hätte gerne ihre Arbeit aufgegeben, aber Schwiegermutter und Gatte bestanden darauf, daß sie in ihrem Beruf blieb, weil die Familie ihr Geld brauchte. Anfangs war ihr das nicht recht, dann aber übernahm sie diese Verantwortung für die Familie gerne.

Die Schwiegermutter erwartete von ihr, daß sie nach ihrem Dienst alle Haushaltsarbeiten wie eine traditionelle Schwiegertochter tat. Sie war nicht gewöhnt, so viel Arbeit zu tun und litt darunter, daß ihr Mann stets auf der Seite seiner Mutter stand und sie schalt, wenn sie sie nicht richtig bediente. Aber das ertrug sie alles schweigend und tat, was man von ihr verlangte.

Die Schwiegermutter verlangte den größten Teil ihres gemeinsamen Einkommens für Nahrung und Unterkunft. Frau H. hatte auch das Gefühl, daß die Schwiegermutter sich während ihrer Abwesenheit nicht richtig um ihre kleine Tochter kümmerte. All das störte sie wohl, aber sie beklagte sich nie, sondern versuchte, allen Wünschen gerecht zu werden. Nach 2 Jahren überredete sie ihren Mann, eine eigene Wohnung in der Nähe ihrer eigenen Mutter zu nehmen. Ihre Kinder läßt sie nun während ihrer Dienstzeit bei ihrer Mutter, das gibt ihr eine große Beruhigung. Nach Dienstschluß holen sie die Kinder bei der Mutter ab.

Ihr Mann ist stolz darauf, daß seine Frau berufstätig ist und zum Familienunterhalt beiträgt. Sie selbst ist effizient in ihrem Beruf und auch im Haushalt. Sie hält einen genauen Zeitplan ein, steht morgens sehr früh auf, bereitet das Mittagessen für sich und ihren Mann, das sie ins Büro mitnehmen. Wenn sie in der Küche ist, paßt ihr Mann auf die Kinder auf. Dann bringen sie die Kinder zu ihrer Mutter und gehen zum Dienst. Abends nach der Arbeit bereitet sie zuerst Tee für ihren Gatten und spielt ein bißchen mit den Kindern, dann macht sie das Abendessen. Sie tut alle Arbeit allein und erwartet nicht, daß ihr Mann ihr hilft. Ihr Mann ist sehr zufrieden mit ihr und hilft ihr aus freien Stücken manchmal im Haushalt. Er stellt auch keine zu hohen Ansprüche. Er ist nicht eifersüchtig, wenn sie Besuch von ihren männlichen Kollegen bekommt. Sie aber ist stets darauf bedacht, daß sie die traditionellen Pflichten einer Gattin, Mutter und Hausfrau erfüllt, paßt sich ganz den Wünschen, dem Geschmack und den Interessen ihres Gatten an, selbst dann, wenn sie anderer Meinung ist. Sie rebelliert keineswegs dagegen, daß sie als „verdienende Gattin“ auch noch die „dienende Gattin“ im Hause sein soll, sondern ist stolz darauf, beide Rollen effizient und zur Zufriedenheit ihres Gatten auszufüllen.

Analyse der Gruppe I

Trotz erheblicher Unterschiede in den einzelnen Lebenssituationen dieser Frauen und unterschiedlicher Raktionsweisen lassen sich gewisse Gemeinsamkeiten feststellen.

Alle Frauen sind gebildet und berufstätig und haben ihre außerhäusliche Tätigkeit, sei es Studium oder Beruf, nicht wegen ihrer Familienverpflichtungen aufgegeben. Alle sind aus wirtschaftlicher Notwendigkeit berufstätig. In zwei Fällen ist die Frau die Hauptverdienerin der Familie. Das Leben in einer joint family erwies sich für alle diese Frauen als problematisch. Drei Frauen (Pushpa, Sarojini, Fr. M.) weichen den drohenden Konflikten mit den Schwiegereltern von vorneherein aus, indem sie sich nach der Heirat von der joint family des Gatten trennen, zunächst einmal ein weiteres Studium aufnehmen und sich so „vom Schauplatz“ entfernen oder sofort einen individuellen Haushalt gründen. Die anderen Frauen überreden nach einer Periode in der joint family ihre Gatten, einen separaten Haushalt einzurichten. Sie hoffen, dadurch den Autoritätskonflikten mit Schwiegermutter und Schwiegervater ausweichen zu können.

Die Trennung von der joint family beseitigt nicht in allen Fällen die Rollenkonflikte. Auch die Gatten reagieren teilweise negativ auf die ökonomische Unabhängigkeit und den hohen Sozialstatus der Frau und verdächtigen sie unerlaubter Beziehungen zu männlichen Kollegen. Sie sind zwar auf den Verdienst der Frauen angewiesen, sind aber nicht bereit, Status und Rolle von Mann und Frau in der Familie neu zu definieren, sondern behaupten die Dominanz des Gatten.

In einem Fall fand eine fast vollständige Rollenumkehr statt (Pushpa). Die Frau ist die Hauptverdienerin, sie hat einen höheren Bildungsstatus als der Mann, verdient mehr als er und hat schließlich den Wohnort der Familie durch ihre eigene Berufstätigkeit bestimmt. Der Mann mußte schließlich seiner Frau nachziehen, weil sie mehr verdiente als er. Die Frau und nicht der Mann muß bedürftige Familienmitglieder unterstützen, sie spielt in etwa die Rolle des „älteren Bruders“.

In allen Fällen ist eine objektive Konfliktsituation gegeben, die Frauen reagieren aber in unterschiedlicher Weise auf diese Situation. Da ist zunächst die Haltung der offenen Rebellion (Fr. G., Fr. M.). Diese Frauen stellen aufgrund ihrer neuen ökonomischen Unabhängigkeit die traditionelle Dominanz des Gatten oder der Schwiegereltern in Frage. In einem der Fälle kommt es schließlich zu einer Scheidung. Dann gibt es den Versuch, die Familien- und die Berufsrolle möglichst vollkommen zu erfüllen, der Gatte behält seine dominante Position und die Frau ist gleichzeitig dienende und verdienende

Gattin (Fr. H.). In diesem Fall ist der Frau trotz physischer Überlastung die Konfliktsituation nicht bewußt geworden, weil sie es als Privileg empfindet, arbeiten zu können.

Im Falle Pushpas ist ein Bewußtsein über die Inkompatibilität der verschiedenen Anforderungen und der Diskrepanz zwischen sozialem Leitbild und eigener Lebenssituation vorhanden, aber die Frau achtet in ihrem Verhalten ihrem Mann und seiner Familie gegenüber sorgfältig darauf, daß die hierarchische Struktur der Beziehungen nicht angetastet wird. Obwohl sie de facto die stärkste Position in der ganzen Familie hat – sowohl in ihrer eigenen Herkunftsfamilie als auch in der joint family ihres Gatten –, spielt sie bewußt die Rolle der gehorsamen Gattin und Schwiegertochter. Ihre faktische Machtposition erreichte sie durch immer wieder erneute Trennung von den relevanten Rollensendern und Ausweichen ins Studium. Auf diese Weise vermied sie einen Bruch mit der Familie und mit ihrem Gatten und erhöhte gleichzeitig ihren individuellen Status. Sie weiß, daß sie ihre eigenen Ziele nur verfolgen kann, wenn sie die Familie hinter sich hat.

Eine weitere Reaktionsweise repräsentiert Sarojini. Hier herrscht weitgehend Statusgleichheit zwischen Mann und Frau; der Mann beansprucht nicht mehr die dominante Position in der Familie. Die unvermeidliche Doppelbelastung durch Beruf und Familie tragen beide, auch der Mann hilft im Haushalt mit. Erleichtert wird die Situation erheblich durch das Vorhandensein von Dienstpersonal.

II. Gruppe: Frauen, die nicht aus wirtschaftlicher Notwendigkeit studieren oder arbeiten

ASHWINI (41, Jüdin, M.A., Instructor in Family Planning)

Ashwini hat einen M.A. in Soziologie und ein in Amerika erworbenes Diplom in Sozialarbeit. Sie arbeitet in leitender Stellung in einem Regierungsinstitut für Familienplanung. Sie bereitet sich gleichzeitig auf ihr Doktorexamen vor. Sie ist verheiratet und hat zwei Kinder, die schon zum College gehen. Ihr Mann ist seiner Ausbildung nach Textilingenieur, hat jetzt die Stelle eines District Managers. Er ist aber als Schauspieler der Marathi Volksbühne bekannter und hat lange Zeit auf Kontraktbasis beim All India Radio gewirkt.

Ashwini stammt aus einer jüdischen Akademikerfamilie, ihr Vater war Professor für Botanik, die Mutter war Lehrerin und hat gearbeitet, seit Ashwini 2 Jahre alt war; sie leitete eine Mädchenschule. Obwohl sie 5 Kinder hatte, die heute auch alle in akademischen Berufen sind, hat sie fortlaufend bis zu ihrer Pensionierung gearbeitet.

Ashwini hätte nach dem B.A. auch weiterstudieren sollen, da sie aber künstlerisch begabt war, bekam sie eine Stelle als staff artist beim All India Radio. Sie wurde Schauspielerin für das Marathi Drama. Dort lernte sie auch ihren Mann kennen. Die Ehe war eine love marriage und außerdem eine interreligious marriage, da ihr Mann Hindu war. Ashwini hat ihre jüdische Religion beibehalten. Weil beide Familien der liberalen und fortschrittlichen Mittelschicht angehörten, außerdem aber den gleichen kulturellen Hintergrund und den gleichen gehobenen sozio-ökonomischen Status hatten, gab es von seiten der Eltern keine Einwände gegen diese Mischehe. Die Religionsverschiedenheit hat sich auch in der Ehe selbst nie als Schwierigkeit erwiesen, da keiner der Gatten, wie Ashwini sagt, „religious minded" ist.

Sie arbeitete nach der Heirat weiter beim AIR, gab aber den Posten nach einiger Zeit wegen interner Schwierigkeiten auf und blieb zu Hause. Jetzt erst begann die Zeit für sie, daß sie unbeschäftigt war. Hausarbeit interessierte sie nicht, außerdem war die Schwiegermutter da, die den Haushalt leitete, auch gab es genügend Diener. So saß sie zu Hause und wartete von morgens 9 bis mittags 1 Uhr und am Nachmittag wieder von 3 bis 5 Uhr auf ihren Mann. Sie wurde unzufrieden und machte auch ihrem Mann das Leben schwer, denn er mußte nach der Arbeit immer sofort nach Hause kommen, weil seine junge Frau auf ihn wartete. Er schlug ihr vor, sich mit etwas Nützlichem die Zeit zu vertreiben, Stenographie oder Schreibmaschiene zu lernen, aber das langweilte sie bald auch. So ergriff schließlich ihr Mann selbst die Initiative und sagte, sie solle doch einfach weiterstudieren und den M.A. machen. Obwohl sie ihren B.A. in englischer Literatur gemacht hatte, machte sie den M.A. auf den Rat einer Freundin in Soziologie. Nach dem M.A. machte sie auch noch einen Kurs in Social Service Administration und erwarb ein entsprechendes Diplom. Danach bekam sie die Stelle eines Instructors in Family Planning.

Als sie schon arbeitete, wurde ihr ein Stipendium der Ford Foundation angeboten, sie ist aber erst nach der Geburt des 2. Kindes nach den USA gegangen. 2 Jahre nach ihrer Rückkehr bekam sie die Stellung, die sie jetzt innehat und die in Gehalt und Sozialprestige der eines Readers an einer Universität entspricht. Auf die Frage, warum sie jetzt noch einen Doktorgrad erwerbe, sagte sie, die Stelle, die sie bekleide, sei eigentlich für eine Person mit einem Ph.D. vorgesehen, da sie M.A. Studenten zu unterrichten habe. Außerdem sei der Ph.D. notwendig für ihre weiteren Berufsaussichten. Sie habe keinen persönlichen oder wissenschaftlichen Ehrgeiz und sei von Natur etwas faul. Sie würde den Ph.D. nicht machen, wenn er nicht für ihren Beruf notwendig wäre. Die höhere Qualifikation als solche bedeute ihr nichts.

Auf die Frage, warum sie ihre Arbeit nicht während des Studiums zeitweilig aufgebe, sagte sie, die Familie wäre sehr wohl ohne ihr Gehalt ausgekommen, auch wenn sie sich hätten etwas einschränken müssen. Aber bei dem akuten Wettbewerb in Indien um solche Stellen, wie sie sie innehabe, wollte sie das Risiko nicht eingehen, nach dem Ph.D. ohne Stelle zu sein und wieder irgendwo von vorne anfangen zu müssen, sie habe jetzt 12 Dienstjahre und mehrere Gehaltsaufbesserungen bekommen, sie sei auch nicht sicher, ob sie trotz eines Ph.D. dieselbe Stelle wieder bekäme, denn der Wettbewerb um solche Stellen sei enorm hart. Aus diesem Grunde versucht sie, ihre Arbeit mit ihrem Studium und ihrer Hausfrauenrolle zu kombinieren, auch wenn das länger dauert und für sie anstrengender ist.

Die Kombination der drei verschiedenen Rollen ist trotz der großen Arbeitsbelastung aus folgenden Gründen möglich. Es sind:

1. genügend Diener im Hause;

2. Die Kinder sind inzwischen so groß, daß sie die Fürsorge der Mutter nicht mehr brauchen. Als sie kleiner waren, lebte die Schwiegermutter noch, die ihr die Sorge für die Familie und die Kinder abgenommen hat;

3. Sie hatte ein ausgezeichnetes Verhältnis zu ihrer Schwiegermutter, die zwar selbst keine hohe Bildung hatte, Ashwini aber stets bei ihren Studienplänen unterstützte

und sich bis in ihr hohes Alter für alles interessierte, was sie machte. Sie erwartete nicht, daß sie von der Schwiegertochter bedient wurde. Wenn Ashwini vom Dienst nach Hause kam, sagte sie zu ihr, wenn sie ihr helfen wollte: „Geh und unterhalte dich mit deinem Mann!"

4. Der Gatte stand ihrem Studium und ihrer Karriere nicht nur positiv gegenüber, er trieb sie sogar an, ehrgeizig zu sein. „He pushed me into my studies and my career", sagte sie;

5. Der Gatte und die Kinder sind daran gewöhnt, daß sie oft nicht zu Hause ist, oft weite Dienstreisen machen muß, sie vermissen sie nicht;

6. Obwohl ihr Mann eine geringere Ausbildung als sie selbst hat, hat er nie Minderwertigkeitskomplexe ihr gegenüber gehabt. Der geringere Bildungsstatus wurde kompensiert durch seinen höheren beruflichen und ökonomischen Status und durch den Ruhm, den er als Schauspieler genoß.

Aus diesen verschiedenen Gründen ist es in ihrem Fall nicht zu aktuellen Konflikten gekommen, trotz der objektiv gegebenen Konfliktsituation. Weil die Atmosphäre zu Hause wegen der bevorzugten Wirtschaftslage und der progressiven Einstellung ihres Gatten und der Kinder sehr entspannt ist, kann sie sich in großer Ruhe und Gelassenheit ihrer Karriere und ihrem Studium widmen. Sie steht unter keinem Zeitdruck, da der berufliche Status gesichert ist. Als einziges Problem empfindet sie heute ein gewisses Bedauern darüber, daß sie ihre künstlerische Laufbahn abgebrochen hat und ist manchmal versucht, ihre Karriere aufzugeben, zu Hause zu bleiben und sich nur der Schauspielerei zu widmen. Aber sie empfindet selbst, daß sie dafür nun zu alt ist.

Mann und Frau haben ein gemeinsames Konto für ihr Einkommen. Die Frau verwaltet die Finanzen. Es gibt keine Probleme auf diesem Sektor.

Auf die Frage nach der Haltung ihrer männlichen Kollegen und Untergebenen erklärte sie, sie habe keine Schwierigkeiten mit ihren Kollegen aufgrund ihres Geschlechts, man erkenne ihre berufliche Qualifikation durchaus an. Nur manchmal spüre sie, daß man ihr und ihrem Mann das doppelte Gehalt mißgönne. Ihr Chef und ihre Kollegen machten manchmal scherzhafte Bemerkungen, daß sie ihr Gehalt einer wohltätigen Stiftung schenken sollte usw. Das spürt sie vor allem bei ihrem Chef, dessen Frau nicht sehr gebildet ist und daher keinen guten Posten wie Ashwini haben kann. Andere sind der Meinung und sagen das auch offen, daß der Mann der Ernährer sei und daß es deshalb unfair sei, wenn eine Frau einem Mann eine gute Stelle wegnehme, vor allem auch ohne zwingende wirtschaftliche Notwendigkeit.

Sie hat keine Autoritätsschwierigkeiten mit männlichen Untergebenen. Ihr Alter, ihre Reife, ihre Position geben ihr genügend Autorität. Dazu kommt, daß die männlichen Untergebenen sie wie eine Mutter oder ältere Schwester behandeln. Sie haben sie gefragt, ob sie sie „tai" (ältere Schwester) nennen dürften und kommen oft zu ihr, um sie in persönlichen Dingen um Rat zu fragen. Sie braucht sich als Frau nicht zu behaupten. Allerdings wäre es ihr auch unangenehm, wenn die Männer sie dauernd *als Frau,* d.h. als Geschlechtswesen behandeln würden, das besondere Rücksicht verlangt. Wenn sie in ihrem Beruf ist, vergißt sie ihre sexuelle Rolle.

SUNANDA (37, Hindu, M.A., Lektorin)

Sunanda ist Lektorin für Sozialwissenschaften in Bombay. Sie hat einen M.A. und bereitet sich auf das Doktorexamen vor. Seit 17 Jahren ist sie mit einem Elektro-Ingenieur verheiratet, der seine Ausbildung in den U.S.A. bekam und heute eine führende Managerposition hat. Sie haben 2 Kinder, ein Mädchen und einen Jungen.

Beide Ehegatten kommen aus einer Kaste (Chandrasenya Kayastha Prabhu), die sich in Status und Bildung den Brahmanen gleichstellt. Die Familien beider gehören der wohlhabenden oberen Mittelklasse an.

Sunandas Vater war ein führender und bekannter Jurist, der den Ideen des Liberalismus anhing und ein ausgezeichneter Redner war. Er beteiligte sich nicht an der Unabhängigkeitsbewegung und lehnte die nationalistischen Ideen ab. Sein Bruder aber war ein aktiver Freiheitskämpfer, und seine Frau nahm an verschiedenen politischen und sozialen Bewegungen teil; sie war eine der ersten weiblichen Magistrate im Distrikt und tat freiwillige Sozialarbeit. Alle Geschwister des Vaters hatten eine gute Ausbildung und sind heute in leitenden Positionen.

In ihrer Familie herrschte stets eine sehr freie und liberale Atmosphäre, so daß jeder seine Meinung äußern konnte. Die Kinder konnten ihre Eltern kritisieren. Obwohl die Mutter eine ganz andere politische Richtung vertrat als der Vater und auch aktiv tätig war, kam es nie zu Konflikten und Schwierigkeiten. Als wichtigste Prinzipien galten in der Familie Freiheit, Pluralität und gegenseitige Zuneigung. Jeder durfte tun, was er wollte, aber was er tat, mußte er „gut“ tun. Der Vater flößte den Kindern früh das Streben nach intelektueller Leistung ein. Sunanda war das jüngste Kind, sie hat 2 Brüder und eine Schwester. Der Vater gab ihr völlige Freiheit zu studieren und sagte, sie könne später einen Beruf ergreifen, wenn sie wollte.

Sunanda war eine Musterschülerin und hatte auch als Studentin immer erstklassige Noten. Um ihre Ausbildung sicher zu stellen, zog die Mutter mit der Tochter nach Bombay, wo sie bei Verwandten wohnten. Sunanda hatte immer genügend Raum und Ruhe zum Studieren. Wegen ihrer hervorragenden Examensleistungen wurde ihr ein Stipendium für ein Studium in Cambridge angeboten. Jeder fand, sie solle Medizin studieren, die Professoren aber rieten zu Philosophie.

Die Mutter aber machte ihr klar, daß sie nach dem B.A. heiraten sollte und daß sie zwischen „Cambridge“ und „Ehe“ zu wählen habe. Sie wußte nicht, was sie tun sollte. Der Vater war für die Annahme des Stipendiums. Dann traf sie ihren Mann in ihrer Familie, der gerade aus den U.S.A. zurückgekehrt war. Sie hatte ihn schon früher gekannt. Sie bat ihre Mutter, sie mit ihm bekannt zu machen, und nach kurzer Zeit heirateten sie. Es war keine love marriage im eigentlichen Sinn; man hatte diesen jungen Mann nicht ohne Absicht mit ihr zusammengebracht, sie fand ihn akzeptabel und zu ihr passend. Sie war damals 20.

Ein Jahr nach der Heirat und nach der Geburt des 1. Kindes nahm sie ihr Studium wieder auf und bereitete sich auf den M.A. vor. Sie hatte schon vor der Ehe in den B. A.-Klassen unterrichtet und setzte diese Arbeit als Lektorin an der Bombay University auch nach der Heirat und während ihres M.A. Studiums fort. Die Familie war gegen ihre Tätigkeit an der Universität, weil sie als Lektorin keinen sehr hohen Status hatte, sie wünschte, sie solle etwas tun, was ihr mehr Prestige gäbe, z.B. Ärztin werden.

Die Haltung des Gatten war sehr positiv, er ermutigte sie, weiterzustudieren und sagte ihr, was immer sie tun wolle, könne sie tun. Er sieht im Studium und im Beruf seiner Frau ein Mittel zur Selbsterfüllung. Er ist aufgrund seines hohen Gehalts und des reichen Familienhintergrundes nicht auf das Mitverdienen der Frau angewiesen, möchte aber, daß das, was sie tut, sie befriedigt und daß sie es gut tut.

Nach ihrem M. A. Examen wurde ihr ein Fulbright Stipendium angeboten; da die Angelegenheit sich aber verzögerte, verließ sie die Universität und blieb eine Zeitlang zu Hause. Nach einer Zeit bewarb sie sich um eine Stelle als Lektorin und Forschungsassistentin am oben erwähnten Institut. Sie bereitet sich nun auf ihr Doktorexamen vor.

Als Hausfrau und Mutter hat sie ebenfalls ein volles Programm. Obwohl sie in einem Nuklearhaushalt lebt, hat die Familie doch, wie es in Indien üblich ist, dauernd Verwandte zu Gast. Hinzukommen ihre und ihres Mannes Kollegen. Sie ist es ihrem Status schuldig, ein gastfreies Haus zu führen; sie ist eine hervorragende Köchin und Hausfrau und kümmert sich daneben intensiv um die Ausbildung ihrer Kinder. Sie fährt selbst zu ihrem Institut, das etwa 20 km von ihrem Wohnort entfernt ist. Sie hat nur einen Diener im Haus, einen Jungen, der aber nicht selbständig ist.

Auf die Frage, wie sie diese verschiedenen Rollenanforderungen erfüllen kann, antwortete sie:

1. „Ich finde es sehr schwierig, alle die Ansprüche, die an mich gestellt werden, zu erfüllen; ich bekomme nie genug Zeit für die einzelnen Aufgaben, z.B. möchte ich mehr Zeit für die Vorbereitung auf meine Stunden und zum Schreiben haben.

2. Ich arbeite viel, stehe jeden Tag um drei Uhr auf, anfangs hatte ich Hilfe von meiner Mutter, die die Kinder versorgte, wenn ich weg war. Bis vor 2 Jahren hatte ich eine gute Ayah für die Kinder, aber sie ist weggegangen.

3. Ich nehme die Tatsache, daß ich tun kann, was ich tun will, als gegeben hin und muß nun sehen, wie ich meine anderen Obligationen damit in Einklang bringen kann. Meine Familie (Gatte und Kinder) sind sehr kooperativ. Um diese gute Atmosphäre zu erhalten, muß ich stets neue Formen der Anpassung finden.

4. Ich kann wirklich tun, was ich möchte – und ich betrachte das noch als ein Privileg, nicht als eine Selbstverständlichkeit wie die jüngere Generation. Ich glaube, das hilft mir sehr in dem, was ich tue, und verhindert, daß ich ein geistiges Wrack werde bei diesem Prozeß der multiplen Rollenerfüllung.

5. Mein Mann ist wirklich ein guter Partner, er interessiert sich für meine Arbeit, er ist sehr am intellektuellen Leben Indiens interessiert. Er hilft mir und beklagt sich nie, treibt mich aber an, sowohl bei meiner Arbeit als auch zu Hause mein Bestes zu leisten. Er ist der Meinung, Frauen sollten nicht aus wirtschaftlichen Motiven arbeiten, sondern nur um ihre Fähigkeiten voll zur Entfaltung zu bringen.

6. Auch die Kinder haben eine positive Einstellung zu meiner Arbeit, aber sie kritisieren meine häufige Abwesenheit. Sie sind stolz auf ihre tüchtige Mutter, aber selbst zeigen sie, meiner Meinung nach, nicht genug Ehrgeiz und Antrieb – vielleicht eine Reaktion auf eine zu beschäftigte und berufsorientierte Mutter. Aber sie wollen nicht, daß ich zu Hause bleibe.“

Sunanda hat keine besonderen Freizeitaktivitäten. Sie betrachtet die Hausarbeit als Erholung. An den Wochenenden geht sie mit ihrem Mann manchmal in ein Kino, in ein Theaterstück oder in ein Konzert, oder sie besuchen Verwandte und Freunde, oder sie bleiben einfach zu Hause.

Sie und ihr Mann haben ein gemeinsames Konto. Ihr eigenes Einkommen ist, verglichen mit dem des Mannes, gering, aber sie fragt nie um Erlaubnis, wenn sie etwas für den Haushalt kaufen will. Der Gatte kümmert sich nicht um die täglichen Ausgaben – er ist zu beschäftigt – führt aber Buch über die Bankkonten. Sunanda ist froh, daß sie sich nicht auch noch darum kümmern muß. Beide haben keinerlei Differenzen in finanziellen Dingen.

Obwohl sie immer das Gefühl hat, nicht genug für die eine oder andere Rolle getan zu haben, ist sie glücklich in ihrer Doppel- bzw. Tripel-Rolle. Als wichtigsten Grund für ihre Zufriedenheit nennt sie die Tatsache, daß sie Studium und Arbeit nie als ein ihr zustehendes Recht, sondern immer als ein Privileg betrachtet und die Priorität der Familienrollen nie in Frage gestellt hat. Sie ist eine hübsche, intelligente und sehr lebendige Frau, die einen entspannten und glücklichen Eindruck macht.

SHOBA (43, Hindu, M.A., Direktorin)

Shoba hat einen M.A. in Ökonomie und indischer Geschichte und einen zweiten in Sozialwissenschaften. Sie ist Beamtin und Direktorin des Government of India Tourist Office. Sie ist mit einem Ingenieur verheiratet und hat eine 18jährige Tochter.

Sie kommt aus einer Brahmanenfamilie aus Südindien (Madras); ihr Vater ist Jurist, auch die Mutter ist gebildet, arbeitet aber nicht. Die Familie des Vaters ist eine joint family. Sie hat noch eine unverheiratete Schwester, die Lehrerin ist, aber keinen Bruder.

Sie bekam ihre Sekundarschulbildung in einer englisch-sprachigen Schule und machte ihren ersten M.A. in Indien, dann heiratete sie. Es war eine arranged marriage in der eigenen Kaste. Nach der Hochzeit ging ihr Mann nach Amerika, und sie begleitete ihn. Weil sie nichts Besseres dort zu tun hatte, studierte sie weiter und machte ihren zweiten M.A., das war ein Jahr nach der Hochzeit. Sie hat vor allem aus Interesse an diesen Fächern und zur Erweiterung ihres Wissens studiert, in Amerika mehr, um sich die Zeit zu vertreiben. Ihre Mutter hat sie und ihre Schwester immer sehr ermutigt, ihre intellektuellen Fähigkeiten auszubilden, sie fand, daß Mädchen besonders auf eine gute Ausbildung angewiesen seien. Ihr Vater verhielt sich in bezug auf ihr Studium eher indifferent. Nach ihrer Heirat war es vor allem der Schwiegervater, der sie zum Weiterstudieren ermutigte, die Schwiegermutter dagegen hatte sehr altmodische Vorstellungen und glaubte, eine Frau, die sich einem höheren Studium widmete, könnte keine gute Hausfrau sein; aber die progressive Einstellung ihres Gatten und seine Unabhängigkeit machten alle Opposition bedeutungslos. Trotz der Kritik der Schwiegermutter hat sie als gebildete Frau keine Schwierigkeiten, weil sie nicht mit den Schwiegereltern zusammenwohnen, sondern einen eigenen Haushalt haben.

Shoba hat erst nach ihrer Heirat mit ihrer Berufstätigkeit begonnen. Sie arbeitet nicht aus ökonomischer Notwendigkeit, sondern vor allem um ihre Erziehung auszunützen, aus Interesse an der Arbeit, aus persönlichem Ehrgeiz und um sich in einem Beruf zu verwirklichen.

Ihr Mann nimmt zu ihrer Berufstätigkeit eine leicht amüsierte und gönnerhafte Haltung ein, er nimmt sie nicht so ganz ernst. Obwohl sie schon ein Jahr in den USA und 15 Jahre in Indien gearbeitet hat, betrachtet er ihre Arbeit als ein Hobby, das sie beschäftigt und bei guter Laune hält. Die Schwiegerleute haben sich inzwischen damit abgefunden, daß sie berufstätig ist. Da ihre Familie der oberen Mittelklasse angehört, braucht sie keine direkte Hausarbeit zu tun, sie haben 3 Diener. Sie muß allerdings den ganzen Haushalt beaufsichtigen, denn wegen ihrer Berufstätigkeit haben sie oft Gäste. Daneben kümmert sie sich um ihre Tochter und hilft ihr beim Studium. Sie kombiniert ihre verschiedenen Rollen auf die Weise, daß sie jede Minute des Tages genau organisiert. Sie ist der Meinung, daß sie als „arbeitende Ehefrau" eine bessere Gattin und Mutter ist als die Frauen, die sich nur den Familienrollen widmen und deren Geist stumpf wird. Sowohl ihr Gatte als auch die Tochter sind stolz darauf, eine geistig bewegliche und intelligente Gattin und Mutter zu haben. Sie sieht keinen Gegensatz in der Berufsrolle der Frau und ihren Familienpflichten. Sie würde ihren Beruf aufgeben, wenn sie das Gefühl hätte, daß ihre Familie unter ihrer Berufstätigkeit leiden würde. Sie findet, daß sie dem Gatten und der Tochter genügend Zeit widmet, wünscht sich allerdings mehr Zeit für ihre Freunde.

Ihrer Meinung nach sollte eine Frau nach Möglichkeit wirtschaftlich unabhängig sein von ihrem Vater oder ihrem Gatten. Sie selbst hat ein eigenes Konto für ihr Gehalt, über größere Anschaffungen berät sie sich zuerst mit ihrem Mann, dann geben sie das Geld zusammen aus.

Sie ist der Auffassung, daß alle indischen Frauen, die das Talent und eine Ausbildung haben, eine Teilzeit- oder Ganztagsarbeit aufnehmen sollten, sonst bestünde die Gefahr, daß sie zu kartenspielenden, stumpfsinnigen coffee-party- und society-ladies würden. Nur die Fruen, die keine Hilfe im Haus hätten und daher ganz von ihrer Hausarbeit beansprucht wären, sollten zu Hause bleiben und nicht an eine Karriere oder irgendeinen anderen Dienst an der Gesellschaft denken.

Da Shoba in leitender Position ist, wurde sie auch nach der Reaktion ihrer männlichen Kollegen und Untergebenen gefragt. Sie erklärte, ihre Untergebenen hätten nichts dagegen, „unter einer Frau“ zu arbeiten; als Grund gibt sie an, daß sie nie versuche, sich mit weiblicher List durchzusetzen. Wahrscheinlich spielt in ihrem Fall auch der Familienhintergrund und ihre Qualifikation eine Rolle. Sie hat auch keine Probleme mit den Frauen ihrer Kollegen, diese kommen vielmehr öfter zu ihr und diskutieren die Schwierigkeiten ihrer Gatten direkt mit ihr.

KARUNA (34, Parsin, M.S., Managerin, Unternehmerin)

Karuna ist 34 Jahre alt, hat ihre Ausbildung als Keramikingenieurin im M.I.T. (USA) gemacht und ist Teilhaberin in ihrem Familienunternehmen. Sie verdient monatlich 2000 Rs. Sie ist verheiratet und ihr Mann, ebenfalls Ingenieur, ist Direktor des Familienkonzerns; sein Einkommen beträgt 3500 Rs.

Karuna stammt aus einer Parsi-Unternehmerfamilie, es ist eine joint family; ihre einzige Schwester und ihre Mutter arbeiten ebenfalls in der Firma. Der Vater verdient 5000, die Mutter 3000, die Schwester 900 Rs. im Monat. Außerdem leben noch 3 Brüder und eine Schwester des Vaters in dieser Familie mit ihren 6 Kindern.

Da Karuna keinen Bruder hat, legte der Vater großen Wert darauf, daß sie eine erstklassige Ausbildung bekam, damit sie später in das Geschäft eintreten konnte. Sie studierte zunächst Chemie und Botanik in Bombay und dann Ingenieurwissenschaften in den USA, wo sie einen M.S. erwarb. Sie selbst hätte lieber Biologie studiert, die Berufsaussichten waren aber gering, und sie selbst wollte auch in das Familienunternehmen einsteigen.

Sie hat mit 26 Jahren, nach ihrer Ausbildung, geheiratet. Es war eine modifiziert arrangierte Ehe. Die beiden Familien hatten zuerst Kontakt miteinander aufgenommen und die Eheverhandlungen geführt, dann wurden die beiden Partner einander vorgestellt; ehe sie ihre Zustimmung zu der Heirat gaben, hatten sie sich aber ineinander verliebt. Vor der Hochzeit waren sie einige Male miteinander ausgegangen.

Karunas Gatte stammt auch aus einer Parsi-Familie, sein Vater ist Arzt, die Mutter hat nur Elementarschulbildung bis zur 4. Klasse, der Schwiegervater verdient etwa 900 Rs. Da ihr Gatte keine Brüder und Schwestern hat und er der Hauptverdiener der Familie ist, leben sie in der joint family der Schwiegereltern. Zwar ist der Schwiegervater das nominelle Oberhaupt der Familie, aber die meisten wichtigen Entscheidungen fällt ihr Mann, da er auch die meisten Unkosten der Familie trägt. Ihre Kinder sind 4 1/2 und 7 Jahre alt.

Karuna hatte bereits vor ihrer Hochzeit in ihrer Firma gearbeitet und hat diese Arbeit auch vier Jahre nach der Heirat fortgesetzt, dann hat sie ein Jahr unterbrochen und arbeitet jetzt wieder. Sie hat zur Zeit zwei Berufe: die Hälfte des Tages arbeitet sie als Managerin in ihrer Schamotte- und Keramikfabrik und die andere Hälfte als Verwalterin eines Forschungsprojektes der Bombay Natural History Society. Sie findet große Befriedigung in ihrer Arbeit, in der sie ihre Ausbildung ausnützen und eigene Initiative und Kreativität entfalten kann.

Die Haltung ihres Mannes gegenüber ihrer Tätigkeit ist sehr positiv. Er ermutigt sie ständig, zu tun, was sie wirklich wolle und was sie glücklich und zufrieden mache, er hat ihr zugeredet, eine frühere Stellung zu verlassen, wo sie nicht so zufrieden war, und sieht es gern, wenn sie viele Reisen macht, solange ihr dieses Leben Freude macht.

Der Schwiegervater steht ihrer Berufstätigkeit nicht so positiv gegenüber; er fragt immer, warum sie es nötig habe, zu arbeiten und sich müde zu machen. Die Schwiegermutter ist sehr dagegen, daß sie arbeitet; sie findet, sie solle zu Hause bleiben und sich mehr für den Haushalt, die Küche und die Kinder interessieren. Da ihr Mann sie aber unterstützt bei all ihren Plänen, ist der Protest der Schwiegermutter ziemlich wirkungslos. Sie selbst hat kein Interesse an der Hausarbeit und möchte sich auch nicht ausschließlich mit den Kindern beschäftigen. Sie sagt, sie halte Kinder für eine Ehe zwar für notwendig, habe aber nie sehr heftiges Verlangen nach Kindern gehabt, und wenn sie zu lange mit ihnen allein sei, dann fühle sie sich gereizt und frustriert. Sie glaubt, daß der dauernde physische und geistige Wechsel, der durch ihre Arbeit bedingt ist, sie zu einer viel besseren und ausgeglicheneren Mutter gemacht hat.

Auf die Frage, wie sie die diversen Rollen kombiniere, sagte sie, sie kombiniere sie eigentlich gar nicht. Ihre Schwiegermutter sei „Hausfrau" an ihrer Stelle und sehr oft auch „Mutter"; für die Arbeit sind 4 Diener da, die Schwiegermutter muß den Haushalt lediglich überwachen und organisieren. Karunas Beitrag zum Haushalt besteht in der Erledigung von Besorgungen, dem Bezahlen von Rechnungen, sie kümmert sich um die Korrespondenz und flickt und näht ab und zu etwas.

Es wäre ihr lieb, wenn sie etwas mehr Zeit für ihren Mann und die Kinder hätte. Morgens hilft sie, daß alle richtig aus dem Haus kommen. Um 18 oder 19 Uhr kommen sie und ihr Mann abends heim und sie muß sehen, wie sie ihre Zeit und Aufmerksamkeit zwischen ihm und den Kindern teilt. Sie versucht, dem einen oder dem anderen von Zeit zu Zeit mehr Aufmerksamkeit zu schenken, indem sie den Kindern abends Geschichten vorliest u.ä. Mit ihrem Mann unterhält sie sich meist abends im Auto auf der Rückfahrt von der Arbeit, das empfindet sie als eine Erholung. Die Abende verbringen sie meistens zu Hause, sie ist keine society-woman.

Sie würde ihre Berufstätigkeit nur bei starker Opposition ihres Gatten aufgeben, und selbst dann würde sie versuchen, irgendeine Arbeit zu finden, die sie zu Hause tun könnte. Sie ist andererseits nicht der Meinung, daß der Lebenszweck einer Frau darin besteht, sich ganz dem Heim zu widmen, immer bei den Kindern zu sein und ihr Leben ganz nach den Wünschen des Mannes auszurichten.

Sie hält ökonomische Unabhängigkeit einer Frau jedoch nicht für unabdingbar. Sie und ihr Mann haben ihre Finanzen so geregelt, daß alle laufenden Ausgaben vom Gehalt des Mannes und des Schwiegervaters bezahlt werden und das Einkommen der Frau als

Ersparnis zurückgelegt wird. Davon haben sie z.B. ihre jetzige Appartement-Wohnung gekauft.

Auf die Frage, wie das Verhältnis zu ihren männlichen Untergebenen sei, erklärte sie, sie habe im Prinzip keine Autoritätsschwierigkeiten, außer bei einem älteren Angestellten, der seine eigene Familie ziemlich autokratisch regiere, die meisten der anderen seien jüngere Leute, die technisch nicht so tüchtig seien wie sie selbst und sich daher ihren Anordnungen nicht widersetzten. Vielleicht läge der Grund darin, daß sie eine Koedukationsschule besucht habe und einen ungezwungenen Umgang mit Männern gewöhnt sei, daher fühlten sich die Männer in ihrer Gegenwart nicht gehemmt. Die Zusammenarbeit mit ihren Kollegen sei immer sehr gut gewesen. Sie entspreche auch nicht dem Idealtyp einer sehr „femininen Frau".

Ihre Geschlechtsrolle empfindet sie nur bei ganz bestimmten Gelegenheiten, und zwar bei Kontakten mit Kunden, während Geschäftsreisen oder bei technischen Konferenzen. Da begegnet man ihr mit mehr Aufmerksamkeit, Rücksicht und Kooperation, als sie ein Mann erwarten könnte; ihr Geschlecht ist nie ein handicap für sie gewesen, außer einmal bei einer von der Regierung geleiteten Fabrik, die grundsätzlich keine Frauen einstellte.

RANI (32, Hindu, Brahmanin, M.A., Assistant Editor)

Rani ist Assistant Editor einer bekannten wissenschaftlichen Wochenzeitschrift. Sie ist seit 8 Jahren verheiratet und hat 2 Kinder. Ihr Mann ist Parse, sie selbst Brahmanin. Ihr Mann hat einen hochbezahlten Managerposten.

Sie stammt aus einer Familie der oberen Mittelklasse, der Vater ist Industrieller und hat einen B.A., die Mutter hat nur Elementarschulbildung bis zur 4. Klasse, der Vater hat sie Englisch gelehrt. Die Familie lebte zuerst in Karatschi, siedelte aber nach der Teilung des Landes nach Indien über.

Rani hat eine englischsprachige Privatschule besucht, danach das College. Nach der Collegeausbildung schickten sie die Eltern nach Oxford, wo sie Philosophie, Politische Wissenschaften und Wirtschaftswissenschaften studierte. Nach ihrem M.A. kam sie von Oxford zurück nach Indien.

Ihren Mann hatte sie schon im College kennengelernt. Er stammt aus einer reichen und angesehenen Parsenfamilie, er studierte zur gleichen Zeit wie sie in Oxford und war ihr nur ein Jahr voraus in seinem Studium. „Es war keine arrangierte Heirat. Die Eltern wünschten aber, daß wir mit der Heirat bis nach der Beendigung unseres Studiums warteten, darum heirateten wir erst nach meiner Rückkehr nach Indien", bemerkte sie.

Sie begann sofort nach ihrer Heimkehr zu arbeiten, denn sie wollte so schnell wie möglich von der rein akademischen Ökonomie wegkommen; sie bekam einen Managerposten in der gleichen Firma, in der auch ihr Mann arbeitete, es war eine chemische Fabrik in Gujrat. Dort hat sie zwei Jahre gearbeitet.

Es war ein neuer Industriekomplex, und das Management lebte in einer Siedlung zusammen. Arbeitswelt und Familie waren nicht getrennt. Die gleichen Leute, die man in der Firma traf, traf man auch im Privatleben. Sie merkte sehr bald, daß alles, was sie sagte und tat, sich auf die Karriere ihres Mannes auswirkte, denn er war mit der allgemeinen Verwaltung verbunden, sie aber mit der Firma direkt. Sie empfand diesen Konflikt sehr stark, vor allem weil die Frauen ihrer Kollegen ihr den hohen Posten und ihren ungezwungenen, kollegialen und freien Umgang mit den Männern neideten. Diese Frauen arbeiteten nicht und wurden von ihren Ehemännern auch nicht wie Partner und Gefährten behandelt. So stichelten sie dauernd und fragten, warum sie noch keine Kinder habe. Rani unterschied sich von ihnen auch durch ihren verwestlichten Lebensstil. Sie rauchte, trug kurze Haare und kleidete sich manchmal nach westlicher Mode.

Ihr Mann war nicht dagegen, daß sie arbeitete, er war liberal in seinen Ansichten und ziemlich verwestlicht. Als er aber nach Bombay versetzt wurde, wollte er, daß sie ihren Posten aufgeben, mit ihm kommen und sich in Bombay nach einer anderen Stelle umsehen sollte. Sie war aber gerade mit einem sehr interessanten Projekt beschäftigt, das sie ganz beanspruchte, und sie wollte, daß er wenigstens im Prinzip zustimmte, daß sie ihren Posten behalten sollte. Das aber wollte er nicht. Er mußte ein hohes Maß an sozialem Druck um sich herum aushalten, man stachelte ihn auf, die Frau müsse dem Mann folgen, er müsse sich durchsetzen usw. Sie sagte, es sei nicht purer beruflicher oder persönlicher Ehrgeiz gewesen, der sie zu einem Widerstand gegen die Aufgabe ihres Postens veranlaßt habe, sondern vielmehr das Gefühl, einem Beruf verpflichtet zu sein, sie sei der Auffassung, daß ein Mensch ohne die Erfüllung in einem persönlichen Beruf nicht „ganz" sei.

Als ihr Mann versetzt war, blieb sie schließlich noch 6 Monate in Gujrat, aber die Situation wurde bald unmöglich für sie. Sie fühlte die feindselige Atmosphäre und die negativen Sanktionen um sie herum, und sie begann zu begreifen, daß sie weder ihren Posten noch ihre Ehe würde halten können, wenn sie weiter allein dort bliebe, aber sie wünschte, daß ihre Ehe halten sollte, denn da sie sich entschlossen hatte, in Indien zu leben, war ihr am Bestand der Ehe gelegen. Sie verstand sehr wohl, daß sie als alleinstehende Frau in Indien keinen Status und keine wirkliche Unabhängigkeit haben konnte. So zog sie nach Bombay.

Sie ist jedoch der Meinung, daß sie heute anders handeln würde, sie würde bleiben, wenn ihr ihre Arbeit Freude machte und nicht mehr dem Ehemann folgen. In Bombay achtete sie darauf, daß sie nicht mehr in der gleichen Organisation angestellt wurde, in der ihr Mann arbeitete, obwohl sie dort viel mehr Geld hätte verdienen können. Ihrem Mann war das nicht recht. Sie jedoch wechselte ihr Arbeitsgebiet völlig und wurde Redakteurin, zunächst bei einer Tageszeitung und nach zwei Jahren bei der Wochenzeitschrift, bei der sie jetzt arbeitet. Sie liebt ihre Arbeit sehr und ist vor allem glücklich über die gute Teamarbeit mit den anderen Männern und Frauen in der Redaktion. Es ist eine Arbeit, bei der sie Initiative und Kreativität entfalten kann und in der sie außerdem einen wichtigen Beitrag für die Entwicklung des Landes sieht. Sie ist heute nicht mehr bereit, diese Arbeit wegen ihres Mannes und ihrer Familie aufzugeben. Auf die Frage nach der Haltung ihres Mannes gegenüber ihrer jetzigen Tätigkeit sagte sie, er würde sich jetzt nicht mehr ohne weiteres irgendwo anders hin versetzen lassen, denn er habe eingesehen, daß sie ihm nicht folgen würde. Er versuche sie auch nicht mehr zu überreden, in die Wirtschaft zurückzukehren, obwohl sie jetzt viel weniger Geld verdient, er habe verstanden, daß sie nicht mehr dahin paßt.

Mit Ausnahme des Mutterschaftsurlaubs bei der Geburt der beiden Kinder, die 4 und 2 Jahre alt sind, hat sie keinen Tag aufgehört, zu arbeiten. Sie hat bis zum letzten Tag ihrer Schwangerschaft gearbeitet, ist dann für die Geburt ins Krankenhaus gegangen. Sie hat die Kinder beide eineinhalb Jahre gestillt und hat es so eingerichtet, daß sie dann von ihrem Büro immer nach Hause gehen konnte. Und nachts ist sie immer zu Hause geblieben während dieser Zeit.

Sie hat zwei Dienerinnen, die sie aber nicht nach der traditionellen indischen Weise als Untergebene behandelt, sondern mehr als Hausgenossen. Das schafft gewisse Probleme, und sie muß eine Menge Hausarbeit selbst tun, sie kauft ein, bereitet das Essen vor, muß sich immer um die Zusammenstellung der Mahlzeiten kümmern und die richtigen Quantitäten von allem bereitstellen. Ihr Mann hilft nicht im Haushalt, paßt aber auf die Kinder auf, wenn sie nicht da ist.

Sie fühlt, daß die Kinder sie sehr vermissen; der kleine Sohn schreit, wenn sie aus dem Haus geht. Es gibt auch immer Probleme, wenn sie abends ausgeht. Aber sie muß natürlich als Journalistin am sozialen Leben der Stadt teilnehmen. Sie hofft, daß sich die Kinder etwas weniger an sie klammern werden, wenn sie einmal zur Schule gehen.

Sie fühlt sehr die Überlastung durch die verschiedenen Rollenanforderungen, die an sie gestellt werden. Sie hat nicht nur ihre beruflichen Aufgaben zu erfüllen, sondern muß als Hausfrau, Mutter und Gattin dafür sorgen, daß alle in der Familie zufrieden und glücklich sind; sie muß immer für alle da sein. Obwohl sie in einer Nuklearfamilie wohnen, sind viele Verpflichtungen gegenüber der größeren Familie zu erfüllen. Es ist z.B. eine Selbstverständlichkeit, daß die größere Familie jederzeit zu Besuch kommen kann und daß sie dann Zeit für sie haben muß. Das gleiche gilt für Freunde und Kollegen. Sie wünscht sich, einen Urlaub nehmen zu können, um wenigstens einmal ein Buch ganz lesen oder an einem Projekt arbeiten zu können. Aber sie fürchtet, daß das nicht möglich sein wird.

Zur Erholung gehen sie manchmal mit Freunden und Kindern an den Strand und machen ein Picknick. Sie empfindet es als große Erholung, wenn sie einmal bei Freunden zu Mittag essen kann und nicht selbst Gastgeberin sein muß.

Sie haben keine getrennten Konten. Da ihr Mann sehr viel mehr verdient als sie, gibt er ihr einen monatlichen Betrag für den Haushalt. Wenn sie nicht auskommt, nimmt sie von ihrem Gehalt, das sie als Sparrücklage ansieht.

Frau K.[132]

Frau K. (44) arbeitet in einer Privatfirma und verdient monatlich 2800 Rs. Sie hat Universitätsgrade von indischen und ausländischen Universitäten. Ihr Mann ist in einer Behörde der Regierung und bezieht ein Monatsgehalt von 2000 Rs. Er kommt aus einer anderen Provinz als seine Frau und gehört einer anderen Kaste an. Auch er ist hochgebildet und hat in Indien und im Ausland studiert. Sie ist seit 19 Jahren berufstätig und hat mit Ausnahme einer Unterbrechung von 3 Jahren nach der Heirat und einer kurzen Zeit vor der Hochzeit immer gearbeitet. Sie hat erst vor 9 Jahren geheiratet; damals hatten sie und ihr Mann gleiche Gehälter. Sie hat jetzt einen Sohn von 4 Jahren.

Sie stammt aus einer wohlhabenden und einflußreichen Familie aus dem West-Punjab, in der alle, sogar die Mutter, eine gute Ausbildung bekommen hatten. Ihre Brüder und Schwestern haben die besten Privatschulen des Landes besucht. Ihr Vater hatte einen sehr hohen Posten bei einer Regierungsbehörde und besaß ausgedehnte Ländereien. Die Atmosphäre zu Hause war liberal und aufgeschlossen, die Kinder wuchsen in ziemlichem Luxus auf, da genügend Diener da waren, die alle Arbeit taten.

132 Die folgenden zwei Beispiele sind der Delhi-Studie von P. Kapur entnommen. Vgl. P. Kapur: a.a.O., S. 166 ff. und 174 ff.

Sie war immer eine sehr gute Studentin gewesen und hat erstklassige Examina gemacht. Nach ihrem M.A. Examen starb ihr Vater. Obwohl er ein großes Vermögen hinterlassen hatte, wollte sie nicht weiterstudieren und ihrer Mutter zur Last fallen; sie hatte immer den Wunsch gehabt, wirtschaftlich unabhängig zu sein und sich einen persönlichen Status und eine wichtige Position zu erwerben. Sie begann ihre Laufbahn als Lehrerin. Nach der Teilung des Landes wurde ihr eine Stellung bei der Regierung angeboten. Kurz darauf konnte sie ins Ausland gehen, um weiterzustudieren. Nach ihrer Rückkehr bekam sie durch einen Wettbewerb einen Posten I. Klasse bei der Regierung, da die indische Regierung nach der Teilung des Landes viele gute Stellen für Frauen aus dem West-Punjab geschaffen hatte.

Sie lernte ihren Mann bei einer Party kennen, die beiden Familien kannten einander, und Herr K. und seine Mutter waren sehr an einer Heirat mit ihr interessiert. Sie fand ihn intelligent, und da ihre Mutter auch auf eine Heirat drängte, gab sie ihre Zustimmung.

Herr K. stammte auch aus einer reichen und angesehenen Familie, Vater und Mutter waren hochgebildet, alle Kinder hatten eine ausgezeichnete Ausbildung bekommen.

Da ihr Mann im Ausland arbeitete, nahm Frau K. nach der Heirat einen kurzen Urlaub und zog zu ihm. Sie merkte aber bald, daß er zu Hause die Rolle des Patriarchen spielen wollte. Es gab im Ausland keine Diener für die Hausarbeit, und er erwartete von ihr, daß sie wie eine gute indische Gattin kochte und ihn bediente. Da sie aber berufstätig und unabhängig gewesen war, ärgerte sie das, sie hatte auch nie im Haushalt gearbeitet.

Sie hatte gehofft, einen liebenden Gatten zu finden, der stolz auf den hohen Status seiner Frau war, aber sie fand, daß er immer versuchte, sie zu beherrschen und ihr zu diktieren. Sein Verhalten war sehr ambivalent, manchmal war er freundlich und rücksichtsvoll, dann aber wieder behandelte er sie wie eine Sklavin, die weit unter ihm stand und alle seine Befehle ohne Widerrede ausführen sollte. Sie gestand, daß sie als ökonomisch unabhängige Frau dieses diktatorische Verhalten nicht dulden konnte und daher mit gleicher Münze zurückzahlte und ihm den Gehorsam verweigerte, was ihn in Wut versetzte (denn nichts ist mehr gegen den Verhaltenskodex der idealen indischen Gattin, als wenn sie dem Mann Widerworte gibt).

Sie wurde bald nach der Heirat schwanger und fühlte sich oft unwohl. Sie bat ihren Mann, ihr im Haushalt zu helfen, da sie keine Diener hatten, er aber weigerte sich und betrachtete Hausarbeit als unter seiner Würde.

Ihr Gatte war eifersüchtig auf ihren hohen offiziellen Status und ärgerte sich besonders, wenn ihre Kollegen und Freunde, zu denen sie ein sehr freies und ungezwungenes Verhältnis hatte, sie besuchten, und daß sie in diesen Kreisen verkehrte. Er bat sie, ihre Beziehungen mit diesen Kollegen abzubrechen und zu Hause zu bleiben. Darüber war sie sehr schockiert, denn die gleichen Eigenschaften, die er vor der Ehe an ihr bewundert hatte, ihren Erfolg, ihre Popularität, ihr Selbstvertrauen und ihre Ungezwungenheit im Umgang mit Männern, kritisierte er jetzt heftig. Sie aber war nicht bereit, sich seinen Wünschen anzupassen, denn sie war sich ihres eigenen und unabhängigen Status sehr bewußt und erwartete von ihm, daß er das anerkenne.

Als er sie nach Ablauf ihrer Beurlaubung bat, ihren Beruf aufzugeben – und damit ihre Unabhängigkeit – weigerte sie sich, denn 1. maß sie ihrem Beruf und einem eigenen Status größte Wichtigkeit bei, 2. wollte sie auch nicht mehr länger mit ihm zusammenleben, da ihre Ansichten über die Rolle des Mannes und der Frau in der Familie zu verschieden waren. So verließ sie ihn und ging an ihre alte Stelle zurück. Um ihm entgegenzukommen, ließ sie sich nach einiger Zeit jedoch in seine Nähe versetzen, so daß er sie an Wochenenden besuchen konnte.

Die Differenzen zwischen den Ehegatten verschlimmerten sich, als der Mann sich für eine Zeit beurlauben ließ und zu seiner Frau zog. Über diese Schwierigkeiten sagt die Frau: „Er haßte es einfach, bei meinen offiziellen Veranstaltungen als mein Gatte zu fungieren. Er wollte, daß die Leute ihn als einen hohen Funktionär und mich nur als seine Frau kennenlernen sollten. Während dieser Periode äußerte er offen sein Mißfallen darüber, daß ich populär war, mit anderen Männern befreundet und meines offiziellen und individuellen Status zu sehr bewußt war, und er warf mir Eitelkeit, Überheblichkeit und Snobismus vor. Über diesen Punkt hatten wir mehrere Auseinandersetzungen, denn ich haßte seine eifersüchtige und mißtrauische Haltung gegenüber meinem offiziellen Status, meiner Beliebtheit und meinem ungezwungenen Umgang mit meinen Kollegen."

Es ärgerte sie auch, daß er nicht einmal während seines Urlaubs im Haushalt mithalf. Manchmal weigerte sie sich und sagte, er könne sich genauso gut um den Haushalt kümmern wie sie, denn sie sei wirtschaftlich genauso unabhängig wie er. Er war wütend darüber, daß sie solche Forderungen an ihn stellte und war nicht einmal bereit, auf das Kind aufzupassen, während sie das Essen zubereitete. Er half ihr auch nicht, als das Kind krank wurde; und als es schließlich starb, schien er nicht besonders berührt zu sein.

Dann wurde sie in eine weitentlegene Stadt versetzt, wo sie ein Jahr blieb. Ihr Gatte schrieb ihr laufend, sie solle ihren Beruf aufgeben, zu ihm ziehen und mit ihm als seine Gattin leben. Immer wieder sagte er, ihre Ehe sei nur wegen ihrer beruflichen Tätigkeit so unglücklich. Er gab sogar in den Briefen zu, daß es ihn ärgerte, daß sie arbeitete und in so wichtiger Position sei, und versicherte ihr, daß er gut und freundlich sein werde, wenn sie zu ihm ziehen würde. Sie ließ sich schließlich überreden, denn sie wollte ihrer Ehe wenigstens eine faire Chance geben. Sie gab ihre hohe offizielle Stellung auf und zog zu ihrem Gatten, aber dort bekam sie keine Position, die der ersten vergleichbar war. Und so lebte sie drei Jahre als Nur-Hausfrau mit ihrem Gatten zusammen. Aber sie gestand, daß dies die größte Enttäuschung für sie gewesen sei. Sie habe ihre Arbeit geliebt und kein Interesse dafür aufbringen können, den ganzen Tag zu Hause zu sitzen, die Hausarbeit zu tun, nette Gerichte zuzubereiten und die ganze Plackerei zu tun, nur um ihren Gatten gut genährt und bei guter Laune zu erhalten. Ein solches Leben sah sie als sinnlos an und war sehr unzufrieden und ruhelos.

Das Verhalten des Mannes ihr gegenüber änderte sich aber auch während dieser Zeit nicht; er war äußerst anspruchsvoll und wollte, daß sie ihm wie eine gehorsame Sklavin diente, er erlaubte ihr nicht, aus dem Haus zu gehen und mit anderen Menschen zu reden. Darüber war sie aufgebracht und sie widersetzte sich seinen Befehlen oder gab ihm Widerreden, was er wiederum nicht ertragen konnte, so daß er sie manchmal schlug.

Auch in der Frage der Finanzen hatten sie viele Meinungsverschiedenheiten. Der Mann wollte nicht, daß sie Geld für Kosmetik, Kleider und zur Dekoration des Hauses ausgab. Als sie noch berufstätig gewesen war, hatte sie die ganzen Haushaltskosten getragen, als sie aber merkte, daß er sein ganzes Geld auf einem eigenen Konto hatte und keinen Pfennig zu den gemeinsamen Unkosten beisteuerte, ärgerte sie das. Nachher, als Nur-Hausfrau erwartete sie, daß ihr Gatte ihr das Haushaltsgeld regelmäßig gab, er aber gab ihr nichts, ohne daß sie ihn vorher darum gebeten hätte, und warf ihr oft vor, sie sei verschwenderisch und könne nicht haushalten. Sie fühlte sich sehr gedemütigt, denn sie war es nicht gewohnt, irgend jemanden um Geld bitten zu müssen, und hatte als verdienende

Ehefrau ihr Geld stets großzügig ausgegeben. So haßte sie es, um das Haushaltsgeld betteln und über jeden Pfennig Rechenschaft ablegen zu müssen.

Wegen der dauernden Spannungen und ihrer Unzufriedenheit, daß sie Arbeit, Beruf, individuellen Status und unabhängiges Einkommen aufgegeben hatte, entschloß sie sich, sich von ihm zu trennen. Sie nahm einen sehr lukrativen Posten an und nahm sich mit ihrem kleinen Sohn eine eigene Wohnung. Ihre Mutter zog zu ihr und kümmerte sich während ihrer Dienstzeit um das Kind. Sie beantragte keine Scheidung, dachte auch nicht daran, noch einmal zu heiraten. Sie ging ganz in ihrer Arbeit auf. Auch ihr Mann wollte keine Scheidung, seine Mutter sorgte für ihn. Sie strebte auch keine Aussöhnung an, sondern war zufrieden, daß sie gut verdiente und ohne dauernde Einmischung so leben konnte, wie sie es für richtig hielt.

Frau L.

Die 36jährige Frau L. hat eine hohe Beamtenposition bei der Regierung und bezieht ein Monatsgehalt von 1500 Rs.; ihr Mann ist im Staatsdienst und verdient ca. 1700 Rs. monatlich. Sie gehören verschiedenen Kasten an und stammen aus verschiedenen Provinzen. Frau L. ist seit 14 Jahren ununterbrochen im Dienst, seit 6 Jahren ist sie verheiratet. Das Ehepaar hat einen 3jährigen Sohn.

Frau L.'s Vater ist ein führender Geschäftsmann mit einem sehr hohen Einkommen, sie empfing ihre Ausbildung in einer der besten Schulen Indiens. Sie war das älteste von 4 Kindern. Die Kinder waren mit allen Bequemlichkeiten aufgewachsen, die Atmosphäre in der Familie war liberal und die Kinder genossen viele Freiheiten.

Frau L. hatte ihre Ausbildung nicht nur in Indien, sondern auch im Ausland bekommen; und da sie stets eine sehr gute Studentin war, bestand sie den sehr schwierigen Aufnahmetest für den jetzigen Regierungsposten, als sie noch recht jung war.

Während eines Auslandsaufenthaltes hatte sie ihren jetzigen Gatten kennengelernt. Auch er gehörte einer reichen Familie an, sein Vater war Regierungsbeamter. Die Ehe zwischen Frau L. und ihrem Mann war eine love marriage, sie war sehr beeindruckt gewesen von seiner Nüchternheit und moralischen Lebensführung, vor allem davon, daß er während seines Auslandsaufenthaltes sich nicht zum Trinken und zu anderen westlichen Lastern hatte verführen lassen.

Am Anfang ihrer Ehe lebte die verwitwete Schwiegermutter mit in ihrem Haushalt. Frau L. fand, daß die Schwiegermutter ihr kaum eine Gelegenheit gab, mit ihrem Mann allein zu sein, ihr Mann kümmerte sich ihrer Meinung nach auch zu sehr um seine Mutter und gab ihr den Vorzug vor ihr. Sie war eifersüchtig auf ihre Schwiegermutter und die Schwiegermutter auf sie. Erst nachdem ihr Mann ihr erklärt hatte, daß die Mutter nur noch ihn hätte, da ein anderer Sohn gestorben war, verbesserte sich das Verhältnis zwischen den beiden Frauen.

Sie paßte sich auch weitgehend den Eigenarten und dem Temperament ihres Mannes an, er war z.B. kein geselliger Mensch, während sie selbst gerne am gesellschaftlichen Leben der Stadt teilnahm. Nach einigen Ehejahren hatte sie sich ihrem Mann so gut angepaßt, daß sie schließlich selbst abends nicht mehr ausgehen wollte.

Sie hatten bei ihrer Heirat eine Übereinkunft getroffen, daß sie nach der Heirat im Dienst bleiben werde, denn sie war Beamtin auf Lebenszeit. Auch nachher hat ihr Mann nie gewünscht, daß sie ihre Arbeit aufgeben und zu Hause bleiben sollte, denn er war froh, daß sie so gut verdiente und einen Beruf hatte, der sie beschäftigte, denn er war selbst sehr von seiner Arbeit in Anspruch genommen und hätte nicht viel Zeit gehabt, sich um sie zu kümmern. Er ist auch stolz auf ihren beruflichen Status und auf ihre Position. Frau L. betont, daß ihr Mann sie in der Ehe wie einen gleichberechtigten Partner behandele. Er ist sehr großzügig und beklagt sich nicht darüber, daß sie so sehr von ihrer Arbeit absorbiert ist und wenig Zeit für ihn hat. Er ist nicht eifersüchtig, auch nicht, wenn sie abends länger im Büro bleiben oder auf Dienstreisen gehen muß. Wenn andere Männer das gute Aussehen und den scharfen Intellekt seiner Frau bewundern, ist er stolz, er macht sich nichts daraus, wenn sie in seiner Gegenwart mit anderen Männern spricht.

Er verlangt nie irgendwelche Dienste von ihr, wie es bei indischen Gatten üblich ist, und erwartet nicht, daß sie ihm besondere Aufmerksamkeit schenkt. Sie selbst empfindet jedoch sehr große Verehrung und Respekt ihm gegenüber und betrachtet ihn als ihr überlegen. Sie bemüht sich daher ganz besonders, ihn mit allen möglichen Bequemlichkeiten zu umgeben und gut zu versorgen, sie fragt ihn immer um Rat. Ihr Mann schätzt es, daß sie trotz ihrer Arbeit eine so aufmerksame und besorgte Gattin ist, sie hält ihn für den überlegenen Teil in ihrer Ehe und möchte das auch gar nicht anders haben.

Frau L. ist, wie sie sagt, keine tüchtige Hausfrau, außerdem haben sie Diener. Aber wenn sie Zeit hat oder kein Diener da ist, legt sie Wert darauf, für ihren Mann die Gerichte zu bereiten, die er gerne ißt. Sie sorgt auch dafür, daß er sein Mittagessen, so wie er es liebt, ins Büro mitnehmen kann und daß er genügend Abwechselung dabei hat. Sie erwartet keine Hilfe im Haushalt von ihrem Mann, und wenn es irgendwelche Probleme gibt, dann löst sie sie allein, denn sie ist der Auffassung, daß die Frau verantwortlich für den Haushalt ist und sie ihren Mann nach seiner anstrengenden Arbeitszeit nicht mit diesen Dingen belästigen dürfe. Zwar ist sie der Meinung, daß ein Mann es nicht unter seiner Würde betrachten sollte, im Haushalt mitzuhelfen, wenn er gebraucht wird. Aber sie glaubt, es sei die Pflicht der Frau, zu sorgen, daß der Mann alle Bequemlichkeit hat und ordentlich versorgt und betreut wird.

Sie hörte auch nicht zu arbeiten auf, als das Baby geboren wurde, sondern stellte eine Ayah (Kinderfrau) ein; außerdem war ihre Schwiegermutter da, die das Kind betreute. Sie bemerkt, daß sie damals immer zur Mittagszeit nach Hause gekommen sei, um das Baby zu stillen. Sie habe große Befriedigung darüber empfunden, gleichzeitig eine gute Mutter und eine tüchtige Berufsfrau zu sein. Auf jeden Fall wußte sie das Kind in guten Händen und brauchte sich keine Sorgen um es zu machen.

Als Erklärung für die erfolgreiche Kombination der zwei Rollen sagt sie: „Ich habe eine feste Routine. Ich habe ein System entwickelt, um den Haushalt gut zu führen. Ich kümmere mich um die Bedürfnisse meines Gatten, meines Hauses und meines Kindes, ehe ich ins Büro gehe. Meine Schwiegermutter überwacht den Haushalt, und die Ayah paßt auf das Kind auf. Während der Mittagszeit komme ich für eine Stunde nach Hause und kümmere mich um das Kind. Abends komme ich viel früher als mein Gatte nach Hause. Ich beschäftige mich mit dem Kind, bereite das Abendessen vor und räume das Haus auf, ehe mein Gatte kommt. Dann trinken wir Tee zusammen und ruhen uns ein bißchen aus, wenn wir nicht gerade ausgehen müssen."

Sie ist gesund und findet all diese Aufgaben meistens nicht zu schwierig oder zu anstrengend.

Was ihr besonders hilft, ist die positive Attitüde ihres Mannes ihrer Berufstätigkeit gegenüber. Darum fühlt sie sich auch nicht überfordert, wenn sie nach ihrer Arbeit im Büro auch noch abends ihre Hausfrauenpflichten zu erfüllen hat. Sie ist sehr an ihrer Arbeit interessiert und ist sehr befriedigt darüber, daß sie einen individuellen Status und ein unabhängiges Einkommen hat. Ihre Leidenschaft für ihre Arbeit und ihren beruflichen Erfolg sind so ausgeprägt, daß sie sehr unglücklich wäre, wenn ihr Gatte sie zwingen würde, ihren Beruf aufzugeben. Sie glaubt, sie wäre eine weniger aufmerksame und liebende Gattin und Mutter geworden, wenn sie nicht gearbeitet hätte, denn dann wäre sie unzufrieden gewesen.

Auf die Frage, ob sie ihre Arbeit beibehalten würde, wenn ihr Mann an einen anderen Ort versetzt würde, sagt sie, sie schätze ihr Familienleben so hoch, daß sie ihren Beruf nicht auf Kosten der Familie fortführen wolle. Sie wolle nicht länger als 6 Monate von ihrem Mann getrennt sein. Zum Glück seien ihr Mann und sie bisher in der gleichen Stadt angestellt, und sie hoffe, daß das auch so bleibe, denn sie glaubt, daß ihre Ehe nur darum so harmonisch ist, weil sie gleichzeitig eine erfolgreiche Berufsfrau und eine gute Hausfrau, Gattin und Mutter ist.

Analyse der Gruppe II

Eine Durchsicht der 7 Einzelfälle dieser Gruppe ergibt, daß die objektive Konfliktsituation für diese Frauen nicht weniger gegeben ist als für die, die vor allem aus wirtschaftlicher Notwendigkeit arbeiten und studieren. Zwei dieser Frauen (Ashwini und Sunanda) haben nicht nur Pflichten als Hausfrauen, Gattinnen, Mütter und Berufstätige, sondern bereiten sich gleichzeitig noch auf das Doktorexamen vor. Die anderen Frauen sind in verantwortlichen Positionen und beruflich sehr beansprucht. Alle Frauen haben oder hatten Kinder, alle haben Studien und Berufstätigkeit auch nach der Heirat fortgesetzt, und zwar fast ohne Unterbrechung. Alle diese Frauen sind stark in ihrem Beruf engagiert und scheinen äußerst glücklich zu sein, ein so vielseitiges und erfülltes Leben zu haben. Trotz faktischer Rollenakkumulation würde keine ihre Berufstätigkeit freiwillig aufgeben wollen.

Nur bei zwei dieser Frauen sind die in der Situation angelegten Konflikte auch manifest geworden (Rani und Fr. K.), die anderen scheinen ihre Doppel- oder Tripelrollen ohne erhebliche Spannungen, ja teilweise mit größter Befriedigung zu spielen. Dabei spielen die äußeren Umstände der familiären Situation eine Rolle. Diese Frauen kommen aus wohlhabenden und progressiven Familien der oberen Mittelklasse, in der Frauenbildung seit ein oder zwei Generationen bereits Tradition ist. Die Familien selbst, Mütter, Väter oder Gatten, motivierten diese Frauen, ein höheres Studium aufzunehmen oder fortzusetzen. Alle, außer Sunanda, hatten Gelegenheit, ihre Ausbildung im Ausland zu vollenden, was ihnen einen enormen Vorsprung im Wettbewerb um Prestige-Jobs und -Positionen gibt. Alle Frauen haben einen hohen Sozialstatus und beziehen hohe bis sehr hohe Gehälter. Es fällt auch auf, daß die joint family in diesen Fällen weniger Probleme aufwirft als im Fall der Frauen aus ärmeren Familien. Einige Frauen (Ashwini, Karuna, Sunanda) konnten nur darum in aller Ruhe trotz Vorhandensein von kleinen Kindern ihren Studien und Berufsplänen nachgehen, weil sie in einer joint family wohnten und die Schwiegermutter ihnen bereitwillig die Sorge um Haushalt und Kinder abnahm. Es scheint, daß das Schwiegermutter-Schwiegertochter-Problem in diesen wohlhabenden, liberalen Familien weniger gravierend ist als in den ärmeren Familien der Mittelklasse. Auch in diesen Familien ist jedoch der Gatte die wichtigste Person für diese Frauen. Vier der Frauen haben einen hohen Bildungs- und Berufsstatus, teilweise sogar einen höheren als der Gatte und verdienen hohe Gehälter. Diese Tatsache führt aber in vier der Fälle zu keinen Differenzen mit den Gatten, weil die Gatten selbst einen sehr hohen Sozialstatus haben und in allen Fällen ihre Rolle als Hauptemährer gewahrt bleibt. Es ist auch genug Hilfe im Haushalt vorhanden, entweder durch Familienangehörige oder durch Diener, so daß von den Männern nicht erwartet wird, daß sie der Frau im Haushalt helfen. Ihr überlegener Gattenstatus wird nicht in Frage gestellt. Sie haben gegenüber der Berufstätigkeit ihrer Frauen eine positive Einstellung und sind stolz auf den Erfolg ihrer Frauen.

In zwei Fällen kommt es trotz dieser allgemein günstigen Voraussetzungen zu erheblichen Konflikten zwischen Mann und Frau. In beiden Fällen waren die Frauen sehr stark an ihrer beruflichen Arbeit interessiert, hatten eine hohe, selbständige und sie befriedigende berufliche Position und waren nicht bereit, diese Position bei einer Versetzung des Mannes aufzugeben bzw. auf eine eigene Versetzung und Beförderung mit Rücksicht auf den Wohnsitz des Mannes zu verzichten. Es zeigt sich hier, daß diese Frauen den Beruf und ihren individuellen Status nicht mehr selbstverständlich ihren Familienrollen unterordnen, sondern daß sie die Patrilokalität der Familie aufgrund ihrer eigenen unabhängigen Position in Frage stellen und der Mann diese Verhaltensänderung schließlich wohl oder übel akzeptiert. Im Fall von Rani erwies es sich, daß sie die abweichende Haltung unter dem Druck der öffentlichen Meinung und im Hinblick auf die Stabilität der Familie schließlich aufgab, aber ein zweites Mal nicht mehr nachgeben will. Bei Frau K. resultieren die Konflikte vor allem aus dem hohen Außenstatus der Frau, der sie veranlaßt, auch innerhalb der Familie egalitäre Verhältnisse schaffen zu wollen. Der Mann ist aber nicht bereit, auf seine Privilegien als Gatte zu verzichten. Die typischen Konflikte tauchen auf, als die Frau im Ausland eine Beteiligung bei der Hausarbeit verlangt. Außerdem verdächtigt er sie, sich die Zeit mit fremden Männern zu vertreiben und verfolgt sie mit seiner Eifersucht. Der Mann hat zwar fortschrittliche Ideen, es gelingt ihm aber nicht, seine autoritär-patriarchalische Verhaltensweise in der Familie zu ändern. Die Frau ist ihrerseits nicht mehr bereit, seinen Anspruch auf seinen privilegierten Gattenstatus, der in seinem Fall durch nichts mehr gerechtfertigt ist, zu tolerieren.

In beiden Fällen kommt zu der objektiven Konfliktsituation noch ein verändertes Bewußtsein hinzu, das schließlich zu offenen Spannungen führt. Diese beiden Frauen beanspruchen nicht nur gleiche Rechte und gleichen

Status in den Außenbeziehungen, sondern haben den Primat der Familienrollen der Frau und die pativrata-Rolle auch in der Praxis aufgegeben. In dem einen Fall führte diese Haltung zum Zusammenbruch der Ehe, im zweiten blieb die Ehe zunächst bestehen, weil die Frau dem Mann nachgab und ihm nachzog. Der Mann weiß aber inzwischen, daß die Frau nicht noch einmal seinetwegen den Beruf oder die Stellung wechseln wird, und so hütet er sich, sich um eine Versetzung zu bemühen. Es ist eindeutig, daß die Stärke der Position dieser Frauen in ihrer wirtschaftlichen Unabhängigkeit und ihrem hohen Sozialstatus liegt.

In allen anderen Fällen treten, wie es scheint, keine Spannungen zwischen Mann und Frau auf, weil die Frauen trotz unabhängigem, hohem Außenstatus im Prinzip am Primat der Familienrollen und an den traditionellen Rollendefinitionen von Mann und Frau festhalten.

3.4.4 Das Konfliktsyndrom verheirateter Frauen

Die Analyse der angeführten Einzelfallstudien von studierenden und berufstätigen Ehefrauen hat deutlich gemacht, daß es keine monokausale Erklärung für das Akutwerden oder Nicht-Akutwerden von Rollenkonflikten gibt. Es sind in jedem Fall mehrere objektive und subjektive Faktoren, die miteinander interagieren und entweder den Ausbruch manifester Konflikte verhindern oder fördern. Zu den *objektiven* Faktoren zählen vor allem die sozio-ökonomische Lage der Familie, ihre Kasten und Klassenzugehörigkeit, die Größe des Haushalts und der Familientyp, die berufliche Stellung des Mannes und der Frau, ihr Einkommen, das Vorhandensein oder das Nicht-Vorhandensein von Dienstpersonal für den Haushalt. Als *subjektive* Faktoren sind hauptsächlich die Art und Weise zu nennen, wie die einzelnen Mitglieder der Familie die berufliche Tätigkeit der Frau interpretieren; d.h. das Bewußtsein, das einmal die Frau selbst von ihrer eigenen Rollenkombination hat, die Frage, ob sie dem Beruf primäre oder sekundäre Bedeutung beimißt, ob sie neue Erwartungen an die Bezugsgruppe Familie richtet und versucht, ihren außerhäuslichen Macht- und Statusgewinn auch auf die familieninternen Beziehungen zu übertragen. Alle diese subjektiven Attitüden und Verhaltensweisen der Frau provozieren ebenfalls subjektive Reaktionen auf seiten ihrer relevanten Rollensender: des Gatten und der Schwiegereltern. Die Frage, ob Rollenkonflikte manifest werden, wird wesentlich davon abhängen, inwieweit die subjektive Interpretation der einzelnen Rollenspieler mit der objektiv gegebenen Situation übereinstimmt. Umgekehrt können aber auch äußere Faktoren das Akutwerden von den in der Situation der Berufstätigkeit der Frau angelegten Konflikte verhindern oder auslösen, wie etwa das Vorhandensein von Dienern.

Bei der qualitativen Analyse von biographischen Situationen gebildeter, berufstätiger Ehefrauen haben sich für das Entstehen von Rollenkonflikten folgende kritische Faktoren herauskristallisiert:

1. Die Auswirkungen der ökonomischen Unabhängigkeit der Frau auf die familieninternen Rollenbeziehungen;
2. Das Verhältnis zwischen dem außerfamiliären Status der Frau und der Autoritätsstruktur in der Familie;
3. Die Frage der Aufteilung der Haushaltsarbeit und der Kinderbetreuung;
4. Die Reaktion des Gatten oder der in-laws auf das berufsbedingte mixing der Frau;
5. Die Ideologie und die Attitüden von Mann und Frau, die Frage des Primats von Familien- oder Berufsrolle der Frau;
6. Die Beziehungen zu männlichen Kollegen und Untergebenen.

Im folgenden werden die Ergebnisse der voraufgegangenen Analyse in bezug auf diese möglichen Konfliktquellen zusammengefaßt.

Zu 1. Die Auswirkungen der ökonomischen Unabhängigkeit der Frau auf die familieninternen Rollenbeziehungen

Bei einer Durchsicht der konkreten Einzelfallstudien fällt auf, daß der ökonomische Faktor *als solcher* nicht für das Auftreten von Rollenkonflikten verantwortlich ist, denn es kommt zu akuten Spannungen und Konflikten sowohl bei den Frauen, die aus wirtschaftlicher Not arbeiten, als auch bei denen, die aus reicheren Familien stammen und nicht zum Unterhalt der Familie beisteuern müssen. Auf der anderen Seite finden wir, daß nicht nur Frauen aus der oberen Mittelklasse die Kombination mehrerer Rollen scheinbar ohne äußere Konflikte bewältigen, sondern ebenso Frauen aus den mittleren und unteren Einkommensgruppen. Wir können auch feststellen, daß es nicht die Tatsache der wirtschaftlichen Tätigkeit der Frau als solche ist, die zu Spannungen führt; denn viele Familien der Mittelklasse sind nicht nur auf das Einkommen der Frau angewiesen, sondern erwarten geradezu von ihr eine Beteiligung an der Unterhaltsbeschaffung für die Familie.

Dennoch drängt sich der Eindruck auf, daß die ökonomische Tätigkeit der Frau, genauer: die Tatsache ihrer potentiellen oder aktuellen ökonomischen Unabhängigkeit, eine entscheidende Rolle beim Ausbruch offener Konflikte spielt, und zwar in unterschiedlicher Weise in den Familien der unteren und der oberen Mittelklasse. Die Frauen aus den unteren Einkommensgruppen, bei denen Rollenkonflikte akut wurden, pochen vor allem darauf, daß sie „verdienende Mitglieder" der Familie sind, d.h., sie nehmen teil an der dem Manne zugeschriebenen „Ernährerrolle"; in einzelnen Fällen ist die Frau sogar der Hauptverdiener der Familie. Das Bewußtsein, daß die ökonomische Basis der Familie von ihrer Arbeit abhängt, sie ihrerseits aber nicht mehr auf die Familie angewiesen ist, um ihre materielle Existenz zu sichern, stärkt nicht nur ihr Selbstvertrauen, sondern auch ihre Machtposition in der Familie erheblich. Diese Frauen erkennen klar den Zusammenhang zwischen der Ernährerrolle und der familialen Autoritätsstruktur, und da sie nun die instrumentelle Rolle der Männer teilen, verlangen sie auch Anteil an deren Rechten: sie erwarten Erleichterung bei der Hausarbeit, die Mithilfe des Gatten, verweigern das traditionelle Bedienen von Schwiegereltern und Gatten, und manche erwarten sogar, selbst bedient zu werden, wenn sie von der Arbeit zurückkehren. Sie unterwerfen sich nicht mehr schweigend den Befehlen der Schwiegermutter oder des Mannes und wollen wie die Männer geehrt, geachtet und als gleichwertige Partner behandelt werden. Bei all diesen neuen Forderungen berufen sie sich darauf, daß sie ökonomisch unabhängig seien und nichts nach den in-laws oder dem Ehemann zu fragen hätten.

Die der Frau übergeordneten Autoritätsträger in der Familie sind auf solch radikal-egalitäre Forderungen nicht vorbereitet und reagieren repressiv. Es gelingt ihnen aber nicht, die familieninterne Autoritätshierarchie wiederherzustellen, weil die Frau nicht mehr ökonomisch abhängig ist und diese Tatsache als Instrument zu ihrer Emanzipation zu benutzen weiß.

In die in solchen Fällen zwischen Mann und Frau, zwischen Schwiegereltern und Schwiegertochter ausbrechenden Konflikte geht die uralte, im patriarchalischen Familiensystem Indiens institutionalisierte Asymmetrie zwischen „Töchter gebenden" und „Töchter empfangenden" Familien ein[133]. Erstmalig haben Frauen heute ein Mittel in der Hand, sich von dem Überordnungsanspruch der Gattenfamilie zu befreien. Es ist darum verständlich, daß Eltern, insbesondere die Mütter, größten Wert darauf legen, daß ihre Töchter wirtschaftlich unabhängig sind. Sie wissen, daß sie sich nur so vor Repressalien durch die in-laws schützen können. Das gilt aber auch für die Nuklearfamilie. Stellte die ökonomische Unabhängigkeit der jungen Ehefrau in der joint family eine potentielle Gefährdung der Autorität der Schwiegereltern dar, so gefährdet sie in der Nuklearfamilie die Autorität des Gatten, die ja vor allem auf seiner Ernährerrolle basiert. Diese Gefährdung ist auch dort deutlich sichtbar, wo es nicht zwischen den Gatten zu offenen Auseinandersetzungen über die ökonomische Rolle der Frau kommt, sondern wo sich der Mann (wie im Falle Pushpas), da er der wirtschaftlich schwächere ist, stillschweigend einer praktischen Rollenumkehr beugt.

In der oberen Mittelklasse hat der Faktor der ökonomischen Unabhängigkeit der Frau nicht das gleiche Gewicht wie in der unteren Mittelklasse, da er in keinem Fall die Rolle des Hauptemährers in Frage stellt, trotz manchmal außergewöhnlich hoher Gehälter der Frauen. Das Einkommen der Frau ist nicht notwendig zur Sicherung der materiellen Existenz der Familie, ist

133 Siehe S. 82.

in der Regel niedriger als das des Mannes und gilt als zusätzlich zum Familieneinkommen.

Dort, wo es in diesem Stratum zu offenen Spannungen kommt, ist weniger die ökonomische Unabhängigkeit der Frau als solche als vielmehr deren Folgen dafür verantwortlich: nämlich der Anspruch der Frau auf eigenen Sozialstatus und auf freie Verfügung über ihr Einkommen und die Ablehnung der Kontrolle des Gatten über ihre außerfamiliären Beziehungen. Die ökonomische Unabhängigkeit ist nur das Instrument, durch das diesen abweichenden Forderungen Nachdruck verliehen wird, sie stellt aber keine direkte Bedrohung der Haupternährerrolle dar.

In allen Fällen, in denen Rollenkonflikte offen zutage traten, kam zu der objektiv veränderten Wirklichkeit der berufstätigen Frau ein *verändertes Bewußtsein* hinzu; es ist dabei irrelevant, ob sich dieser Bewußtseinswandel bereits vor der Aufnahme einer Erwerbstätigkeit oder erst als deren Folge vollzogen hat. Wenn keine solche Neuinterpretation der familialen Status- und Rollenkonstellation von seiten der Frau stattfindet, wenn sie an den traditionellen Verhaltensmustern der Gattin, Mutter und Hausfrau festhält, wenn ihre faktisch gegebene wirtschaftliche Unabhängigkeit und die Übernahme von instrumentellen Funktionen keine Auswirkungen auf ihre familieninternen Rollenbeziehungen hat, werden Spannungen und Auseinandersetzungen vermieden. In der unteren Mittelklasse ist die Frau dann zwar „Mit-Ernährerin“, aber diese Tatsache bleibt für die traditionell-hierarchischen Beziehungen zwischen den Gatten ohne Bedeutung. Die Frauen der oberen Mittelklasse sind noch weniger zu einer Neuinterpretation ihrer Familienrollen herausgefordert, da die Ernährerrolle des Mannes unumstritten bleibt und die Familie reich genug ist, um auf den wirtschaftlichen Beitrag der Frau verzichten zu können.

Zu 2: Verhältnis zwischen dem Außenstatus der Frau und ihrem familieninternen Status

Als zweiter kritischer Komplex für den tatsächlichen Ausbruch von Rollenkonflikten erwies sich in den Einzelbeispielen die Differenz zwischen dem oft hohen erworbenen bildungs- und berufsbedingten individuellen Außenstatus der Frau und ihrem zugeschriebenen inferioren Status in der Familie. Dieser individuelle Außenstatus wird in Indien durch folgende Indikatoren definiert:

1. Bildungsqualifikation;
2. Beruf und Berufsposition;
3. Einkommen;
4. Auslandsstudium oder -aufenthalt.

In vielen Fällen ist der Außenstatus der Frau gleich hoch wie der des Mannes, in einigen sogar höher. Die absolute Umkehrung der zugeschriebenen Statusdifferenz zwischen Mann und Frau, d.h. der höhere Status der Frau, erweist sich immer als Quelle von Spannungen, wenn der Mann den höheren Bildungs- und Berufsstatus der Frau nicht durch andere Faktoren ausgleichen kann: durch Einkommen, eigenen Erfolg usw. Das gilt auch dann, wenn die Frau ihre Überlegenheit innerhalb der Familie bewußt herunterspielt und sich völlig normkonform verhält, wie im Falle Pushpas.

Das gilt sowohl für die Frauen aus den unteren wie für die aus den oberen Einkommensgruppen. Daß die Harmonie der Ehe empfindlich gestört wird, wenn die Frau gebildeter ist und ein höheres Einkommen hat als der Mann, bestätigen auch die Ergebnisse von Frau Kapur: Bei der Untersuchung der Variablen Bildungsdifferenz zwischen den Gatten befand sich der höchste Prozentsatz der „mal-adjusted" und der geringste der „well-adjusted wives" unter der Gruppe der Frauen, die eine höhere Bildung als ihre Gatten hatten[134]. Und fast alle Frauen, die zwischen 101 und 500 Rs. mehr verdienten als ihre Männer, hatten extrem große Schwierigkeiten in ihrer Ehe[135].

Konflikte sind ebenfalls unvermeidlich, wenn Mann und Frau gleich hohen erworbenen Außenstatus haben, die Frau aber versucht, dieses egalitäre Verhältnis auch auf die familieninterne Status- und Autoritätsstruktur zu übertragen, der Mann oder die „in-laws" der Frau aber eine egalitäre Position innerhalb der Familie verweigern und auf dem traditionellen Über-Unterordnungsverhältnis zwischen Gatte und Gattin bestehen. Die Frauen der unteren Einkommenskategorien sind sich, wie es scheint, mehr ihrer ökonomischen Machtposition bewußt und benutzen sie zur Durchsetzung ihrer eigenen Zwecke, die Frauen der oberen Mittelklasse legen dagegen größten Wert auf ihren hohen individuellen Außenstatus und führen ihn an, um egalitäre Beziehungen in der Familie herzustellen. Manche Männer dieser Gruppe reagieren empfindlich auf diesen Anspruch; wenn sie schon die Frau als gleichwertige Partnerin in ihren Außenbeziehungen akzeptieren müssen, wollen sie wenigstens in der Familie ihre dominante Rolle behaupten.

Offene Konflikte werden andererseits vermieden, wenn die Männer die Forderung der ihnen statusmäßig gleichgestellten Ehefrau auf egalitäre Beziehungen akzeptieren, d.h. wenn *beide* eine Neudefinition des familieninternen Status- und Rollenkomplexes in Richtung auf Gleichheit und Partnerschaft vollzogen haben, wie es bei Sarojini und Karuna der Fall war.

Die Familienharmonie bleibt aber auch gewahrt, wenn die Frau zwar einen hohen Außenstatus hat, der dem des Mannes entspricht, aber nicht versucht, die zugeschriebene familiäre Statushierarchie zu verändern, d.h., wenn sie die Position des Gatten als die überlegene akzeptiert und sich seiner Autorität in traditioneller Weise unterordnet, wenn sie also scharf trennt zwischen ihrem öffentlichen erworbenen und ihrem zugeschriebenen Status

134 P. Kapur: a.a.O., S. 45.
135 P. Kapur: a.a.O., S. 50.

und der Mann die gleichen patriarchalischen Erwartungen hegt. In diesen Fällen, in denen der Mann sich nicht in seiner überlegenen Gattenrolle bedroht fühlt, kann er den hohen Außenstatus seiner Frau sogar mit Wohlwollen und Stolz betrachten. Wir finden diese Reaktion sowohl bei Frauen, die aus wirtschaftlicher Not arbeiten, als bei denen, die aus Interesse und Wunsch nach Selbstverwirklichung einen Beruf ergriffen haben. *Solange die Frau im Prinzip bereit ist, ihren Beruf bei Opposition des Gatten aufzugeben, bleibt die traditionelle Autoritätsstruktur in der Familie intakt;* das bedeutet nicht, daß die Frauen nicht in erheblicher Weise in der Praxis von dieser Struktur abweichen, wie an den Beispielen aus der oberen Mittelklasse zu beobachten ist, aber diese Abweichungen bewirken keine neue Rollendefinition.

Zu 3: Die Aufteilung der Hausarbeit und der Kinderbetreuung

Durch das Eintreten der Frau in das Erwerbsleben wurde an der Struktur der Arbeitsteilung nach Geschlechtern, die dem Mann die „Ernährerrolle", der Frau die Verantwortung für das Heim und die Kinder zuschreibt, nichts verändert. Die Berufsrolle der Frau wurde einfach zu ihren Familienrollen hinzuaddiert, was in vielen Fällen zu einer physischen und psychischen Überlastung der Frau führt, vor allem dort, wo die Frau nicht auf Mithilfe durch die größere Familie oder durch Dienstpersonal zurückgreifen kann. Das sind vorwiegend die Frauen aus den unteren Einkommensgruppen. Rollenkonflikte werden hier akut, wenn die Frau wegen ihrer beruflichen Belastung eine Reduzierung ihrer Hausarbeit oder die Mithilfe anderer Familienmitglieder, insbesondere des Gatten verlangt, wenn sie als „verdienende Ehefrau" von dem ebenfalls erwerbstätigen Mann das gleiche Maß an häuslicher Arbeit oder die Einstellung von Dienern erwartet. Wenn Gatte oder Schwiegereltern angesichts dieser Forderungen darauf bestehen, daß die Hausarbeit die ausschließliche Pflicht der Gattin sei, sind offene Spannungen nicht zu vermeiden. Es handelt sich dabei nicht ausschließlich um das Ausmaß des tatsächlichen Arbeitspensums, sondern um die Frage, *wer* die Hausarbeit erledigt. Die Frage, *wer wen bedient,* ist eng verknüpft mit dem ganzen Statuskomplex der indischen Familie. Die Forderung der Frau nach Mithilfe des Mannes stellt einen direkten Angriff auf seinen privilegierten Gatten-Status dar; denn dem Gatten freudig und sofort zu dienen, ist die höchste Pflicht der guten Hindu-Frau.

In der unteren Mittelklasse ist die Beteiligung des Mannes an der Hausarbeit und Kinderbetreuung notwendiger als in den höheren Strata, da meist nicht so viele Diener vorhanden sind. Die gleichen Spannungen treten aber auch in der oberen Mittelklasse auf, wenn das Dienstpersonal wegfällt, wie etwa bei einem Auslandsaufenthalt der Familie (Frau K.), oder wenn die Frau aus anderen Gründen vom Mann verlangt, daß er ihr im Haushalt hilft. Selbst dort, wo Dienstpersonal vorhanden ist und vom Mann keine direkte

Beteiligung an der Hausarbeit erwartet wird, die Frau aber die Doppelbelastung durch Beruf und Familie als psychisch-physische Überforderung empfindet, wie im Fall von Rani, ist eine offene Konfliktsituation gegeben. Wir können aber feststellen, daß manche Frauen beider Gruppen trotz objektiv gegebener Konfliktsituation die Anforderung von Beruf, Familie und manchmal auch noch Studium scheinbar ohne große Schwierigkeiten kombinieren. Einige empfinden sogar große Befriedigung darüber, daß sie alle diese Rollenerwartungen so erfüllen, wie es die Gesellschaft und vor allem ihr Gatte von ihnen verlangen. Diese scheinbar problemlose Akkumulation von de facto widersprechenden Rollen und Rollenerwartungen kann durch folgende Faktoren erklärt werden:

1. In den meisten Familien, sowohl der oberen als der unteren Mittelklasse, sind in Indien noch Diener vorhanden; in der oberen Mittelklasse ist ihre Zahl höher als in der unteren. Die eigentlich ermüdende Hausarbeit: Putzen, Waschen, Geschirrspülen, Vorbereiten der Mahlzeiten usw., wird von Dienern getan.

2. In vielen Fällen hilft ein Mitglied der größeren Familie bei der Hausarbeit oder bei der Kinderbetreuung. Diese Familiensolidarität ist oft auch noch dort vorhanden, wo sich der Haushalt bereits von der joint family getrennt hat. Als neues sozialen Phänomen erscheint, daß die *Mutter der Frau* zur Entlastung der berufstätigen Ehefrau einspringt. In einigen joint families trägt die Schwiegermutter die ganze Verantwortung für Haushalt und Kinderbetreuung, so daß sich die Schwiegertochter ganz auf Beruf oder Studium konzentrieren kann und nur gewisse symbolische Hausfrauen- und Mutterfunktionen erfüllt. Hier sind in der Praxis zwei Rollenelemente der indischen Ehefrau, nämlich die Hausfrauen- und Mutterrolle, aufgegeben und durch neue Rollen im öffentlichen Bereich ersetzt worden. In der Theorie aber halten diese Frauen und ihre Bezugsgruppe an den traditionellen Rollenvorstellungen fest.

3. In den Nuklearhaushalten bewältigt die berufstätige Frau ihre Haushalts- und Familienpflichten meist auf die Weise, daß sie ihren Tagesablauf genau und rationell organisiert und ein zusätzliches Maß an Arbeit auf sich nimmt.

4. Diese Frauen halten es in beiden Gruppen für selbstverständlich, daß die Sorge für Haushalt und Kinderbetreuung die alleinige Pflicht der Frau ist; aus diesem Grunde lehnen sie sich nicht gegen eine Mehrbelastung auf, sondern versuchen, alle an sie gestellten Anforderungen möglichst kompetent und zur Zufriedenheit des Gatten zu erfüllen. Aus seiner wohlwollenden Attitüde schöpfen sie ein hohes Maß an Befriedigung.

5. In keinem der „problemlosen" Fälle wurde vom Mann eine Mithilfe im Haushalt verlangt; die geschlechtsspezifische Arbeitsteilung und der Status des Gatten waren also nicht in Frage gestellt. Die traditionelle Arbeitsteilung wurde in der oberen Mittelklasse vor allem durch das Vorhandensein von

genügend Dienstpersonal, in der unteren durch Mehrarbeit der Frau aufrecht erhalten.

6. Keine der erwähnten Frauen hatte mehr als zwei Kinder und in einigen Fällen waren die Kinder schon aus dem Alter heraus, in dem sie noch Fürsorge und Aufsicht brauchen.

Zu 4: Durchbrechung des mixing-Tabus

Die Abweichung von den sozialen Normen über das Verhalten der Frauen in der Öffentlichkeit, insbesondere vom mixing-Tabu – eine unvermeidliche Konsequenz weiblicher Berufstätigkeit – hat sich als einer der kritischsten Faktoren im Konplex widersprüchlicher Rollenerwartungen erwiesen. Die Durchbrechung des mixing-Tabus ist aber kein isolierter Faktor, der schon an sich zu Konflikten zwischen der Frau und ihrer Bezugsgruppe führt, er ist vielmehr Teil eines ganzen Konfliktkomplexes, wie wir an verschiedenen Einzelfällen ablesen konnten. Es scheint, daß das soziale Vorurteil gegen mixing vor allem von solchen Gatten und Schwiegereltern ins Feld geführt wird, deren Frauen wegen ihrer unabhängigen wirtschaftlichen Position oder / und ihres hohen Sozialstatus ein neues Selbstbewußtsein gewonnen haben und das traditionelle Autoritätsmuster in der Familie nicht mehr unbefragt akzeptieren. Die Vorwürfe gegen den „schlechten Charakter" der „working women", gegen ihre Gefallsucht, und die Unterstellung, sich mit ihren Chefs und Kollegen zu amüsieren, treten stets in den Fällen auf, wo die Gatten die familieninterne patriarchalische Kontrolle über die Frau verloren haben. Diese Verdächtigungen ihres „Charakters" sind ein letztes Mittel, diese Kontrolle wiederzugewinnen.

Der Faktor Schicht scheint keinen großen Einfluß auf das Auftreten dieses Vorurteils gegen mixing zu haben, denn wir finden die gleichen Reaktionen bei Männern aus der gebildeten liberalen oberen Mittelklasse (Frau K.) wie bei solchen aus weniger privilegierten Gruppen. In den Fällen, wo die Frau mitverdienen muß, springt lediglich die Diskrepanz zwischen postulierter moralischer Norm und sozialer Notwendigkeit, zwischen Ideologie und Wirklichkeit stärker ins Auge. Hier wird von der Frau *verlangt,* daß sie einer außerhäuslichen Erwerbstätigkeit nachgeht, wodurch sie dann aber auch der patriarchalischen Kontrolle ihrer Außenkontakte entzogen wird. Letzteres aber wird ihr zum Vorwurf gemacht. So sind gerade Frauen in den unteren Einkommenskategorien besonders stark hin und her gerissen zwischen inkompatiblen Rollenerwartungen: zwischen der drohenden Verarmung der Familie einerseits und der Gefahr, ihren guten Ruf als „working wives" zu verlieren. Wir sehen, daß diese Problematik die gleiche ist für die „working wives" wie für die „working girls".

Die Situation ist etwas anders in der oberen Mittelklasse, wo die Frauen aus freien Stücken und ohne ökonomischen Zwang arbeiten. Die Frauen dieser Gruppe lehnen die patriarchalische Kontrolle über ihre Außenbeziehungen ab. In beiden Gruppen sind sich die Frauen des engen Zusammenhangs zwischen dem sozio-ökonomischen Status der Frau und der Kontrolle über ihre außerhäuslichen Beziehungen bewußt. Wir sehen aber auch, daß sie besonders empfindlich auf gesellschaftliche Sanktionen auf diesem Gebiet reagieren und in einigen Fällen gezwungen sind, sich den herrschenden Normen anzupassen.

Dort, wo es nicht zu offenen Konflikten wegen der Durchbrechung des mixing-Tabus kam, war die objektive Situation kaum verschieden von der der obigen Fälle. Auch diese Frauen hatten informellen Kontakt zu ihren Kollegen am Arbeitsplatz, auch sie kamen nicht immer nach der Arbeit sofort nach Hause. Einige waren sogar häufig allein unterwegs und nahmen rege am Gesellschaftsleben teil.

Dennoch reagierten ihre Ehemänner sehr tolerant auf dieses nichtkonforme Verhalten. Eine Erklärung für diese Toleranz dürfte die Tatsache sein, daß die Frauen in prestigehaltigen Frauenberufen arbeiten, etwa im Lehrberuf oder in akademischen Beruffen, die nie so stark unter das mixing-Vorurteil fielen wie etwa der Beruf der Krankenschwester oder der Büroarbeiterin (s. S. 167). Außerdem kommen diese Frauen häufig aus Familien, in denen den Frauen ein gewisses Maß an öffentlicher Bewegungsfreiheit zugestanden wird, vorausgesetzt, daß gewisse Grenzen nicht überschritten werden. Die Frauen sind sich dieser Grenzen bewußt: sie rauchen nicht, trinken nicht, ziehen keine westlichen Kleidungsstücke an und halten sich im wesentlichen an die sozialen Regeln über die Beziehungen der Geschlechter in der Öffentlichkeit. Der wichtigste Grund für die Toleranz der Ehemänner gegenüber dem berufsbedingten mixing ihrer Frauen dürfte aber die Tatsache sein, daß diese Frauen nicht versuchen, ihre neue sozio-ökonomische Macht gegen die traditionelle Gattenautorität in der Familie auszuspielen. Es ist also weniger der objektive Sachverhalt der Normverletzung durch das berufsbedingte mixing verantwortlich für Rollenkonflikte in diesem Bereich als die Interpretation dieses Sachverhalts von Männern und Frauen auf dem Hintergrund anderer Faktoren.

Zu 5: Ideologie und Attitüden von Frau und Mann
Primat von Berufs- oder Familienrollen

Die gesamte bisherige Diskussion hat deutlich gemacht, daß das tatsächliche Verhalten der gebildeten arbeitenden Frau im Spannungsfeld konfligierender Rollenansprüche nicht nur von den äußeren Umständen bestimmt wird, sondern ebenso sehr, wenn nicht mehr, von der Art und Weise, wie sie selbst und ihre relevanten Familienmitglieder diese Situation interpretieren und bewerten.

Die Reaktion einer Frau in einer Konfliktsituation ist also unter anderem davon abhängig, wie ihre eigenen Ideen, Attitüden und Vorstellungen zu ihrer wirtschaftlichen Aktivität übereinstimmen mit den Ideen, Vorstellungen und Attitüden jener Glieder ihres Rollensatzes, deren Meinung für sie wichtig ist. Aus diesem Grunde kommt der Frage der Kongruenz oder Nicht-Kongruenz der Ideen und Attitüden von Mann und Frau zur Berufstätigkeit der Frau eine zentrale Bedeutung zu. Konflikte auf der Ebene der Ideen und Attitüden zwischen Mann und Frau entzünden sich insbesondere an der Frage der *Priorität von Berufs- oder Familienrollen der Frau,* und zwar immer dann, wenn diese Frage nicht nur eine rein theoretische bleibt, eine Frage der unverbindlichen Überzeugung, sondern wenn sie praxisrelevant wird. Auf der rein ideologischen Ebene finden wir oft weitgehende Übereinstimmung von Mann und Frau über die Stellung der Frau in Familie oder Gesellschaft. Die Überzeugung von den gleichen Rechten der Frau ist heute ein wesentlicher Bewußtseinsbestandteil der gebildeten indischen Mittelklassen.

Wenn wir die angeführten Einzelfälle in bezug auf diesen Komplex untersuchen, stellen wir fest, daß es nicht genügt, daß eine Frau ihrem Beruf, ihrer Karriere *tatsächlich* mehr Zeit und Aufmerksamkeit schenkt als ihrer Familie, damit Spannungen ausgelöst werden. Es kann kein Zweifel daran bestehen, daß der Beruf für die Mehrzahl dieser Frauen eine ganz zentrale Bedeutung hat, sei es, weil sie froh sind, Geld zu verdienen, sei es, weil sie sich in einer eigenen Arbeit verwirklichen können. Obwohl manche dieser Frauen also in der Praxis den Eindruck erwecken, Nur-Berufsfrauen zu sein, halten sie theoretisch an dem Primat der Familie fest. Eine Reihe dieser effizienten und ganz in ihrem Beruf aufgehenden Frauen betont, daß ihre Familie ihnen wichtiger sei als ihr Beruf, daß sie ihre Arbeit aufgeben würden, wenn die Familie darunter leiden oder wenn es der Gatte verlangen würde.

Welche Konstellation von Ideen und Attitüden von Mann und Frau in bezug auf ihre neue Aktivität führt also zu Spannungen?

Wie wir sahen, treten Konflikte überall dort offen zutage, wo gebildete arbeitende Ehefrauen aufgrund ihrer egalitären Ideen und Attitüden die kulturell determinierte Prioritätenordnung: Familie vor Beruf, umstoßen, und zwar in Theorie und Praxis den Vorrang ihrer individuellen erworbenen Berufsrolle proklamieren. Dieser Angriff auf das *Prinzip der Unterordnung aller außerhäuslichen Aktivitäten der Frau unter die Bedürfnisse der Familie* findet seinen extremsten Ausdruck in der Weigerung der Frau, ihre Berufsarbeit vom Wohnort des Mannes abhängig zu machen. In drei der erwähnten Fälle (Rani, Pushpa, Frau K.) waren die Frauen nicht mehr bereit, ihre Arbeit wegen einer Versetzung des Mannes aufzugeben oder auf eine eigene Versetzung zu verzichten, um am Wohnort des Mannes bleiben zu können. Obwohl die Gatten dieser Frauen die gleichen egalitären und „fortschrittlichen" Ideen wie ihre Frauen hegten, zeigt ihre Reaktion auf diesen frontalen Angriff auf einen Grundpfeiler des patriarchalischen Familiensystems, nämlich das Prinzip der Patrilokalität, daß sie nicht imstande sind, diese Ideologie in praktische Verhaltensweisen umzusetzen. Daß die Frau schließlich ihren Willen durchsetzte und in zwei Fällen der Mann schließlich zur Frau zog, ist nicht nur ein Indiz für die entschlossene Willenskraft dieser Frauen, sondern mehr noch für die neue Machtposition, die ihnen ihre ökonomische Tätigkeit gegeben hat und der sie sich ebenso wie ihre Gatten sehr wohl bewußt sind.

Dieses Verhalten in der Konfliktsituation ist also charakterisiert dadurch, daß Mann und Frau auf der ideologischen Ebene gleiche egalitäre Vorstellungen haben, auf der praktischen sich aber nur die Frau egalitär verhält. Diese Kombination führt, wie wir sahen, zu offenen Rollenkonflikten.

Es kommt *nicht* zu manifesten Rollenkonflikten in den Fällen, wo Mann und Frau egalitäre Ideen haben, die Frau im Prinzip und im Ernstfall aber den Beruf den Bedürfnissen der Familie unterordnet. Dieses Verhalten sichert dann der Frau, insbesondere in den privilegierten Sektionen der Mittelklasse, einen ziemlich großen Abweichungsspielraum auf der praktischen Ebene. In dieser Gruppe sind die Attitüden der Männer gegenüber der Berufsarbeit der Frau meist positiv, denn wegen der privilegierten Lage dieser Familien führt die Doppel- oder Tripelrolle der Frau meist nicht dazu, daß die Rollendefinition des Mannes in Frage gestellt wird: Er behält seine Rolle als Hauptemährer und damit seine familieninterne Autorität und seinen überlegenen Gatten-Status. Die egalitäre Ideologie von Mann und Frau wird in diesen Fällen in der Praxis nicht auf die Probe gestellt, und es kommt nicht zu offenen Zusammenstößen. Der Primat der Familienrollen der Frau und die Dominanz des Mannes werden nicht angetastet, so bleibt auch bei der Akkumulation mehrerer Rollen der Frau die Harmonie der Familie erhalten.

Rollenkonflikte werden auch dort nicht akut, wo Mann und Frau keine egalitären und liberalen Auffassungen vertreten, obwohl die Frau berufstätig ist. Diese Kombination von traditionellen Attitüden von Mann und Frau kommt sowohl in der unteren wie in der oberen Mittelklasse vor. Die neue Wirklichkeit, in der die Frau lebt, führt bei ihr nicht zu neuen Wertvorstellungen und Rollendefinitionen. Sie paßt sich dem traditionellen Leitbild von der Frau, das für sie und den Mann verpflichtend bleibt, völlig an und versucht ihre neue Rolle lediglich als eine Erweiterung des pativrata-Ideals zu sehen (Frau L.). Sie ist „dienende" und „verdienende Gattin" zugleich.

In zwei Fällen stimmten Mann und Frau nicht nur in ihren egalitär-partnerschaftlichen Ideen überein, sondern waren auch in der Lage, diese Partnerschaft in Beruf *und* Familie zu realisieren (Sajorini, Karuna). In beiden Fällen herrschte fast vollständige Gleichheit zwischen Mann und Frau in bezug auf Bildung, Sozialstatus, Arbeitsplatz und Einkommen. In dem einen Fall trugen Mann und Frau die Familien- und Berufsbelastung zu gleichen Teilen, in dem anderen waren Mann und Frau fast gänzlich von jeder

Hausarbeit freigestellt und lebten nur ihrem Beruf. Auch in diesen Fällen wurden Konflikte vermieden.

Es ist also nicht nur die Frage, ob Mann und Frau in ihren Ideen und Vorstellungen gegenüber der Berufstätigkeit der Frau übereinstimmen, die über das Manifestwerden von Konflikten entscheidet, sondern mehr noch die Frage, an welchen Ideen und Vorstellungen sich das Verhalten von Mann und Frau in der praktischen Familiensituation orientiert. Solange Frau *und* Mann de facto an dem pativrata-Ideal festhalten, solange die Frau Studium und Karriere in Theorie und Praxis nicht über ihre Familienrollen stellt, solange die dominante Position des Gatten in der Familie nicht in Frage gestellt wird, führt die Mehrbelastung der Frau durch Beruf und Studium nicht zu offenen Konflikten. Das heißt allerdings *nicht,* daß diese Belastung dadurch geringer geworden wäre, wohl aber der psychische Stress der Frau. Die Ergebnisse dieser Analyse bestätigen die Feststellung W. J. Goodes, daß Frauen der unteren Strata de facto mehr Rechte erhalten, als ihre Männer ihnen ideologisch zugestehen, und Frauen der oberen Strata de facto weniger Macht haben, als ihre Männer ihnen aufgrund einer egalitären Ideologie einräumen[136]. Anders ausgedrückt, die fortschrittliche und egalitäre Ideologie von Männern und Frauen der oberen Schichten sagt wenig über tatsächliche Egalität aus.

Zu 6: Die Beziehungen zu männlichen Kollegen und Untergebenen

Die größten Probleme berufstätiger Frauen erwachsen aus den divergierenden Ansprüchen, die Familie und Beruf an sie richten, und sie spielen sich vor allem im Raum der Familie ab. Doch auch am Arbeitsplatz ist die Frau in einer unsicheren und ambivalenten Situation. Sie muß mit Männern zusammenarbeiten, aber viele dieser Kollegen wissen nicht, wie sie sich angesichts des neuen Phänomens, daß eine Frau im gleichen Raum arbeitet, verhalten sollen. Die Frauen müssen sehr vorsichtig agieren und sich möglichst formell und distanziert verhalten, um ihren Ruf nicht zu gefährden.

Trotz dieser allgemeinen Sachlage finden wir, daß eine Reihe von Frauen in den Einzelbeispielen ein gutes und einige sogar ein ausgesprochen partnerschaftliches Verhältnis zu ihren Kollegen haben. Außerdem waren 5 dieser Frauen in leitenden Positionen. Die Frage drängt sich auf: Wie reagieren indische Männer auf einen weiblichen Chef? Zeigen sie Ressentiments? Haben die Frauen Autoritätsschwierigkeiten? Auf welche Weise setzen sie sich durch?

Im allgemeinen scheinen die Frauen in leitender Stellung keinerlei Probleme mit männlichen Kollegen und Untergebenen zu haben. Die Männer haben nichts dagegen, unter einer Frau als Chefin zu arbeiten und sind in

136 W. Goode: World Revolution, S. 21.

der Mehrzahl zur Kooperation bereit. Aufschlußreich ist in dieser Hinsicht die Bemerkung Ashwinis: ihre Untergebenen baten darum, sie „ältere Schwester“ nennen zu dürfen. Hier wird deutlich, daß die intrafamiliäre Bruder-Schwester-Beziehung, die weit informeller ist als etwa die Vater-Sohn-Beziehung, in den Bereich öffentlicher Organisationen übertragen wird: Der Respekt wird durch den Altersrang gewahrt, gleichzeitig ist die Beziehung aber wärmer, gelöster, freier als gegenüber einem männlichen Chef.

Immer wieder bestätigen Frauen in führenden Positionen, daß Männer die Leistung und die Qualifikationen von Frauen bereitwillig anerkennen. Allerdings erwies es sich, daß jüngere unverheiratete Frauen in leitender Stellung manchmal Probleme hatten. Eine Frau berichtete, daß ältere Untergebene sich sträubten, Befehle von ihr anzunehmen, und daß sie sehr vorsichtig zu Werk gehen mußte, wenn sie etwas von ihnen wollte. Verheiratete und etwas ältere Frauen scheinen schon eine gewisse Autorität auf Grund ihres Familienstatus zu haben. Sie werden als „Mütter“ oder „ältere Schwestern“ angesehen und haben es infolgedessen nicht schwer, die Kooperation der Männer zu gewinnen. Die starke Mutterbindung der indischen Männer färbt auf ihr Verhältnis zu Frauen in leitender Funktion ab und verhindert das Aufkommen von Aggressionen und Ressentiments. Eine gewisse Rolle spielt auch die Tatsache, daß diese Frauen aus den oberen Kasten und angesehenen Familien stammen.

Frauen in leitender Position müssen allerdings darauf bedacht sein, sich möglichst geschlechtsneutral zu verhalten. Wenn sie ihre Autorität behalten wollen, müssen sie vermeiden, daß die Männer in ihnen vor allem „Frauen“ und nicht Kollegen sehen. So sagt Ashwini, sie wolle nicht, daß man sie immer zuerst als „Frau“ ansehe. Frau J. Shah, die langjährige Leiterin der Abteilung für Rehabilition, einer Unterabteilung des Central Bureau of Investigation in Delhi, eine zierliche Frau von fast 60 Jahren, berichtet, daß sie keinerlei Schwierigkeiten mit ihren Untergebenen oder Kollegen habe. Nur bei Konferenzen sei es ihr manchmal peinlich, daß sie als einzige Frau unter ihren Kollegen sei. Bei der Arbeit seien sie ganz natürlich, aber nachher, wenn die Männer noch gerne zusammen ausgingen, wüßte man nicht so recht, wie man sich ihr gegenüber verhalten solle. Sie habe immer bei solchen Gelegenheiten die formelle Distanz der Geschlechter-Segregation gewahrt und habe auf diese Weise nie Autoritätsschwierigkeiten gehabt. Sie finde es allerdings seltsam, daß man stundenlang als Kollegen offen und frei miteinander gearbeitet habe und nachher so tun müsse, als kenne man sich nicht. Aber das sei wohl der Preis, den Frauen in Indien heute zu zahlen hätten, wenn sie in leitende Stellungen aufsteigen wollten.

Haben indische Männer auch nichts dagegen, unter einem weiblichen Chef zu arbeiten, so neiden manche doch den Frauen in top jobs ihre hohen Gehälter. Das wurde besonders deutlich an den Beispielen von Rani und Ashwini. Die Männer scheinen es schwer zu verwinden, wenn eine Frau einem „Ernährer" die Stelle wegnimmt, vor allem wenn ihr Mann auch verdient. Manchmal mißgönnen Männer, deren eigene Frauen ungebildet sind, den Karrierefrauen ihren beruflichen Erfolg und ihren freien Umgang mit Männern.

Im allgemeinen ist festzustellen, daß Frauen in leitenden Positionen von den Männern akzeptiert werden, sei es, weil Autorität als solche in Indien noch gilt, sei es wegen der Mutterbindung indischer Männer oder wegen des familiären und sozialen Hintergrundes dieser Frauen. Wenn man mit solchen Frauen spricht, fällt ihre große Gelassenheit und Gelöstheit auf. Sie erwecken nicht den Eindruck, als müßten sie sich gegen eine Welt von männlichen Widerständen behaupten, sondern sind auf ihrem Chefinnenstuhl genauso natürlich und charmant wie in ihrer Familie.

3.4.5 Typen der Reaktion auf die Rollenkonfliktsituation

Wie die Analyse von Einzelbeispielen gezeigt hat, bestand zwischen Vätern und Töchtern, Gatten und Gattinnen weitgehender ideologischer Konsensus über die Legitimität der neuen Aspirationen der Frauen in Studium und Beruf. Aber der Realisierung dieser Aspirationen standen die Strukturen der Familie und das gesellschaftliche Leitbild von der Frau entgegen. Die in ihrer Situation angelegten Widersprüche wurden jedoch nicht in allen Fällen manifest, denn die Frauen zeigen in ihrer Reaktion auf diese Situation keineswegs ein einheitliches Verhalten. Einige äußern trotz objektiver Überlastung durch mehrere Rollen große Befriedigung über ihre neuen Funktionen in der Öffentlichkeit und sind stolz, gleichzeitig auch gute Gattinnen und Mütter zu sein, andere rebellieren gegen das Konzept der zugeschriebenen Familienrollen und versuchen, sich von dem pativrata-Ideal zu emanzipieren. Bei diesen unterschiedlichen Verhaltensweisen spielen die äußeren Umstände der Familie und des Milieus ebenso wie die Schichtzugehörigkeit eine Rolle, reichen aber zur Erklärung der unterschiedlichen Reaktionsweisen nicht aus. Wir wollen im folgenden die verschiedenen Typen der Reaktionsweisen der Frauen auf die Konfliktsituation aufzeigen und bedienen uns dabei z.T. des begrifflichen Instrumentariums, das Merton für die Typen der individuellen Anpassung entwickelt hat[137].

Ritualismus und Überkonformität

Verschiedene Frauen hatten die neuen Rollen weniger aus dem Wunsch nach Selbstverwirklichung als aus äußerer Notwendigkeit übernommen: Tod des Vaters, Versorgung jüngerer Geschwister, unzureichendes Einkommen

137 R. K. Merton: a.a.O., S. 134 ff.

des Gatten usw. Diese von außen an sie herangetragene Abweichung vom kulturellen Ideal führte aber nicht zu neuen Wertvorstellungen und Verhaltensweisen. Das „Indian Ideal of Womenhood“ blieb mit seinem normativen Anspruch richtunggebend für das Handeln – selbst dort, wo die zentralen Aspekte dieses Ideals, die Gattinnen- und Mutter-Rollen nicht mehr realisiert werden konnten, wie z.B. bei einigen Unverheirateten, die nur noch geringe Aussicht auf eine Ehe hatten. Obwohl das gesellschaftliche Leitbild für diese Frauen wegen ihres ökonomischen und gesellschaftlichen Status keinen funktionalen Wert mehr hat, bemühen sie sich doch, sich ihm möglichst genau anzupassen. Da sie de facto von diesem Leitbild abgewichen sind, können sie Sanktionen nur vermeiden, wenn sie peinlich darauf bedacht sind, die Regeln über Geschlechtersegregation und Sexualmoral noch genauer zu beobachten, als dies die Verheirateten tun. Sie müssen sich also ritualistisch und überkonform verhalten[138], denn die indische Gesellschaft bietet ihnen kein Alternativmodell für das Verhalten einer unverheirateten Frau an, und sie selbst haben die neuen egalitären Ideen noch nicht internalisiert und setzen dem pativrata-Ideal keinen Widerstand entgegen.

In ähnlich ritualistischer Weise verhalten sich auch verschiedene Ehefrauen. Obwohl sie im Außenbereich völlige Gleichheit mit dem Ehemann erreicht haben, halten sie an der untergeordneten Gattinnenrolle in der Familie fest und nehmen ein zusätzliches Maß an Arbeit auf sich, um den Gatten, so wie er es gewohnt ist, zu bedienen und sein Wohlwollen zu erhalten. Sie empfinden ihre neuen Rollen keineswegs als ein Recht, das ihnen zusteht, sondern als ein Privileg, selbst da, wo die Familie auf ihr Einkommen angewiesen ist. Aus Dankbarkeit gegenüber dem Gatten kommt es ihnen nicht in den Sinn, neue partnerschaftliche Forderungen an ihn zu stellen. Diese Reaktionsweise kommt bei Frauen vor, die aus wirtschaftlicher Notwendigkeit berufstätig sind, aber auch bei Frauen aus den höheren Einkommensgruppen. Bei Befragungen neigen solche Frauen dazu, die Vereinbarkeit von Berufs- und Familienpflichten zu betonen.

Aufgeben von Rollenelementen der Familienrollen

Auch einige Frauen der oberen Mittelklasse, die Studium, Beruf und Familie kombinierten, waren der Meinung, daß Beruf und Familie sich harmonisch miteinander vereinbaren lassen. Bei genauer Betrachtung ist jedoch festzustellen, daß diese Frauen nicht mehr alle Elemente der zugeschriebenen Familienrollen erfüllten. Ihre Hausfrauen- und Mutterpflichten waren erheblich reduziert, wenn nicht, wie in einem Fall, fast ganz aufgehoben, weil Diener oder die Schwiegermutter diese Aufgaben übernommen hatten. So konnten diese Frauen in großer Ruhe ihren außerfamiliären Aktivitäten

138 R.K. Merton: a.a.O., S. 182 ff.

nachgehen, und trotz vielfältiger Verpflichtungen waren sie nicht nervös oder gehetzt. Auch diese Frauen griffen das gesellschaftliche Leitbild der Frau nicht prinzipiell an und hielten am Primat der Familienrollen fest. Da aber die äußeren Umstände es ihnen erlaubten, Beruf und Familie ohne große Schwierigkeiten zu kombinieren, entstand der Eindruck, daß es zwischen den beiden Rollenbereichen keine grundlegenden Unvereinbarkeiten gibt. So ist zu erklären, daß die Harmonie zwischen Berufs- und Familienrollen für viele Mittelklassenfrauen ein neues kulturelles Ideal geworden ist. Dabei wird meist übersehen, daß die „spielende" Kombination dieser Rollen nur einer kleinen privilegierten Gruppe möglich ist, die in der Praxis nur noch Teile der traditionellen Familienrollen erfüllt, in der Theorie aber den Vorrang dieser Rollen betont.

Evasion

Andere Frauen sind sich im Gegensatz zu den erstgenannten durchaus der Widersprüche zwischen den familialen Rollenansprüchen und den Anforderungen von Beruf und Studium bewußt. Sie wissen, daß ihre eigenen Bildungs- und Karrierepläne sie in einen Gegensatz zu den Familienrollenerwartungen bringen werden.

Eine typische Reaktionsweise dieser Frauen ist die Evasion, das Ausweichen vor der eigentlichen Konfliktsituation. Den ersten sozial akzeptierten Ausweg bietet ein weiteres Studium, möglichst an einem anderen Ort oder sogar im Ausland. Dadurch entziehen sich die Frauen einerseits dem Rollendruck der Familie und verbessern gleichzeitig ihre Chancen für die Zukunft. Da Studium für Frauen eine „institutionalisierte Form der Evasion"[139] vor den Verpflichtungen gegenüber der Familie ist, stellen wir fest, daß manche Frauen immer wieder von neuem nach diesem Ausweg greifen, wenn die Spannungen in der Familie zu groß geworden sind. Dieses Ausweichen in ein höheres Studium hebt die soziale Kontrolle durch „Unsichtbarmachen" zeitweilig auf oder reduziert die Rollenspannungen[140], aber es löst die eigentlichen Konflikte nicht, im Gegenteil, es führt zu immer größeren Abweichungen von den zugeschriebenen Rollenerwartungen. Die Frauen werden durch ihr fortgesetztes Studium, durch ihren Kontakt mit neuen Menschengruppen, Situationen und Denkweisen und durch die Erhöhung ihres eigenen sozio-ökonomischen Potentials schließlich so selbständig, daß sie sich nur noch schwer in das idealtypische Gattinnenmuster hineinpressen lassen. Die unverheirateten Frauen finden dann nicht mehr leicht einen Ehepartner, die Verheirateten müssen in der Familie und gegenüber dem Gatten

139 R.K. Merton: a.a.O., S. 344.
140 E. Litwak: a.a.O., S. 368–370.

Unterwürfigkeit simulieren[141], obwohl ihr Status genauso hoch wie der des Gatten oder sogar höher ist und sie sich dieser Tatsache auch sehr bewußt sind. Diese Frauen spielen die pativrata-Rolle nicht ritualistisch wie die erste Gruppe, sondern aus taktischen Erwägungen. Sie wissen, daß sie in der indischen Gesellschaft als isolierte Individuen nicht leben können, und daß die Familie die einzige Sozialversicherung, aber auch der einzige Schutz vor negativen Sanktionen durch die größere Gesellschaft ist. Die Alternative zu diesem Verhalten ist offener Bruch und dann Trennung oder Scheidung, beides ist aber sozial noch nicht akzeptiert.

Das Simulieren von Unterwürftigkeit und traditionellem Rollenverhalten scheint den Frauen umso leichter zu fallen, je mehr faktische Macht sie in der Familie haben. Der Reaktionstyp der Evasion kam bei Frauen aus der unteren und aus der oberen Mittelklasse vor.

Rebellion

In manchen Fällen ist das Ausweichen vor Rollenkonflikten das erste Stadium einer verdeckten oder offenen Rebellion gegen die zugeschriebenen Rollen der Frau. In diesen Fällen ist das nichtkonforme Verhalten der Frauen nicht die Konsequenz einer äußeren Notwendigkeit, sondern eines veränderten Bewußtseins. Sie geben sich nicht mit der Rhetorik über Chancengleichheit von Mann und Frau zufrieden, sondern wollen das Recht auf ein eigenes Leben und Entfaltung ihrer individuellen Fähigkeiten in ihrem eigenen Leben realisiert sehen. Daher müssen sie die Institutionen und Strukturen ablehnen, die der Verwirklichung ihrer Aspirationen im Wege stehen; das sind das traditionelle Heiratssystem mit dowry, arranged marriage, hierarchischer Beziehung zwischen Mann und Frau, der Primat der Familienrollen, die geschlechtsspezifische Arbeitsteilung. Dieser Protest äußert sich manchmal, aber nicht immer, auch in äußeren Symbolen wie Haartracht, Kleidung, Lebensstil (Rauchen, Trinken usw.). Bei einigen Frauen aus den unteren Einkommensschichten trat diese Reaktionsweise erst als Folge ihrer ökonomischen Aktivität auf. Erst als „verdienende" Gattinnen weigerten sie sich, auch gleichzeitig „dienende" Gattinnen zu sein, und verlangten, auch in der Familie als gleichberechtigte Partner behandelt zu werden.

Bei diesem Reaktionstyp bestreiten die Frauen die Legitimität der zugeschriebenen Familienrollen und streben einen Wandel der Rollendefinitionen von Mann und Frau an. Dabei haben die verheirateten Frauen, wie es scheint, mehr Erfolg als die Unverheirateten, denn als Gattinnen haben sie einen gesicherten und geachteten Sozialstatus und können ihre ökonomische Unabhängigkeit mehr als Druckmittel zur Durchsetzung ihrer Ziele einsetzen. Die ledigen Frauen lehnen sich zwar gegen die sozialen Zwänge auf, ihre so-

141 Dieses Simulieren von Inferiorität ist auch bekannt unter amerikanischen Collegegirls gegenüber ihren „dates". Vgl. M. Komarovsky: a.a.O., S. 82.

ziale Position ist aber zu unsicher und zu marginal, als daß sie durch ihren individuellen Protest etwas an den gesellschaftlichen Strukturen ändern könnten. Ihnen bleibt nur die Wahl, einen Teil ihrer Erwartungen aufzugeben und sich dem Druck zur Konformität zu beugen oder unverheiratet zu bleiben und das Los einer „spinster" auf sich zu nehmen.

Die Rebellion, bzw. das Aufkündigen der Legitimität von Rollenerwartungen ist nach Parsons und Merton der erste Ansatz für sozialen Wandel. Eine solche Möglichkeit ist jedoch nur gering, solange dieser Protest, wie es bei diesen Frauen der Fall war, auf einzelne Individuen beschränkt bleibt und nicht gesellschaftlich wirksam wird. Immerhin ist es bedeutsam, *daß* diese Reaktionsweise bei gebildeten indischen Frauen, die nur zur Anpassung an fremde Wünsche erzogen worden sind, vorkommt. Diese Frauen haben endgültig mit dem *Sita*-Ideal gebrochen.

Kompromiß

Nicht bei allen Frauen tritt die Protesthaltung mit der gleichen Schärfe auf, bei einigen ist sie verbunden mit einer Bereitschaft zum Kompromiß. Diese Frauen lehnen zwar auch die bisherige Rollenverteilung ab und verlangen das Recht auf ein individuelles Leben, sie wollen es aber wegen dieser neuen Zielsetzung nicht zu einem Bruch mit der Familie, mit Eltern oder dem Gatten kommen lassen. So wünschen einige der ledigen Frauen eine love marriage, wollen aber nicht gegen den Willen der Eltern darauf bestehen. Auch diese Frauen messen dem Beruf größte Bedeutung bei, räumen jedoch ein, daß sie ihn aufgeben würden, wenn es der Gatte verlangt oder die Familie unter ihrer Berufstätigkeit leiden sollte. Auch in ihrem Verhalten in der Öffentlichkeit zeigen diese Frauen eine Neigung zum Kompromiß. Sie wählen einzelne Elemente des modernen Lebensstils aus und halten an anderen traditionellen Formen fest.

Diese grundsätzliche Kompromißbereitschaft erleichtert ihnen die Anpassung an widersprüchliche Rollenanforderungen. Dieser Reaktionstyp scheint, wie die Studie von Desai gezeigt hat, sehr häufig unter berufstätigen und gebildeten Inderinnen zu sein.

Bei keiner der Frauen kamen diese Reaktionsweisen in ihrer reinen idealtypischen Ausprägung vor, aber bei einzelnen Frauen herrschte der eine oder der andere Typ vor, so etwa die Rebellion bei Leela, Radha, Shamin, Rani, Frau K., Frau G. Das Vorkommen dieser Typen sagt natürlich nichts über die statistische Häufigkeit dieser Reaktionsweisen unter gebildeten indischen Frauen, sie können lediglich als Hinweis auf die Variationsbreite des im indischen Kontext *möglichen* Verhaltens angesehen werden.

Rollenkonflikte der Frau und sozialer Wandel

Es ist nicht möglich, die Ergebnisse der Analyse der Probleme studierender und berufstätiger indischer Frauen in einer allgemeinen Schlußfolgerung zusammenzufassen. Alles, was wir sagen können, ist, daß die gebildeten Frauen in die Dynamik des allgemeinen gesellschaftlichen Umwandlungsprozesses hineingezogen sind, der sich heute in Indien abspielt und dessen Ausmaß und dessen Richtung nicht klar abzusehen sind. Soviel ist jedoch sicher: Die indischen Frauen stellen in diesem Prozeß nicht, wie oft behauptet wird, das konservative und retardierende Element dar; sie sind keineswegs, wie Goode von den Frauen allgemein meinte, nicht willens, die neuen Rechte zu ergreifen, die die Männer ihnen zugestehen, sondern sie fordern und *erreichen* mehr Rechte und mehr Macht, als die liberalsten Männer zu geben bereit waren. Allerdings sind die neugewonnenen Freiheiten und Rechte nicht imstande gewesen, eine allseitige und durchgreifende Veränderung bestimmter Strukturen zu bewirken. Der Gedanke der Gleichheit der Geschlechter hat sich vor allem auf dem Bildungssektor und – durch die wirtschaftliche Notlage verschärft – im Berufsbereich ausgewirkt, aber kaum auf das Heirats- und Familiensystem: Die Gesetze über das Erbrecht der Töchter, das Verbot der Mitgift sind weithin Papier geblieben, ja, die dowry hat sogar sowohl in ihrer Höhe als in ihrer Verbreitung zugenommen. Geblieben ist auch im wesentlichen die traditionelle Form der Partnerwahl. Die arranged marriage wurde nicht durch eine love marriage westlichen Typs ersetzt, sondern durch eine modifizierte Form der arranged marriage. Unbeeinflußt von den neuen Ideen und Tendenzen sind auch die Vorstellungen über die Rolle der Frau in Familie und Gesellschaft und die Struktur der intrafamiliären Beziehungen geblieben.

Das gesellschaftliche Leitbild von der Frau hat durch den Einfluß westlicher Ideen keine radikale Veränderung erfahren, sondern ist nur modernistisch aufpoliert worden. Daher befinden sich Frauen, die durch ihr Bildungsstreben und ihre Berufstätigkeit notwendigerweise von diesem Leitbild abweichen, im Schnittpunkt widersprüchlicher Erwartungen.

Der Wohlstand der Familie und die Bereitschaft der Frauen, Studium und Beruf prinzipiell den Bedürfnissen der Familie unterzuordnen und die Gattenautorität unbefragt zu akzeptieren, verhindern in vielen Fällen den offenen Ausbruch von Konflikten. Dennoch zeigt die Analyse des *Verhaltens* dieser Frauen eine Reihe von Abweichungen vom kulturellen Muster der idealen indischen Frau und eine Anzahl von bisher unbekannten sozialen

Phänomenen, die man wegen der Starrheit der Leitideen und kulturellen Normen nicht erwartet hätte.

Die Abweichungen und neuen sozialen Erscheinungen sind im wesentlichen folgende:

1. Während im Westen das Heiratsalter sinkt, zeigen gebildete Inderinnen eine deutliche Tendenz zu einer relativ späten Heirat. Sie wollen nicht vor ihrem Studienabschluß heiraten.

2. In den gebildeten Kasten bleibt eine steigende Zahl von Frauen unverheiratet, was zu dem für Indien neuen Phänomen der alleinstehenden berufstätigen Frau geführt hat.

3. Wenn das älteste Kind ein Mädchen ist, muß dieses in den Mittelklassen heute oft die Rolle übernehmen, die früher dem ältesten Sohn zufiel: Es bekommt eine bessere Ausbildung als die Geschwister und ist dann für die Erziehung der Geschwister und später für die Versorgung der Eltern verantwortlich. Diese neue Rolle macht eine rechtzeitige und „standesgemäße" Heirat praktisch unmöglich, denn im Falle der Tochter schließen Dienst an der eigenen Familie und Ehe einander aus.

4. In vielen Fällen sind es die Mütter, oft selbst ungebildete Frauen, die darauf drängen, daß die Töchter studieren und einen Beruf ergreifen, damit sie später von den in-laws unabhängig sein können. Hierdurch wird die Hypothese Goodes bestätigt, daß Frauen die radikaleren Verfechterinnen der egalitären Ideen sind.

5. Entgegen der allgemeinen Auffassung vom mangelnden Berufsinteresse der Frauen zeigen gebildete Inderinnen ein hohes Maß an beruflichem Ehrgeiz und Berufsengagement. Sie geben sich nicht damit zufrieden, ihren Status durch den Gatten zu erhalten, sondern streben bewußt nach einem individuellen, unabhängigen Sozialstatus.

6. Gebildete und berufstätige Frauen wohnen typischerweise in Nuklearhaushalten. Sie selbst ergreifen meist die Initiative zur Trennung von der joint family, weil sie die Autorität der Schwiegermutter ablehnen. Es sind also vorwiegend die Frauen, die die Auflösung der traditionellen joint family betreiben.

7. An die Stelle der Autorität der Schwiegereltern ist die des Gatten getreten. Die Tatsache, daß die Frauen bei ihren Entscheidungen vor allem Rücksicht auf die Einstellung des Gatten nehmen müssen, kann als Indiz für das Fortbestehen der hierarchisch definierten Gattenbeziehung angesehen werden.

8. Heirat und die Geburt von Kindern sind für die gebildeten Inderinnen kein Hinderungsgrund mehr, ihre Bildungs- und Berufslaufbahn fortzusetzen. Weder die Frauen der unteren noch der oberen Mittelklasse halten sich an die kulturelle Norm, daß eine Frau bei der Heirat ihr Studium oder ihren Beruf aufgeben und sich ihrer Familie widmen soll. Die meisten Frauen be-

trachten ihren Beruf als Dauerberuf, den sie nur bei starker Opposition des Gatten aufgeben würden.

9. Die Väter und Gatten zeigen im allgemeinen eine positive Einstellung zum Studium und der Berufstätigkeit ihrer Töchter und Frauen. Diese positive Haltung ist jedoch kein Indiz für die Bereitschaft zu praktischer Kooperation oder zu einer Veränderung der Autoritätsstruktur in der Familie. Sie kann vielmehr als Hinweis auf die Abhängigkeit der Frau von den Autoritätsträgern in der Familie angesehen werden, denn es gibt kaum Frauen, die *ohne* Einwilligung der Eltern und Gatten studieren und arbeiten.

10. In zunehmendem Maße greifen berufstätige Ehefrauen auf die Mithilfe der eigenen Familie zurück. Dies ist ein neues Phänomen im indischen Verwandtschaftssystem. Nach den Regeln des indischen Heiratssystems waren die Beziehungen der Frau zu ihrer Orientierungsfamilie nach der Heirat auf ein Minimum reduziert. Ob die Einbeziehung der Mutter oder Schwester der Frau in das Geflecht gegenseitiger Hilfeleistungen ein Indiz für einen Wandel in Richtung auf bilaterale Verwandtschaftsbeziehungen darstellt, müßte noch näher untersucht werden. Es müßte gefragt werden, ob der Rückgriff auf die Familie der Frau auch die asymmetrische Rangordnung zwischen den beiden Familien verändert hat oder ob diese Hilfe nur eine weitere Leistung der „tochtergebenden" Familie ist.

11. Frauen tragen durch ihre Arbeit nicht nur zur Erhöhung des Familienbudgets bei, sondern sind in manchen Fällen auch die „Hauptemährer" der Familie, eine Rolle, die in keiner Weise in das kulturelle Leitbild paßt. Die neue ökonomische Rolle der Frauen scheint einen größeren Einfluß auf die Veränderung der familieninternen Beziehungen zu haben als das neue Erbrecht der Frauen. Berufstätige Frauen berufen sich mehr auf ihre ökonomische Unabhängigkeit, wenn sie sich gegen die traditionelle Autorität des Gatten oder des Vaters auflehnen oder ihr Recht auf Eigenleben verlangen, und weniger auf ihre neuen demokratischen Rechte.

12. Die weiteste Abweichung vom kulturellen Muster stellen die Frauen dar, die aufgrund ihres hohen sozio-ökonomischen Status, ihres starken Berufsengagements, ihrer großen Selbständigkeit nicht mehr bereit sind, den Beruf der Familie zu opfern, sondern es schließlich erreichen, daß sie den Wohnsitz der Familie nach den Bedürfnissen des eigenen Berufes bestimmen. Die neue Matrilokalität der Familien solcher Frauen beruht auf der Tatsache, daß das wirtschaftliche Potential der Frau höher oder zumindest genau so hoch ist wie das des Mannes. Diese neue Erscheinung ist das Gegenstück zu dem bekannten Sachverhalt, daß die Frau zu Hause bleibt, während der Mann in die Stadt zieht und Arbeit sucht. Hier zieht die Frau dorthin, wo sie Arbeit findet und nimmt ihre Kinder mit. In manchen Fällen zieht der Mann der Frau nach, in anderen bleibt die Familie jahrelang getrennt. Zwar sind solche Fälle selten, in der Regel wird die weibliche Berufsmobilität stark durch ihre Familienbindungen beschränkt. Es scheint aber, daß

unter dem Druck der wirtschaftlichen Verhältnisse in den Mittelklassen, im Verein mit den neuen Aspirationen der Frauen, der Wohnort der Familie nicht mehr ausschließlich vom Mann bestimmt wird.

13. Eine weitere neue Erscheinung sind auch die Frauen in Spitzenberufen und Spitzenpositionen. Sie stellen zwar eine kleine Minderheit dar; bemerkenswerter als ihre Zahl ist jedoch die Bereitschaft der männlichen Kollegen und Untergebenen, eine Frau in solchen Positionen ohne Aggressionen und Minderwertigkeitsgefühle zu akzeptieren.

Es ist charakteristisch für all diese Veränderungen, daß sie sich vollziehen, *ohne* daß die Ideologie über die Rollenverteilung in der Familie oder die Pflichten einer idealen Frau von diesen Veränderungen mitbetroffen werden. Nicht nur die Männer, auch die meisten Frauen halten an der offiziellen Ideologie der geschlechtsspezifischen Arbeitsteilung und am indischen Weiblichkeitsideal fest. Nur in Ausnahmefällen stellen Frauen die Legitimation dieser Ideologie selbst in Frage; so bleiben die Ideen, Konzepte, Werte und Meinungen relativ konstant, während sich die Wirklichkeit immer weiter von ihnen entfernt. Wie das Studium des Verhaltens von Frauen in Rollenkonflikten deutlich gemacht hat, lösen indische Frauen ihre Rollenspannungen typischerweise nicht auf die Weise, daß sie die sozio-kulturellen Normen und Leitbilder frontal angreifen, wie es die westliche Frauenemanzipationsbewegung getan hat, sondern dadurch, daß sie die praktische Situation so manipulieren, daß sie ihre eigenen Pläne und Ziele verwirklichen können, was in verschiedenen Fällen zu einer völligen Rollenumkehr in der Praxis bei gleichbleibender Theorie geführt hat. Die Dominanz des Mannes bleibt als theoretische Fiktion erhalten, zur Beruhigung der Männer, aber die eigentlichen Machtträger in der Familie sind oft die Frauen. Die Ergebnisse unserer Analyse bestätigen, was D. Narain über die Praxis der Hindu-Frau im Gegensatz zum kulturellen Leitbild sagt: "At all events, the picture of the Hindu wife that emerges is a far, far cry from the servile woman that she was expected to be in relation to her husband who was her lord, her master, her god in this life and in the next."[142] Parsons sah in dem Zusammenprall widersprüchlicher und *legitimer* Rollenerwartungen eine Chance für sozialen Wandel[143]. Die Untersuchung von Rollenkonflikten gebildeter, berufstätiger Inderinnen hat gezeigt, daß ein grundlegender Wandel in der gesellschaftlichen Realität jedoch nur dort erfolgt, wo zu den neuen Bildungs- und Berufschancen der Frauen auch ein verändertes *Bewußtsein* hinzutritt, wo sie die egalitäre Ideologie mit ihrer bereits erworbenen sozio-ökonomischen Unabhängigkeit kombinieren und die intrafamiliäre Macht- und Autoritätsstruktur angreifen.

Gesamtgesellschaftliche Konsequenzen im Hinblick auf die Emanzipation der Frauen könnte diese Kombination von veränderter objektiver Situa-

142 D. Narain: a.a.O., S. 460.
143 T. Parsons: Role Conflict and the Genesis of Deviance, a.a.O., S. 276.

tion und gewandeltem subjektivem Bewußtsein aber erst dann haben, wenn diese Veränderungen nicht auf einzelne Individuen der ohnedies privilegierten Minoritäten beschränkt blieben, sondern Teil einer breiten, auf Strukturwandel zielenden Massenbewegung würden. Erst dann könnte man, im Gegensatz zu der Frauenbewegung während der Unabhängigkeitsbewegung, die die Frauen zwar in die Öffentlichkeit brachte, aber die Familienrollen der Frau nicht anrührte, von einer wirklichen Emanzipationsbewegung sprechen. Obwohl es z. Zt. kaum Anzeichen für eine solche Massenbewegung gibt, sind die sozio-kulturellen und sozialpsychologischen Voraussetzungen für einen Emanzipationsprozeß der indischen Frauen günstiger als dies in den westlichen Ländern der Fall ist.

Die zielstrebigen, klugen, willensstarken, pragmatischen Inderinnen haben nur mehr wenig gemeinsam mit dem viktorianischen „clinging vine"-Ideal oder mit dem propagierten Sita-Mythos der gattentreuen Frau. Sie passen aber auch nicht in das Muster der westlichen Karrierefrau, die, um mit dem Mann konkurrieren zu können, männliche Attribute und Wertmaßstäbe annehmen muß. Die indische Kultur selbst bietet Frauen ein Muster an, mit dem sie sich identifizieren können und das ihnen bei der Durchsetzung egalitärer Forderungen in Gesellschaft und Familie hilft, die Zustimmung der Männer zu gewinnen. Es ist das Muster, das der Hinduismus im Kult der Mutter-Gottheit entwickelt hat. Die Charakteristika, die der Göttin zugeschrieben werden, können wir in der sozialen Wirklichkeit bei den modernen Inderinnen beobachten. Es sind Kraft, Energie, Aktivität, Entschlossenheit, Initiative, Gelassenheit, Geduld, Ausdauer, in einem Wort: *shakti.*

4. Nach dreizehn Jahren – Die Geschichte der neuen indischen Frauenbewegung

Als mein Buch über die indischen Frauen im Jahre 1973 erschien, gab es noch kaum Anzeichen für eine neue Frauenbewegung in Indien. Heute, dreizehn Jahre später, ist die Frauenbewegung in Indien eine der stärksten, dynamischsten und kreativsten in der Dritten Welt. Im folgenden möchte ich einen Überblick über die Geschichte dieser Bewegung geben, so wie ich sie selbst seit ihren Anfängen mitverfolgt habe.

4.1 Die Anfänge

Nach Erreichen der Unabhängigkeit im Jahre 1947 erlebte Indien bis zum Ende des Dritten Fünfjahresplanes, d.h. etwa bis 1966, einen wirtschaftlichen Aufschwung. Mitte der sechziger Jahre jedoch machte sich eine ernsthafte Krise in der Landwirtschaft bemerkbar. Dies war eine Folge der Politik Nehrus, der Indien durch eine rasche Industrialisierung entwickeln wollte und die Landwirtschaft vernachlässigt hatte. Es gab Hungersnöte in verschiedenen Bundesstaaten. 1966 mußte die Rupie um 36,5 % abgewertet werden. Diese massive Abwertung führte zur Inflation und brachte das ganze Planungssystem durcheinander. Danach konnte keiner der Fünfjahrespläne mehr richtig durchgeführt werden. 1966/67 erreichte die Krise schließlich auch die Industrie. Es kam zu einer langen Stagnation. In vielen Gebieten gab es Massenproteste gegen die Nahrungsmittelknappheit. Diese Entwicklungen wirkten sich auch negativ auf die Kohärenz der herrschenden Kongreßpartei aus. Einige Führer der Kongreßpartei spalteten sich von der Mutterpartei ab und bildeten mit ihrem Anhang Koalitionsregierungen mit anderen Oppositionsparteien. So entstand z.B. nach den Wahlen von 1967 in Westbengalen eine United-Front Regierung zwischen einer solchen Kongreß-Splittergruppe und den linken Parteien, die von den Kommunisten dominiert war.

Auf dem Lande entstanden Bauernunruhen. Den Auftakt für eine neue Phase sozialer Unruhen bildete der Bauernaufstand von Naxalbari im Norden West-Bengalens. Am 3. März 1967, einen Tag nach der Bildung der United-Front Regierung in Bengalen, begannen arme Bauern und Pächter, bewaffnet mit Pfeil und Bogen, Speeren und Sicheln im Gebiet um Naxalbari das Land zu besetzen, das sie an die Großgrundbesitzer, die Jotedars, verloren hatten. Diese Bewegung wurde von der Bauernorganisation der Communist Party of India-Marxist (CPI-M), dem

Kisan Sabha, angeführt. In den folgenden Wochen erfolgten in diesem Gebiet noch sechzig weitere illegale Landbesetzungen durch die armen Bauern. Frauen nahmen an diesen Aktionen in großer Zahl teil und wurden auch in den bald darauf einsetzenden Zusammenstößen mit der Polizei getötet.

Der Naxalbari Aufstand war der Beginn einer neuen revolutionären Bewegung in Indien. Diese Bewegung orientierte sich an den Lehren Mao Tse-tungs, propagierte den Bewaffneten Kampf der Bauern gegen feudale Großgrundbesitzer und wurde von der Marxistisch-Leninistischen Kommunistischen Partei (CPI-ML) angeführt. Diese Partei war 1969 aus einer Abspaltung von der Communist Party of India Marxist (CPI-M) hervorgegangen[1]. Die Bewegung hatte ihre wichtigsten Zentren in Bengalen und in Andhra Pradesh. Sie wurde von Studenten in den Städten unterstützt. Die erste neue indische Frauenorganisation nach 1947 entstand in diesem revolutionären Milieu.

Die "Progressive Organisation of Women (POW)" in Hyderabad

Als ich 1972 Hyderabad im Bundesstaat Andhra Pradesh besuchte, hörte ich, daß es eine Hochschullehrerin gäbe, die gerade aus den USA zurückgekehrt sei und mit einigen Studentinnen eine Frauengruppe gegründet habe, in der sie Simone de Beauvoirs „Das andere Geschlecht" und ähnliche Bücher läsen. Als ich im nächsten Jahr für längere Zeit zurückkam, traf ich Frauen, die inzwischen eine feste Gruppe gebildet hatten. Es waren alles junge Frauen. Da es keinen anderen Ort gab, wo sie sich treffen konnten, versammelten sie sich in einem Park oder auf dem Rasen des Women's College, wo sie vor männlichen Belästigungen sicher waren. Eins der schwierigsten Probleme der Gruppe war zu der Zeit die strikte Kontrolle, die die Eltern über die Aktivitäten ihrer Töchter ausübten. Um fünf Uhr, wenn es anfing zu dämmern, mußten die Töchter zu Hause sein. Ein erster Schritt zur Befreiung bestand im Kampf mit den Eltern um die Aufhebung des Fünf-Uhr-Limits.

Ich nahm an mehreren dieser informellen Treffen teil, bei denen verschiedene Probleme, die die jungen Frauen betrafen, diskutiert wurden. Die Gruppe war eine Art Consciousness Raising Gruppe, manchmal wurde auch über das gesprochen, was einzelne gelesen hatten. Sie bestand im wesentlichen aus acht bis zehn Studentinnen, von denen einige eindeutige Führungsqualitäten besaßen. Sie konnten öffentliche Reden halten, hatten Mut und ein mitreißendes Engagement. Alle gehörten zu der sogenannten englischsprachigen Elite, die ihre Schul- und College-Ausbildung in Einrichtungen genossen hatten, wo Englisch die Un-

1 Sankar Ghosh: The Naxalite Movement. Kalkutta 1975.

terrichtssprache war. Nur eine konnte auch ausgezeichnet Telugu sprechen, die Landessprache. Damit gehörten sie zu der Klasse städtischer Gebildeter, deren Kommunikation mit den Telugu-sprachigen Studenten, die hauptsächlich aus der unteren Mittelschicht oder vom Lande kamen, etwas schwierig war. Diese Klassen-, Kultur- und Sprachunterschiede spielten auch eine gewisse Rolle, als sich die ehemals vereinte revolutionäre Studentenorganisation in zwei rivalisierende Gruppen spaltete: in die Progressive Democratic Students Union (PDSU), deren Führer hauptsächlich zu der Englisch-sprachigen Gruppe gehörten, und in die Democratic Students Union (DSU), deren Führer zu der unteren Mittelklasse gehörten und Telugu sprachen. Beide Gruppen hatten sich ebenfalls rivalisierenden Organisationen der Marxistisch-Leninistischen Partei als Massenorganisationen zugeordnet: die PDSU der Organisation, die von Chandra Pulla Reddy (CP) angeführt wurde, und die DSU der Organisation, deren Führer Nagi Reddy war. Beide Gruppierungen operierten im Untergrund und versuchten vom Lande her, den Kampf gegen die „semi-feudalen Landlords und den Imperialismus" aufzubauen. Beide verstanden ihren Kampf als die Fortsetzung des bewaffneten Bauernaufstandes von 1946–1951, der als Telengana Armed Struggle Geschichte gemacht hat. Mit einigen Unterschieden folgten sie der theoretisch politischen Linie von Mao Tse-tung. Die PDSU galt als militanter und radikaler als die DSU. Einer der Begründer der revolutionären Studentenpolitik, George Reddy, war 1972 von rechten Studenten ermordet worden. Er galt als Märtyrer und Held. Vielleicht aus diesem Grund, vielleicht aus dem Grund der gleichen kulturellen Herkunft schlossen sich mehrere Führerinnen der Frauengruppe, die an vielen Aktionen der PDSU teilgenommen hatte, 1974 der ML-Partei an, und zwar der PR-Gruppe. Die Gruppe gab sich den Namen Progressive Organisation of Woman (POW). Es war die erste neue Frauenorganisation in Indien, die explizit die Frauenfrage aufwarf und mit einer revolutionären Perspektive verknüpfte.

Als erstes nahm sich die POW den Kampf gegen die Mitgift, die *dowry* vor. Die Aktivistinnen reisten in die Provinzstädte, hielten Reden vor den versammelten Studentinnen der Colleges und Universitäten und gründeten überall Anti-Dowry-Committees. Diese Kampagne hatte rasch großen Erfolg, die Presse berichtete positiv über die Aktivitäten der POW, viele Studentinnen und andere Mittelklassenfrauen waren begeistert, daß endlich etwas für die Frauen getan wurde.

Doch die Handvoll junger Frauen, die die POW gegründet hatte, war nicht in der Lage, eine organisatorische Infrastruktur zu schaffen, die die Kontinuität der Bewegung aufrechterhalten konnte. Die Anti-Dowry-Committees in der Provinz schliefen wieder ein, die POW-Aktivistinnen in Hyderabad griffen in rascher Folge immer neue Fragen für neue Kampagnen und Agitationen auf, wie z.B. eine Anti-Obszönitäts-Kampagne, eine Anti-Inflationskampagne. Ihre Verbindung mit der ML führte auch dazu, daß sie den Aktivismus, der diese Parteien besonders in Andhra Pradesh kennzeichnete, auch teilten. Es blieb kaum mehr Zeit zu lesen, über Aktionen zu reflektieren oder die persönliche Betroffenheit, die ja am Anfang der Gruppenbildung gestanden hatte, in den politischen Kampf zu integrieren. Dennoch fand POW ein breites Echo unter Studentinnen. Die Frauen gaben eine Zeitschrift heraus, Stri Mukti (Frauenbefreiung), von der allerdings nur zwei Nummern erschienen. Wichtigstes Mittel der Propagierung der neuen Ideen der Frauenbefreiung waren Lieder, die bei Versammlungen von den Aktivistinnen gesungen wurden. Eine der Frauen, die gut singen konnte, wurde so eine der wichtigsten Führerinnen von POW. Gerade die Lieder kombinierten die Analyse der Situation und den Aufruf zu handeln meisterhaft. Die POW-Aktivistinnen knüpften hier an eine politische Kultur an, die in Indien, vor allem bei den Bauern und anderen Klassen, die nicht lesen und schreiben können, eine zentrale Rolle spielt. Aber auch alle anderen Frauengruppen in Indien, auch in den Städten, benutzten Lieder immer wieder. Zum einen, um ihre Ideen zu verbreiten, zum anderen, um sich ihrer kollektiven emotionalen Gemeinsamkeiten zu vergewissern und sich gegenseitig Mut zu machen.

Als Indira Gandhi im Juni 1975 den Notstand über Indien verhängte, wurden alle revolutionären Parteien und Gruppen verboten. Die ML-Parteien gingen ganz in den Untergrund und einige der Führerinnen der POW ebenfalls. Einige der Aktivistinnen wurden dennoch verhaftet, wurden z.T. gefoltert und schikaniert. Andere konnten aus dem Gefängnis entfliehen und sich bei Freunden in Sicherheit bringen.

Der Notstand bedeutet das Ende der ersten POW. Denn die meisten jungen Frauen, die POW aufgebaut hatten, verließen die ML-Bewegung nach der Beendigung des Notstandes. Sie hatten die Repression unterschätzt, die eine Frauenbewegung trifft, die sich einer illegalen revolutionären Partei anschließt. Es war klargeworden, daß eine breite Massenmobilisierung von Frauen nicht durch einige Kader aus dem Untergrund möglich war.

Nach Aufhebung des Notstandes versuchte die CP-Gruppe noch einmal POW als eine ihrer Massenorganisationen aufzubauen, aber sie hatte damit keinen Erfolg. Sie fand keine Führerinnen mehr, die diese Sache vorangetrieben hätten, und für die Mittelklassenfrauen in den Städten, vor allem für die Studentinnen, war der Name POW nun ein für allemal gebrandmarkt und wurde gleichgesetzt mit illegaler revolutionärer ML-Politik. Diese Politik fand aber keine Zustimmung mehr unter den Frauen dieser Klasse.[2]

2 vgl. auch: Lalitha, K.: Origin and Growth of POW, First Ever Militant Women's Movement in Andhra Pradesh. HOW, Vol. 2, No. 4, 1979.

Einige der ehemaligen Mitglieder und Sympathisantinnen der POW versuchten jedoch, die Frage der Frauenbewegung weiter zu thematisieren, indem sie sich mit anderen Frauen zu einer relativ festen Gruppe zusammenschlossen, die sie Stri Shakti Sanghatana nannten. Diese Gruppe versteht sich als autonome Frauengruppe, die es ablehnt, sich von einer politischen Partei für ihre Ziele instrumentalisieren zu lassen. Dies war eine der Lehren aus der POW-Geschichte.

Frauenwiderstand auf dem Lande

Auch in anderen Teilen Indiens traten Frauen in der ersten Hälfte der siebziger Jahre erneut an die Öffentlichkeit. Dies geschah vor allem im Zusammenhang der sich verschärfenden ökonomischen Krise, die die arme Landbevölkerung früher und härter traf als die städtischen Mittelschichten, aber schließlich auch die Lebensbedingungen dieser Klasse ständig verschlechterte. Die Folge war eine Welle neuer sozialer Bewegungen auf dem Lande.

In mehreren Gebieten Indiens vermehrten und intensivierten sich in diesen Jahren die Bauernunruhen. Es kam zu zahllosen Zusammenstößen zwischen den reichen Landbesitzern und den armen Bauern, Pächtern und Landarbeitern, die fast immer in brutalen Massakern der herrschenden Landbesitzer-Klasse gegenüber den armen Bauern endeten.[3] Den objektiven Hintergrund für diese Unruhen spielte die gescheiterte Agrarreform, die zunehmende Verarmung und Marginalisierung der ländlichen Massen als Folge der „Grünen Revolution" und die Unfähigkeit Indira Gandhis, ihr Wahlversprechen von 1972, „die Armut zu beseitigen", in die Tat umzusetzen.

Obwohl dies die objektiven Gründe für die Bauernunruhen waren, entzündeten sich die Zusammenstöße zwischen den Landlords und den Armen, den Armen und der Polizei und daraus resultierende neue soziale Bewegungen häufig an der „Frauenfrage". Es gehörte zu den Taktiken der Landlords, daß sie den armen Bauern und Landarbeitern, die Land oder höhere Löhne verlangten, eine Lektion dadurch erteilten, daß sie die Frauen der Armen vergewaltigten, ihre Hütten verbrannten und die Männer verprügelten. Im folgenden berichte ich über drei solcher neuen sozialen Bewegungen auf dem Lande, in denen Frauen eine entscheidende Rolle gespielt haben und spielen. Sie stellten nicht nur zahlenmäßig eine sehr große Gruppe in diesen Bewegungen, sondern trugen auch den größten Teil der eigentlichen Mobilisierungsarbeit.

3 vgl. Maria Mies: Wer das Land besitzt, besitzt die Frauen des Landes. Klassenkämpfe und Frauenkämpfe auf dem Land. Das Beispiel Indien. In: Claudia v. Werlhof, Maria Mies, Veronika Bennholdt-Thomsen: Frauen, die letzte Kolonie. rororo aktuell. Reinbek 1983. S. 18 ff.

Die Frauen in der Shahada-Bewegung

Das war z.B. der Fall in der *Shahada-Bewegung* im Nordwesten von Maharashtra.[4] Die Shahada-Bewegung, genannt nach der Kreisstadt Shahada, entstand als Protest der Adivasis (Stammesbevölkerung), der Bhils, gegen die Enteignungspolitik der Landlords, der Gujars. Diese hatten schon seit Jahren versucht, das fruchtbare Land der Adivasis an sich zu reißen. Diese Landraubpolitik erreichte ihren Höhepunkt 1972, als die Gujars im Zuge der Grünen Revolution begannen, ihren Zuckerrohranbau auszudehnen. Da sie außerdem die Bezirksverwaltung in den Händen hatten und der herrschenden Kongreßpartei angehörten, konnten sie Regierungsdarlehen, die für die Bildung von Genossenschaften, den Kauf von Maschinen, Kunstdünger, ertragsreichen Samen u.a. bestimmt war, in ihre Taschen stecken. Sie bauten in Kürze eine blühende Agro-Industrie auf.

Doch die Bewegung gegen die Gujars wurde nicht nur durch diese wirtschaftliche Ausbeutung ausgelöst, sondern auch durch die Empörung über die Belästigung von Adivasi-Frauen. Im Januar 1972 wurde eine Vereinigte Front gebildet von Gandhi-Anhängern (Sarvodaya-Aktivisten), unabhängigen Marxisten, der Vereinigung der Landlosen Arbeiter und Armen Bauern Maharashtras unter der Führung der Partei Lal Nishan und dem Bhil Adivasi Seva Mandal unter Führung des später verstorbenen Ambarsingh - einem populären Führer der Adivasis. Ziel war die Organisierung der Adivasis gegen die brutale Ausbeutung und die Schikanen der Gujar-Landlords.

Ebenfalls im Januar 1972 fand eine „Bhu Mukti"-Landbefreiungskonferenz statt. Vorausgegangen war eine Reihe von Gewalttätigkeiten gegen Adivasis, vor allem gegen Adivasi-Frauen. Sie waren beschimpft, geschlagen und vergewaltigt worden. Gujars hatten sie nackt ausgezogen und an ihre Pferde gebunden. Die Empörung über diese Vorfälle und über den Landraub verband sich mit der Verzweiflung der Menschen über den Mangel an Nahrungsmitteln in den Hungerjahren 1971/1972.

Die Bewegung entwickelte sich von den anfänglichen Kämpfen um die Rückgewinnung des Adivasi-Landes zu Kämpfen um höhere Löhne für Landarbeiter und um mehr Notprogramme für Hungernde (Food-Relief-Work), gegen den inflationären Preisanstieg, gegen Korruption und gegen Polizeiterror. Die Adivasis und armen Bauern gründeten eine Organisation, den Shramik Sanghatana.

Fast jede Woche fanden Protestmärsche und Kundgebungen statt. Ihren Höhepunkt fand die Bewegung 1973 als 6000 Menschen durch die Kreis-

4 Für einen ausführlichen Bericht dieser Bewegung vgl.: Maria Mies: The Shahada Movement: A Peasants Movement in Maharashtra. In: Journal of Contemporary Asia, Vol 6, No 2, 1976.

stadt Shahada zogen. Alle diese Demonstrationen, Blockaden und Protestkundgebungen wurden von militanten, meist jungen Frauen angeführt. Sie riefen Slogans gegen die Gujars und gegen die Regierung, sangen Protestlieder und agitierten die Massen. Diese Frauen, die oft nicht lesen und schreiben konnten, nahmen auch Teil an den Verhandlungen mit den Behörden und den Landlords. Während Männer bei solchen Verhandlungen zu Kompromissen neigten oder eher aufgaben, wenn die Beamten Versprechungen machten, bestanden die Frauen auf einer Garantie, daß ihre Forderung erfüllt würde, ehe sie die Agitation aufgaben.

1973 hielten die Frauen auch Reden zum 1. Mai in Shahada. Die jungen städtischen Linken, die sich der Bewegung angeschlossen hatten, waren über die Militanz der armen Landfrauen erstaunt. Sie hatten wohl kaum realisiert, daß 50 % oder mehr der Landarbeit von diesen Frauen getan wurde. Doch als sie die Frauen fragten, was ihr größtes Problem sei, sagten sie, es sei der Alkohol. Die Adivasis, wie viele der armen Klassen in Indien, brauen sich ihren eigenen Schnaps und die Männer vergeuden ihr geringes Einkommen für Spiele und Alkohol. Die Frauen, deren Löhne niedriger sind als die der Männer, müssen oft die Familie ernähren. Die Frauen verstanden auch, daß der Alkoholismus das größte Handicap für die Organisierung der Armen war, weil er immer wieder zu Streitereien unter den Männern führte. Nachdem die Frauen dieses Problem benannt und untereinander diskutiert hatten, schritten sie sofort zur Aktion. Sie marschierten noch am selben Tag zu einem 12 km entfernten Dorf, wo eine solche lokale (und illegale) Schnapsbrennerei war. Sie zerschlugen die Krüge und die Destille und verlangten, daß das illegale Schnapsbrennen aufzuhören hätte. Sie setzten in ihrer Organisation durch, daß das Alkoholverbot eingehalten wurde und überwachten die illegale Schnapsbrennerei in den Dörfern.

Nach dieser Aktion bildeten die Frauen Frauen-Komitees als Teil der Bauernorganisation. Diese Frauenkomitees traten in Aktion, wenn ein Gujar oder ein Polizist eine Frau belästigte, aber auch wenn ein Mann seine Frau schlug. In solchen Fällen kamen dann alle Frauen des Dorfes zusammen, umzingelten den Mann (Gherao), zwangen ihn, sich niederzuknien und sich vor den Frauen zu entschuldigen. Manchmal verprügelten sie ihn auch. Mir wurde (1974) berichtet, daß es seit der Existenz dieser Frauenkomitees fast keine Gewalttätigkeit gegen Frauen mehr in diesen Dörfern gegeben hat.

Ein anderes Beispiel der Stärke und Militanz dieser Frauen wurde mir von einem Aktivisten erzählt: Während des Hunger-Not-Programms[5]

5 In Dürre- und Hungerperioden führt die indische Regierung sog. Famine Relief Programme durch. Die Menschen müssen dann an verschiedenen Gemeinschaftsprojekten (z.B. Dammbau) arbeiten und erhalten dafür Geld oder Nahrungsmittel, um vor dem Verhungern bewahrt zu werden.

mußten die Arbeiter oft wochenlang warten, bis sie ihren Tageslohn bekamen. Das bedeutete, daß sie am Abend nach den Arbeiten im Straßen- oder Dammbau kein Geld hatten, um einen Mahlzeit zu kaufen. Eine Gruppe von Adivasi-Frauen marschierte daraufhin zu dem Büro des zuständigen Beamten und umzingelte ihn. Er war wütend und weigerte sich, mit den Frauen zu verhandeln. Stattdessen versuchte er den männlichen Aktivisten, der die Frauen begleitet hatte, zu überreden, die Frauen doch zur Vernunft zu bringen. Dieser weigerte sich, stellvertretend für die Frauen zu verhandeln und sagte, die Frauen könnten für sich selbst reden. Die Stunden verrannen, schließlich verlangte der Beamte ein Glas Wasser. Die Frauen lehnten ab und sagten, auch sie seien hungrig und durstig, denn sie seien viele Meilen zu Fuß gegangen. Wenn sie ihren gerechten Lohn bekämen, würden sie ihm auch etwas zu trinken geben. Der Beamte mußte nachgeben und die Frauen bekamen ihr Geld.

Die Frauen waren nicht nur militanter und durchhaltungsfähiger als die Männer, sie schienen auch die Notwendigkeit der Organisation der Leute besser erkannt zu haben. Sie gingen von Hütte zu Hütte und redeten den Leuten zu, sich dem Shramik Sanghatana anzuschließen. Wenn die Männer zögerten, streiften sie ihre Armringe, die Symbole ihrer schwachen und ängstlichen Weiblichkeit, ab und zogen sie den Männern an. Mehr noch als in Andhra Pradesh waren Lieder und Slogans das wichtigste Medium, die Bewegung und ihre Ziele zu verbreiten. Bei jeder Demonstration, jedem Marsch, jedem Treffen, jeder Belagerung wurden Lieder gesungen. Trupps von jungen Mädchen waren die Vorsängerinnen. Sie waren an der Spitze jedes Marsches und jeder Demonstration, sie stimmten die Lieder an und riefen die Slogans. Die Menge wiederholte die Verse, die die Mädchen vorsangen. Sie schienen nie müde zu werden. Wenn ein Lied zu Ende war, wiederholten sie es einfach, bis die Verse und ihre Botschaft sich in den Köpfen der Menschen niedergeschlagen hatte.

Die Lieder enthielten eine einfache klare Analyse des neuen Agrarkapitalismus, unter dem die Adivasis litten. In poetischer Form beschrieben sie die Realität, die sie alle kannten, den Landraub durch die Gujars, die Korruption, mit der sie die Genossenschaften monopolisierten, den Schwindel mit den Entwicklungsgeldern, die in den Taschen der Reichen landeten, die verlogenen Versprechungen Indira Gandhis, die nicht in der Lage war, die Armut zu beseitigen, die steigende Inflation und die Schwierigkeiten der Frauen, Essen für die Kinden und sich selbst zu finden. Die meisten dieser Lieder endeten mit dem Refrain, daß die Armen jetzt genug hätten von leeren Versprechungen, daß sie ihre Sache jetzt in die eigene Hand nehmen und kämpfen wollten. „Der Löwe im Käfig ist aufgewacht und jetzt ist der Tag der Revolution gekommen“, lautete einer dieser Verse.

Die Frauen der Shahada-Bewegung hatten nichts gehört von der westlichen Frauenbewegung, im Gegensatz zu den Studentinnen von Hyderabad. Dennoch bildeten Frauenprobleme – sexuelle Repression seitens der Landlords, Alkoholismus der Männer und ihre Vernachlässigung der Familie, geringe Löhne – einen wesentlichen Kernpunkt ihres Kampfes. Das konnte nicht anders sein, denn die wichtigsten Herrschaftssysteme Indiens, patriarchate Herrschaft der Männer, Kasten-Herrschaft und Klassen-Herrschaft sind so ineinander verwoben, daß der Kampf gegen das eine den Kampf gegen das andere nachsichziehen muß. Diese drei Unterdrückungssysteme – oder soll man sie drei Aspekte des selben Systems nennen? – fielen im Fall der Shahada-Frauen zusammen: Als Frauen wurden sie von ihren eigenen Männern, aber auch von den Landlords ausgebeutet und gedemütigt. Als Adivasis oder Harijans (Unberührbare) wurden sie von den oberen Kasten ausgebeutet und unterworfen, als Arbeiterinnen wurden sie von den neuen Agrarkapitalisten, die gleichzeitig der dominanten Kaste angehörten, ausgebeutet. Doch selbst diese Ausbeutung hatte einen eindeutig sexistischen und Klassencharakter. Für die Shahada-Frauen war daher der Kampf gegen diese drei Systeme ein und derselbe Kampf.

Trotz dieser Tatsache und trotz ihrer zentralen Rolle für die Bewegung, bildeten die Frauen keine eigene autonome Frauenorganisation. Die Frauenkomitees blieben Teil des Shramik Sangathana, der fast ausschließlich von männlichen Kadern geführt wurde. Die meisten davon waren Marxisten in den Städten.

Als Indira Gandhi am 26. Juni 1975 den Ausnahmezustand erklärte, wurden Massenmobilisierungen wie die der Shahada-Bewegung verboten, die Kader wurden verhaftet. Die Presse durfte nichts mehr über die Shahada-Bewegung berichten. Nur die Frauen machten weiter mit ihrem Kampf. Schon im Mai 1975 war ein Frauen-*Shibir* – ein Frauen-Camp – durchgeführt worden, an dem die Adivasi-Frauen und auch verschiedene Frauen aus den Städten teilgenommen hatten. Auf diesem Shibir war beschlossen worden, eine „All Maharashtra Women's Liberation Struggle Conference" durchzuführen. Diese Konferenz fand auch am 17. Oktober 1975 in Poona statt und wurde ein großer Erfolg. 700 Frauen nahmen teil, unter anderem auch Adivasi-Frauen aus der Shahada-Bewegung, Harijan-Landarbeiterinnen, Arbeiterinnen aus den Städten, Mittelklassenfrauen und Dienstmädchen. Daß diese Konferenz mitten im Ausnahmezustand stattfand, kann als Indikator für das gestiegene politische Selbstverständnis der Frauen angesehen werden. Sie war außerdem der Auftakt für die Bildung einer neuen Frauenbefreiungsorganisation in Bombay, der *Stri Mukti Sangathna*, die heute noch existiert.

Die Chipko-Bewegung

Um die gleiche Zeit, um 1972-74, entstand im Norden des Landes, an den Hängen des Himalaya, eine Bewegung, die als die erste indische Ökologiebewegung bezeichnet werden kann, die Chipko-Bewegung. Die Basis und die eigentliche Kraft dieser Bewegung sind die Frauen, die in diesen Waldgebieten ihre Vieh- und Landwirtschaft betreiben. Die Bewegung entstand als Widerstandsbewegung gegen die Zerstörung des uralten Ökosystems dieser Gegend durch Holzfirmen, die vor allem an den Hartholzbäumen des Himalaya interessiert waren. Für die Bergbewohner stellte aber der Wald die Grundlage ihrer sich selbst erhaltenden Subsistenzwirtschaft dar. Das rücksichtslose Abholzen der Wälder bedeutete den Verlust des Futters für das Vieh, das Versiegen der Wasserquellen und die Erosion des Bodens. Es ist bezeichnend, daß sich vor allem Frauen gegen die Zerstörung ihrer Umwelt wehrten. Die Männer konnten z.T. Arbeit bei den Abholzfirmen finden oder gingen in die Städte auf Arbeitssuche, die Frauen betrieben aber weiter Vieh- und Landwirtschaft, für die die Konservierung der Wälder lebensnotwendig war.

„Chipko" heißt: etwas umarmen und festhalten. Die Frauen der Dörfer in den Garhwal und Kumaon Bergen des Bundesstaates Uttar Pradesh verhinderten das Abholzen großer Waldgebiete durch Abholzfirmen dadurch, daß sie in Scharen in die Wälder zogen und zu dritt die Bäume, die gefällt werden sollten, solange umarmten, bis die Holzfäller abgezogen waren. Die Chipko-Bewegung ist inspiriert durch die Philosophie Gandhis, der die Grundlage einer Wirtschaft, die nicht auf Ausbeutung der Natur und der Menschen beruht, in der Selbstversorgung der Dörfer sah. Auch die Methoden des Widerstandes waren die des gewaltlosen Widerstandes und der Nicht-Kooperation wie Gandhi sie praktiziert hatte. Die Ideen Gandhis wurden vor allem von zwei seiner Mitarbeiterinnen, Mira Behn und Sarala Behn, in den Himalaya getragen. Nach Gandhis Tod zogen sie in den Himalaya und gründeten Ashrams in den Garhwal und den Kumaon Bergen. Schon bald nach der Unabhängigkeit begannen sie, unter den Frauen dieser Region zu arbeiten. Dabei verfolgten sie drei Ziele: 1. die Organisierung der Frauen, 2. den Kampf gegen Alkoholismus, 3. den Schutz des Waldes.

Als in den sechziger und siebziger Jahren die systematische Zerstörung der Wälder durch Abholzfirmen begann, gab es bereits eine Basis für einen organisierten Frauenwiderstand. Zu den beiden Frauen hatte sich auch der Gandhianer Sunderlal Bahuguna gesellt. Er wurde einer der wichtigsten Förderer der Chipko-Bewegung; er unterstützte die Bewegung durch Fußmärsche von Kaschmir im Westen bis Kohima im Osten, durch Hungerfasten, durch Vorstellungen bei der Regierung und durch Propagandaarbeit in Indien und im Ausland. Der Gedanke der Notwendigkeit des Widerstandes gegen die kommerzielle Ausbeutung der Natur und des Waldes wurde - wie in der Shahda-Bewegung - hauptsächlich durch Lieder von einem Dorf zum anderen getragen. Es gelang der Chipko-Bewegung, große Teile der Himalaya Wälder vor der Axt und der Profitgier der Holzfirmen zu retten und so den Frauen ihre Lebensgrundlage zu erhalten. Darüber hinaus wurde die Chipko-Bewegung zum Vorreiter des Widerstandes gegen die Zerstörung der Ökologie auch in anderen Gebieten Indiens, in denen die neue Forstpolitik die Reste der sich selbst erneuernden Ökosysteme und des kommunalen Waldbesitzes bedroht.

Die Chipko-Bewegung ist - wie die Shahada-Bewegung - keine Frauenbewegung im engeren Sinne, dennoch wären diese Bewegungen ohne die Frauen wohl nicht entstanden und hätten sich auch nicht erhalten. Was die Chipko-Bewegung darüber hinaus kennzeichnet ist die Tatsache, daß die Frauen offensichtlich eher als die Männer begreifen, daß wachstums- und profitorientierte Entwicklungsprozesse die Grundlage ihrer eigenen sich selbst erhaltenden Subsistenzwirtschaft bedrohen. Während die Männer, angelockt durch die Versprechung von Lohnarbeit und Geld, häufig bereit sind, diese Überlebenswirtschaft aufzugeben, versuchen die Frauen, sie zu erhalten. Dabei geraten sie nicht nur in Widerspruch zu den kapitalistischen Interessen, die ihr lebenserhaltendes Ökosystem, ihr Land, ihre Wälder, ihr Wasser nur als ausbeutbares Rohmaterial ansehen. Sie geraten auch in Widerspruch zu den eigenen Männern, die das Geld, das sie als Lohnarbeiter im Dienste dieser Interessen verdient haben, häufig in Alkohol umsetzen. Es ist kein Zufall, daß sowohl die Frauen in der Shahada-Bewegung als auch die der Chipko-Bewegung den Alkoholismus der eigenen Männer genau so angriffen und angreifen wie die Ausbeutung durch die Landlords bzw. die Abholzfirmen. Die Frauenfrage ist in beiden Bewegungen systematisch verknüpft mit der Frage des Überlebens, der Frage, eine eigene, unabhängige Subsistenzbasis zu erhalten, die nicht von der Geldwirtschaft abhängig ist. Das ist der Grund, warum die Frauen in der Chipko-Bewegung gegen die Zerstörung des Ökosystems kämpfen.[6]

Die Frauen-Sangams von Bhongir in Andhra Pradesch

Ein weiteres Beispiel für den Aufbruch der armen Landfrauen in den 70er Jahren sind die Frauenvereinigungen, die Frauen-Sangams, die im Zusammenhang der Kleinbauern- und Landarbeiterbewegung in der Gegend um Bhongir (Andhra Pradesh) entstanden waren.[7] Anders als die Shahada-

6 vgl.: Vandana Siva u. J. Bandyopadhyay: The Evolution, structure and impact of the Chipko Movement. In: Mountain Research and Development, Vol 6, No 2, 1986.

7 Der folgende Bericht beruht auf meiner Forschungsarbeit, die ich zwischen 1978-1979 in diesem Gebiet durchführte. Für eine ausführliche Darstellung vgl. Maria Mies: Wer das Land besitzt ... a.a.O., S. 18.

Bewegung wurde diese Mobilisierung und Organisierung der armen Bauern, die meist Harijans waren, von einer privaten Entwicklungsorganisation mit dem Namen CROSS (Comprehensive Rural Operations Service Society) betrieben. Diese Organisation, deren Aktivisten z. T. aus Geldern kirchlicher Entwicklungshilfe bezahlt wurden, hatte sich das Ziel gesetzt, den armen Bauern und Landarbeitern zu helfen, an die Kredite und Entwicklungsprogramme heranzukommen, die von der Regierung zur Entwicklung der Kleinbauern vorgesehen waren.

Die Organisatoren verbanden die Vermittlung von Krediten für solche ökonomischen Programme mit einer breit angelegten Erwachsenenbildungs- und Alphabetisierungskampagne in Abendschulen in den Dörfern. Als Grund für diese Verbindung von ökonomischen Programmen und Bewußtseinsbildung gaben die Organisatoren an, daß die armen Bauern dem Despotismus der Landlords nur dann widerstehen könnten, wenn ihre eigene ökonomische Basis gestärkt würde. Ohne ökonomischen Rückhalt könnten sie keinen Streik um höhere Löhne oder Land durchhalten.

Die Organisation, die auf Dorfebene entstand, nannten sie Sangams, was in Telugu soviel wie Organisation oder Zusammenschluß bedeutet. Mitglieder und Vorstand dieser Sangams waren arme Bauern und Landarbeiter. Die Landlords und die reichen Bauern hatten keinen Zugang zu dieser Organisation.

Anders als auch in Shahada wurden bald nach Beginn der Arbeit eigene Frauenorganisationen auf Dorfebene gegründet, die unter der Leitung von Frauen standen und unabhängig von den Männerorganisationen, den Dorf-Sangams, operierten. Die Frauen-Sangams verfolgten zunächst die gleichen Ziele wie die Männer-Sangams: Durch die Organisierung sollten die Landarbeiterinnen und Kleinbäuerinnen in ihrer Verhandlungsfähigkeit gegenüber den Behörden gestärkt werden, um an die Entwicklungskredite heranzukommen. Die Regierung von Andhra Pradesh hatte ein spezielles Förderungsprogramm für Frauen einkommensschwacher Gruppen entwickelt, das vorsah, Frauen Kleinkredite zum Erwerb eines Büffels, einer Ziege, zur Errichtung eines Verkaufstands für Lebensmittel oder Gemüse usw. zu gewähren. Diese ökonomischen Programme sollten wie bei den Männer-Sangams mit Bewußtseinsbildungs- und Alphabetisierungsprozessen durch Abendschulen verbunden werden. Diese Kombination folgte dem gleichen strategischen Ziel wie bei den Männern, nämlich einen ökonomischen Rückhalt für den Widerstand gegen die Landlords zu schaffen. Die Harijan-Frauen reagierten mit Begeisterung auf die Möglichkeit einer eigenen Organisation. Im August 1978 existierten Frauen-Sangams in zehn Dörfern des Kreises Bhongir, im Dezember 1980 hatten bereits *alle* Dörfer dieses Kreises einen Frauen-Sangam, insgesamt 80. Darüber hinaus hatte sich die Organisation in die Nachbarkreise ausgedehnt, wo in 80 Dörfern Frauen-Sangams existierten.

Die Sangams gaben den armen Frauen auf Dorfebene ein Forum, nämlich die Versammlungen und Abendschulen, wo sie ihre Probleme diskutieren und nach gemeinsamen Lösungen suchen konnten.

Diese Diskussionen waren stets verbunden mit kulturellen Programmen, Liedern, Rollenspielen usw., die sowohl der Erholung als auch der Bewußtseinsbildung dieser stets überarbeiteten Landarbeiterinnen dienten. Weiterhin verbreiteten die Sangams die Solidarität unter den Frauen und gaben ihnen eine Handlungsorientierung. Nach der Diskussion eines Problems, der Suche nach Lösungsmöglichkeiten schritten die Frauen meist sofort zur Tat. Der Frauen-Sangam gab ihnen den Mut, selbst mit den Beamten in der Kreisstadt über ihre Probleme zu diskutieren und ihre Forderungen vorzutragen. Z.B. setzten die Frauen eines Dorfes bei den Kreis- und Distriktbehörden durch, daß ein Vertrag für die Arbeiten am Straßenbau, der früher nur Männern gegeben wurde, nun auch Frauen gegeben wurde. Ein solcher Erfolg erhöhte das Selbstbewußtsein der Frauen ungeheuer.

Die Frauen benutzten ihre Sangams jedoch nicht nur zur Bewußtseinsbildung und zur Lösung von Einzelproblemen, sondern sie griffen das Grundproblem an, das sich ihnen als Landarbeiterinnen stellte, nämlich das Problem zu niedriger Löhne. Kurze Zeit nach der Gründung der ersten Sangams organisierten die Frauen eines Dorfes einen Streik und forderten eine Erhöhung ihres Lohnes um 0,50 Rupien. Die Landlords waren auf eine solche Aktion der Frauen, mitten in der Zeit der Reispflanzung, die eine reine Frauenarbeit ist, nicht vorbereitet, und so mußten sie die Lohnerhöhung zahlen. Der Erfolg dieser Aktion machte die Frauen-Sangams sehr populär unter den Landarbeiterinnen des Gebiets.

Die Frauen machten keinen Unterschied zwischen rein ökonomischen, sozialen, kulturellen oder mehr politischen Fragen. Bei ihren wöchentlichen Versammlungen oder während der Abendschule diskutierten sie alles, was ihnen wichtig erschien. Dabei waren diese Veranstaltungen keineswegs trockene und funktionale Angelegenheiten. Sie waren umrahmt von verschiedenen kulturellen Aktivitäten.

Vor allem *Lieder* spielten eine ungeheure Rolle bei der Mobilisierung der Harijan-Frauen. Dabei ist zu bedenken, daß die Landarbeiterinnen ihre kollektiven Arbeitsprozesse in den Feldern meist mit Liedern und Balladen begleiteten. Und nach der Arbeit oder an den Festtagen tanzten sie zu diesen Liedern vor ihren Hütten. Diese kollektiven Formen eigener kultureller Produktion waren noch ganz lebendig. Es war daher nicht schwer, sie zur Vermittlung neuer Inhalte zu benutzen. Die Frauen sangen mit Begeisterung die neuen Lieder, die sie von den CROSS-Organisatoren gelernt hatten. Sie unterschieden dabei sehr genau zwischen Liedern, die eine richtige Analyse ihrer Lage wiedergaben, und reinen Unterhaltungsliedern. Die ersteren eigneten sie sich als „ihre“ Lieder an. Diese Lieder waren Ausdruck ihrer neuen kollektiven Identität, ihrer Leiden und ihrer Hoffnungen.

Neben den Abendschulen, die auf Dorfebene stattfanden, waren die periodischen Wochenendcamps das wichtigste Forum zur Mobilisierung und kollektiven Bewußtseinsbildung der Frauen. An diesen Wochenendcamps nahmen Frauen aus mehreren Dörfern teil, meist hundert bis zweihundert. Sie blieben übers Wochenende zusammen, diskutierten ihre brennendsten Probleme, führten Rollenspiele auf, sangen Lieder und tanzten und faßten gemeinsame Beschlüsse für die weitere Arbeit. Die Landarbeiterinnen, die sonst nie aus ihren Dörfern gekommen waren, genossen es sehr, zwei, drei Tage frei von Arbeit, Männern und Kindern für sich zu sein, ihre Probleme mit anderen Frauen zu diskutieren, sich zu vergnügen, andere Frauen kennenzulernen, von anderen Erfahrungen zu hören. Die Frauen waren so begeistert von diesen Konferenzen, daß sie sie in der Folge regelmäßig durchführten. Als wichtigsten Erfolg der autonomen Organisierung der Frauen ist anzusehen, daß sie nicht nur gleiche Löhne für Männer und Frauen durchsetzten, was sonst praktisch unter Landarbeitern in Indien nirgends existiert, sondern auch, daß sogenannte spezifische Frauenprobleme wie Gewalt gegen Frauen oder Ehestreitigkeiten nun als allgemeine politische Probleme in der ganzen Region unter Frauen und Männern diskutiert wurden.

Diese Diskussion entzündete sich an dem Fall einer Aktivistin, einer Landarbeiterin aus dem Dorf Brahmanepalle, mit Namen Rukamma, die jedesmal, wenn sie von einem Treffen des Frauen-Sangams oder von einer Frauenkonferenz zurückkam, von ihrem Mann, einem Trinker, verprügelt wurde. Während die Frauen das Problem der trinkenden und prügelnden Männer bis zur Gründung der Frauenkonferenzen noch als ihr unabänderliches Schicksal hingenommen hatten, faßten sie nun den Beschluß, gegen diese Männergewalt aktiv vorzugehen. Sie diskutierten das Problem der Aktivistin zunächst im eigenen Dorfsangam. Nachdem sie die Sache gründlich besprochen hatten, faßten sie folgenden allgemeinen Beschluß: Wenn Mann und Frau nicht in Frieden miteinander leben können, sollten sie sich trennen. In diesem Fall sollte der Mann das Haus verlassen, denn das Haus gehört der Frau. Das Haus ist im Dorf, wo sie ihre Arbeit hat, es ist ihre Produktionsstätte, sie findet keine Arbeit irgendwo anders, der Mann wohl. Die Frau sollte nicht mehr für ihren Mann kochen, ihm kein Wasser holen. Keine andere Frau des Dorfes sollte ihm Essen oder Wasser geben, bis er sich bei Rukamma und den Sangam-Frauen entschuldigt habe. Ihr Mann ging daraufhin zu seiner Mutter. Auf den nächsten Regionaltreffen trugen die Frauen diesen Beschluß allen anderen Männern und Frauen vor. Die Frauen diskutierten über den Fall dann untereinander und bestätigten den Beschluß der Frauen von Brahmanepalle. Auch auf zwei Sitzungen des Beirats wurde der Fall diskutiert. Das Protokoll dieser Sitzung zeigt deutlich die unterschiedlichen Positionen. Einige der CROSS-Männer fanden, daß die Strafe der Frauen von Brahmanepalle zu hart sei, daß man Verständnis für die Minderwertigkeitsgefühle ihres Mannes angesichts der politischen Aktivität seiner Frau haben müsse. Sie schlugen vor, ein Mann und eine Frau sollten ihn aufsuchen, um mit ihm über sein Problem zu sprechen. Andere, Männer und Frauen, meinten, die Sache zwischen Rukamma und ihrem Mann sei eine Privatangelegenheit und solle nicht auf ihren Sitzungen in der ganzen Gegend diskutiert werden. Die Vertreterinnen der Frauen-Sangams bestanden jedoch darauf, daß dies ein öffentliches Problem sei, weil sie dauernd durch den Streit in ihrer Arbeit gehindert würden. Sie verlangten außerdem, daß ein solcher Mann, wenn er sich nicht besserte, auch aus der Männerorganisation ausgeschlossen würde. Die Frauen setzten sich mit ihrer allgemeinen Forderung durch. Eine Delegation sprach mit Rukammas Mann, und er mußte sich vor seiner Frau und den Sangam-Frauen entschuldigen, indem er sich der Länge nach auf den Boden warf – eine alte Strafform unter den Harijans.

An der Behandlung dieses Falles durch die Sangam-Frauen läßt sich feststellen, daß sie nicht mehr bereit waren, Gewalttätigkeiten der Männer gegen Frauen als Selbstverständlichkeit hinzunehmen, wie sie es bisher getan hatten. Sie betrachteten dieses Problem als öffentliches und nicht als privates, und sie benutzten ihre Organisationen, um es zu lösen. Dabei traten sie sowohl dem einzelnen Mann als auch den anderen Männern als Organisation und nicht als Einzelfrauen gegenüber. Der Einzelfall diente ihnen dazu, allgemeine neue Verhaltensformen durchzusetzen. Weil sie eine Organisation auf Dorf- und Gebietsebene hatten, blieben ihre Forderungen nach Verhaltensänderung nicht leere Appelle, sie setzten vielmehr kollektiv Druck- und Boykott-Techniken ein, um diese Verhaltensänderungen, wenn sie nicht freiwillig geschahen, durchzusetzen.

Frauenwiderstand in der Stadt

Die Anti-Teuerungskampagne in Bombay

Abgesehen von den schon erwähnten neuen Frauenorganisationen: Progressive Organisation of Women (POW) in Hyderabad und Stri Mukti Sanghatana in Bombay, gab es in den indischen Städten bis 1975 keine nennenswerte neue Frauenbewegung. Das heißt aber nicht, daß die Frauen in den Städten, vor allem die pauperisierten Slumbewohnerinnen, aber auch die Arbeiterfrauen und zunehmend auch die Frauen der unteren Mittelklassen sich nicht gegen die zunehmende Verschlechterung ihrer Lebensbedingungen, vor allem nach 1972, gewehrt hätten. Die rapide steigenden Preise für Grundnahrungsmittel wie Reis, Zucker, Öl und die damit einhergehende Verknappung und Korruption waren nicht nur ein Problem für die armen Frauen in den Slums, sondern auch für die Mittelklassen-Hausfrauen. Denn überall sind die Frauen dafür verantwortlich, daß täglich etwas zum Essen auf dem Tisch steht.

Als darum 1972 in Bombay von den Frauenorganisationen der linken Parteien (Sozialistische Partei -SP-, Kommunistische Partei Indiens -CPI-, Marxistisch Kommunistische Partei Indiens -CPI-M-) eine Anti-Teuerungskampagne (Anti-Price-Rise-Movement) gestartet wurde, schlossen sich sofort viele Frauen dieser Bewegung an. Sie entwickelte sich sehr rasch zu einer Massenbewegung, an der nicht nur Frauen aus dem linken Spektrum teilnahmen, sondern auch die eher konservativen Frauenklubs, die Mahila Mandalis.

Von seiten der Vereinten Linken Front, die die Kampagne leitete, war das politische Ziel die Opposition gegen die herrschende Congress-Partei Indira Gandhis und ihrer Politik. Doch den Frauen, die an der Kampagne teilnahmen, ging es um Preissenkungen, um mehr Reis, Zucker, Öl, Mehl und Kerosin (zum Kochen) zu niedrigen Preisen, um ein Ende der Korruption und des Schwarzmarktes. In rascher Folge fanden große Demonstrationen in Bombay statt, an denen bis zu 10.000 Frauen teilnahmen. Eine der größten war die sogenannte „Rolling Pins" (Nudelrollen)-Demonstration am 17.10.1973, bei der die Frauen drohend hölzerne Backrollen schwenkten. Die Frauen blockierten den Verkehr, zogen zum Regierungsgebäude und verlangten den Ministerpräsidenten zu sprechen. Er kam schließlich nach 2 Stunden und sagte:

„Seht mich als Euren Bruder an. Als Geschenk für Diwali gebe ich Euch alles, was Ihr verlangt."

Das Anti-Price-Rise-Committee organisierte eine Reihe von Belagerungen (Gheraos) von Ministern in ihren Büros. Sie wurden erst dann freigelassen, wenn sie die Forderungen der Frauen akzeptiert hatten.

So organisierten sie z.B. einen Kerosin-Marsch, weil die Ration von Kerosin, dem wichtigsten Brennmaterial zum Kochen in den Städten, um 30 % gesenkt worden war. Die Frauen bekamen knapp 2 Liter pro Monat für eine fünfköpfige Familie. Nach einer Demonstration, bei der die Frauen einen Höllenlärm auf leeren Kerosin-Kanistern veranstaltet hatten, bewilligte die Regierung 3 Liter. Aber einige der Frauen stürmten das Regierungsgebäude und belagerten das Büro des zuständigen Ministers. Er schloß sich in seinem Büro ein. Nach 5 Stunden räumte die Polizei die Frauen weg. Der Minister bewilligte daraufhin zunächst 5, dann 10 Liter Kerosin. Nach einem weiteren Gherao des Ministers im Hotel Bristol bewilligte er schließlich, wenn auch nur kurzfristig für November, 15 und 18 Liter Kerosin.

Als die Regierung im Januar 1974 die Ration für Getreide (Reis, Weizen) von 7 auf 6 kg senkte, machten die Frauen ein Go-In in eine Kabinettssitzung, sie schrien Slogans und verlangten mehr Getreide. Sie wurden von der Polizei weggezerrt. Einige Frauen wurden verhaftet. Was dann weitere Frauendemonstrationen zur Folge hatte.

Die Anti-Teuerungskampagne griff auch auf andere Städte des Bundesstaates Maharashtra über.

Was diese Kampagne charakterisierte, war nicht nur die Schnelligkeit, mit der sie sich ausbreitete und die Militanz der Frauen, sondern auch die originellen Aktions- und Widerstandsformen und vor allem eine der Frauenwirklichkeit angepaßte Organisation. Mrinal Gore, die Führerin der Frauenorganisation der SP und populäre Politikerin, war eine hervorragende Organisatorin. Vor der großen Demonstration am 17. Oktober z.B. fanden etwa 100 Treffen in den Stadtteilen statt, wo den Frauen die Regierungspolitik erklärt und die Forderungen der Kampagne diskutiert wurden. Mrinal Gore sagte den Frauen aus den Vorstädten, sie sollten am Tag der Demo vorher kochen und alte Frauen bitten, die Kinder zu versorgen: Dann sollten sie mit dem Zug ins Zentrum Bombays fahren. Sie sollten keine Fahrkarte kaufen, nur ihre Nudelrollen und ihre Fahnen schwenken, denn sie reisten ja für die Sache des Volkes und dafür brauchten sie nicht zu bezahlen. Dies waren wichtige Anweisungen, denn arme Frauen hatten kein Geld, um zu politischen Demonstrationen zu fahren. Es war den Organisatorinnen auch wichtig, daß es nach der Demonstration bei den Frauen zu Hause keinen Familienkrach gab, darum wurde ihnen geraten, vorher zu kochen und die Kinderbetreuung zu organisieren, ehe sie loszogen.

An diesem Punkt wird allerdings auch deutlich, daß es den Organisatorinnen der Kampagne nicht um eine Veränderung des Mann-Frau-Verhältnisses ging. Die Frauen wurden vor allem als Hausfrauen und Mütter angesprochen, die von der Verknappung und Verteuerung der Lebensmittel besonders betroffen waren. Die Führerinnen der Kampagne sahen ihr Ziel erreicht, wenn die Rationen für bestimmte Lebensmittel erhöht worden waren. Sie hatten nicht die Absicht, diese große Mobilisierung von Frauen auch längerfristig in eine Frauenbewegung überzuführen, bei der patriarchalische Verhältnisse angegriffen werden sollten. Sie waren eher ängstlich darauf bedacht, das herrschende Frauenbild der Mittelklassen, das sie selbst auch teilten, nicht in Frage zu stellen. Das war auch die Frauenpolitik der linken Parteien zu dieser Zeit: Frauen wurden für sogenannte frauenspezifische Ziele mobilisiert und für die allgemeinen Ziele der Parteien instrumentalisiert. Eine eigenständige Frauenbewegung oder gar antipatriarchalische feministische Bewegung hielten die linken Parteien für spalterisch.

4.2 Die zweite Phase: Der Kampf gegen Mitgift, Mitgiftmorde und Vergewaltigung

Die neue Frauenbewegung in Indien ging daher, trotz solcher Massenmobilisierungen wie der Anti-Teuerungskampagne in Maharashtra, nicht von diesen Parteien aus, sondern von kleinen feministischen Gruppen, die sich in den großen Städten seit 1975 gebildet hatten. Das von der UNO ausgerufene Internationale Jahr der Frau hat die Bildung solcher Gruppen begünstigt, war aber nicht ihre Ursache, wie wir schon bei der Gründung der POW gesehen haben. Im Sommer 1978 war eine Gruppe von jungen Frauen in Delhi zusammengekommen, die die Gründung einer feministischen Zeitschrift beschloß. Diese Frauen kannten sich aus informellen Gesprächskreisen, viele von ihnen waren Studentinnen. Im Januar 1979 erschien die erste Nummer der Zeitschrift *Manushi* (Menschin). Manushi ist inzwischen die wichtigste feministische Zeitschrift Indiens. Sie wird nicht nur in Indien gelesen, sondern auch in Europa, Australien, den USA und in anderen Ländern Asiens. Sie ist eine echte Bewegungszeitschrift, mit vielen Berichten aus der indischen Frauenbewegung und Artikeln zu kontroversen gesellschaftlichen Themen.

Einige der Frauen, die *Manushi* gründeten, waren gleichzeitig Mitglieder der ersten feministischen Frauenorganisation in Delhi, die sich um die selbe Zeit gegründet hatte. Sie hieß *Stri Sangharsh* (Frauen-Kampf), bestand aus 2o Frauen und hatte das Ziel, gegen Auswüchse des indischen Patriarchats zu kämpfen und das Bewußtsein der Frauen für die patriarchalische Unterdrückung und Ausbeutung zu wecken, vor allem gegen die Gewalt gegen Frauen. Das waren vor allem die zunehmenden Fälle von Verbrennungen von jungen Bräuten, die nicht genug Mitgift (dowry) mitgebracht hatten und die Zunahme von Vergewaltigungen, insbesondere Gruppenvergewaltigungen von Frauen in Stammesgebieten wie den Santhal Parganas, aber auch in den Städten.

Als Mittel der Öffentlichkeitsarbeit führte die Gruppe Straßentheater auf. Eine der größten Aktionen der Gruppe war eine Demonstration, die sie im Juni 1979 zusammen mit der Zeitschrift *Manushi* gegen die Verbrennung von Tarvinder Kaur organisiert hatte. Im Verlauf dieser Demo wurde ein Straßentheater aufgeführt, „*Om Swaha*“, das anschließlich auch in Colleges und Wohngebieten Delhis stattfand. Die Demonstration und das Straßentheater hatten einen riesigen Erfolg. Immer mehr Frauen traten an die Öffentlichkeit und berichteten von ihren Erfahrungen mit Männergewalt.

Die Gruppe löste sich später wegen verschiedener Probleme auf. Aber einige der ehemaligen Mitglieder gründeten dann 1981 eine neue Frauenorganisationen: *Saheli* (Freundin). *Saheli* war eine Antwort auf die Fragen vieler Frauen, die nach Kampagnen gegen Mitgiftmorde und

Vergewaltigungen zu der Gruppe kamen. Die Gruppe war der Meinung, daß die Frauenbewegung sich nicht mit Demonstrationen und Kampagnen begnügen könne, sondern alternative Strukturen zur Unterstützung von Frauen schaffen müsse, die Opfer patriarchalischer Gewalt geworden waren.

Die Ziele der Gruppe waren dabei ähnlich wie die der Frauenhausbewegung in den überentwickelten Ländern. *Saheli* ist heute eine gutorganisierte, aktive Initiative, die nicht nur vielen einzelnen Frauen geholfen hat, sondern auch eine wichtige Rolle bei allen Kampagnen gegen Gewalt und Ausbeutung von Frauen spielt.[8]

Die Demonstration gegen die Verbrennung von Tarvinder Kaur und gegen Mitgiftmorde war der Auftakt für die zweite Phase der neuen indischen Frauenbewegung. Sie entzündete sich, wie schon erwähnt, an der zunehmenden patriarchalischen Gewalt gegen Frauen, an den übersteigerten Mitgiftforderungen, die häufig mit der Ermordung der jungen Braut endeten, an den vielen Vergewaltigungen, die nicht mehr nur unter sogenannten feudalen Verhältnissen auf dem Lande vorkamen, sondern mehr und mehr Frauen der städtischen Mittelklassen betrafen, an den frauenverachtenden Belästigungen und Demütigungen, denen berufstätige Frauen in den öffentlichen Verkehrsmitteln der großen Städte ausgesetzt waren, und auch an den Obszönitäten, mit der die indische Filmindustrie ihre Geschäfte machte.

Während die Gruppen in Delhi und den nördlichen Gebieten zunächst eine breite Kampagne gegen Mitgiftmorde organisierten, waren es Frauengruppen in Bombay, die die Anti-Vergewaltigungskampagne ins Leben riefen. Diese Kampagne begann mit der Forderung nach der Wiederaufnahme des Vergewaltigungsfalls eines noch nicht sechzehnjährigen Mädchens, Mathura, das von zwei Polizisten in der Polizeistation vergewaltigt worden war. Der Fall war durch alle Instanzen gegangen und das oberste Gericht hatte die Polizisten schließlich freigesprochen, weil es nach bestehendem Recht davon ausging, daß die Vergewaltigung mit der Zustimmung Mathuras erfolgt sei, denn sie habe sich nicht genügend gewehrt. Am 8. März 1980 demonstrierten in allen großen Städten Indiens hunderttausende von Frauen für die Wiedereröffnung des Mathura-Falles, für eine Änderung des Vergewaltigungsparagraphen, für die Bestrafung der Polizisten, gegen Vergewaltigungen und Männergewalt allgemein. Es war ein Aufschrei der Empörung, der durch das ganze Land ging. In mehreren Städten gründeten sich Gruppen, die die Kampagnen unterstützten. In Bombay wurde das *Forum against Rape* gegründet, es war ein Zusammenschluß verschiedener Frauengruppen. In Bombay war

8 vgl.: Saheli, The first Four Years, Broschüre o. D.

das Forum der wichtigste Motor für die Bewegung gegen Vergewaltigungen und andere Verbrechen gegen Frauen.[9] Als die Presse sich der Kampagne annahm, kamen immer mehr Fakten über Männergewalt – speziell Polizeigewalt gegen Frauen – an die Öffentlichkeit, so daß sich schließlich das Parlament mit den Fragen der Mitgiftmorde und der Vergewaltigungen befassen mußte. Die Oppositionsparteien versuchten, politisches Kapital aus der Mobilisierung der Frauen zu schlagen. Sie warfen der Regierung Indira Gandhis vor, nicht in der Lage zu sein, die Sicherheit aller Frauen zu garantieren.

Ein weiterer Fall von Polizeigewalt gegen Frauen, der landesweite Empörung und Mobilisierung hervorrief, war der Fall von Maya Tyagi, der Frau eines Mittelbauern, die während eines Autounfalls in der Nähe einer Polizeistation von den Polizisten aus dem Auto gezerrt, vergewaltigt, entkleidet und nackt durch die Straßen getrieben wurde. Ihr Mann war im Handgemenge erschossen worden.

Es gab nach 1980 zahllose Berichte in den Frauenzeitschriften, aber auch in der allgemeinen Presse über sogenannte Greueltaten (atrocities) gegen Frauen, und überall regte sich der Frauenwiderstand.[10]

Die Demonstrationen und andere Aktionen richteten sich größtenteils an die Regierung und an das Parlament als Adressaten. Die Frauenbewegung verlangte Gesetzesänderungen, schärfere Strafbestimmungen, besseren Schutz für Frauen, ja sogar mehr weibliche Polizei. Dieser Druck auf die Gesetzgeber hatte insofern Erfolg, als der Vergewaltigungsparagraph in gewisser Weise reformiert wurde und Mitgiftmörder strenger verfolgt und bestraft wurden. Die Frauenbewegung mußte aber bald einsehen, daß diese Gesetzes- und Strafmaßnahmen das Problem der Gewalt keineswegs gelöst hatten. Die Männer generell hatten sich nicht geändert, die Frauen auch nicht, die patriarchalischen Strukturen waren die selben wie vorher: eine Frau mußte heiraten, um einen anerkannten gesellschaftlichen Status zu haben, sie mußte jungfräulich in die Ehe gehen, und ihr Vater mußte eine immer größer werdende Mitgift für sie aufbringen. Sie war so erzogen worden, daß sie nie gelernt hatte, sich physisch oder anders gegen Männer zu wehren, zudem galten in der Öffentlichkeit nach wie vor die Regeln der Geschlechtersegregation und das Verbot des mixing.

Was jedoch erklärungswürdig ist, ist die unübersehbare Tatsache, daß Gewalt gegen Frauen in Indien im letzten Jahrzehnt zugenommen

9 vgl.: Chhaya Datar: The Anti Rape Campaign in Bombay, Papier, vorgelegt beim Anthropologenkongreß in Amsterdam, April 1981.

10 vgl.: Maria Mies: Patriarchy and Accumulation on a World Scale: Women in the International Division of Labour, London 1986, S. 145-168.

hat. Als ich 1963 nach Indien kam, hörte und las man kaum etwas über solche Greueltaten. Sicher haben die Kampagnen der Frauenbewegung dazu beigetragen, daß die Presse heute mehr über solche Fälle berichtet, andererseits besteht kein Zweifel darüber, daß diese Gewalt gegen Frauen etwas mit der zunehmenden Brutalisierung im Zusammenhang mit den kapitalistischen Modernisierungsstrategien zu tun hat. Das wird nirgends deutlicher als am Beispiel der Mitgift und der Mitgiftmorde. Im folgenden will ich darum etwas näher auf die Entwicklung der Mitgift und der damit zusammenhängenden Gewalt gegen Frauen eingehen. Dabei geht es mir weniger um die Sensationalisierung dieser Tatbestände als um die Suche nach einer Erklärung, warum Gewalt gegen Frauen gerade dort zunimmt. wo Prozesse der Modernisierung am deutlichsten zu beobachten sind.

Exkurs:
*Die Mitgift und die Mitgiftmorde in Indien**

Wie schon an anderer Stelle berichtet wurde, gibt es in Indien drei verschiedene Arten bzw. Systeme des Transfers von Geld und Gütern bei der Heirat (s.S. 43): das *stridhana*, das „Frauengut", das der Braut von der eigenen Familie mitgegeben wird, und über das sie eigenständig verfügen kann, der *Brautpreis*, der in den unteren und unberührbaren Kasten und bei den Stammesangehörigen vorkommt, und die *dowry*, die Mitgift, die von der Familie der Braut an die Familie des Bräutigams gezahlt werden muß. In den letzten Jahren gehen immer mehr gesellschaftliche Gruppen, die bisher Brautpreis gezahlt hatten, zu dem System der Mitgift über. Während Frauen in den verschiedenen Brautpreissystemen als „wertvoll" angesehen werden, ist das in dem indischen dowry oder Mitgiftsystem, das zunächst nur in den höheren patrilinearen und patriarchalischen Kasten und Klassen existierte, gerade umgekehrt. Eine Tochter gilt als Last, als Bürde für den Vater, der die Pflicht hat, sie nach der Geschlechtsreife zu verheiraten. Eine unverheiratete Tochter in der Familie gilt als Schande. Um diese Pflicht zu erfüllen, muß der Vater der Braut oder ihre Brüder oder Onkel väterlicherseits eine hohe Summe an die Familie des Bräutigams zahlen. Diese Summe, die früher nicht über das Vermögen der Familien hinausging, hat in den letzten zwanzig Jahren geradezu phantastische Ausmaße angenommen. In der oberen Mittelklasse, d.h. von Arzt-, Ingenieur-, Juristen-, Geschäfts-, Beamten-Familien, werden dowries bis zu und über 500.000 Rupien

*** Der folgende Bericht erschien in einer erweiterten Fassung erstmals unter dem Titel: Brautpreis, Mitgift und Mitgiftmorde in Indien. In Beiträge zur feministischen Theorie und Praxis, Nr. 15/16, Köln 1985.**

verlangt.[11] Darüber hinaus fordern die „Braut-empfangenen Familien" noch „Prestigegüter" in Form von Fernsehapparaten, Autos, Reisen, Motorroller, Radios, moderne Uhren, Kühlschränke, usw. kurz: alles moderne, in Indien sehr teure Industriegüter, die sich nur die Reichen leisten können. Gewöhnliche Mittelklassenfamilien (also Lehrer, kleine Beamte und Angestellte, kleine Händler usw.) verlangen dowries zwischen 10.000 und 50.000 Rupien, die reicheren unter ihnen bis zu 100.000 Rupien und entsprechend billigere „Prestigegüter".[12] Aber solche modernen Prestigegüter müssen auch noch für den ärmsten Bräutigam gezahlt werden, und sei es nur in der Form eines Radios, einer Uhr oder eines Anzugs. Wenn die „Braut-gebende-Familie" dieses Geld nicht hat, muß sie es leihen.
In einer Studie über 105 Familien in Bangalore, die dowries gegeben hatten, hatten 60 % Schulden gemacht, um ihre Töchter zu verheiraten. Häufig werden aber auch Versprechungen gemacht, den Rest der dowry-Forderung nach der Hochzeit zu bezahlen, wenn die Familie der Braut die Forderungen der „anderen Seite" zu hoch findet. Denn die Familien stehen unter Druck, ihre Töchter zu verheiraten, ehe sie „zu alt" werden. Nach der Hochzeit wird dann die junge Frau von ihrem Mann, dessen

11 1 Rupie = +/– 0,25 DM. Die Kaufkraft einer Rupie entspricht in Indien der Kaufkraft einer D-Mark in der BRD.

12 Folgende Tabelle gibt Aufschluß über die Mitgiftforderungen unter den Jat-Sikhs, einer Kaste der durch die Grüne Revolution reich gewordenen modernen Bauern im Punjab in Nordwestindien:

Klasse	Bestandteile der Mitgift (außer Bargeld)	Ungefähre Höhe der Ausgaben bei der Hochzeit
Arme Bauern	1 Fahrrad, 1 Radio/Kassettenrekorder, Gold, Juwelen, Möbel und Kleider	25.000 Rupien
Mittel- und obere Mittelbauern	1 Motorrad, 1 Radio/Kassettenrekorder, Gold, Juwelen, Möbel, Kleider	50.000 Rupien
Reiche Bauern	1 Auto, 1 Radiorekorder, Gold, Juwelen, Möbel, Kleider	200.000 Rupien
Sehr reiche Bauern	1 Auto, 1 Kühlschrank, 1 Fernseher, ein Radio/Kassettenrekorder, 1 Waschmaschine, Gold, Juwelen Möbel, Kleider	200.000 Rupien bis 500.000 Rupien

Quelle: Pritam Singh: Dowry among Jat Sikhs in Punjab. In: HOW, Nr. 4–5, April-Mai 1983, S. 10.

Brüdern oder Mutter häufig unter Druck gesetzt, endlich die Rest-Mitgift von ihrer Familie einzutreiben. Dabei wird sie allerlei Demütigungen und Brutalitäten ausgesetzt.

Wenn die Familie der Braut diesen Forderungen nicht nachkommen kann oder will, wird die Frau in einer seit einigen Jahren zunehmenden Zahl von Fällen schlicht umgebracht. Das geschieht in der Regel so, daß ein Küchenunfall oder ein Selbstmord vorgetäuscht wird. Die Familie des Bräutigams meldet der Polizei, die junge Frau hätte beim Kochen Kerosin verschüttet, oder der Herd sei explodiert und sie sei verbrannt. Oder sie habe Selbstmord begangen, indem sie sich selbst Kerosin über den Sari gegossen und ihn angezündet habe. Durch diese Methode des Verbrennens werden in der Regel alle Spuren und alles Beweismaterial vernichtet, so daß kaum einer dieser Fälle aufgeklärt werden konnte.

Ehe ich zur weiteren Analyse dieser Mitgiftmorde komme, können wir festhalten, daß die Mitgift in Indien also eigentlich die Wertlosigkeit, den Unwert der Frau ausdrückt. Um seine Tochter „loszuwerden", muß der Vater zusätzlich zu der Tochter noch Geld zahlen. Dieses Geld ist aber auch kein „Bräutigamspreis", wie man vielleicht vermuten könnte, denn die Mitgiftheirat ist überhaupt keine Tauschtransaktion, bei der so etwas wie gleiche Tauschpartner einen Preis aushandeln. Dazu aber später mehr.

Mitgiftmorde

Bis 1979 regte sich in Indien kaum jemand über die kurzen Nachrichten in der Presse über die „Küchenunfälle durch Verbrennen" oder die „Selbstmorde" von jungen Frauen auf. Aber dann begannen feministische Gruppen, zunächst in Delhi später auch in anderen Städten, zu fordern, daß diese Fälle als Mordfälle behandelt und verfolgt würden. Diese Kampagne gegen die Mitgift und die Mitgiftmorde brachte dann erstmalig eine Reihe von konkreten Berichten über diese Morde an die Öffentlichkeit. Vor allem die Zeitschrift Manushi veröffentlichte regelmäßig in den Jahren 1979–84 Berichte von Mitgift-Opfern. Aber auch andere Zeitungen und Zeitschriften sahen sich veranlaßt, solche Fälle zu dokumentieren. Im folgenden einige Beispiele:

Abha (Delhi)

Abha hat einen BA-Grad des Daulat Ram College, ist Lehrerin und Mutter einer fünf Monate alten Tochter. Ihre Eltern berichten, daß sie nach ihrer Heirat mit Dr. Hari Shankar Goar, einem Wissenschaftler mit Beamtenstatus (Klasse I) des Indian Agricultural Research Institute (Indisches Agrarforschungsinstitut) in Pusa, Neu Delhi, gefoltert wurde, um mehr dowry heranzuschaffen. Er forderte einen Kühlschrank, den die

Eltern von Abha vier Monate vor ihrem Mord auch gaben. Am 7. Juli 1979 prügelte sie ihr Mann und verletzte sie an der Stirn, so daß die Wunde genäht werden mußte. Ihr Mann wollte nach Westdeutschland reisen und man vermutet, daß er wieder heiraten wollte, um noch mehr dowry zu bekommen. Am ersten Oktober ging Abha zu ihren Eltern, um dort Dassera (ein indisches Erntefest) zu feiern. Als sie abends nach Hause kam, fiel ihrem Bruder und ihrer jüngeren Schwester (die sie begleitet hatten) auf, daß ihr Mann zornig war. Am nächsten Tag informierte eine unbekannte Person die Eltern Abhas, daß sie ernsthaft krank sei und im Hospital liege. Als sie dorthin eilten, teilte ihnen eine Krankenschwester mit, daß Abha durch Vergiftung gestorben sei. Die Eltern haben den Ehemann und den Schwiegervater des Mordes angeklagt. Bis jetzt (Dez. 1979) ist jedoch noch niemand verhaftet worden. (Aus: *Manushi*, Dezember 1979/ Januar 1980)

Prem Kumari (Delhi)

Zwei Monate, nach dem Prem Kumari verheiratet worden war, starb sie im Mai dieses Jahres (1980) an schweren Verbrennungen. Padmavati, die Mutter Prem Kumaris, erzählte der Reporterin: „Seit ihrer Hochzeit beklagten sich Prem Kumaris Mann und ihre Schwiegerleute dauernd darüber, daß wir zuwenig dowry gegeben hätten. Sie sagten, wir hätten keinen Kühlschrank, keinen Fernseher, keinen Ventilator gegeben und auch verschiedene andere Sachen nicht. Nach der Hochzeit erlaubten sie uns nicht, mit unserer Tochter zu sprechen oder sie zu treffen. Erst als ihre Gesundheit sich verschlechterte, erlaubten sie ihr, zu unserem Haus zu kommen. Sie erzählte uns, wie schlecht sie behandelt würde und wie sie geschlagen würde, weil sie zu wenig dowry gebracht hätte. Als wir sie das nächste Mal sahen, war sie schon verbrannt. (Aus: *Sunday*, 27. Juli 1980)

Phyllis (Bangalore)

Phyllis kam aus einer protestantisch-christlichen Familie, die fünf Töchter hatte. Ihr Vater ist Vorsteher einer Plantage. Ihre Heirat wurde mit Herrn Thomas arrangiert, der im Post- und Telegraphenamt in Bangalore arbeitet. Der Bruder von Herrn Thomas verlangte 10.000 Rupien in bar, 15 Goldmünzen (Sovereigns) und einen Anteil am unbeweglichen Eigentum von Phyllis' Familie. Die Familie erfüllte die beiden ersten Forderungen, weigerte sich aber, einen Anteil des Eigentums abzugeben. Die Hochzeit fand im September 1981 statt. Nach der Hochzeit fing Herr Thomas an, Phyllis physisch und seelisch zu foltern und verlangte 50.000 Rupien mehr, weil er Schulden zu bezahlen hätte. Er gab ihr kein Essen und kein Wasser während einiger Tage, bis sie ganz schwach wurde. Als die Mutter ihren Zustand sah, sagte sie, das junge Paar solle zu ihnen (der Familie von Phyllis) kommen und bis Weihnachten bleiben. Beide stimmten dem zu. Aber am 15. Dezember schickte Thomas seine Frau zu ihrer Mutter, holte sie aber am gleichen Tag wieder zurück in sein Haus und versprach, sie am nächsten Morgen wieder zu ihrer Mutter zu bringen. Am 17. Dezember informierte Herr Thomas die Mutter von Phyllis, daß diese sich selbst verbrannt hätte. Ihre Familie hat den starken Verdacht, daß dies nicht stimmt. Sie sagen, Phyllis wollte keine Scheidung, weil sie an ihre drei unverheirateten Schwestern dachte. Sie sagen, daß, obwohl die post mortem Untersuchung zeigte, daß das Mädchen an Erstickung und Gehirnblutung gestorben sei, die Polizei nichts unternommen habe, weil die Behörden insgesamt sich nicht um den Fall gekümmert hätten. So starb eine junge Braut 88 Tage nach ihrer Hochzeit. (Aus: *Manushi,* Juni-Juli 1983)

Manorama (Chandigarh)

Manorama (25) wurde im letzten August 1979 im Haus ihrer Schwiegereltern, 72-B Ranika-Bagh, Amritsar, zu Tode verbrannt. Sie starb angeblich, weil ihre Brüder, die ihren Schwiegerleuten seit der Hochzeit Geld gegeben hatten, sich weigerten, weiteren dowry-Forderungen nachzukommen. Manorama war mit Kailash Chand seit drei Jahren verheiratet und hatte einen Sohn und eine Tochter. Nach Aussagen ihrer Nachbarn wurde sie permanent von ihrer Schwiegermutter, Savitri Devi, gequält und unter Druck gesetzt. Ihre Schwiegerleute beschimpften sie dauernd, daß sie nicht genug dowry gebracht hätte, und ihre Forderungen wurden dringender als sie hörten, daß ein Nachbarssohn ein Auto als dowry bekommen hatte. Zwei Tage vor Manoramas grausamen Tod hatte es einen heftigen Streit zwischen den Schwiegerleuten und Manoramas Brüdern gegeben. Manorama und ihre Brüder wurden brutal geschlagen. Eine andere Schwiegertochter im Hause der Schwiegerleute von Manorama bat Manorama dringend, mit ihr ins Haus ihrer Brüder zurückkehren zu dürfen, denn sie fürchtete das Schlimmste auch für sich. Diese hatten ihre jüngste Schwiegertochter vor knapp 10 Monaten in ihrem Stammdorf Fategarhchurian verbrannt. Die Eltern dieses Mädchens waren arm . . . so wurde dieser Fall nicht weiter verfolgt. Außerdem hatten sie das Mädchen gezwungen, eine Erklärung zu unterschreiben, daß sie Selbstmord begannen habe. (Aus: *Manushi*, Dezember 1979/Januar 1980)

Veena Sharma (Delhi)

Veena Sharma war eine Polizistin, sie wurde 1980 von ihrem Mann verbrannt. Folgenden Bericht gibt Manushi über die Vorgänge:

Sie war in der Küche und kochte für ihren Mann als er hochentzündliches Material über sie goß und sie ansteckte. Dann rannte er raus und schrie, der Gas-Zylinder sei explodiert. Aber es wurde festgestellt, daß das nicht stimmte. Ihr vierjähriger Sohn bezeugte, daß sein Vater seine Mutter angezündet habe. Veena war sub-inspector bei der Polizei von

Delhi . . . sie hatte Nagrathe (ihren Mann) gegen den Willen ihrer Eltern geheiratet. Sie hatte einen MA-Grad in Hindi Literatur von der Universität Delhi. Er aber hatte nur die siebte Klasse absolviert. Er war körperbehindert und hatte nie einen regulären Job gehabt. Veena war die Hauptbrotverdienerin der Familie. Obwohl Nagrath kein reguläres Einkommen hatte und viel Geld durch Spiel und Trinken verschleuderte, neidete er Veena ihr unabhängiges Einkommen. Er war wahnsinnig mißtrauisch und verbot ihr, mit ihren Kollegen Umgang zu haben. Er weigerte sich auch, bei der Hausarbeit zu helfen . . . (Aus: *Manushi*, Juli-August 1980)

An diesen Fällen wird deutlich, daß nicht nur Männer aus „rückständigen" oder traditionellen Familien diese Verbrechen begehen, sondern gerade die gebildeten, modernen, „fortschrittlichen". Die höchsten Mitgiftforderungen werden von jungen Männern erhoben, die in USA oder England studiert haben, von Ärzten, Ingenieuren, hohen Beamten des Indian Administrative Service, Managern, Geschäftsleuten und modernen Bauern, alles Repräsentanten der Modernität und der kapitalistischen Entwicklung.

Außerdem wird die Mitgift heute, im Gegensatz zu früheren Zeiten, zunehmend von den jungen Männern selbst angeeignet und nicht von ihrer Familie. Nach einer Studie aus Bangalore wurde die Mitgift in 57 % der Fälle dem Schwiegersohn selbst und nicht seinen Eltern ausgehändigt.[13] Das heißt, sie geht nicht in einen Familienfonds ein und wird auch nicht, wie oft behauptet wird, zur Verheiratung der Schwestern des jungen Mannes benutzt.[14] Häufig wird diese Mitgift von den jungen Männern als Startkapital für die Eröffnung eines Geschäfts, einer Arztpraxis, für eine weitere Ausbildung, z.B. im Ausland oder zum Erwerb der begehrten modernen Prestigegüter genutzt, die zum größten Teil auch Eigentum des Mannes sind.

Freilich spielen auch die Schwiegermütter ihre Rolle bei den Mitgiftforderungen und den Mitgiftmorden. Es kann nicht geleugnet werden, daß auch sie ihren Teil an dem Glanz und dem Nutzen der modernen Dinge, die durch die Mitgift ins Haus kommen, haben wollen, den Kühlschränken und Fernsehern usw. Damit sind sie aber noch lange nicht, wie es häufig dargestellt wird, die eigentlichen Verursacherinnen oder Nutznießerinnen des Mitgiftsystems. Viele indische Männer interpretieren das *dowry-System* und die Mitgiftmorde als Folge der traditionellen

13 Krishnakumari, N. S. u. A. S. Geetha: Dowry Spreading Among More Communities. In: Manushi, Vol. 3, No. 4, 1983.

14 vgl. Ginny Srivastava: "Dowry and Dappa – two sides of the same coin". In: HOW, Nr. 3, März 1983, S. 10.

Feindschaft zwischen Schwiegermutter und Schwiegertochter, also wie gehabt, als Resultat des Weiberstreits. Ich habe oft, auch von sogenannten fortschrittlichen jungen Männern gehört, sie selbst seien ja gegen die Mitgift, aber ihre Eltern, besonders ihre Mutter, bestünden darauf. Und die meisten gaben diesem Druck nach. Das heißt, sie profitieren zwar gerne von den angeblich traditionellen Einstellungen ihrer Mütter, bleiben aber gleichzeitig die fortschrittlichen modernen Unschuldslämmer. Auf keinen Fall bekommen die Mütter der Männer jedoch Eigentumsrechte an Mitgift-Gütern oder dem Mitgift-Geld.

Die Dinge, die für die Mitgift verlangt werden, sind zwar Prestigegüter in dem Sinne, daß sie moderne Statussymbole sind, die ihren Besitzer als Mitglied der modernen, internationalen (Männer)-Klasse ausweisen. Im Unterschied zu den alten Prestigegütern sind sie aber auch funktional für den Akkumulationsprozeß. Autos, Motorräder und vor allem das Geld sind natürlich auch Kapital im Sinne von Produktionsmitteln. Durch die Kampagne der Frauenbewegung gegen die Mitgiftmorde wurde auch die Regierung gezwungen, sich um dieses Problem zu kümmern. 1980 berichtete die Polizei, daß im Jahre 1979 in Delhi 69 Frauen durch Verbrennungen gestorben seien, bis zum Juli 1980 waren es in diesem Jahr schon 65 Frauen. 1975, dem internationalen Frauenjahr, wurden nach offiziellen Schätzungen etwa 350 Frauen in Indien wegen Mitgiftforderungen verbrannt oder anders getötet. Der Innenminister gab an, daß 1976 2.670 und 1977 2.917 Frauen durch Verbrennungen in Indien starben. Das waren nur die Fälle, die von der Polizei registriert worden waren (*Sunday,* 27. Juli 1980).

Trotz der Proteste der Frauenbewegung stiegen sowohl die Mitgiftforderungen wie die Fälle der Mitgiftmorde auch noch in den Jahren nach 1980. Im Bundesstaat Uttar Pradesh sollen 1981 1.053 Frauen Selbstmord begangen haben. Dr. K. Janaki, Professorin für forensische Medizin, berichtete 1982 auf einem Kongreß in Madras, daß sich die Zahl der Frauen, die an Verbrennungen starben, seit 1977 verdreifacht und die der Frauen, die sich erhängt hätten, verdoppelt hätte. Nach einer Pressemitteilung aus dem Bundesstaat Madhya Pradesh wird im Durchschnitt eine Frau pro Tag in das größte Hospital des Staates mit Verbrennungen eingegeliefert. Die meisten sind jung. Die Gründe, die die Ehemänner angeben, laufen meist auf Küchenunfälle hinaus. Jede dritte dieser Frauen stirbt an diesen Verbrennungen (*Sunday* 4/1982).

Daß die Fälle von Verbrennungen von Frauen weiter angestiegen sind, beweist auch folgende Statistik, die von der Frauengruppe *Saheli* 1983 in Delhi veröffentlicht wurde. Die Zahlen beruhen auf den Ermittlungen der Anti-Dowry Cell, die vom Polizeipräsidenten für Delhi eingerichtet wurde. Sie beziehen sich nur auf die Stadt Delhi.

1979–31. Mai 1983: insgesamt 2.273 Fälle von Verbrennungen von Frauen	
1979	422
1980	429
1981	542
1982	627
bis 31.5.1983	253
bis Nov. 1983	690

Quelle: SAHELI Flugblatt 1983

Obwohl die Mitgift für Frauen solche tödlichen Wirkungen haben kann und obwohl sich viele Familien durch diese Einrichtung verschulden, breitet sich die Mitgift in immer weiteren Schichten der Bevölkerung aus. Dies gilt insbesondere auch für die ärmeren Kasten und Klassen, die bisher nur den Brautpreis kannten, der aber nie solche Dimensionen wie die Mitgift angenommen hatte.[15] Während meiner Forschungen über Landarbeiterinnen im Bundesstaat Andhra Pradesh (1978–79) sagten mir diese Frauen, die alle zu den Unberührbaren gehörten, daß bis vor zehn Jahren noch niemand in ihrer Kaste Mitgift gezahlt habe. Heute aber könnten sie ihre Töchter nicht mehr ohne Mitgift verheiraten. Während der frühere Brautpreis höchstens 300 Rupien betrug, beträgt die Mitgift sogar bei diesen armen Familien 1.000 bis 5.000 Rupien. Viele hatten sich wegen der Mitgiftforderungen verschuldet (Mies 1984). Scarlett Epstein hat schon 1973 nachgewiesen, daß von Gruppen, die bisher Brautpreis zahlten und zur armen Landbevölkerung im Staate Mysore gehören, nun Mitgift gezahlt wird.[16] Das bedeutet, hier vollzieht sich ein Prozeß der „Umwertung der Frauen". Von einem „wertvollen Gut" werden sie degradiert zu einer Bürde, einem Unwert. Wie ich feststellen konnte, sind es die jeweils „fortschrittlichen" jungen Männer dieser Gemeinwesen, die ein Interesse daran haben, daß das Brautpreissystem durch das Mitgiftsystem ersetzt wird. Es sind Männer, die relativ gebildet sind, in die Stadt ausgewandert sind und es nun den Männern der höheren Kasten und Klassen gleichtun wollen. Sie sind es, die das Neopatriarchat in ihren Gemeinwesen vorantreiben.

Es kann angesichts dieser Tatsachen nicht verwundern, daß die Geburt eines oder gar mehrerer Mädchen für eine Familie und insbesondere für den Vater eine Katastrophe ist. Es kann weiter dann auch nicht wundernehmen, daß die moderne Technik der Amniozentese von cleveren Ärzten dazu benutzt wird, weibliche Föten auszumachen und abzutreiben und

15 Luthra, Arati: Practices and Perceptions of Dowry in the Lower Income Groups in Delhi. In: HOW, Nr. 4-5, 1983, S.13.

16 Epstein, Charlett: South India Yesterday, Today and Tomorrow. London 1973.

daß die Familien lieber 800 Rupien für eine solchen Abtreibung zahlen als später tausende für eine Mitgift.[17]

Analyse

Diese frauenfeindliche Tendenz ist auch ein Grund dafür, daß sich seit 1921 das Geschlechterverhältnis in Indien kontinuierlich zu Ungunsten von Frauen verschlechtert hat. Diese Tatsache hat auch eine Reihe indischer Wissenschaftler/innen veranlaßt, nach Erklärungen für diesen frauenfeindlichen Trend zu suchen. Die Erklärungen, die in der Regel von den traditionellen Linken gegeben werden, sind die, daß Frauen darum der Männergewalt ausgesetzt seien, weil die Regierung trotz kapitalistischem Kurs an feudalen Werten festhalte. So schreibt Vimla Farooqui von der Frauenorganisation der CPI (Communist Party of India) „In den letzten drei Jahrzehnten hat es einen besorgniserregenden Verfall unserer sozialen Werte gegeben, denn unsere Herrscher verfolgen einen kapitalistischen Entwicklungsweg, während sie gleichzeitig das feudale Wertsystem intakt halten, das den schwächeren Teilen der Gesellschaft keinerlei Schutz bietet. Da Frauen zu den Schwächsten der Schwachen gehören, leiden sie natürlich am meisten."[18] Solche Erklärungen gehen jedoch an der Realität vorbei. Nicht nur ökonomisch abhängige, sondern auch erwerbstätige Frauen werden ermordet, nicht nur ungebildete, sondern auch hochgebildete. Die Mitgiftmorde finden auch nicht vor allem in der „feudalen" Landlordklasse statt, sondern gerade unter den fortschrittlichen Agrarkapitalisten und den städtischen, kapitalistisch orientierten Mittelklassen. Im Feudalismus waren die Frauen nie einer ähnlichen Willkür seitens der Männer ausgesetzt, weil die Männer selbst bestimmte Schranken einhalten mußten.

Andere versuchen, das Phänomen der Mitgift und des Übergangs von Brautpreis zu Mitgift mit rein ökonomischen Kategorien wie Angebot und Nachfrage oder Kosten und Nutzen zu erklären. So führt Indira Rajaraman die zunehmende Verbreitung der Mitgift unter den ländlichen Armen darauf zurück, daß Frauen durch die Fortschritte in der Landwirtschaft als Arbeitskräfte bei der Landarbeit weniger gebraucht würden. Sie macht keinen Unterschied zwischen Mitgift und Brautpreis, sondern sieht beide als Äquivalent für die Frau und ihre Arbeitskraft an, das sowohl positiv wie negativ sein könne. Für sie ist die Mitgift ein „negativer Brautpreis". Er kommt ihrer Meinung nach so zustande, daß die Arbeit,

17 Patel, Vibhuti: Amniozentese und Mord an weiblichen Föten. In: Beiträge zur feministischen Theorie und Praxis, Nr. 14, Köln 1985.

18 V. Farooqui: Women: Spezial Victims of Police and Landlord Atrocities. National Federation of Women Publication. Delhi 1980.

die eine Frau im Haus, bei der Kinderaufzucht und im „informellen Sektor“ tut, die Kosten, sie zu erhalten und zu ernähren nicht mehr aufwiegt. Sie definiert die Mitgift als den Wert der Kosten, die notwendig sind, um eine Frau ein Leben lang zu ernähren, wenn der Verdienst der Frau auf Null sinkt, aber noch über Null bleibt.[19]

Ihr Argument beruht vor allem auf der Annahme, daß Frauen auch in den ärmeren Schichten hauptsächlich Hausfrauen und „müßige“ Konsumentinnen seien. Auch sie rechnet Hausarbeit nicht, und nicht einmal die Erwerbsarbeit im informellen Sektor, zu den produktiven Tätigkeiten. Außerdem nimmt sie an, daß es sich bei der Mitgift um einen rotierenden Fonds handelt, bei dem die Summe, die für einen Sohn bei dessen Heirat empfangen wird, bei der Verheiratung der Tochter wieder ausgegeben wird. Diese Argumentation verkennt aber das prinzipiell asymmetrische Verhältnis zwischen Männern und Frauen und auch zwischen „frauengebenden“ und „frauenempfangenden“ Familien. Zwischen beiden gibt es keinen Äquivalententausch, sondern nur ein einseitiges hierarchisches Verhältnis. Außerdem eignen sich die Söhne die Mitgift, wie wir sahen, heute weitgehend privat an, sie steht nicht mehr immer für die Verheiratung der Schwestern zur Verfügung.

Auch der Agrarökonom Bardhan erklärt die Vernachlässigung weiblicher Kinder im Norden Indiens mit derselben verengten kapitalistischen Logik. Da die Frauen im Süden des Landes noch im Reisanbau beschäftigt seien, gäbe es dort mehr Frauen pro 1.000 Männer als im Norden, wo dies nicht der Fall sei. Wie Farooqui und Rajaraman sieht er als Heilmittel für diese frauenfeindliche Tendenz nur die Bereitstellung von mehr Erwerbsarbeit für die Frauen, vor allem im informellen Sektor.[20]

Das Problem mit solchen Erklärungen ist einerseits, daß sie auf einem letztlich kapitalistischen Begriff von Arbeit, Arbeitsproduktivität und Ökonomie beruhen, wobei Hausarbeit, Kinderaufzucht und alle Arbeit im informellen Sektor aus der „eigentlichen“ Ökonomie ausgeschlossen sind und als „unproduktiv“ gelten. Frauen werden als Hausfrauen definiert und damit zu einer bloßen Konsumptionseinheit gemacht, d.h. zu einem Kostenfaktor. Alle Gewalt gegen Frauen wird in letzter Instanz durch dieses theoretische Modell erklärt. Darum hoffen sie, trotz gegenteiliger Beweise durch die Wirklichkeit, immer noch darauf, daß diese Gewalt nach dem alten Rezept von Engels, nämlich durch den „Wiedereintritt des weiblichen Geschlechts in die gesellschaftliche Produktion“, aufzuheben sei.

19 I. Rajaraman: Economics of Bride Price and Dowry. In: Economic and Political Weekly, 19. Feb. 1983.

20 P. Bardhan: Little Girls and Death in India. In: Economic and Political Weekly, 4. Sept. 1982.

Diese Logik verkennt aber, daß Frauen und gerade Gewalt gegen Frauen längst Teil dieser gesellschaftlichen Produktion sind. Wie wir gesehen haben, werden Mitgiften auch dort gegeben und verlangt, wo Frauen nach der Engels'schen Definition bereits in der gesellschaftlichen Produktion tätig sind. Das gilt für die Landwirtschaft genauso wie für die Industrie und die Dienstleistungen.

Unter Landarbeitern in Andhra Pradesh, die Mitgift zahlen, wird etwa 80 % der Arbeit in der Landwirtschaft von Frauen getan.[21] In einer Studie über Frauen in der Umgebung von Delhi, die in Heimindustrie in kleinen Klitschen die indischen Flatterkleider, Blusen und Röcke nähen, die wir dann in unseren Boutiquen kaufen können, schreibt Rukmini Rao, daß viele dieser Frauen nicht nur die wichtigsten Ernährerinnen ihrer Familie sind, sondern daß sie auch versuchen, durch diese Arbeit die Mitgift für ihre Verheiratung zusammenzubekommen, weil Väter oder Brüder kein Geld mehr für diesen Zweck haben.[22] Wir haben auch gesehen, daß selbst Frauen umgebracht werden, die die wichtigste Einkommensquelle für Ihre Familie darstellen.

Angesichts solcher, der üblichen ökonomischen Logik total widersprechenden Tatsachen, wird dann oft gefragt, wie dies denn möglich sei. Wenn die Zahl der Frauen gesamtgesellschaftlich sinke, dann müsse doch irgendwann ein Frauenmangel eintreten und dann könnten doch nicht mehr alle Männer eine Frau bekommen, was sie ja nach wie vor wollen. Und schließlich müßten die Frauen dann als „knappes Gut" wieder einen hohen Wert bekommen, den sie dann doch auch in mehr Macht für sich selbst umsetzen könnten. In der Tat argumentiert eine der indischen Autorinnen, die an der Debatte um Brautpreis, Mitgift und Amniozentese in der Zeitschrift „Economic and Political Weekly" teilnahm, in diese Richtung. Sie schreibt:

„Aber warum denken wir diese ökonomische Logik (von Angebot und Nachfrage M.M.) nicht bis zu Ende? Vorgeburtliche Geschlechtsselektion wird das Angebot an Frauen reduzieren, sie werden dann wertvoller werden und weibliche Kinder werden besser versorgt werden und länger leben. Hier haben wir ein gutes Instrument, das Angebot von und die Nachfrage nach Frauen auszugleichen und ihren Preis auf gesamtindischer Ebene gleich zu gestalten (da Kaste, Religion, Region und andere Schranken die Bewegung von Frauen verhindern). Im Laufe der Zeit könnte man erwarten, daß die dowries im Norden des Landes sinken würden."

21 M. Mies: Indian Women in Subsistence and Agricultural Labour. International Labour Office. Genf 1986.

22 R. Rao: Working Class Women and the Practice of Dowry. In: HOW, No. 4-5, 1983

Sie sieht in der Abtreibung weiblicher Föten eine humanere Lösung als die schlechte Behandlung von Frauen: „Ist nicht der weibliche Foetizid eine bessere Lösung als der weibliche Infantizid? oder gar die übliche Behandlung kleiner Mädchen? Welche alternativen Maßnahmen gibt es, um die Behandlung der Frauen zu verbessern?“[23]

Ich glaube kaum, daß frau einen krasseren Ausdruck des Frauenhasses der kapitalistisch-patriarchalischen Gesellschaft finden kann als diesen, der, wie wir sehen, von Frauen internalisiert worden ist und nun gegen das eigene Geschlecht gerichtet wird. Indem Dharma Kumar die kapitalistische Logik von Angebot und Nachfrage als die einzig richtige und mögliche zu ihrer eigenen gemacht und auf das eigene Geschlecht angewandt hat, bleibt ihr als einzige Lösung nur die Vernichtung von Frauen, um sie im kapitalistischen Markt zu einem „knappen Gut“ und damit „wertvoll“ zu machen.

In der Wirklichkeit funktioniert diese Logik aber nicht, wie wir gesehen haben, denn sonst müßten die indischen Frauen ja längst einen hohen „Wert“ haben, denn sie sind ja bereits seit Anfang dieses Jahrhunderts „knapp“. Wenn wir zu plausibleren Erklärungen kommen wollen, müssen wir die Logik von Angebot und Nachfrage in bezug auf die Analyse von Brautpreis und Mitgift aufgeben bzw. als das entlarven, was sie ist, ein Mythos. Wer behauptet, daß es sich bei der Mitgift oder dem Brautpreis um so etwas wie einen Äquivalententausch handelt, also um ein Marktgeschehen, verkennt die hierarchischen gesellschaftlichen und Geschlechterstrukturen, in die die Heirat eingebunden ist, nämlich Kaste und Klasse. Darum haben auch die reichen und mächtigen Männer, die eventuell ihre jungen Frauen wegen zu geringer Mitgift umbringen, auch immer „genug“ Frauen. Sie nehmen sie u.a. aus den ärmeren oder verarmten Teilen der eigenen Kaste und Klasse. Das kurzfristige Interesse des Einzelpatriarchen mag im Widerspruch zum langzeitigen Interesse des gesellschaftlichen Gesamtpatriarchen stehen, aber das ist die übliche Funktionsweise des Kapitalismus. Nur läuft es im Endeffekt, wie bei der Ökologiefrage, auf die Zerstörung der Lebensgrundlage – hier der Frauen – hinaus. Da dieser Widerspruch im Akkumulationsmodell nicht aufgehoben werden kann, muß, was das Interesse des Einzelpatriarchen betrifft, Äquivalententausch geradezu außer Kraft gesetzt werden, denn sonst wäre die Akkumulation für die jungen Männer und damit ihre „Entwicklung“, ihr Fortschritt so schnell nicht möglich. Die Erpressung von Mitgift ermöglicht für sie das Startkapital für ihren „take-off“ in die schöne neue Welt des modernen internationalen (kapitalistischen)

23 D. Kumar: Male Utopias or Nightmares. In: Economic and Political Weekly, 15. Januar 1983.

Mannes. Durch eigene Arbeit und deren Tausch gegen einen Lohn könnten sie diesen „take-off“ nie so schnell oder vielleicht nie erreichen.

Die Mitgift und die damit verbundenen Morde sind also nicht nur ein Versehen, ein Nebeneffekt oder ein „Rest“ aus feudaler Zeit, sondern bilden die Voraussetzung für die Modernisierung, die „Entwicklung“ auf der Ebene des einzelnen Mannes. Wenn die Frauen, samt ihrer Arbeitskraft und ihrer Gebärfähigkeit und der „Draufgabe“ der Mitgift nicht räuberisch angeeignet werden könnten, sondern in einem Äquivalententausch getauscht werden müßten, könnte mit den Mitgiften kein Gewinn gemacht werden (dafür ist sowohl der Gebrauchs- wie der Tauschwert der Männer zu gering). Dann gäbe es auch keine Mitgiftmorde. Aus diesem Grund werden Frauen und die Frauenarbeit aus der kapitalistischen Ökonomie hinausdefiniert. Die Frauen hören aber nicht auf, im Haus, auf den Feldern und im sogenannten informellen Sektor zu arbeiten und sind dort die wichtigsten Subsistenzproduzentinnen. Aber diese Arbeit gilt nun nicht mehr als Arbeit. Es ist angesichts dieser Tatsachen reiner Zynismus, von den Frauen bloß als von Konsumentinnen und Kostenfaktoren zu sprechen, wie es die meisten indischen Ökonomen tun, die die Mitgift als Kompensation für die Subsistenzkosten der Frau ansehen.

Wenn die Mitgift nun also keine Kompensation für Subsistenzkosten ist, was ist sie dann? M. E. ist sie ein Tribut, den die Familie der Frau an die Familie des Mannes zu zahlen hat für die „Gnade“, aus der unverheirateten Tochter eine respektierte Ehefrau zu machen. Wie beim alten Tributsystem ist dies eine einseitige Beziehung, bei der nur die eine Seite Forderungen erheben darf, die andere nur zu geben hat. Was die „gebende Seite“ zurückbekommt, sind allenfalls „geistige“ oder „moralische“ Güter wie „Schutz“ oder „Ehre“, wie Vasall eines großen Herrn oder Ehefrau eines Mannes zu sein.

Dieses einseitige Tributsystem geht historisch auf Heiratsregeln zurück, die, wie wir sahen, die Brahmanen aufgestellt haben. Als patriarchalische Priesterkaste hatten sie ein existentielles Interesse daran, ihren eigenen höheren spirituellen Wert auch materiell fest zu verankern und ihre eigene Eheform als die höhere, bessere gegenüber den Eheformen der unteren Kasten oder gar der Kastenlosen, die Brautpreis nahmen, zu etablieren. Sie lebten von den Gaben und Geschenken, die sie als wichtigste Magier von den Fürsten, aber auch vom einfachen Volk bekamen. Den Gebern wurde für diese materiellen Güter geistiger Gewinn versprochen. Die brahmanisch-patriarchalische Ehe entspricht genau diesem Verhältnis: Die Frau gibt ihren Körper, ihre Arbeit, ihre Kinder. Außerdem muß ihr Vater auch noch andere materielle Güter geben. Dafür empfängt sie die Ehre, ja gar die Erlösung, aus dem Zustand der Unverheirateten befreit worden zu sein und ihrem Mann als ihrem ersten Gott dienen zu dürfen (s.S. 38f.). Dies war aber nie ein wirklicher Tausch, den die brahmanischen Heiratsregeln legen unmißverständlich fest, daß „der, der gibt, immer zu geben hat". Die Heirat heißt kanya-dan (Übergabe der Tochter). Beim altindischen Heiratsritus sagt der Vater der Braut zuerst: „Dies ist nicht mein", d.h. er gibt das Besitzrecht an seiner Tochter auf. Darauf sagt der Bräutigam: „Ich habe angenommen: Dies ist mein".[24]

Die brahmanischen Gesetzgeber haben nur *die* Eheformen unter den acht existierenden als dem religiösen Gesetz (dharma) entsprechend angesehen, bei denen die Braut als Gabe oder Geschenk bei der Heirat dem Bräutigam übergeben wird. Brautpreisehen werden dagegen strikt als a-dharma (d.h. gegen das religiöse Gesetz verstoßend) abgelehnt.[25] Wer die Tochter „gegeben" hat, muß auch weitere Güter „geben", also heute Geld, Kühlschränke, Autos und Fernseher.

Die Mitgift oder die *dowry* ist nicht ohne diesen einseitigen Gabe- oder Tributcharakter zu verstehen. Wie Kapadia aufweist, entstand diese Eheform im Zusammenhang mit der Einrichtung der *Hypergamie,* die die Kastenendogamie immer wieder durchbrach. D.h. die höheren Kasten oder Teile der höheren Kasten nahmen sich immer wieder Frauen aus den unteren Kasten. Jene aber erhofften sich einen sozialen Aufstieg dadurch, daß sie ihre Töchter an die höheren Kasten oder Familien abgaben. Dafür waren sie bereit, zu den Frauen auch noch andere materielle Güter abzugeben. So schreibt Kapadia: „Um einen Schwiegersohn aus einer höheren Ebene der sozialen Hierarchie zu bekommen, ist oft ein Mann bereit, eine extravagante Summe als *vankada* (Mitgift) zu zahlen."[26]

Dieses hypergamische Prinzip, das nicht nur die Abwertung der Frau, sondern auch der brautgebenden Familien impliziert, wurde zuerst von den Brahmanen geschaffen und praktiziert, dann aber auch von den anderen höheren Kasten übernommen, und heute wird es von den jeweils reicheren oder mächtigeren Familien praktiziert. Da aber die Werte und Institutionen der Herrschenden Vorbildcharakter für die Beherrschten haben, hat sich die brahmanische Eheform mit ihrem Bräutigamstribut nun auch bei den ärmeren Schichten und den unteren Kasten durchgesetzt, die bis vor kurzem Brautpreis zahlten. Eine Verallgemeinerung dieses Bräutigamstributs war aber erst möglich mit der Durchsetzung der modernen Geldwirtschaft. Während im Brautpreis noch der „Wert" der Frau als Subsistenzproduzentin anerkannt ist, wird er in der dowry in sein Gegenteil, in einen Unwert verkehrt. Auf diese Weise ist es möglich, daß der tatsächliche ökonomische und gesellschaftliche Beitrag der Frau unsichtbar ge-

24 I. Karve: Kinship Organisation in India. Bombay. 1965. S. 39.

25 K. M. Kapadia: Marriage and Family in India. London 1986. S. 135-136.

26 ders.: a. a. O., S. 108-109.

macht wird. Wer die Logik von Angebot und Nachfrage auf dieses Tributsystem anwendet, trägt weiter zur Unsichtbarmachung der Frauen und ihres Beitrags bei.

Wenn die heutige Mitgift in Indien auch auf frühere patriarchalische Formen zurückgeht, so hat sie doch mit der Durchsetzung kapitalistischer Strukturen eine quantitative und qualitative Veränderung erfahren. Das Ausmaß der dowries geht heute weit über das hinaus, was die alten Brahmanen als angemessen ansahen. Kapadia bezeichnete noch 1968 Mitgifte von 4.000–5.ooo Rupien als absolut überhöht. Die Steigerung auf 100.000 bis zu einer halben Million kann nicht allein durch Inflation erklärt werden. Zum anderen ist die Mitgift nun zur allgemeinen Norm bei Eheschließungen geworden, d.h. mit der Modernisierung wurde auch das Patriarchat verbreitet. Zum dritten spielen Mitgifte eine Rolle bei dem Prozeß der „fortgesetzten ursprünglichen Akkumulation", der in den meisten unterentwickelten Ländern die kapitalistische Akkumulation erst ermöglicht.[27] Dieser Prozeß ist immer mit Gewalt verbunden. Durch die Mitgift können zumindest einige der Männer das Investitionskapital zusammenbringen, das ihnen den Aufstieg zum Kapitalisten ermöglicht. Außerdem schafft die Mitgift „Kaufkraft" für moderne Industriegüter, die durch bloße Lohnarbeit so schnell nicht zu schaffen wäre. In diesem Sinne kann die Mitgift als „funktional" für die kapitalistische Entwicklung angesehen werden.

4.3 Frauenbewegung „von oben" und Beginn der Frauenforschung

1975, das Jahr der Frau, stellte auch den Auftakt für verschiedene Aktivitäten zur Erforschnung und Verbesserung der Lage der Frauen dar, die von der Regierungsbürokratie ausgingen. Die UNO hatte die Regierungen der Welt aufgefordert, auf der Weltfrauenkonferenz in Mexiko einen Bericht zur Lage der Frauen in den jeweiligen Ländern vorzulegen. Wie schon erwähnt, wurde dieser Bericht in Indien von dem *Committee on the Status of Women* erarbeitet und unter dem Titel „Towards Equality" im Januar 1975 veröffentlicht. Der Bericht wies nach, daß sich die Lage der Frauen trotz (oder wegen?) der stattgefundenen Entwicklung und Modernisierung in allen Bereichen verschlechtert hatte.

Es ist dem Engagement und der Weitsicht von einigen Frauen, die an diesem Bericht mitgearbeitet haben, zu verdanken, daß die Aktivitäten auf der Ebene der Bürokratie nicht mit der Vorlage des Berichtes und mit dem Ende des Frauenjahres aufhörten.[28] Sie setzten sich dafür

27 vgl.: v. Werlhof, M. Mies, V. Bennholdt Thomsen: Frauen, die letzte Kolonie. a. a. O.

28 V. Mazumdar: The Role of Research in Women's Development. A Case Study of the ICSSR Programme of Women's Studies. In: Samya Shakti. Vol 1, No 1, Juli 1983, S. 24.

ein, daß noch weitere Untersuchungen über den Status der Frau durchgeführt wurden, und erreichten schließlich, daß beim *Indian Council of Social Sciences Research (ICSSR)* ein Komitee für Frauenforschung eingerichtet wurde. Das Komitee verfolgte das Ziel, die „Frauenfrage" aus der karitativen Ecke des Sozialministeriums zu „befreien", wo sie seit 1947 angesiedelt war, und zu einem integralen Bestandteil der Politik der anderen Ministerien zu machen, z.B. des Landwirtschaftsministeriums, des Erziehungsministeriums, der Planungskommission und des Arbeitsministeriums. Ein Teil der Gelder dieser Ressorts sollte für Frauenförderung festgelegt werden. Es wurden auch in verschiedenen Ministerien Arbeitsgruppen zu Frauenfragen gegründet, die Empfehlungen ausarbeiteten. Doch außer einigen unverbindlichen Äußerungen über die Notwendigkeit, den Status der Frauen zu verbessern, geschah wenig zur Umsetzung dieser Empfehlungen.

Die Frauenforschungsstelle beim ICSSR stimulierte eine Reihe von Forschungsprojekten zu verschiedenen frauenrelevanten Problembereichen. Die Ergebnisse des Committee on the Status of Women hatten gezeigt, daß fast in allen Bereichen eine ungeheure Ignoranz über die Situation der Frauen herrschte. Es war daher notwendig, erst einmal eine bessere Datenbasis für eine andere Frauenpolitik zu erarbeiten.

Um die gleiche Zeit wurde die Frauenuniversität in Bombay, die noch während der Unabhängigkeitsbewegung gegründet worden war, aufgefordert, innerhalb der soziologischen Abteilung eine Untersuchung über den Status der Frauen auf der Basis bestehender Literatur durchzuführen. Aus dieser Untersuchung ging schließlich ein Zentrum für Frauenforschung hervor. Es entstanden aber auch private Institute zur Frauenforschung, z.B. das *Institute of Social Studies* und das *Institute of Women's Development Studies* (CWDS), beide in Delhi. Alle diese Zentren entwickelten eine rege Forschungstätigkeit und veröffentlichten bald ihre Berichte und Bücher.

Die Frauenforschungsstelle im ICSSR verfolgte die Strategie, durch Druck von außen – z.B. durch Empfehlungen internationaler Organisationen – und durch Regierungserlasse die Frauenproblematik in allen Bereichen der Politik und der Gesellschaft aufzuwerfen. Insbesondere hatte sie das Ziel, Frauenforschung und Frauenstudien zu einem festen Bestandteil der regulären Studienordnungen der Universitäten zu machen. Die indischen Frauen spielten bei den internationalen Konferenzen zu Fragen des Frauenstudiums und der Entwicklung eine wichtige Rolle, so auch bei der Tagung einer UNESCO-Expertengruppe im Jahre 1980, die zum Thema Frauenstudien in der südasiatischen Region zusammengekommen war. Auf dieser Tagung wurde beschlossen, daß Frauenstudien und Frauenforschung zum festen Bestandteil der Curricula aller sozialwissenschaftlicher Fakultäten in der Region werden sollten. Ein Mitglied dieser Expertenrunde war die spätere Chefin der *University Grants*

Commission, der wichtigsten Behörde für die Universitäten. Sie setzte sich im Anschluß aktiv für die Durchsetzung dieser Empfehlung an indischen Universitäten ein. Die finanziellen Möglichkeiten zur Einrichtung von Frauenstudiengängen wurden beträchtlich erweitert, Frauenforschungsprojekte wurden großzügig gefördert. Die Folge dieser Maßnahmen war, daß die Zahl derer, die Frauenforschung betreiben wollten, rasch anstieg und daß fast alle Universitäten nun ihr Interesse an Frauenforschung entdeckten.

Zu erwähnen ist auch, daß die Aktivitäten auf dem Gebiet der Frauenforschung auch durch internationale Organisationen wie die UNESCO, die ILO, die FAO unterstützt wurden, die Forschungsaufträge zu Frauenfragen verteilten. Doch auch Nicht-Regierungsorganisationen, wie etwa die *Ford Foundation*, zeigten ein großes Interesse an der Institutionalisierung und Förderung von Frauenstudien. Die Ford Foundation verteilte nicht nur großzügig Forschungsgelder an die diversen Frauenforschungszentren, sondern gab auch finanzielle Unterstützung zur Errichtung des *Centre for Women's Development Studies* (CWDS) in Delhi.

Die indischen Frauen, die die Institutionalisierung von Frauenstudien vorantrieben, erwiesen sich, wie ich schon früher bemerkt habe, als hervorragende Organisatorinnen. Sie waren der Meinung, daß in Indien eine solche Institutionalisierung nur „von oben" erfolgen könne, daß die Frauenfrage erst dann das nötige Gewicht in der Öffentlichkeit bekommen würde und nicht nur als eine Angelegenheit einiger weniger Feministinnen angesehen würde.[29] Nach der Errichtung von Frauenstudien- und Frauenforschungszentren sowie der Förderung von Frauenstudien in den Universitäten, war der nächste Schritt die Gründung einer *Indian Association of Women's Studies* (IAWS) nach dem Vorbild der amerikanischen NAWS. Diese Organisation führte 1981 ihre erste Konferenz in Bombay durch, die auf breites Interesse stieß. Mehr als 400 Frauen und auch einige Männer nahmen an dieser Konferenz teil und legten ihre Papiere vor. Die Konferenz hatte sich das Ziel gesetzt, nicht nur Akademikerinnen, sondern auch Aktivistinnen, Studentinnen, Lehrerinnen und Regierungsfunktionärinnen zusammenzubringen, um so „den längst fälligen Prozeß der Einbeziehung der Frauenrollen und der Frauenerfahrung in das akademische Studium" zu fördern. Diese Konferenz gab in der Tat dem Frauenstudium und der Frauenforschung einen großen Auftrieb.

Die zweite Konferenz der IAWS fand 1984 in Trivandrum, in Kerala statt. Sie hatte noch mehr Teilnehmerinnen und Teilnehmer angezogen als die erste Konferenz. Doch auf dieser Konferenz gab es auch bereits heftige Kritik von seiten der Aktivistinnen aus den autonomen

29 V. Mazumdar: Women's Studies: A Challenge to Educational System. In: Economic and Political Weekly, 16. Mai 1981.

Frauengruppen und aus Basisprojekten gegen diese Verakademisierung der Frauenforschung, gegen einen gewissen Opportunismus, der dazu führte, daß Frauenforschung mehr und mehr von der Bewegung abgelöst wurde, daß nicht nur Männer bereitwillig zu diesen Konferenzen zugelassen wurden, sondern auch Themen und Fragestellungen, die mit Frauenbefreiung kaum noch etwas zu tun hatten. Einer der Kritikpunkte war auch die Frage der Finanzierung von Frauenprojekten und Frauenforschung durch ausländische Nicht-Regierungsorganisationen. Im Oktober 1986 wird in Chandigarh die dritte IAWS Konferenz stattfinden.

Um ihre eigene Position gegenüber der inzwischen etablierten Frauenforschung zu klären und zu bestimmen, organisierten die autonomen Frauengruppen und -organisationen im Dezember 1985 ein nationales Studientreffen in Bombay. Auf diesem Treffen wurden nicht nur die vielfältigen Erfahrungen der verschiedenen Gruppen ausgetauscht, sondern auch Fragen der eigenen politischen Standortbestimmung diskutiert. Die Themen dieser Diskussion waren nicht so sehr verschieden von den Fragen, die auch in der deutschen Frauenbewegung diskutiert werden, z.B. die Frage des Verhältnisses zwischen „politischer" Arbeit und der Hilfe für Frauen in Notlagen, wie sie vom *Women's Centre* in Bombay oder von *Saheli* in Delhi geleistet wird. Bemerkenswert ist auch, daß diese Gruppen sich heute selbstverständlich als „autonom" bezeichnen. Das bedeutet, daß sie sich keiner anderen Organisation unterordnen und die Frauenfrage nicht einer anderen „allgemeineren" Frage nachordnen, wie es in den Parteien geschieht. Die meisten Frauen in diesen Gruppen haben heute auch kein Problem mehr, sich Feministinnen zu nennen, was vor einigen Jahren noch nicht möglich war.

Die Aktivitäten, die einzelne Frauen in der Regierungsbürokratie und im Hochschulestablishment im Zusammenhang des Internationalen Frauenjahres und in den Jahren danach entfalteten, sind beachtlich. Durch diese „Frauenbewegung von oben" wurde nicht nur eine größere Offenheit für die Problematik der Frauen in der Öffentlichkeit erreicht, sondern auch eine erstaunlich rasche Institutionalisierung und Akzeptanz von Frauenstudien und Frauenforschung sowohl in den öffentlichen Hochschulen als auch in privaten Forschungszentren durchgesetzt. Indien hat heute weit mehr Frauenstudienschwerpunkte als die BRD, und es ist dort kein Problem, Forschungsgelder für Projekte zu erhalten, die sich mit Frauenfragen befassen.

Eine wichtige Rolle bei der Herstellung eines wohlwollenden Klimas für Frauenprojekte und Frauenstudien spielte allerdings auch die Tatsache, daß die Frauen in den unterentwickelten Ländern seit 1975 als besondere Zielgruppe von internationalen Entwicklungsorganisationen entdeckt worden waren. Die Weltbank hat z.B. in mehreren Dokumenten darauf hingewiesen, daß es notwendig sei, „die Frauen in die Entwicklung zu integrieren" und ihre Arbeitskraft produktiv zu nutzen. Gleichzeitig setzte sie die Regierungen, denen sie Kredite gewährte, unter Druck, drastischere und effizientere Familienplanungsmaßnahmen durchzuführen, um das Bevölkerungswachstum zu stoppen. Das Interesse der Weltbank und der meisten westlichen Regierungen an der Frauenfrage in den unterentwickelten Ländern ist, wenn es überhaupt vorhanden ist, aus der Angst vor der „Bevölkerungsexplosion" zu erklären. Weit mehr Gelder wurden für Maßnahmen der Familienplanung ausgegeben als für andere Entwicklungsprojekte für Frauen. Auch das Engagement vieler privater Entwicklungsorganisationen für Frauen und Frauenstudien, wie z.B. das der *Ford Foundation*, muß auf diesem Hintergrund gesehen werden.

Alle Anstrengungen und Aktivitäten der Frauenbewegung „von oben" wären wahrscheinlich dennoch ohne Erfolg geblieben, wenn es nicht die Mobilisierung und die Initiativen der kleinen Gruppen von Feministinnen und Aktivistinnen gegeben hätte, die angefangen hatten, unabhängig von Parteien und Regierungsunterstützung, gegen patriarchalische und sexistische Gewalt zu agitieren und zu rebellieren. In einer Evaluierung der Aktivitäten des Beratungskomitees für Frauenforschung im ICSSR gibt die Verfasserin, Vina Mazumdar, zu, daß trotz aller scheinbarer Zustimmung zu den Empfehlungen dieses Komitees sich auf Regierungsebene bis 1979 kaum etwas geändert hatte. Die Frauenpolitik der Regierung war über freundliche Lippenbekenntnisse nicht hinausgekommen. Die Regierung, die Universitäten und auch die Medien ignorierten mehr oder weniger die wichtigen Ergebnisse, die die Frauenforschung seit 1975 zutage gefördert hatte.[30]

Das änderte sich erst, als die kleinen Gruppen von engagierten Frauen in Bombay und Delhi begannen, die zunehmende Gewalt gegen Frauen öffentlich anzugreifen. Die Kampagnen gegen die Mitgiftmorde, gegen Vergewaltigungen, gegen andere Brutalitäten gegen Frauen, schließlich gegen die systematische Vernichtung weiblicher Föten nach der vorgeburtlichen Geschlechtsbestimmung durch die Amniozentese, machten zuerst die Medien, dann die Regierung und schließlich auch die Wissenschaft darauf aufmerksam, daß es in Indien lebensgefährlich war, eine Frau zu sein, daß das Grundrecht auf Leben und körperliche Unversehrtheit in dieser „größten Demokratie der Welt" für Frauen nicht gewahrt war. Erst jetzt begannen sich die bisher selbstzufriedenen Wissenschaftler zu fragen, was denn wohl die Gründe für den sinkenden Frauenanteil in der indischen Bevölkerung sei (vgl. S. 134). Und erst jetzt begannen sich die Frauenorganisationen der linken Parteien und die dazugehörigen Gewerkschaften für die Frauenbewegung zu interessieren, die sie bis dahin als eine Imitation und einen Import des westlichen Feminismus igno-

30 V. Mazumdar: The Role of Research ..., a. a. O.

riert bzw. denunziert hatten. Die Frauenorganisationen der linken Parteien (der CPI, der CPI-M) nahmen ebenso an den Kampagnen gegen Mitgiftmorde und andere Verbrechen teil wie auch die traditionellen Frauenorganisationen, die *All India Women's Conference* (AIWC), die YWCA, und viele andere, die seit der Unabhängigkeitsbewegung hauptsächlich Sozialarbeit betrieben hatten. Es begann eine neue Phase der Agitation und Militanz, die bis heute anhält. Durch sie wurde und wird die Frauenfrage viel stärker ins öffentliche Bewußtsein gebracht, als dies alle Anstrengungen „von oben" vermocht hatten. Die Frauenbewegung ist darum heute in fast allen Bereichen des gesellschaftlichen Lebens anzutreffen: auf dem Lande, in den Städten, im Hochschulbereich, unter Arbeiterinnen und unter Mittelklassenfrauen. In dem Frauenkalender „Kali for Women" 1986 werden 27 autonome Frauengruppen und Organisationen aufgezählt, 16 feministische Zeitschriften- und Mediagruppen, 6 neue Zentren der Frauenstudien und Frauenforschung. Außerdem gibt es noch eine große Zahl traditionell und parteigebundener Frauenorganisationen.[31]

Die Stärke und Vitalität der neuen indischen Frauenbewegung kann vielleicht am besten an einem Ereignis wie der „Frauenbefreiungspilgerfahrt" – der *Stri Mukti Yatra* – abgelesen werden, die im Januar 1985 im Bundesstaat Maharashtra stattfand. Diese *Yatra* – das heißt Pilgerfahrt – zur Frauenbefreiung wurde von einigen kleinen Frauengruppen in Bombay geplant, organisiert und durchgeführt, vor allem von der Stri Mukti Sanghatana, die schon 1976 gegründet worden war, und Maitrini (Freundinnen), einer neueren feministischen Gruppe. Die Hauptattraktion dieser Pilgerfahrt war ein Theaterstück: Mulgi Zhali Ho (Ein Mädchen wird geboren), das von Stri Mukti Sanghatana geschaffen worden war.

Ich möchte diese Darstellung der neuen indischen Frauenbewegung mit dem Bericht über diese Frauenbefreiungspilgerfahrt beenden und dabei den indischen Frauen selbst das Wort geben. Der folgende Bericht wurde von Ayesha Kagal verfaßt und in der größten Tageszeitung Bombays, der 'Times of India', veröffentlicht.

*Ein Mädchen wird geboren**

Daß der Feminismus auch in Indien nicht mehr aufzuhalten ist, zeigte eine zweiwöchige Straßentheater-Tournee im Bundesstaat Maharashtra. Der Feminismus kann nicht mehr als bedeutungsloser westlicher Import abgetan werden, der einigen wenigen städtischen Frauen vorbehalten ist.

31 „Kali For Women" Frauenkalender 1986, New Delhi 1986.

Die ganze Nacht säumten 14000 Menschen die Straße von Miraj. Die größte Kreuzung der Stadt war ein einziges Heer von Köpfen. Hockend und stehend, auf Gemüsewagen sitzend und an ihre Fahrräder gelehnt, warteten die Menschen dicht gedrängt vor dem mit Flutlicht erleuchteten Podium, gespannt erst und dann voller Begeisterung. Die Aufmerksamkeit der Zuschauer machte deutlich, wie sehr das Stück sie ansprach: MULGI ZHALI HO – „Ein Mädchen wird geboren". Es war die 152. Aufführung in den letzten beiden Jahren.

Den ganzen Tag über war eine Rikscha durch die Stadt geholpert, hatte sich durch Kühe, Menschenmengen und Verkehr gezwängt, um die Ankunft der STRI MUKTI YATRA in Miraj bekanntzugeben. Zwei Theatervorstellungen sollten den Höhepunkt des Programmes bilden: STRI und „Ein Mädchen wird geboren". Allein schon die Besucherzahlen zeigten, daß die Yatra-Aufführungen ein rauschender Triumph waren.

Zwei Tage später ist die YATRA-Truppe in KOLHAPUR. 65 Frauen, Männer, Kinder und Babies kampieren in einem Mädcheninternat. Geschäftig laufen Schülerinnen umher, servieren Tee und Frühstück, die älteren unter ihnen freuen sich auf die Abendvorstellung, während die jüngeren tief enttäuscht sind, daß sie die Schule nicht mal dazu verlassen dürfen.

An diesem Nachmittag wird der kleine, dunkle Klassenraum, in dem der Putz von den Wänden bröckelt und Wäsche zum Trocknen auf der Leine hängt, zum Theater. Über fünfzig 8 - 14jährige drängen sich als Zuhörerinnen, ihnen gegenüber vier Schauspielerinnen: Neela Limaye, eine Abiturientin; Yogini Kaprekar, ein Erstsemester; Madhuri Purandhare aus der 11. Klasse und die Doktorandin Bharati Sharma. Sie kauern auf der Erde, schwatzen ungezwungen drauflos; vertraulich erzählen sie von sich, von der Yatra, von ihrem Stück. Sie stellen Fragen und die Schülerinnen antworten:

„Was verteilt man, wenn ein Junge geboren wird?"

„Pedas"[1],sagt der Chor der Schülerinnen.

„Und wenn's ein Mädchen ist?"

„Barfi"[2]. Eine Pause entsteht.

„Viele Eurer Eltern sind Landarbeiter", sagt Neela. „Wieviel verdienen Eure Väter?"

Die Antwort kommt wie aus der Pistole geschossen: „6 Rupien".

„Und Eure Mütter?"

„4 Rupien."

Und während man dieses Frage- und Antwort-Spiel beobachtet, sieht man, wie die Saat der Stri-Mukti-Gruppe aufgeht. Das Prinzip der Ungleichheit der Geschlechter wird sofort verstanden, auf der Ebene von Alltagswissen, nicht auf einer abstrakten ideologischen Ebene.

In diesem kleinen Klassenraum entfaltet das Stück „Ein Mädchen wird geboren" seine ganze Wirkung. Es ist kein abgeschlossenes, steriles

Werk, das abhängig ist von Mikrophonen, Bühne, fester Truppe und Kostümen oder von Fanfarentusch und dem grellen Glanz der Scheinwerfer. Vielmehr ist es ein flexibles Medium, einfach und direkt. Es bietet unendlich viele Gelegenheiten zum Mitmachen und zeigt, humorvoll und mit Liedern, was es heißt, als Mädchen geboren zu werden. (...)

Und so ging es weiter, 14 Tage durch 21 Ortschaften. Abseits der großen Städte, in kleinen Orten und größeren Dörfern traf die STRI-MUKTI-YATRA-Gruppe auf überwältigende Reaktionen. (...)

„Dieses Yatra-Ereignis hätte vor einigen Jahren nicht so ablaufen können", sagt Chhaya Datar von STRI MUKTI SANGHATANA, einer der Unterstützergruppen. „Wir haben zwar schon 1975 begonnen, unsere Organisation aufzubauen, aber erst seit dem Vergewaltigungsfall des Mädchens Mathura, 1980, gewinnt die Frauenbewegung an Durchsetzungskraft." Sie berichtet, wie die Bewegung eine propagandistische Gegenoffensive in den Medien auslöste: Feministinnen seien, so heißt es, gegen Männer und gegen Kinder, ein jeanstragender, rauchender, trinkender und verworrener Haufen. Andere Anschuldigungen gegen Frauengruppen waren, daß sie ausschließlich solche Greueltaten wie Vergewaltigungen und Mitgiftmorde hochspielten. (...)

„Uns scheint, daß überall Frauen traditionelle Rollen in Frage stellen", fährt Chhaya fort. „Sie suchen nach Ausdrucksformen für ihre neuen Ansprüche und Hoffnungen. Als wir die Yatra-Tournee planten, wollten wir zum einen diese Vermutung überprüfen und zum anderen falsche Vorstellungen über die Frauenbewegung und ihre Ziele ausräumen."

„Wir wollten die Frauen in den Kleinstädten erreichen", sagt Sharda Sathe, auch eine engagierte Sanghatana-Mitarbeiterin, „nämlich all jene, die selten Gelegenheit haben, aus dem Haus zu gehen, für die es so gut wie gar keine Unterhaltung gibt und kaum je eine Ausbildung, jene, die politisch denken, aber nirgends organisiert sind. Wir wollten sie durch eine Vielzahl kultureller Formen ansprechen. Und die überwältigende Zustimmung zu unserem Stück „Ein Mädchen wird geboren" ermutigte uns dann, die Yatra-Tournee in Angriff zu nehmen."

Diese Tournee durch 11 Städte und 10 Dörfer in Süd- und West-Maharashtra zu organisieren und finanziell abzusichern, hat allein 6 Monate in Anspruch genommen. Das Ergebnis wurde zu einer wahren kulturellen Fundgrube und einem Meisterstück organisatorischen Geschicks.

STRI MUKTI YATRA SAMITI begann im vergangenen Juni mit den Vorbereitungen: Es wurden Geldquellen erschlossen (75000 Rupien kamen zusammen, die Zuschüsse der Landesregierung von Maharashtra und von UNICEF eingeschlossen) und Pilotreisen unternommen, um örtliche Koordinatoren zu mobilisieren, die das vollgepackte Tagesprogramm von 9.30 bis weit nach Mitternacht reibungslos ablaufen lassen sollten.

In Bombay wurden Arbeitsgruppen gebildet, die Plakate und Diaserien herstellten und ein neues Stück – Pandita Rama Bai – über die Sozialreformerin des 19. Jahrhunderts, Ramabai Dongre, ausarbeiteten. Darüber hinaus wurden 150 Buchtitel zur Frauenfrage zusammengestellt, einige davon waren anläßlich der Tournee veröffentlicht worden. Darunter waren z.B. eine Übersetzung in Marathi von „Unser Körper – Unser Leben" sowie Bücher über Frauenbefreiung und Wissenschaft, über Frauen in der Marathi-Literatur und über die Ideen und Forderungen der Bewegungen.

Alle Bücher wurden zu erschwinglichen Preisen angeboten. Eine Diaserie über Frauensozialisation, SANSKARA, wurde zusammengestellt, u.a. über Menstruation und Empfängnisverhütung, – Themen, die lange ein Tabu waren. Eine Ausstellung von 100 verschiedenen Plakaten deckte ein umfangreiches Themengebiet ab – angefangen vom Bedürfnis der Frauen nach Ausbildung bis hin zur wirtschaftlichen Unabhängigkeit.

Während STRI MUKTI SANGHATANA und MAITRINI – beides Frauengruppen aus Bombay – das Rückgrat des Unternehmens bildeten, war die Tournee selbst eine offene Angelegenheit, die verschiedene andere Gruppen und Einzelpersonen einlud, sich auf ihre Weise daran zu beteiligen. So organisierte GRANTHALI, eine erfolgreiche Bewegung, um Bücher unter das Volk zu bringen, eine riesige Verkaufsausstellung. JIRGISHA, eine College-Theatergruppe aus Aurangabad, trug das Stück „STRI" bei. Und überall spielten örtliche Kulturvereine, Schul- oder College-Vereinigungen eine aktive Rolle.

So wurde die Tournee zu einem einzigartigen Beispiel der Zusammenarbeit über alle ideologischen Gräben hinweg. Dies gilt sowohl für die Yatra-Aktivisten – Feministinnen unterschiedlicher Couleur arbeiteten Hand in Hand – als auch für die Gruppen vor Ort. So arbeiteten z.B. in Ichalkaranji Leute eng zusammen, die sich während der vorausgegangenen Wahlen noch mit Zähnen und Klauen bekämpft hatten.

Ein weiterer Faktor, der die Anziehungskraft der Yatra-Idee ausmachte, war, daß sie nicht nur ausschließlich als Frauensache angelegt war. Stattdessen wird implizit und auch ausdrücklich anerkannt, daß Männer zur Befreiung der Frau ihren Teil beizusteuern hätten und daß es Frauen letztlich darum geht, ihre Beziehung zu den Männern neu zu gestalten. (...)

Die Yatra-Vorstellungen sind festlich, und doch ist ihr Tempo schwungvoll und belebend. Die Truppe steht täglich um 6 Uhr auf, reist in die nächste Stadt, um sich dort erst gegen 1 Uhr nachts wieder schlafen zu legen. Die Vormittage gelten den Begegnungen mit Schülerinnen; an den Nachmittagen zeigen die Mitarbeiter/innen Tonbildschauen, treffen Frauengruppen, halten Seminare. Die Abende sind den Theatervorstellungen vorbehalten. Daneben wird in irgendeinem zentralen Saal die Plakat- und die Bücherverkaufsausstellung gezeigt. Der Bücherumsatz floriert enorm – so wurden in einer Stadt an einem Tag Bücher im Wert zwischen 9000 und 11000 Rupien verkauft.

Neben dem Hauptprogramm in der jeweiligen Stadt wird in einem nahegelegenen Dorf das gleiche Programm noch einmal durchgeführt. In Swali, einem Dorf in der Nähe von Sangli, kamen denn auch von 1500 Einwohnern 1300 zu Veranstaltungen. (...)

Täglich schwärmen kleine Gruppen von 5 oder 6 Mitarbeiterinnen in Schulen und Frauengruppen aus, um Dias zu zeigen und zu diskutieren. Und da sitzen sie dann, Frauen von 16 bis 60, und beantworten selbstbewußt die Fragen des Publikums. Zu Beginn jeder Veranstaltung wird schnell deutlich, daß die Yatra-Frauen sich weder für unfehlbar halten noch predigen wollen, sondern einfach von sich erzählen: Was sie machen, wieviele Kinder sie haben und wie ihre Männer extra frei genommen haben, um während ihrer Abwesenheit für Heim und Familie zu sorgen.

Diese Einführung schafft sofort Vertrauen und eine formlose Atmosphäre. Die Reaktionen der Zuhörerinnen zeigen, wieviel Nachdenklichkeit ausgelöst wird und wieviele Fragen unter der Oberfläche verborgen sind. Am Ende schreiben die Teilnehmerinnen eilig ihre Namen und Adressen auf Zettel, wollen das Zusammengehörigkeitsgefühl aufrecht erhalten. Die Yatra-Samiti-Frauen sind auf diesen Sturm der Begeisterung völlig unvorbereitet und auch unsicher, ob sie eine Zentralisierung der Bewegung überhaupt wollen. Sie ermutigen die Frauen vor Ort, autonome Gruppen zu bilden und an etlichen Orten, wie in Mirja, fangen die Frauen auf der Stelle damit an. Und die Yatra-Frauen machen weiter in dem Vertrauen, daß dies keine Eintagsfliege war, sondern ein Ergebnis, das langfristige Wirkungen haben wird. Und die Bewegung wird größer . . .

Ayesha Kagal. Times of India, den 3. Februar 1985.

Anmerkungen

1. Pedas sind Süßigkeiten, die aus eingedickter Milch und Zucker bestehen.
2. Barfi sind gleichfalls Süßigkeiten, die aus eingedickter Milch und Zucker gemacht werden, aber noch mit Mandeln und Pistazien verfeinert sind.

* Der Bericht wurde erstmalig von „blätter des iz3W" veröffentlicht in Nr. 131, Februar 1986.

Literatur

AGARWALA, B. R.: Nature and Extent of Social Change in a Mobile Commercial Community: Study of Change in Family and Marriage Patterns. Sociological Bulletin. 11 (1962), S. 141–145.

ALTEKAR, A. S.: The Position of Women in Hindu Civilisation. Benares 1956 (Neuauflage).

ANAND, Kulwant: An Analysis of Matrimonial Advertisements. Sociological Bulletin. 14 (1965), S. 59–71.

ANGER, Hans: Probleme der deutschen Universität. Tübingen 1960.

ANSARI, Dagmar: Die Frau im modernen Hindu-Roman nach 1947. Berlin 1970.

ANSHEN, R. N. (Hrsg.): The Family, its Function and its Destiny. New York 1949.

AVALON, Sir Arthur (Hrsg.) (Pseudonym für Sir John Woodroffe): Principles of Tantra. 2 Bde. London 1914.

BAI, Manorma: Educated Women, Marriage or Career? Social Welfare. Mai 1966, S. 4–5.

BAIG, Tara Ali: Women's World. Indian and Foreign Review. 6 (1969), S. 9–10.

BELL, Norman W. und Ezra F. VOGEL (Hrsg.): The Family. The Free Press of Glencoe/Ill. 1960.

BIDDLE, Bruce J. und Edwin J. THOMAS (Hrsg.): Role Theory: Concepts and Research. New York 1966.

BLOOD, R. O. Jr. und D. M. WOLFE: Husbands and Wives: The Dynamics of Married Life. The Free Press of Glencoe/Ill. 1960.

BULSARA, J. F.: Problems of Rapid Urbanization in India. Bombay 1964.

CARSTAIRS, G. Morris: The Twice Born: A Study of a Community of High Caste Hindus. London 1957. Deutsche Übersetzung: Die Zweimal-Geborenen. München 1963.

CHANDRASEKHAR, S.: India's Population: Facts, Problem and Policy. Meerut 1967.

CHOMBART DE LAUWE, P. H.: Images de la femme dans la societé. Paris 1964.

CLAESSENS, Dieter: Rolle und Macht. München 1968.

CORMACK, Margaret: She Who Rides a Peacock; Indian Students and Social Change. London/Bombay 1961.

CORMACK, Margaret: The Hindu Woman. New York 1953. 1. indische Ausgabe Bombay 1961.

COUSINS, Margaret: Indian Womanhood Today. Allahabad 1947.

DAHRENDORF, Ralf: Homo Sociologicus. Köln/Opladen 1967.

DAVIS, Kingsley: Status and Related Concepts, gekürzt aus: Human Society. New York 1949. In: B. J. Biddle und E. J. Thomas (Hrsg.): Role Theory: Concepts and Research. New York 1966, S. 71 ff.

DAVIS, Kingsley: The Population of India and Pakistan. Princeton Univ. Press. Princeton 1951.

DELHI SCHOOL OF SOCIAL WORK: Attitudes of Women Towards Part-Time Employment. Report of a Pilot Study. Delhi University 1964 (unveröffentlichter Bericht).

DERRETT, J., DUNCAN, M.: Religion, Law and the State in India. London 1968.

DESAI, I. P.: The Joint Family: An Analysis. Sociological Bulletin. 4(2), S. 99–102.

DESAI, I. P.: Some Aspects of Family in Mahuva: A Sociological Survey of Jointness in a Small Town. Bombay/New York 1964.

DESAI, Neera: Socio-Economic Background of Married Women Students of the University and their Educational Problems. Bombay 1969 (unveröffentlichter Bericht).

DRIVER, E. D.: Family Structure and Socio-Economic Status in Central India. Sociological Bulletin. 11 (1962).

D'SOUZA, Anthony D.: Need for Marriage Guidance Today. Social Action. 14(11) Delhi 1964, S. 537–49.

DUBE, S. C.: Men's and Women's Roles in India. In: Barbara Ward (Hrsg.): Women in the New Asia. UNESCO. Paris 1963.

DUBE, S. C.: Indian Village. London 1955. 1. indische Ausgabe Bombay 1967.

DUMONT, Louis: Homo Hierarchicus: Essai sur le systéme des castes. Paris 1966.

DURKHEIM, Emile: La famille conjugale. Revue Philosophique. 20 (1921).

EHRENFELS, U. R.: Mother Right in India. Hyderabad 1941.

FERRIS-WIESINGER, R.: The Hindu Adolescent Girl. Unveröffentlichte Dissertation. Universität Bombay 1963.

FONSECA, Mabel: Counselling for Marital Happiness. Bombay 1966.

FREED, Ruth u. Stanley: Two Mother Goddess Ceremonies of Delhi State in the Great and Little Traditions. South Western Journal of Anthropology. 18 (1962), S. 246–276.

FRIEDAN, Betty: Der Weiblichkeitswahn. Reinbek b. Hamburg 1970.

GADGIL, D. R.: Women in the Working Force in India. Delhi 1965.

GANDHI, M. K.: Women and Social Injustice. Ahmedabad 1958.

GERSTEIN, Hannelore: Studierende Mädchen: Zum Problem des vorzeitigen Abgangs von der Universität. R. Dahrendorf (Hrsg.). München 1965.

GIST, Noel P.: Mate Selection in India. Public Opinion Quarterly. Princeton. 17 (1953-54), S. 481–495.

GOFFMANN, Erving: Encounters. Indianapolis 1961.

GOODE, William J.: The Theoretical Importance of Love. American Sociological Review. 24 (Februar 1959), S. 38–47.

GOODE, William J.: A Theory of Role Strain. American Sociological Review. 25 (1960), S. 483–496.

GOODE, William J.: World Revolution and Family Patterns. London 1963.

GOODE, William J.: Soziologie der Familie. D. Claessens (Hrsg.). München 1967.

GORE, M. S.: The Traditional Indian Family. In: M. F. Nimkoff (Hrsg.): Comparative Family Systems. Boston 1965.

GORE, M. S.: Urbanization and Family Change. Bombay 1968.

GOUGH, Kathleen E.: Is Family Universal? – The Nayar Case. In: N. W. Bell u. E. F. Vogel (Hrsg.): The Family. The Free Press of Glencoe/Ill. 1960.

GOULD, Ketayun H. G.: Sex and Contraception in Sherapur: Family Planning in a North Indian Village. Economic and Political Weekly. 4 (1969), S. 1887–1892.

GOVERNMENT OF INDIA: Census of India 1961, Paper No. 1 of 1962, Final Population Tables.

GOVERNMENT OF INDIA: Census of India 1961, Social and Cultural Tables.

GOVERNMENT OF INDIA: Census of India 1961. Paper No. 1 of 1966, Scientific and Technical Personnel Tables.

GOVERNMENT OF INDIA: Report of the National Commission of Labour, Ministry of Labour and Employment. Delhi 1969.

GOVERNMENT OF INDIA: Women in Empolyment, Ministry of Labour and Employment, Labour Bureau Simla 1964.

GOVERNMENT OF INDIA: Employment Review 1967–68, Directorate General of Employment and Training, Ministry of Labour, Employment and Rehabilitation. Delhi 1969.

GOVERNMENT OF INDIA: Report of the Education Commission, 1964–66, Education and National Development, Ministry of Education. Delhi 1966.

GOVERNMENT OF INDIA: Report of the National Committee on Women's Education, 1958–59, Ministry of Education, 1959.

GROSS, Neal, A. W. MCEACHERN und W. S. MASON: Role Conflict and its Resolution, gekürzt aus: Explorations in Role Analysis: Studies of the School Superintendency Role. New York 1957. In: B. J. Biddle und E. J. Thomas (Hrsg.): Role Theory, Concepts and Research. New York 1966, S. 287–296.

HATÉ, Chandrakala A.: Changing Status of Women in Post-Independence India. Bombay 1969.

HILL, R. und R. KÖNIG (Hrsg.): Families in East and West. Paris/The Hague 1970.

HUBBACK, Judith: Wives Who Went to College. London 1957.

HUTTON, J. H.: Caste in India. London 1969 (Neudruck).

I. L. O.: List of Major I. L. O. – Instruments and Documents Concerning Women Workers, Genf 1970.

I. L. O.: I. L. O. Report: Women Workers in a Changing World. (Bericht VI(1) der 48. Session des Internationalen Arbeitsamtes). Genf 1964.

INDRA: The Status of Women in Ancient India. Benares 1955.

KAHN, R. L., D. M. WOLFF, R. P. QUINN, J. D. SNOEK und R. A. ROSENTHAL: Adjustment to Role Conflict and Ambiguity in Organisations. Auszug aus: Organizational Stress: Studies in Role Conflict and Ambiguity. In: B. J. Biddle und E. J. Thomas (Hrsg.): Role Theory, Concepts and Research. New York 1966, S. 277–282.

KALDATE, Sudha: Urbanization and Desintegration of the Rural Joint Family. Sociological Bulletin. 11 (1962), S. 103–111.

KAPADIA, K. M.: Marriage and Family in India. London 1955, Neudruck 1968.

KAPADIA, K. M.: Changing Patterns of Hindu Marriage and Family. Sociological Bulletin. 2 und 4 (1954–55).

KAPUR, Promilla: Marriage and the Working Woman in India. Delhi 1970.

KARVE, Iravati: Kinship Organization in India. Bombay 1965 (Neuauflage).

KARVE, Iravati: Hindu Society: An Interpretation. Poona 1968 (Neuauflage).

KARVE, Iravati: The Indian Women in 1975. Perspective, Supplement to the Indian Journal of Administration. 1 (Januar-März 1966), S. 103–35.

KARVE, Iravati: Yuganta – The End of an Epoch. Poona 1969.

KAUPP, Peter: Das Heiratsinserat im sozialen Wandel: Ein Beitrag zur Soziologie der Partnerwahl. Stuttgart 1968.

KAUR, Manmohan: Role of Women in the Freedom Movement, 1857–1947. Delhi 1968.

KHATRI, A. A.: Social Change in the Caste Hindu Family and its Possible Impact on Personality and Mental Health. Sociological Bulletin. 11 (1962), S. 146–172.

KLEIN, Viola: The Feminine Character: History of an Ideology. London 1946.

KLOKOWSKA, Antonina: Les attitudes à l'égard de la condition de la femme dans les familles ouvrières Polonaises. In: P. H. Chombart de Lauwe: Images de la femme dans la societé. Paris 1964.

KLOSTERMAIER, Klaus: Hinduismus. Köln 1965.

KOLENDA, Pauline: Region, Caste and Family Structure. In: M. Singer und B. S. Cohn (Hrsg.): Structure and Change in Indian Society. Chicago 1968, S. 339–396.

KOMAROVSKY, Mirra: Women in the Modern World: Their Education and Their Dilemmas. Boston 1953.

KÖNIG, René: Abhängigkeit und Selbständigkeit in der Familie. In: L. v. Wiese (Hrsg.): Abhängigkeit und Selbständigkeit im sozialen Leben. Köln/Opladen 1951, S. 232–251.

KÖNIG, René: Die Stellung der Frau in der modernen Gesellschaft. In: Käser u.a. (Hrsg.): Gynäkologie und Geburtshilfe, Bd. I. Stuttgart 1969.

KÖNIG, René: Soziologie der Familie. In: R. König)Hrsg.): Handbuch der empirischen Sozialforschung Bd. II. Stuttgart 1969, S. 172–305.

KÖNIG, René: Offene Fragen und ungelöste Probleme der Entwicklungsforschung. 13. Sonderheft der Kölner Zeitschrift für Soziologie und Sozialpsychologie. Hrsg. R. König u.a. Köln/Opladen 1969, S. 9–36.

KÖNIG, René: Old problems and new queries in family sociology. In: R. Hill und R. König (Hrsg.): Families in East and West. Paris/The Hague 1970, S. 602–622.

KUPPUSWAMI, B.: A Study of Opinion Regarding Marriage and Divorce. Bombay 1957.

LAKSHMINARAYANA, H. D.: Family Patterns in Mysore Villages. Economic and Political Weekly. 4 (1969), S. 845–847.

LEVI-STRAUSS, Claude: Anthropologie Structurale. Paris 1958.

LITWAK, Eugene: Technological Innovation and Ideal Forms of Family Structure in an Industrial Democratic Society. In: R. Hill und R. König (Hrsg.): Families in East and West. Paris/The Hague 1970, S. 348–396.

MADAN, T. N.: Family and Kinship: A Study of the Pandits of Rural Kashmir. London 1965.

MADHAVANANDA, S. und R. C. MAJUMDAR (Hrsg.): Great Women of India, Advaita Ashrama, Mayavati. Almora 1953.

MAHAJAN, Amerjit: A Study of Attitude of Women Towards Mate Selection. Journal of Family Welfare. 12 (1965).

MAHAJAN, Amerjit: Women's Two Roles: A Study of Role Conflict. The Indian Journal of Social Work. 26 (1966), S. 377–380.

MAJUMDAR, D. N.: Caste and Communication in an Indian Village. Bombay 1958.

MAJUMDAR, R. C., H. C. RAYCHAUDHURI und K. DATTA: An Advanced History of India. London/Melbourne/Toronto 1967.

MALINOWSKI, Bronislaw: Crime and Custom in Savage Society. London 1951 (6. Aufl.).

MANDELBAUM, David G.: The Family in India. In: R. Anshen (Hrsg.): The Family: Its Function and Its Destiny. New York 1949.

MANDELBAUM, David G.: Family, *Jati*, Village. In: M. Singer und B. S. Cohn (Hrsg.): Structure and Change in Indian Society. Chicago 1968, S. 29–50.

MARRIOTT, McKim (Hrsg.): Village India: Studies in the Little Community. The American Anthropologist. 57 (Chicago 1955).

MARRIOTT, McKim (Hrsg.): Little Communities in an Indigenous Civilization. In: McKim Marriott (Hrsg.): Village India. Studies in the Little Community. The American Anthropologist. 57 (Chicago 1955), S. 171–222.

MEAD, Margaret: Geschlecht und Temperament in primitiven Gesellschaften. Reinbek b. Hamburg 1959.

MEAD, Margaret: Mann und Weib. Reinbek b. Hamburg 1969.

MEHTA, Rama: The Western Educated Hindu Woman. Bombay 1970.

MENCHER, Joan P.: Changing Familial Roles Among South Malabar Nayars. South-Western Journal of Anthropology. 18 (1962), S. 230–245.

MENCHER, Joan P.: The Nayars of South Malabar. In: M. F. Nimkoff (Hrsg.): Comparative Family Systems. Boston 1965, S. 163–185.

MERTON, Robert K.: Social Theory and Social Structure. The Free Press of Glencoe/Ill. 1957.

MEYER, Johann Jakob: Das Weib im altindischen Epos: Ein Beitrag zur indischen und zur vergleichenden Kulturgeschichte. Leipzig 1915.

MEYER, Johann Jakob: Das altindische Buch vom Welt- und Staatsleben: Das Arthaćastra des Kautilya, übers. v. J. J. Meyer. Hannover 1925.

MEYN VON WESTENHOLZ, E.: Der Allgemeine Deutsche Lehrerinnenverein in der Geschichte der deutschen Mädchenbildung. Berlin 1936.

MINTURN, Leigh und John T. HITCHCOCK: The Rajputs of Khalapur. In: B. B. Whiting (Hrsg.): Six Cultures: Studies in Child Rearing. London/New York 1967.

MÜHLMANN, Wilhelm E.: Chiliasmus und Nativismus. Berlin 1961.

MUELLER. F. Max (Hrsg.): The Sacred Books of the East, Vol. XXV, The Laws of Manu, übers. v. G. Bühler. Neudruck: Benares 1967.

MYRDAL, Alva und Viola KLEIN: Women's Two Roles, Home and Work. London 1956. Deutsche Übersetzung: Die Doppelrolle der Frau in Familie und Beruf. Köln/Berlin 1961.

MYRDAL, Gunnar: Asian Drama. New York 1968.

NARAIN, Dhirendra: Interpersonal Relationships in the Hindu Family. In: R. Hill und R. König (Hrsg.): Families in East and West. Paris/The Hague 1970, S. 454–480.

NARULA, Uma: Career Failure Among Women. Social Welfare, Mäi 1967, S. 4–5.

NEHRU, Jawaharlal: Toward Freedom. Boston 1967.

NIEHOFF, Arthur: A Study of Matrimonial Advertisements in North India. The Eastern Anthropologist, Lucknow. 12 (Dez. 1958–Feb. 1959), S. 73–86.

NIMKOFF, M. F. (Hrsg.): Comparative Family Systems. Boston 1965.

PARSONS, Talcott: The Social System. New York 1951.

PARSONS, Talcott: Role Conflict and the Genesis of Deviance. In: B. J. Biddle und E. J. Thomas (Hrsg.): Role Theory, Concepts and Research. New York 1966, S. 280–283.

PARSONS, Talcott: Family Structure and the Socialization of the Child. In: T. Parsons und R. F. Bales (Hrsg.): Family, Socializiation and Interaction Process. The Free Press of Glencoe/Ill. 1955.

PARSONS, T. und R. F. BALES (Hrsg.): Family, Socialization and Interaction Process. The Free Press of Glencoe/Ill. 1955.

PRAKASA, Sri: Annie Besant as Women and Leader, Bharatiya Vidya Bhavan. Bombay 1962.

PRAKASH, Ram: Unprogressive Pattern of Women's Employment in India. Social Welfare. (Juni 1961), S. 9–10 und 19.

PROSS, Helge: Über die Bildungschancen von Mädchen in der Bundesrepublik. Frankfurt 1969.

PUNEKAR, S. D. und Kamla RAO: A Study of Prostitutes in Bombay – With Reference to Their Family Background –. Bombay 1967 (2. überarbeitete Ausgabe).

RAJAGOPALACHARI, C.: Ramayana, Bharatiya Vidya Bhavan. Bombay 1957.

RAMABAI, Pundita: The High Caste Hindu Woman. Philadelphia 1888.

RAMANAMA, Angara: Position of Women in India – With Special Reference to Poona –, unveröffentlichte Dissertation. Universität Poona 1968.

RAO, M. S. A.: Social Change in Malabar. Bombay 1957.

REYES-HOCKINGS, Amelia: The Newspaper as a Surrogate Marriage Broker in India. Sociological Bulletin. 15 (1966), S. 25–39.

ROLLAND, Romain: The Life of Vivekananda and the Universal Gospel, Bd. II. Kalkutta 1965.

ROSS, Aileen D.: The Hindu Family in its Urban Setting. Toronto 1961.

SEN, S. N.: Socio-Economic Survey of the City of Calcutta. Kalkutta 1960.

SENGUPTA, Padmini: Women Workers of India. Bombay 1960.

SHAH, A. B. und C. R. M. RAO (Hrsg.): Tradition and Modernity in India. Bombay 1965.

SHAH, B. V.: Gujerati College-Students and Selection of Bride. Sociological Bulletin. 11 (1962), S. 121–140.

SHAH, B. V.: Social Change and College Students of Gujerat. Baroda, M. S. University 1964.

SHUKLA, A. V. N.: The Constitution of India. Lucknow, Delhi 1969.

SINGER, Milton: The Indian Joint Family in Modern Industry. In: M. Singer und B. S. Cohn (Hrsg.): Structure and Change in Indian Society. Chicago 1968, S. 423–452.

SINGER Milton und Bernard S. COHN (Hrsg.): Structure and Change in Indian Society. Chicago 1968.

SINGH, Yogendra: Traditional Culture Pattern of India and Industrial Change. In: A. B. Shah und C. R. M. Rao (Hrsg.): Tradition and Modernity in India. Bombay 1965, S. 41–59.

SOVANI, N. V., D. P. APTE und R. G. PENDSE: Poona: A Re-Survey, 1956, The Changing

Pattern of Employment and Earning, Gokhale Institute of Politics and Economics, Publication No. 34. Poona 1956.

SPRATT, Philip: Hindu Culture and Personality: A Psycho-Analytical Study. Bombay 1966.

SRINIVAS, M. N.: Marriage and Family in Mysore. Bombay 1942.

SRINIVAS, M. N.: Religion and Society among the Coorgs of South India. Oxford 1952.

SRINIVAS, M. N.: A Note on Sanskritization and Westernization. The Far Eastern Quarterly. XV (Nov. 1955–Aug. 1956), S. 492–536.

SRINIVAS, M. N.: Caste in Modern India and Other Essays. Bombay 1962.

SRINIVAS, M. N.: Social Change in Modern India. Berkeley and Los Angeles 1966.

TALMON, Yonina: Social Change and Kinship Ties. In: R. Hill und R. König (Hrsg.): Families in East and West. Paris/The Hague 1970, S. 504–519.

THOMAS, P.: Indian Women Through the Ages. Bombay 1964.

TUMIN, M. M.: Schichtung und Mobilität. München 1968.

TURNER, R. (Hrsg.): India's Urban Future: Selected Studies from an International Conference. Berkeley and Los Angeles 1962.

UNIVERSITY GRANTS COMMISSION: University Development in India. Basic Facts and Figures, 1966–1967. New Delhi 1969.

UNIVERSITY OF DELHI: University Yearbook 1965–66. Delhi 1966.

VREEDE DE STUERS, Cora: Parda: A Study of Moslem Women's Life in Northern India. Assen 1968.

VREEDE DE STUERS, Cora: Huwelijksadvertenties in India. In: Mens en Mattschapij, Amsterdam. 37 (1962), S. 11–23.

WARD, Barbara (Hrsg.): Women in the New Asia. UNESCO. Paris 1963.

WEBER, Marianne: Ehefrau und Mutter in der Rechtsentwicklung. Tübingen 1907.

WEBER, Max: Hinduismus und Buddhismus. In; Gesammelte Aufsätze zur Religionssoziologie, Bd. II. Tübingen 1921.

WHITING, Beatrice B. (Hrsg.): Six Cultures: Studies in Child Rearing. London/New York 1967.

WIESE v., Leopold)Hrsg.): Abhängigkeit und Selbständigkeit im sozialen Leben. Köln/Opladen 1951.

WINTERNITZ, Moritz: Die Frau in den indischen Religionen, I. Teil: Die Frau im Brahmanismus. Leipzig 1920.

ZELDITCH, M.: Role Differentiation in the Nuclear Family: A Comparative Study. In: T. Parsons und R. F. Bales (Hrsg.): Family, Socialization and Interaction Process. The Free Press of Glencoe/Ill. 1955, S. 307–351.

Zeitungsartikel, Zeitschriften, Berichte:

Economic Bulletin for Asia and the Far East, Vol. XIX (1), Juni 1968 (UNO Publikation).

Bericht der Bundesregierung über die Situation der Frauen in Beruf, Familie und Gesellschaft. Bonn 1966 (Frauen-Enquete), Drucksache, VI, 909.

„The Wedding Trap", Shakuntala Paranjpye. Hindustan Times Weekly, 4. Mai 1969.

„New Standards and New Responsibilities". Rama Mehta. In: Hindustan Times Weekly, 7. Dezember 1969.

„In love with her dowry". Link, 11. Mai 1969.

„Reports and Enquiries: The Population and Labour Force of Asia 1950–80". In; International Labour Review, Vol. LXXXVI (4) 1962, S. 348–368.

„Occupational-Educational Pattern in India". Government of India. Delhi 1966.

Ergänzungen zum Literaturverzeichnis (1986)

BARDHAN, Pranab: Little Girls and Death in India. In: Economic and Political Weekly. 4. September 1982.

DATAT, Chhaya: The Anti-Rape-Campaign in Bombay. Papier, vorgelegt beim Internationalen Anthropologenkongreß in Amsterdam, April 1981.

DESHPANDE, Sudha u. L. K. DESHPANDE: Census 1981 and the Structure of Employment. In: Economic and Political Weekly. 1. Juni 1985.

GHOSH, Bahnisikha, u. S. K. MUKHOPADHYAY: Displacement of the Female in the Indian Labour Force. In: Economic and Political Weekly. 24. November 1984.

GHOSH, Sanker: The Naxalite Movement. Kalkutta 1975.

GOVERNMENT OF INDIA, Ministry of Education and Social Welfare: Towards Equality. Report of the Committee on the Status of Women in India. Dezember 1984.

FAROOQUI, Vimla: Women: Special Victims of Police and Landlord Atrocities. National Federation of Women Publication. Delhi 1980.

EPSTEIN, Scarlet: South India Yesterday, Today and Tomorrow. London 1973.

INDIAN COUNCIL OF SOCIAL SCIENCES RESEARCH: Critical Issues on the Status of Women. Delhi 1977.

KRISHNAKUMARI, N. S. u. GEETHA, A. S.: Dowry Spreading Among More Communities. In: Manushi, Vol 3, No 4, 1983.

KUMAR, Dharma: Male Utopias or Nightmares ? In: Economic and Political Weekly. 15. Januar 1983.

LALITHA, K.: Origin and Growth of POW. First Ever Militant Women's Movement in Andhra Pradesh. In: HOW, Vol 2, No 4, 1979.

MAZUMDAR, Vina: Women's Studies: Challenge to Educational System. In: Economic and Political Weekly. 16. Mai 1981.

MAZUMDAR, Vina: The Role of Research in Women's Development. A Case Study of the ICSSR Programme of Women's Studies. In: Samya Shakti, Vol 1, No 1, Juli 1983.

MIES, Maria: The Shahada Movement: A Peasants Movement in Maharashtra, India. In: Journal of Contemporary India, Vol 6, No 2, 1976.

MIES, Maria: The Lace Makers of Narsapur: Indian Housewives Produce for the World Marked. London 1982.

MIES, Maria: Brautpreis, Mitgift und Mitgiftmorde in Indien. In: beiträge zur feministischen theorie und praxis, Nr. 15/16, Köln 1985.

MIES, Maria: Wer das Land besitzt, besitzt die Frauen des Landes. Klassenkämpfe und Frauenkämpfe auf dem Lande. Das Beispiel Indien. In: C. v. WERLHOF, M. MIES, V. BENNHOLDT-THOMSEN: Frauen, die letzte Kolonie. rororo aktuell. Reinbek 1983.

MIES, Maria: Patriarchy and Accumulation on a World Scale: Women in The International Division of Labour. London 1986.

MIES, Maria: Indian Women in Subsistence and Agricultural Labour International Labour Office, Genf, Working Paper WEP 10, 34, 1984, als Buch 1986.

MITRA, Asok: The Status of Women. In: Frontier, 18. Juni 1977.

MITRA, Asok: India's Population: Aspects of Quality and Control. Delhi 1978.

MITRA, Asok, Lalit PATHAK, Shekhar MUKHERJI: The Status of Women. Shifts in Occupational Participation 1961-1971. New Delhi 1980.

PATEL, Vibhuti: Amniozentese und Mord an weiblichen Föten. In: beiträge zur feministischen theorie und praxis. Nr. 14, Köln 1985.

SAHELI: The First Four Years. Broschüre o. D.

SINHA, J. N.: 1981 Census Economic Data. In: Economic and Political Weekly,. 6. Februar 1982.

SIVA, Vandana, u. J. BANDYOPADHYAY: The Evolution, structure and impact of the Chipko Movement. In: Mountain Research Development, Vol 6, No 2, 1986.

Taschenbücher Syndikat / EVA
Geschichte

Band 2 Arthur Rosenberg
Entstehung und Geschichte der Weimarer Republik
550 Seiten, ISBN 3-434-46002-0

Band 13 Nahum Goldmann
Das Jüdische Paradox
Zionismus und Judentum nach Hitler
292 Seiten, ISBN 3-434-46013-6

Band 35 Ulrich Sonnemann
Die Einübung des Ungehorsams in Deutschland
152 Seiten, ISBN 3-434-46035-7

Band 37 Alexander W. Tschajanow
Reise ins Land der bäuerlichen Utopie
130 Seiten, ISBN 3-434-46037-3

Band 49 Ulrich Sonnemann
Das Land der unbegrenzten Zumutbarkeiten
Deutsche Reflexionen
300 Seiten, ISBN 3-434-46049-7

Band 75 Günther Mensching (Hrsg.)
Voltaire
Recht und Politik
352 Seiten, ISBN 3-434-46075-6

Band 76 Günther Mensching (Hrsg.)
Voltaire
Republikanische Ideen
344 Seiten, ISBN 3-434-46076-4

Band 77 Benedikt Kautsky (Hrsg.)
Rosa Luxemburg
Briefe an Freunde
180 Seiten, ISBN 3-434-46077-2

Band 78 Paul W. Massing
Vorgeschichte des politischen Antisemitismus
296 Seiten, ISBN 3-434-46078-0

Taschenbücher Syndikat / EVA
Psychologie

Band 4 — Giovanni Jervis
Kritisches Handbuch der Psychiatrie
Aus dem Italienischen von Maja Pflug und Traudi Pulz
432 Seiten, ISBN 3-434-46004-7

Band 8 — Maud Mannoni
Der Psychiater, sein Patient und die Psychoanalyse
Aus dem Französischen von Katharina Bischoff und Hans-Jürgen Grune
280 Seiten, ISBN 3-434-46008-X

Band 18 — **Die neuen Narzißmustheorien: zurück ins Paradies?**
Herausgegeben vom Psychoanalytischen Seminar Zürich
204 Seiten, ISBN 3-434-46018-7

Band 29 — A. Mitscherlich / T. Brocher / D. von Mering / U. Horn (Hrsg.)
Der Kranke in der modernen Gesellschaft
552 Seiten, ISBN 3-434-46029-2

Band 44 — Jean Piaget
Probleme der Entwicklungspsychologie
Kleine Schriften
144 Seiten, ISBN 3-434-46044-6

Band 47 — Sigrun Anselm
Angst und Solidarität
Eine kritische Studie zur Psychoanalyse der Angst
230 Seiten, ISBN 3-434-46047-0

Band 69 — Dieter Spazier
Der Tod des Psychiaters
235 Seiten, ISBN 3-434-46069-1